Johann Peter Vogel

Hans Pfitzner
Leben · Werke · Dokumente

Johann Peter Vogel

Hans Pfitzner

Leben · Werke · Dokumente

Atlantis Musikbuch-Verlag

Bestellnummer: ATL 6239
© 1999 Atlantis Musikbuch-Verlag, Zürich und Mainz
Umschlagbild: Hans Pfitzner am Klavier, Ölpastell von Hermann Katsch, Berlin 1897 (Wien, Österreichische Nationalbibliothek)
Satz und Reproduktion: Femoset, Wiesbaden
Printed in Germany · BSS 49486
ISBN 3-254-00239-3

Inhalt

Vorwort

Eine Biographie Hans Pfitzners ist ein schwieriges Unterfangen, schwierig vor allem in dreierlei Hinsicht:

1. Das Bild Pfitzners ist, anders als das Mahlers und Richard Strauss', aber ähnlich dem Schönbergs, mit einem Firnis von Legendenbildung überzogen; bisherige Biographen stilisierten ihn zum nationalen Kämpfer, zum letzten Romantiker, zum weltenthobenen »Palestrina«, zum freundlichen Mitmenschen. Kritiker verallgemeinern negative Einzelzüge; danach ist er ein Querulant und Misanthrop, ein Reaktionär und Nazi.

2. Pfitzners Musik ist nur teilweise im Konzertleben präsent, während Mahler und Richard Strauss mit einem großen Teil ihrer Werke das Repertoire füllen und Schönbergs Werke als Grundlage musikalischen Fortschritts allgemein diskutiert werden. Noch immer überlagern Pfitzners Schriften die Rezeption seines musikalischen Werks.

3. Die Wurzeln Pfitzners liegen im 19. Jahrhundert, bei Schopenhauer, Schumann und Wagner. Anders als bei Mahler, Richard Strauss und Schönberg bleiben bei ihm diese Wurzeln stets gegenwärtig. In der wechselhaften Geschichte der ersten Hälfte des 20. Jahrhunderts vertrat er deutlicher als Richard Strauss und Schönberg nationale Positionen, die dann im Dritten Reich pervertiert und ex post als faschistisch oder präfaschistisch eingestuft wurden. Begriffe wie »Deutsche Musik«, »Fortschritt in der Musik« oder »der Einfall in seiner rationalen Unzugänglichkeit« sind immer noch emotional überformt und bedürfen der Klärung.

Hans Pfitzners musikalisches und schriftstellerisches Werk sowie ein großer Teil seiner Briefe liegen gedruckt vor; sein Nachlaß, zwar nicht systematisch geordnet, kann in Wien eingesehen werden. Ich konnte – anders als die bisherigen Biographen – Pfitzner nicht mehr persönlich kennenlernen. Meine Lebens- und Werkbeschreibung versucht, aus der Distanz und den reichlichen Quellen möglichst viele Informationen anzubieten und so einen Zugang zu Pfitzner zu schaffen – objektiv, soweit dies möglich ist; meine Zuwendung zu dieser vielfach unangepaßten Musik und auch zu dieser tief zerrissenen Persönlichkeit möchte ich nicht verbergen. Bei den Werkwürdigungen im biographischen und im Werkteil haben sich Überschneidungen ergeben; sie wurden wegen der leichteren Lesbarkeit stehengelassen.

Viele haben mit Rat und Tat an der Fertigstellung dieses Buches mitgewirkt; vieren sei ausdrücklich Dank gesagt: Frau Annelore Habs, die Stieftochter Pfitzners, und Herr Hofrat Dr. Günter Brosche mit seinen Mitarbeitern in der Nationalbibliothek Wien haben schon bei der Erarbeitung der ersten, bei Rowohlt erschienenen Biographie sehr geholfen; Prof. Dr. Wolfgang Osthoff hat mich fachkundig bei dieser Ausgabe beraten; und meine Frau hat nicht nur mitrecherchiert, sondern auch meine freie Zeit mit Pfitzner geteilt. Ihr bleibt das Buch auch in dieser Form gewidmet.

Berlin, im August 1998 Johann Peter Vogel

Zeittafel

1860 Gustav Mahler, Hugo Wolf und Pfitzners Mäzen, der spätere Berliner Kommerzienrat Willy Levin (in Stolp, Pommern) geboren. Tod des für Pfitzner bedeutendsten Philosophen, Arthur Schopenhauer. Abraham Lincoln wird Präsident der USA. Vater Pfitzner lebt als Mitglied des Opernorchesters in Moskau.

1861 Tod Heinrich Marschners, dessen Opern Pfitzner später bearbeiten sollte. Richard Wagners *Tannhäuser* fällt in Paris durch. Tod Friedrich Wilhelms IV. von Preußen; Nachfolger ist Wilhelm I.

1862 (oder 1860?) 18. Dezember: Die Stiefschwester Pfitzners, Elisabethe (Else) Caroline Reimer, Tochter der Mutter Pfitzners, in Petersburg geboren (gestorben 1912), später vom Vater Pfitzners adoptiert. Bismarck preußischer Ministerpräsident. Gerhart Hauptmann und Claude Debussy geboren.

1863 Richard Dehmel geboren; Friedrich Hebbel gestorben; von beiden vertont Pfitzner mehrere Gedichte.

1864 Deutsch-dänischer Krieg. Ricarda Huch (deren Liebesgedichte Pfitzner vertont), Frank Wedekind, Richard Strauss und Eugen d'Albert geboren; Tod Giacomo Meyerbeers (dessen *Hugenotten* Pfitzner in Berlin aufführt).

1865 Jean Sibelius geboren. Uraufführung von R. Wagners *Tristan und Isolde*; das Werk wird Ausgangspunkt der Neuen Musik.

1866 21. Dezember: Pfitzners Eltern, Carl Robert Pfitzner (geb. 8. September 1825 in Frohburg/Sachsen) und Anne Wilhelmine Henriette Reimer (geb. 24. Dezember 1841 in Moskau) heiraten in Moskau. Preußisch-österreichischer Krieg. Ferruccio Busoni und Wassily Kandinsky geboren.

1867 18. Dezember: Heinrich Carl Pfitzner (älterer Bruder Hans Pfitzners) in Moskau geboren. Arturo Toscanini geboren.

1868 Tod Gioacchino Rossinis; Max von Schillings (Freund Pfitzners) geboren. Wagners *Die Meistersinger von Nürnberg*, Brahms' *Ein deutsches Requiem* und Bruckners 1. Sinfonie uraufgeführt.

1869 5. Mai: Hans Erich Pfitzner geboren in Moskau (nach russischer Zeitrechnung am 23. April). Pfitzners Freund und Förderer Paul Nikolaus Cossmann, späterer Herausgeber der *Süddeutschen Monatshefte*, und Siegfried Wagner geboren. Tod Carl

Loewes, von dem Pfitzner die Balladen *Erlkönig* und *Odins Meeresritt* bearbeitet. Fertigstellung des Suez-Kanals.

1870 Beginn des deutsch-französischen Krieges (bis 1871). W. I. Lenin geboren. Heirat Richard Wagners mit Cosima von Bülow. Uraufführung *Die Walküre.*

1871 Gründung des Deutschen Reiches mit Wilhelm I. als Deutschem Kaiser und Bismarck als Reichskanzler. Elsaß-Lothringen mit Straßburg, dem späteren Wirkungsort Pfitzners, wird deutsches Reichsland. Uraufführung von Verdis *Aida.* Hugo Lederer, Schöpfer der frühesten Büste Pfitzners, geboren. Charles Darwin veröffentlicht *Die Abstammung des Menschen.*

1872 Übersiedlung der Familie Pfitzner nach Frankfurt a. M., wo Vater Robert Musikdirektor (Konzertmeister) am Stadttheater wird. Der erste Teil von Gustav Freytags Romanzyklus *Die Ahnen* erscheint. Sergej Diaghilew und Paul Graener geboren.

1873 Max Reger geboren.

1874 Arnold Schönberg und Hugo von Hofmannsthal geboren. Uraufführung von Johann Strauß' *Die Fledermaus*, Wagners *Götterdämmerung*, Verdis *Requiem* und Mussorgskys *Boris Godunow.*

1875 Thomas Mann, Rainer Maria Rilke und Maurice Ravel geboren; Eduard Mörike und Georges Bizet gestorben. Uraufführung von Bizets *Carmen*, die von Pfitzner sehr geschätzt wurde.

1876 Pfitzners Freund und Förderer Bruno Walter, Ermanno Wolf-Ferrari (dessen Oper *Die neugierigen Frauen* Pfitzner erfolgreich in Berlin aufführen wird) und Konrad Adenauer geboren. A.W. Ambros gestorben (aus dessen *Geschichte der Musik* Pfitzner die Anregung zu *Palestrina* entnimmt). Eröffnung des Festspielhauses in Bayreuth mit *Der Ring des Nibelungen.*

1877 Erste uns bekannte Kompositionen Hans Pfitzners. Hermann Hesse und der spätere Tenor Karl Erb (singt bei der Uraufführung des *Palestrina* die Titelpartie) geboren. Uraufführung von Bruckners 3. Sinfonie. Edison erfindet den Walzen-Phonographen.

1878 Eintritt Hans Pfitzners in die Sexta der Klinger-Schule in Frankfurt a. M.; Beginn der Freundschaft mit Paul N. Cossmann, Sohn des Cellisten Bernhard Cossmann. Sozialistengesetz Bismarcks. Gustav Stresemann und Franz Schreker geboren.

1879 1. Dezember: Mimi Kwast, spätere Pfitzner, geboren. Ilse von Stach geboren (Ilse Lerner, später Wackernagel, geb. Stach von

Goltzheim, gestorben 1941), Librettistin des *Christ-Elflein* und zeitweilig Freundin Pfitzners. Stalin geboren.

1880 Fertigstellung des Kölner Doms. Gustav Mahler, *Das klagende Lied.*

1881 Alma Schindler, spätere Mahler-Werfel und Freundin Pfitzners, Pablo Picasso und Béla Bartók geboren. Tod Modest Mussorgskys. Uraufführung von Offenbachs Oper *Hoffmanns Erzählungen* und Bruckners 4. Sinfonie.

1882 Percy Grainger, australischer Komponist und Rivale bei Pfitzners späterer Frau Mimi Kwast, und Igor Strawinsky geboren. Wagners *Parsifal* uraufgeführt. Gründung des Berliner Philharmonischen Orchesters.

1883 Erste uns bekannte Liedkompositionen Pfitzners. Anton Webern und Hans Mahner-Mons (Pseudonym Hans Possendorf, 1956 gestorben), Schüler Pfitzners und Librettist der Oper *Das Herz*, geboren; Tod Richard Wagners. Benito Mussolini geboren. Uraufführung von Brahms' 3. Sinfonie.

1884 Erwerbung Deutsch-Ostafrikas. Theodor Heuss geboren. Bruckners 7. Sinfonie uraufgeführt.

1885 Alban Berg und der spätere Pfitzner-Schüler und Dirigent Otto Klemperer geboren. Uraufführung von Brahms' 4. Sinfonie.

1886 Pfitzner verläßt die Schule als Einjähriger und tritt in das Hoch'sche Konservatorium, Frankfurt a. M., ein. Schüler von Iwan Knorr, Komposition, und James Kwast, Klavier. Es entstehen zahlreiche Lieder und mehrere Klaviertrios. Wilhelm Furtwängler geboren; Tod Franz Liszts; Pfitzner erkennt ihn zwar als Förderer junger Komponisten an, schätzt aber seine Musik nicht.

1887 Brahms veröffentlicht seine 2. Cellosonate op. 99, ein Vorbild für Pfitzners Cellosonate op. 1. Am Konservatorium bildet sich der erste Freundeskreis um Cossmann und Pfitzner mit dem Maler Hans Thoma (dessen Bilder die Idee für *Die Rose vom Liebesgarten* liefern), dem Cellisten Heinrich Kiefer (für den Pfitzner sein erstes Cellokonzert und die Cellosonate schreibt) und den Geschwistern Grun (James ist der Librettist des *Armen Heinrich* und der *Rose*, Frances ist die Freundin Pfitzners, Eleanor die Freundin Cossmanns).

1888 Wilhelm I. und sein Nachfolger Friedrich III. sterben; Wilhelm II. wird deutscher Kaiser. Storm, *Der Schimmelreiter*; Fontane, *Irrungen, Wirrungen*; Ibsen, *Die Frau vom Meer.*

Ibsens *Das Fest auf Solhaug*, 1853 geschrieben, erscheint auf deutsch; Pfitzner schreibt dazu 1889/90 die Bühnenmusik. Hugo Wolf komponiert seine Mörike- und Eichendorff-Lieder, Gustav Mahler seine 1. Sinfonie.

1889 Adolf Hitler geboren. Richard Strauss wird mit seiner ersten Tondichtung *Don Juan* bekannt. Gerhart Hauptmann, *Vor Sonnenaufgang* (Naturalismus).

1890 Ende der Ausbildung Pfitzners am Konservatorium mit der Komposition der Cellosonate op. 1. Vergeblicher Besuch bei Ibsen. Erste Begegnung mit der Philosophie Schopenhauers. Bismarck wird entlassen. Gottfried Keller stirbt, einer der Lieblingsdichter Pfitzners; Franz Werfel, der später Alma Mahler heiratet, und der Dirigent Fritz Busch, dem Pfitzner sein Klavierkonzert widmet, geboren. Detlev von Liliencron veröffentlicht seine Gedichtsammlung *Der Haidegänger*; aus ihr vertont Pfitzner drei Gedichte. Mascagni, *Cavalleria rusticana*; Tschaikowsky, *Pique Dame*; R. Strauss, *Tod und Verklärung*.

1891 Pfitzner lebt bei seinen Eltern und arbeitet am *Armen Heinrich*.

1892 Pfitzner wird Lehrer für Theorie und Klavier am Koblenzer Konservatorium. Verdis *Falstaff* und Leoncavallos *Der Bajazzo* uraufgeführt.

1893 13. Februar: Amalie Stoll, spätere Soherr, geboren; sie wird Pfitzners zweite Frau. 4. Mai: Pfitzner tritt zum ersten Mal als Dirigent auf, und zwar mit den von Freunden gemieteten Berliner Philharmonikern mit eigenen Werken und großem Erfolg. Er gibt seine Stelle in Koblenz auf (Nachfolger wird sein Bruder Heinrich), zieht wieder zu seinen Eltern und versucht erfolglos, seine Oper *Der arme Heinrich* an einem Opernhaus unterzubringen. Freundschaft mit Engelbert Humperdinck; Zusammenarbeit am Klavierauszug der Oper *Hänsel und Gretel* (Märchenoper). Peter Tschaikowsky gestorben. Dvořáks 9. Sinfonie und Tschaikowskys 6. Sinfonie uraufgeführt. Verbreitung des Verismo in Deutschland.

1894 Pfitzner nimmt eine Stelle als unbesoldeter Kapellmeister-Volontär am Mainzer Stadttheater an, um dort seine Oper *Der arme Heinrich* aufzuführen. Tod Hans von Bülows; R. Strauss leitet die Berliner Philharmoniker; Uraufführung seiner Oper *Guntram*. Gerhart Hauptmann, *Hanneles Himmelfahrt* (Neoromantik). Die Hofloge am Deutschen Theater Berlin wird wegen der Aufführung von Hauptmanns *Die Weber* unter Brahm gekündigt. Debussy, *L'Après-midi d'un faune*.

1895 Pfitzner setzt in Mainz die Uraufführungen des *Armen Heinrich* und der Schauspielmusik zu Ibsens *Fest auf Solhaug* durch. Die Oper wird in der Folge in Darmstadt und Frankfurt nachgespielt. Paul Hindemith geboren. R. Strauss' *Till Eulenspiegels lustige Streiche*, Mahlers 2. Sinfonie und Dvořáks Cellokonzert werden uraufgeführt.

1896 Pfitzner gibt seine (inzwischen bezahlte) Stellung am Opernhaus auf und wohnt wieder bei seinen Eltern. Zwischen Mimi Kwast und Pfitzner wächst eine Liebesbeziehung. Anton Bruckner und Clara Schumann gestorben. Uraufführung von Puccinis *La Bohème*; Mahler, 3. Sinfonie.

1897 Pfitzner zieht nach Berlin und erhält eine Lehrstelle für Komposition und Dirigieren am Sternschen Konservatorium. Die Aufführung seines Klaviertrios op. 8 wird ein Mißerfolg. Johannes Brahms gestorben. Gustav Mahler Direktor an der Wiener Hofoper. Hugo Wolf, Michelangelo-Lieder.

1898 Nervenfieber Pfitzners in Frankfurt a. M. Tod von Bismarck und Conrad Ferdinand Meyer, einem der Lieblingsdichter Pfitzners. Toscanini wird Chefdirigent an der Mailänder Scala.

1899 Mimi Kwast verliebt sich in Percy Grainger; Pfitzner reist mit ihr nach England und heiratet sie. Sie beziehen eine Wohnung in Berlin-Wilmersdorf, Durlacher Str. 8. Hofmannsthal, *Der Tor und der Tod*; Rilke, *Die Weise von Liebe und Tod des Cornets Christoph Rilke*; Arthur Schnitzler, *Der Reigen*. Sibelius, 1. Sinfonie; Arnold Schönberg, *Verklärte Nacht* op. 4.

1900 19. März: Pfitzner und Richard Strauss bestreiten ein gemeinsames Konzert in Berlin; Beginn ihrer Rivalität. Bruno Walter kommt als Dirigent an die Berliner Hofoper und setzt dort die Aufführung des *Armen Heinrich* durch. Starker Ausbau der deutschen Flotte. Ernst Krenek und Kurt Weill geboren. Puccini, *Tosca*; Mahler, 4. Sinfonie.

1901 Werner Egk geboren; Tod Giuseppe Verdis. R. Strauss, *Feuersnot*; Ravel, *Jeux d'eau*; Dvořák, *Rusalka*; Rachmaninow, 2. Klavierkonzert. Beginn der Blauen Periode Picassos. Ernst von Wolzogen eröffnet das Kabarett »Überbrettl« in Berlin (mit Arnold Schönberg als Kapellmeister).

1902 Pfitzner und Schillings treten in näheren Kontakt. Debussy, *Pelléas et Mélisande* (Literaturoper); Mahler, 5. Sinfonie.

1903 Pfitzner wird zusätzlich Erster Kapellmeister am Berliner Theater des Westens. 28. Januar: Geburt des Sohnes Paul. Erste Begegnung mit Gustav und Alma Mahler. Hugo Wolf gestorben. D'Albert, *Tiefland*; Schönberg, *Gurre-Lieder*; Wolf-Ferrari, *Die neugierigen Frauen*. Hauptmann, *Rose Bernd*; Hofmannsthal, *Elektra*; Th. Mann, *Tristan*.

1904 Gründung der *Süddeutschen Monatshefte* durch Paul Cossmann mit Josef Hofmiller, Friedrich Naumann, Hans Pfitzner und Hans Thoma. Cossmann gibt die erste Pfitzner-Biographie heraus. Pfitzners Vater Robert stirbt. Bekanntschaft und zunehmend engeres Verhältnis zwischen Pfitzner und Ilse von Stach (gemeinsame Arbeit am *Christ-Elflein*). Mimi nimmt Schauspielunterricht bei Max Reinhardt. »Entente cordiale« zwischen Großbritannien und Frankreich. Beginn des japanisch-russischen Krieges (bis 1905). Antonín Dvořák und Eduard Hanslick gestorben. Leoš Janáček, *Jenufa*; Leoncavallo, *Der Roland von Berlin*; Puccini, *Madame Butterfly*; Mahler, 6. Sinfonie.

1905 Gustav Mahler führt *Die Rose vom Liebesgarten* an der Wiener Hofoper auf; später übernimmt sie Bruno Walter. Max Reinhardt eröffnet das Deutsche Theater Berlin mit Kleists *Käthchen von Heilbronn* und Pfitzners Schauspielmusik. Pfitzner führt Wolf-Ferraris *Neugierige Frauen* im Theater des Westens, Berlin, erstmals auf. R. Strauss, *Salome*; Mahler, 7. Sinfonie. Heinrich Mann, *Professor Unrat*; Hermann Hesse, *Unterm Rad*.

1906 20. Oktober: Geburt des Sohnes Peter. Pfitzners späterer Schüler Gerhard Frommel geboren. Pfitzner tritt in München zum ersten Mal als Dirigent eines fremden Werkes (*Tannhäuser*) auf; Profilierung als Wagner-Dirigent. Busonis *Entwurf einer neuen Ästhetik der Tonkunst* erscheint (Pfitzner lernt die Schrift erst bei ihrem zweiten Erscheinen im Insel-Verlag 1916 kennen und reagiert mit seiner Schrift *Futuristengefahr*). Tod Henrik Ibsens. Busoni, Klavierkonzert mit Schlußchor; Mahler, 8. Sinfonie; Schönberg, Kammersinfonie op. 9.

1907 Mimi setzt ihren Schauspielunterricht in Düsseldorf fort. Pfitzner verläßt Berlin und übernimmt die Konzerte des Kaim-Orchesters München bis zu dessen finanziellem Zusammenbruch. Ruf nach Straßburg als Leiter des Städtischen Orchesters. Gustav Mahler wird Dirigent der Metropolitan Opera New York (bis 1911). Reger, Hiller-Variationen.

1908 27. Mai: Geburt der Tochter Agnes. Die Familie Pfitzner übersiedelt nach Straßburg. Pfitzner übernimmt auch die Leitung des Städtischen Konservatoriums und gründet dort eine Opernklasse. Flottengesetz (von Tirpitz); Österreich-Ungarn annektiert Bosnien-Herzegowina. Max von Schillings wird Generalmusikdirektor in Stuttgart. R. Strauss, *Elektra*; Mahler, *Das Lied von der Erde.*

1909 Pfitzner beginnt, nachdem auch der dritte angefragte Autor (Therese Rie) keinen befriedigenden Text liefert, selbst mit der Dichtung des *Palestrina.* Detlev von Liliencron gestorben. Th. Mann, *Königliche Hoheit.* Mahler, 9. Sinfonie; Schönberg, Klavierstücke op. 11 und George-Lieder op. 15 (erste atonale Werke).

1910 Verleihung des Ehrendoktors durch die Universität Straßburg. Pfitzner übernimmt auch die musikalische Leitung der Straßburger Oper. Furtwängler wird dort Korrepetitor. Beginn des Kubismus in der Malerei; erste abstrakte Gemälde Kandinskys. Strawinskys *Feuervogel* uraufgeführt.

1911 Zweite Marokko-Krise (Kanonenboot-Politik); Churchill Marineminister. Tod Gustav Mahlers; Pfitzner dirigiert dessen 4. Sinfonie in Straßburg. Pfitzners Sohn Johannes stirbt bald nach der Geburt. Paul Bekker veröffentlicht sein Buch *Beethoven* (Pfitzner reagiert erst auf eine spätere Auflage 1920 mit seiner Schrift *Die neue Ästhetik der musikalischen Impotenz*). Richard Strauss, *Rosenkavalier*; H. W. von Waltershausen, *Oberst Chabert*; Bartók, *Allegro barbaro*; Strawinsky, *Petruschka*; Sibelius, 4. Sinfonie; Edward Elgar, 2. Sinfonie.

1912 1. Januar: Pfitzner beginnt die Komposition des *Palestrina.* Dreibund Deutsches Reich, Österreich-Ungarn, Italien (1882) erneuert. Deutsch-britische Verhandlungen wegen des deutschen Flottenbaus scheitern. Bruno Walter wird Leiter der Münchner Hofoper. Franz Schreker, *Der ferne Klang*; R. Strauss, *Ariadne auf Naxos* (1. Fassung); Ravel, *Daphnis et Chloé*; Schönberg, *Pierrot lunaire.*

1913 Verleihung des Titels Professor an Pfitzner durch die Universität Straßburg. Tod des Intendanten der Straßburger Oper, Wilhelmi; Beginn der Auseinandersetzungen an der Oper; ein Rücktrittsgesuch Pfitzners wird abgelehnt. Th. Mann, *Der Tod in Venedig.* Strawinskys *Le Sacre du printemps* uraufgeführt.

1914 Ausbruch des Ersten Weltkriegs. Th. Mann, *Gedanken im Kriege.*

Otto Klemperer wird Dirigent, später stellvertretender Direktor der Oper Straßburg.

1915 Pfitzner beendet die Arbeit am *Palestrina* und meldet sich als Kriegsfreiwilliger, wird aber zurückgestellt. Gegen den Rat von Tirpitz' verschärfter U-Boot-Krieg (Lusitania). Hermann Hesse, *Knulp*. Max von Schillings' *Mona Lisa* uraufgeführt; Reger, Mozart-Variationen; Bartók, Sonatine und *Rumänische Volkstänze*.

1916 Pfitzner bietet nach einem Zerwürfnis mit Klemperer seinen Rücktritt von allen Ämtern an, behält dann aber die Leitung des Konservatoriums und des Orchesters und ein Gastverhältnis an der Oper, das er aber nicht ausübt. Uneingeschränkter U-Boot-Krieg zurückgenommen; Entlassung von Tirpitz'; Pfitzner widmet ihm seine *Zwei deutschen Gesänge*. Seeschlacht am Skagerrak. Erster Fliegerangriff auf Kalsruhe. Kaiser Franz Joseph I. und Max Reger gestorben.

1917 Eintritt der USA in den Krieg. Tankschlacht bei Cambrai. Wiederaufnahme des uneingeschränkten U-Boot-Kriegs. Lenin und Trotzki kehren nach Rußland zurück. *Palestrina* wird im Rahmen einer Pfitzner-Woche unter Bruno Walter an der Hofoper München mit außerordentlichem Erfolg uraufgeführt und gastweise auch in Basel, Bern und Zürich gespielt. Pfitzner veröffentlicht die Schrift *Futuristengefahr*. Ernennung zum Mitglied der Schwedischen Akademie für Musik. Gründung der Salzburger Festspiele. Klemperer Generalmusikdirektor in Köln. Ricarda Huch, *Der Fall Deruga*. Busoni, *Turandot*.

1918 Friedensvertrag mit Rußland (Brest-Litowsk). Waffenstillstand im Westen; Elsaß-Lothringen wird wieder französisch; Ausweisung national gesinnter Deutscher. 16. Oktober: letztes Konzert in Straßburg. Flucht und provisorische Unterkunft der Familie in München; Erkrankung des Sohnes Paul. November-Revolution in Deutschland, Räterepublik in Bayern; Wilhelm II. dankt ab; Deutschland, Deutsch-Österreich, die Tschechoslowakei und Ungarn werden Republiken. Erschießung des Zaren Nikolaus II. Gründung des »Hans-Pfitzner-Vereins für deutsche Tonkunst« mit einem Aufruf von Thomas Mann. Th. Mann, *Betrachtungen eines Unpolitischen*. Tod Claude Debussys. Schreker, *Die Gezeichneten*; Siegfried Wagner, *Schwarzschwanenreich*; Strawinsky, *Die Geschichte vom Soldaten*; Bartók, Uraufführung von *Herzog Blaubarts Burg* (1911).

1919 Ansiedlung Pfitzners in Unterschondorf/Ammersee. Chefdirigent der Münchner Philharmoniker (bis 1920). Ernennung zum Mitglied der Preußischen Akademie der Künste. Verstärkte Konzerttätigkeit. Beginn des Siechtums des Sohnes Paul. Pfitzner veröffentlicht *Die neue Ästhetik der musikalischen Impotenz.* »Weimarer Verfassung« des Deutschen Reiches angenommen; Friedrich Ebert erster Reichspräsident. Der demütigende Friedensvertrag von Versailles schwächt die Republik und stärkt die nationalistischen Kräfte. Die *Süddeutschen Monatshefte* unter Cossmann nehmen Stellung gegen die »Kriegsschuldlüge«. Rosa Luxemburg, Karl Liebknecht und Kurt Eisner werden umgebracht. Die Deutsche Arbeiterpartei (später NSDAP) wird gegründet. Max von Schillings wird Generalintendant der Berliner Staatsoper und setzt sofort die Berliner Erstaufführung des *Palestrina* an. Sibelius, 5. Sinfonie; R. Strauss, *Die Frau ohne Schatten.*

1920 Nachdem sich verschiedene für Pfitzner reizvollere Angebote zerschlagen oder nicht zustandekommen, nimmt er die Ernennung zum Leiter einer Meisterklasse für Komposition an der Preußischen Akademie der Künste an (weitere Meisterklassen leiten Busoni – nach dessen Tod Arnold Schönberg – und Schreker); Pfitzner übt diese Tätigkeit in Unterschondorf aus. Zusammen mit Mimi Pfitzner Arbeit an einer Schumann-Biographie. Biographie Pfitzners von Arthur Seidl. Tod Max Bruchs, dessen Musik Pfitzner schätzt, und Richard Dehmels. Kafka, *Ein Landarzt*; Ernst Jünger, *In Stahlgewittern.* »Groupe des Six« in Frankreich; Strawinsky, *Pulcinella* (Beginn seiner neoklassischen Periode); Korngold, *Die tote Stadt*; Puccini, *Il trittico.*

1921 Tod Engelbert Humperdincks. Hofmannsthal, *Der Schwierige.* Beginn der Donaueschinger Kammermusiktage als Forum der Neuen Musik. Hindemith, *Mörder, Hoffnung der Frauen*; Honegger, *Le Roi David*; Prokofieff, *Die Liebe zu den drei Orangen*; Bartók, 1. Violinsonate.

1922 Conrad Wandrey veröffentlicht sein Buch über Pfitzner (der »letzte Romantiker«). Ermordung Walter Rathenaus. Staatsstreich Mussolinis in Italien. Th. Mann bekennt sich zur Republik in seiner Rede *Von deutscher Republik* und überarbeitet seine *Betrachtungen eines Unpolitischen.* Fritz Busch wird Dirigent der Staatsoper Dresden, Furtwängler Dirigent der Berliner Philharmoniker und des Gewandhausorchesters Leipzig; Bruno Walter verläßt München zu Gastspielen in den USA.

1923 Ruhrbesetzung durch Frankreich; Inflation; Reichsbankpräsident Hjalmar Schacht führt die Reichsmark ein. Hitler sucht auf Vermittlung von Cossmann den an einer Gallenerkrankung leidenden Pfitzner im Krankenhaus in München auf. Marsch zur Feldherrnhalle. Schönberg stellt die Zwölftontechnik vor. Rilke, *Sonette an Orpheus*. Bartók, *Tanz-Suite*; Sibelius, 6. Sinfonie.

1924 26. Februar: Pfitzners Mutter Wilhelmine stirbt. Pfitzner bereitet einen Gruß an den in Landsberg inhaftierten Hitler vor (C.F. Meyers *Huttens letzte Tage*), schickt ihn aber nicht ab. Tod Ferruccio Busonis und Giacomo Puccinis. Th. Mann, *Der Zauberberg*. George Gershwin, *Rhapsody in Blue*; Honegger, *Pacific 231*; Puccini, *Turandot*; R. Strauss, *Intermezzo*; Janáček, 1. Streichquartett uraufgeführt.

1925 Verleihung des Ordens »Pour le Merite« für Kunst und Wissenschaft an Pfitzner. Uraufführung des Streichquartetts in cis-Moll durch das Amar-Quartett (mit Paul Hindemith an der Bratsche); Widmung des Werks an Max von Schillings, der aus dem Amt als Generalintendant der Berliner Staatsoper gedrängt wurde. Entfremdung gegenüber Th. Mann wegen dessen Sinneswandels bezüglich seiner Einstellung zur Republik. Bruno Walter wird Leiter der Städtischen Oper Berlin. Nach dem Tod Friedrich Eberts wird Generalfeldmarschall Paul von Hindenburg zum Reichspräsidenten gewählt. Erscheinen von Hitlers *Mein Kampf*. Alban Berg, *Wozzeck*; Sibelius, *Tapiola* (letztes großes Werk); Busoni, *Doktor Faust*; Hindemith, Konzert für Orchester (Beginn seiner neobarocken Periode).

1926 19. April: Tod Mimi Pfitzners. Pfitzner gibt seine *Gesammelten Schriften* in 2 Bänden heraus. Kommerzienrat Willy Levin, Mäzen Pfitzners, stirbt. Stresemann erhält den Friedensnobelpreis (zusammen mit A. Briand); Aufnahme Deutschlands in den Völkerbund. Alban Berg, *Lyrische Suite*; Hindemith, *Cardillac*; Bartók, Klaviersonate.

1927 Verleihung des bayerischen Maximilian-Ordens an Pfitzner. Klemperer Leiter der Kroll-Oper, später der Staatsoper Berlin. Bertolt Brecht, *Hauspostille*; Hesse, *Steppenwolf*. Krenek, *Jonny spielt auf*; Schostakowitsch, 1. Sinfonie; Strawinsky, *Oedipus Rex*; Schönberg, 3. Streichquartett; Bartók, 3. Streichquartett.

1928 James Grun stirbt nach einem Verkehrsunfall. Werfel, *Der Abituriententag*; Stefan Zweig, *Sternstunden der Menschheit*. Ravel, *Boléro*; R. Strauss, *Die ägyptische Helena*; Strawinsky, *Apollon musagète*; Weill, *Die Dreigroschenoper*; Bartók, 4. Streichquartett.

1929 Feiern zum 60. Geburtstag Pfitzners (und P. Cossmanns); zahlreiche Ehrungen; Pfitzner erhält ein Lehramt an der Akademie der Tonkunst in München und übersiedelt nach München. Veröffentlichung des Buches *Werk und Wiedergabe* als 3. Band seiner Schriften. Tod Gustav Stresemanns und Georges Clemenceaus sowie Hugo von Hofmannsthals. Kursstürze an der New Yorker Börse. Erich Maria Remarque, *Im Westen nichts Neues*.

1930 Brüningsche Notverordnungen. Cosima und Siegfried Wagner gestorben. Th. Mann, *Deutsche Ansprache* (gegen die Nazis).

1931 Beethoven-Preis der Preußischen Akademie der Künste an Pfitzner. Doppelte Uraufführung seiner letzten Oper *Das Herz* in Berlin und München; Zerwürfnis mit Furtwängler und Mahner-Mons wegen angeblicher Regie-Eigenmächtigkeiten. Letzte Lieder opp. 40 und 41 vor dem Einsetzen einer mehrjährigen Kompositionspause und des Alterswerks. Erich Kästner, *Fabian*; Gertrud von le Fort, *Die Letzte am Schafott*; Josef Roth, *Radetzkymarsch*; Zuckmayer, *Der Hauptmann von Köpenick*. Strawinsky, *Symphonie des psaumes*.

1932 Enges Freundschaftsverhältnis zwischen Lilo Martin und Pfitzner. Regierung von Papen. Ende der Reparationszahlungen nach dem Versailler Vertrag. Gewinne, dann Verluste der NSDAP bei den Reichstagswahlen. Fallada, *Kleiner Mann – was nun?*; G. Hauptmann, *Vor Sonnenuntergang*. Ravel, Klavierkonzerte; Schönberg, *Moses und Aron*.

1933 Machtergreifung durch die NSDAP; Hitler wird Reichskanzler. Deutschland verläßt den Völkerbund. Pfitzner sagt Teilnahme an den Salzburger Festspielen ab; er unterschreibt den Protest der Stadt München gegen die Wagner-Rede Thomas Manns, die zu dessen Emigration führt. Cossmann wird ins KZ Dachau eingewiesen; Pfitzner setzt sich bei Reichspräsident von Hindenburg für seine Freilassung ein. Überführung des Hans-Pfitzner-Vereins in die NS-Kulturgemeinde. Verleihung der Goethe-

Medaille der Stadt Frankfurt a. M. Emigration Bruno Walters, Schönbergs, der Brüder Busch und Otto Klemperers. Strauss wird Präsident der Reichsmusikkammer. Max von Schillings stirbt. R. Strauss, *Arabella*; Strawinsky, *Perséphone.*

1934 Tod Hindenburgs; Hitler ernennt sich zum Führer und Reichskanzler. Röhm-Putsch. Pfitzner erhält den Goethe-Preis der Stadt Frankfurt a. M., wird an der Akademie der Tonkunst in München pensioniert und setzt sich deswegen heftig mit staatlichen Stellen auseinander, insbesondere mit dem preußischen Ministerpräsidenten Göring. Furtwängler hilft nicht nur Pfitzner, er tritt auch für Hindemiths *Mathis der Maler* ein. Berg, Violinkonzert; Bartók, 5. Streichquartett; Schostakowitsch, *Lady Macbeth von Mzensk.* Uraufführung der Orchestervariationen op. 7 von Gerhard Frommel unter Pfitzner.

1935 Rückgabe des Saarlandes. Die Pfitzner-Biographie von Walter Abendroth erscheint. Beginn des Alterswerks mit dem Cellokonzert op. 42. Tod Alban Bergs. Gershwin, *Porgy and Bess*; R. Strauss, *Die schweigsame Frau* (wegen seiner Korrespondenz mit dem jüdischen Textdichter Stefan Zweig wird R. Strauss zur Aufgabe seines Amtes als Präsident der Reichsmusikkammer veranlaßt).

1936 Rheinlandbefreiung; Olympiade in Berlin. Italien erobert Abessinien. Berufung Pfitzners zum Reichskultursenator. Ehrenmitgliedschaft der Accademia di Santa Cecilia, Rom. 21. Juli: Sohn Paul stirbt. Thomas Mann ausgebürgert; Ausstellung »Entartete Kunst«, München; Aufführungsverbot für Hindemiths Werke. Bartók, *Musik für Saiteninstrumente, Schlagzeug und Celesta*; Schostakowitsch, 4. Sinfonie.

1937 Deutsche Waffenhilfe für Franco. Auseinandersetzungen Pfitzners mit Julius Bahle wegen seiner Einfallsästhetik. Endgültiges Zerwürfnis mit den Kindern Peter und Agnes. Maurice Ravel gestorben. Carl Orff, *Carmina Burana.*

1938 Anschluß Österreichs; Annexion des Sudetenlandes; Reichskristallnacht. Franz Werfel und Alma Mahler-Werfel emigrieren; Übersiedlung Hindemiths in die Schweiz. Erste Augenoperation Pfitzners. Letzter Briefwechsel mit Cossmann wegen des Verhaltens Pfitzners gegenüber seinen Kindern. Gründung der zweiten Hans-Pfitzner-Gesellschaft. Jean-Paul Sartre, *Der Ekel*; Thornton Wilder, *Unsere kleine Stadt.* Bartók, Violinkonzert; Werner Egk, *Peer Gynt*; R. Strauss, *Friedenstag.*

1939 Annexion der Tschechoslowakei als Protektorat Böhmen und Mähren; Besetzung des Memellandes; Franco Diktator in Spanien; Molotow russischer Außenminister; Ausbruch des Zweiten Weltkrieges, Polenfeldzug. Reduzierte Feiern zum 70. Geburtstag Pfitzners. Verleihung der Goethe-Plakette der Stadt Frankfurt und der Beethoven-Medaille der Stadt Bonn. Zweite Augenoperation, abermals ohne nennenswerten Erfolg. 19. Mai: Tochter Agnes nimmt sich das Leben. 13. Dezember: Heirat mit Mali Stoll, mit der Pfitzner schon seit 1928 befreundet ist. Ernst Jünger, *Auf den Marmorklippen*; Th. Mann, *Lotte in Weimar*; Saint-Exupéry, *Wind, Sand und Sterne.* Strawinsky übersiedelt von Paris in die USA. Carl Orff, *Der Mond.*

1940 Eroberung Dänemarks, Norwegens, der Niederlande, Belgiens und Frankreichs; Luftangriff auf Coventry. Hemingway, *Wem die Stunde schlägt.* Bartók emigriert. R. Strauss, *Die Liebe der Danae*; Strawinsky, *Symphonie en ut.*

1941 Balkan-Feldzug, Beginn des Afrika-Feldzugs und des Rußland-Krieges. Japanischer Überfall auf Pearl Harbour; Eintritt der USA in den Krieg. Der herzkranke Cossmann wird in ein Sammellager in Berg am Laim eingeliefert. Brecht, *Mutter Courage und ihre Kinder*; Werfel, *Das Lied von Bernadette.* Egk, *Columbus.*

1942 Beginn der Judenvernichtung. Beginn des Kampfes um Stalingrad. Beginn der alliierten Offensive im Pazifik. Paul Cossmann kommt im KZ Theresienstadt um (19. Oktober). Pfitzners überleben einen Angriff auf den Zug, mit dem sie reisen, in der Nähe von Nürnberg. Erstaufführung des *Palestrina* in Paris. Wartheländischer Kulturpreis. Ernst Jünger, *Gärten und Straßen*; Vercors, *Das Schweigen des Meeres*; Wilder, *Wir sind noch einmal davon gekommen.* Orff, *Die Kluge*; Schostakowitsch, 7. Sinfonie (»Leningrader«); Gerhard Frommels 1. Sinfonie von Furtwängler uraufgeführt.

1943 Kapitulation in Stalingrad; Räumung Afrikas und weiter Teile Rußlands; Landung der Alliierten in Italien; Entmachtung Mussolinis. Beginn der Zerstörung der deutschen Städte aus der Luft. Auch das Wohnhaus Pfitzners in München wird durch Bomben zerstört; Übersiedlung nach Wien-Rodaun. Beethoven-Preis der Stadt Wien. Hesse, *Das Glasperlenspiel*; Th. Mann, *Joseph und seine Brüder*; Sartre, *Die Fliegen.* Bartók, Konzert für Orchester.

1944 Gescheitertes Attentat auf Hitler; Invasion in der Normandie; Rückzug der deutschen Truppen bis Polen und Ungarn. Verleihung des Robert-Schumann-Preises der Stadt Zwickau, des Ehrenrings der Stadt Wien und einer Ehrengabe des Propagandaministeriums von RM 50.000 an Pfitzner. Sohn Peter fällt in Rußland (21. Februar). Besuch Pfitzners auf Einladung des Polengouverneurs und Mäzens Frank in Krakau. Paul Graener gestorben. Bartók, Sonate für Solovioline.

1945 Eroberung Deutschlands; Selbstmord Hitlers. Potsdamer Konferenz, Aufteilung Deutschlands in Besatzungsgebiete. Pfitzners müssen nach Garmisch-Partenkirchen fliehen; wegen eines Armbruchs Pfitzners werden sie in einem Krankenhaus untergebracht; die Amerikaner verbieten Pfitzner, öffentlich aufzutreten. Tod Franz Werfels und Béla Bartóks, Anton Webern wird versehentlich erschossen. Benjamin Britten, *Peter Grimes*; Honegger, 3. Sinfonie (»Liturgique«); R. Strauss, *Metamorphosen*; Bartók, 3. Klavierkonzert; Wolfgang Fortner, Sinfonie.

1946 Nürnberger Kriegsverbrecherprozeß; u.a. wird auch Frank zum Tode verurteilt; Beileidstelegramm Pfitzners. Übersiedlung Pfitzners in ein Altersheim in München-Ramersdorf. Letzter Briefwechsel mit Bruno Walter; »Anrempelung« durch Th. Mann in einem Beitrag zu Hesses 70. Geburtstag. Aufhebung des Auftrittsverbots. Tod Gerhart Hauptmanns. Saint-Exupéry, *Der kleine Prinz*; Zuckmayer, *Des Teufels General*. Schönberg, Streichtrio.

1947 Beginn des »Kalten Krieges«. Tod Ricarda Huchs. Wolfgang Borchert, *Draußen vor der Tür*; Albert Camus, *Die Pest*; Th. Mann, *Doktor Faustus*. Schönberg, *Ein Überlebender aus Warschau*; Strawinsky, *Orpheus*.

1948 Beginn der Berliner Luftbrücke; Bodenreform in der sowjetischen Besatzungszone. Pfitzner wird entnazifiziert und als nicht betroffen eingestuft; erster Schlaganfall. Sartre, *Die schmutzigen Hände*; Wilder, *Die Iden des März*. Theodor W. Adorno, *Philosophie der Neuen Musik*. Ermanno Wolf-Ferrari stirbt.

1949 Verabschiedung des Grundgesetzes und Gründung der Bundesrepublik Deutschland auf dem Gebiet der amerikanischen, britischen und französischen Besatzungszone; Theodor Heuss erster Bundespräsident, Konrad Adenauer erster Bundeskanzler; Währungsreform. Teilung Deutschlands. Die Wiener

Philharmoniker bieten Pfitzner eine Unterkunft an und feiern seinen 80. Geburtstag. Auf der Fahrt zu Geburtstagsfeiern in Frankfurt a. M. erleidet Pfitzner einen zweiten Schlaganfall; er stirbt am 22. Mai in Salzburg; Überführung in ein Ehrengrab auf dem Wiener Zentralfriedhof. 8. September: Tod Richard Strauss'. Thomas Mann hält zur Feier des Goethe-Jahres Vorträge in Frankfurt a. M. und Weimar (die für die Feier in Weimar komponierte Goethe-Kantate Pfitzners wird offiziell nicht bestellt und bleibt Fragment). George Orwell, *1984*. Egk, *Abraxas*; Orff, *Antigonae*.

1950 Gründung der dritten Hans-Pfitzner-Gesellschaft in München (ab 1954 erscheinen die Mitteilungen der Gesellschaft).
Tod der Weggefährten: 1951 Fritz Busch, 1954 Wilhelm Furtwängler, 1955 Thomas Mann, 1961 Percy Grainger, 1962 Bruno Walter, 1963 Mali Pfitzner.

Biographie

Pfitzner, um 1920

Kind und Dämon

Nicht an dem höhern und reichern Wuchs von Gipfeln und Zweigen ist der Genius am erkennbarsten, sondern am Fremdartigen des ganzen Gewächses. Jean Paul[1*]

Er ist »wohl anders, als man denkt« – zierlich gebaut müssen wir ihn uns vorstellen, nur 1,64 m groß, bis zum 60. Lebensjahr fast immer zu mager. *Vielleicht wäre etwas ganz anderes aus mir geworden, wenn ich nicht körperlich so dürftig wäre,* sagt er zu Alma Mahler[2]. Er trägt gern Hüte, doch wirken sie immer etwas zu groß. Früh schon zieht er die Schultern hoch, als müsse er den Kopf vor Schlägen schützen. Die meist größeren Gesprächspartner schaut er in den späteren Jahren mit einer eulenhaften Kopfwendung von schräg unten an. Bis zum 30. Lebensjahr behält er ein gleichsam schutzloses Jünglingsgesicht, ein Oberlippen- und ein Kinnbart aus blondem, dünnem Haar sollen es ein wenig erwachsener erscheinen lassen. In den Vierzigern ist sein Gesicht vom Leid gezeichnet, ergraut wirkt er nun älter, als er tatsächlich ist, so, wie wir uns den Palestrina seines Bühnenwerks vorstellen. Um das 60. Lebensjahr wird der Kinnbart abrasiert; das energische Kinn wird deutlicher sichtbar. Durch das volle, im Alter immer noch reichliche Haupthaar pflegt er beim Nachdenken gern von hinten her mit den Händen zu fahren; eine »Frisur« hat er nur beim Fotografen. Beherrschend steht ihm eine scharf vorspringende Nase im bleichen Gesicht[3]. Die wasserblauen, hellen Augen behalten bis ins Alter einen offenen, fragenden Kinderblick; seine Gesprächspartner schaut er stets voll an, als könne er sie durchschauen und wolle sich ihrer Ehrlichkeit versichern. Ein nervöses Schürzen der Lippen signalisiert Unwillen. Seine Stimme klingt eher zu hoch, leicht scharf und quengelig. Sein ein wenig altmodisches,

[1] Dieses Zitat hatte Pfitzner als Motto seiner Schumann-Biographie vorgesehen.

[*] In den Fußnoten werden lediglich Quellen, die nicht in der Bibliographie erscheinen, ausführlich belegt. Alle anderen Quellen werden nur in Kurzform zitiert; die vollständigen Angaben finden sich jeweils in der Bibliographie. Der Name »Hans Pfitzner« wird dabei regelmäßig als »HP« abgekürzt; für ein Verzeichnis der übrigen Abkürzungen s. S. 328.

[2] Alma Mahler, *Mein Leben*, S. 165

[3] Schrott, *HP*, S. 11; Levin, *Erinnerungen*, S. 58ff.

Bleistiftzeichnung von Emil Orlik, 1899

chevalereskes Auftreten wird unterstrichen durch die dunkelblaue Lavallière-Schleife, die er statt der Krawatte zu jeder Art von Bekleidung bis zum Ende seines Lebens trägt[4]. Wenn sich Pfitzner und seine Freunde Paul Cossmann und Josef Hofmiller während des Ersten Weltkrieges in München treffen, ist *nichts origineller zu sehen als die drei auffallend kleinen Freunde, zwei gedrungen und ruhig ausschreitend, der dritte, der Musiker, dünn und heftig zwischen ihnen agierend, in kurzen, eiligen Schritten und mit einem mageren hellen Spitzbart zwischen den beiden tiefschwarzen und roten Vollbärten, alle drei mit abenteuerlich verkniffenen Hüten*[5].

[4] nach Beschreibungen von Frau Annelore Habs (Tochter der zweiten Frau Pfitzners) und Herrn Prof. Gerhard Frommel (Schüler Pfitzners)
[5] Müller, *Mars und Venus*, S. 63

Eine asthenische Erscheinung, der die Nerven auf der Haut zu liegen scheinen. In der Jugend häufen sich Depressionen und Nervenzusammenbrüche. Im Februar 1896 schreibt der Freund Paul Cossmann, *daß es mit Hans sehr schlecht geht. Die hoffnungslose Lage (innerliche), in welcher er sich befindet, hat* [...] *den äußersten Grad erreicht. Das Körperliche ist dem entsprechend und ich fühle mich verpflichtet* [...] *seinen furchtbaren Zustand mitzuteilen.*[6] Während seiner Ehe in Berlin und Straßburg wiederholt seine Frau schon beinahe stereotyp die Feststellung, er sähe schlecht aus und sei überaus gereizt. Zu den Neuralgien und Halsbeschwerden treten zunehmend Gallenkoliken: Pfitzner muß sich 1924 operieren lassen. In den dreißiger Jahren verschlechtert sich sein Augenlicht zunehmend; ab 1938 kann er nur noch mit größten Schwierigkeiten selbst lesen, Operationen an beiden Augen helfen nur kurzfristig[7]. Seine Vitalität, Zähigkeit und Energie – mit 50 Jahren lernt er noch schwimmen[8] – lassen ihn gleichwohl 80 Jahre alt werden; er überlebt seine erste Frau Mimi und seine vier Kinder. Als er hört, daß sein jüdischer Freund Paul Cossmann 1943 in Theresienstadt umgekommen ist, meint er in fürchterlicher Bitterkeit, der habe den besseren Teil gewählt[9].

Es überrascht nicht, daß Pfitzner verschiedentlich erwogen hat, seinem Leben ein Ende zu machen[10]; *den allerletzten, finstern Schritt / nicht, weil er sündig, unterließ ich ihn, / nur, weil er sinnlos – gänzlich sinnlos ist*[11]. Seine *dämonische Energie*[12] und sein absolut sicheres Bewußtsein, ein Genie zu sein, fordern ihm aber sein *Erdenpensum*[13] ab. Wie jener Nachtfalter, der, obwohl aufgespießt, über Nacht noch seine Eier legt – ein Kindheitserlebnis, das Pfitzner bis ins Alter lebhaft bewegt[14] –, sieht sich Pfitzner verpflichtet, die in ihn hinein-

6 Brief Paul Cossmann an Frances Grun vom 7. 2. 1896 (NW 93)

7 Aus diesem Grunde dirigierte Pfitzner auch immer öfter auswendig, was ihm mitunter als anmaßende Pose angekreidet wird; vgl. Prieberg, *Musik im NS-Staat*, S. 225.

8 Schrott, *HP*, S. 29f.

9 Brief HP an Lulu Cossmann, Herbst 1946 (NW 312)

10 vgl. Brief HP an Lulu Cossmann, ca. 1894 (Abendroth, *HP*, S. 48f.; Schrott, *HP*, S. 3)

11 *Palestrina* I/4; HP hat mehrfach über den Tod und das Leben nach dem Tod geschrieben: *Über die persönliche Fortdauer nach dem Tode* (1926), SS IV, S. 55f.; *Gedanken über den Selbstmord* (1939), SS IV, S. 54; *Pantragismus und Pessimismus* (1944), SS IV, S. 45f.

12 *EB*, S. 556f.

13 *Palestrina* I/6; *EB*, S. 651

14 *EB*, S. 559 und 651

gelegte Musik mitzuteilen. Es ist sein *Gestaltungstrieb, der im Grund nichts anderes als ein höherer Spieltrieb ist*[15]. Freilich ist bei Pfitzner vom Glücksgefühl des Schaffens sehr viel weniger die Rede als davon, was eine solche *Leidenschaft für die Musik*, ein solches dämonisches und egoistisches Begehren zu komponieren, ein *sich Verstricken mit entsprechenden Schuldkonsequenzen* bedeutet, nämlich *ungewollte Qual*[16]. *Ich bin, solange ich lebe, Componist, und nicht Heiliger*[17], schreibt schon der Dreißigjährige. *Das Werk will geboren werden, es frägt nicht nach den Kosten* [...]. *Alle anderen Menschen dürfen an sich arbeiten, die Schaffenden müssen an dem Werk arbeiten* [...] *dafür müssen sie zahlen.*[18] Belastend auch die *Wachstumsschmerzen*[19], die inneren Auseinandersetzungen, die dem Werk vorausgehen. Die bis Wagner fortgeschrittene Emanzipation des Genies zur Selbstherrlichkeit, die einen eigenen Tempel in Anspruch nimmt[20] – sie schlägt bei Pfitzner um in kaum zu tragende Verantwortlichkeit und Belastung. Seine Frau Mimi nimmt ihn in seiner Gereiztheit auch ihr gegenüber feinfühlig in Schutz: *Ich muß einmal etwas Prinzipielles sagen – ich glaube nicht wie Du, daß Selbstbesinnung bei Hans zu moralischen Resultaten führen kann (moralisch im weitesten Sinne genommen), sondern nur zu ästhetischen* [...]. *Ich verkenne keineswegs den Ernst und die Hoheit auch seiner moralischen Kämpfe mit sich selbst – aber er führt sie um seinetwillen – nicht, weil er in dem Verhältnis zu mir* [ein] *Ziel sieht* [...].[21]

Ihn bedrückt *das Gefühl der seelischen Einsamkeit*, das ihm *schon früh allzu bekannt* ist[22]. Pfitzner brauchte stets den vertrauten Gesprächspartner; er ist, wie er Paul Cossmann einmal schreibt, *ein Sprechmensch* im Gegensatz zu den *Schweigemenschen*, die *ja in den*

15 HP, *Von deutscher Seele*, SS IV, S. 442
16 *EB*, S. 562; *WW*, S. 346
17 Brief HP an Paul Cossmann vom 10. 5. 1899 (SK 15a)
18 *WW*, S. 346
19 *Palestrina* I/6
20 Auch für HP betrieben 1903 Freunde das Projekt eines Festspielhauses; die Idee zum *Palestrina* ist zunächst die eines »Bühnenweihfestspiels« (Brief HP an Paul Cossmann vom 9. 3. 1903, *RS*, S. 294). 1910 ruft Marsop zu Spenden auf für ein Festspielhaus in Straßburg (vgl. Ermen, *Musik als Einfall*, S. 9f.). Noch 1924 gerät HP in Verdacht, *Palestrina* für Bayreuth vorgeschlagen zu haben (HP, *Offener Brief*, SS IV, S. 219f.).
21 Brief Mimi Pfitzner an ihren Bruder Felix Kwast vom 19. 10. 1924 (NW 110/4)
22 *EB*, S. 571

entscheidenden Momenten schweigen, wenn sie reden sollten[23]. *Es ist nur schade, daß man ihn so oft durch Schweigen verletzt, wo man überzeugt ist, nun gäbe es für keinen Menschen etwas anderes wie Schweigen*, schreibt Mimi[24]. Der umfangreiche Briefwechsel mit Cossmann, aber auch mit Mimi läßt uns heute noch einen Blick tun in Pfitzners Mitteilungsbedürfnis, in seine kindliche Sehnsucht, sich mit vertrauten Menschen über seine Probleme auszutauschen.

Verpflichtet das Bewußtsein, ein Genie zu sein, zur Existenz, so legitimiert es auch die Ausnahmeform der Existenz, die den Schaffensprozeß ermöglicht, und Forderungen, die der Komponist an die Mitwelt zu stellen hat. Insbesondere möchte er, daß seine Werke aufgeführt werden: *der dämonische Trieb, seine Werke aufgeführt zu sehen, der jedem Dramatiker innewohnt*[25] – was Pfitzner über Richard Wagner sagt, gilt auch für ihn selbst. Hier steht er sich geradezu verhängnisvoll im Wege: Einerseits fehlt ihm in Zeiten, in denen er auf bestimmte Aufführungen wartet, jede Ruhe zum Komponieren. *Solange ich auf etwas warten muß, werde ich nicht komponieren können. Eine Aufführung – natürlich gut – wäre meine Erlösung. Im vollsten Sinne des Wortes* [...] *Ich weiß, daß mir der Tod keine wäre, aber die Aufführung; das erstere wäre ja leicht zu erreichen!*[26] Andererseits muß die Aufführung natürlich gut sein – Walter Abendroth nennt dies Pfitzners *Sachlichkeit* oder besser *Ergriffenheit von der Sache*[27]. *Mit einer halben Sache mich zufrieden zu geben, dazu könnte ich mich nicht entschließen; mir ist es nicht um die äußere Ehre zu tun, sondern um anständige Aufführungen.*[28] Nicht selten ist er bereit, auf seine Gage zu verzichten, um eine Aufführung zu ermöglichen[29]. Seine Bedingung, bei Aufführungen seiner Opern bei der Besetzung der Rollen mitzureden, ja die Oberregie für sich zu fordern, führt bei Theaterdirektoren, bei Regisseuren und Dirigenten nicht selten zu ärgerlichen Reaktionen. Sie möchten sich *unter keinen Umständen von Herrn Pfitzner Bedingungen diktieren* lassen, *an die unsere her-*

23 *Br.*, S. 183
24 Brief Mimi Pfitzner an Paul Cossmann vom 3. 9. 1909 (NW 251/58)
25 HP, *Robert Schumann – Richard Wagner, eine Sternenfreundschaft*, SS IV, S. 119f.
26 Brief HP an Lulu Cossmann, ca. 1894 (Abendroth, *HP*, S. 48f.)
27 Abendroth, *HP*, S. 47f.
28 Brief HP an Margaritta Fischer vom 18. 12. 1928 (Abendroth, *HP*, S. 50)
29 vgl. Briefe HP an Alma Moodie (NW 27), an Max Brockhaus (NW 136) und Alma Mahler (*Br.*, S. 419)

vorragendsten Tondichter – für mein Theater wenigstens – nie im entferntesten gedacht haben[30].

Dieses Ernstnehmen einer Sache beschränkt sich nicht nur aufs eigene Werk, es ist eine intensive, völlig absorbierende Konzentration auf das, womit er sich jeweils beschäftigt. Bruno Walter erzählt eine köstlich-typische Episode aus den Stunden vor der Premiere der *Rose vom Liebesgarten* unter Gustav Mahler in Wien: *Pfitzner war in Wien eingetroffen und wohnte bei mir als anregender und lieber Hausgenosse, der einen beträchtlichen Teil seiner Zeit als »Onkel Hans« mit unserem zweijährigen Töchterchen spielend verbrachte und überhaupt so heiter, gesellig und mitteilsam war, wie er nur sein konnte, wenn die Sonne sich in günstiger Stellung zu den Planeten befand. Aber die Konstellation schien sich zu verschlechtern, und Pfitzners Stimmung sank. Die Hauptsängerin seines Werkes erkrankte einige Tage vor der Premiere, und wo sollten wir eine andere Minneleide auftreiben?* [...] *Das war die Schicksalsfrage, die uns alle mit banger Erwartung und Pfitzner mit einer nur bei ihm denkbaren Mischung von Hoffnungslosigkeit und Spannung erfüllte* [...] *Da die Entscheidung aus Graz erst am nächsten Mittag nach 12 Uhr zu erwarten war, machte ich den Vorschlag, wir Freunde sollten uns um 9 Uhr früh im Hotel* [...] *um Pfitzner versammeln und ich würde versuchen, ihm über das Schneckentempo der Zeit durch Vorlesen hinwegzuhelfen. So geschah es – trotz Pfitzners müder Ablehnung. Wir saßen im Hotelzimmer um den Deprimierten, und ich begann, Lipiners »Hippolytos« vorzulesen. Anfangs unaufmerksam und gleichgültig, begann Pfitzner bald zuzuhören und allmählich wuchs seine Spannung und Teilnahme, bis er an meinen Lippen hing. Die Stunden vergingen unbemerkt und plötzlich klopfte es, die Türe öffnete sich und herein stürzte ein Beamter der Hofoper und rief: »Meine Herren, soeben ist aus Graz ... «, aber Pfitzner unterbrach ihn ärgerlich mit den Worten: »Bitte um Ruhe – nicht stören«, wandte sich dann an mich und sagte: »Bitte lies weiter«* [...] *So spannungsvoll konzentriert habe ich Pfitzner das ganze Leben hindurch gefunden – hier lag die Quelle seiner Kraft und seiner Leiden*.[31]

[30] Brief L. Sachs, Direktor des Stadttheaters Halle, an den Verleger Max Brockhaus vom 19. 7. 1918 (NW 136); vgl. auch Briefe HP an den Dortmunder Intendanten Maurach vom 14. 4. 1921 (NW 140) und an den Mannheimer Kapellmeister Hoesslin vom 12. 7. 1920 (NW 140)

[31] Walter, *Thema und Variationen*, S. 223f.

Wo es um eine Sache geht, ist Pfitzner ausgeglichen und von erstaunlichem menschlichem Verständnis. So berichten seine Schüler aus dem Unterricht bei ihm oder Orchestermitglieder aus den Proben unter ihm, mit wieviel Geduld und Einfühlungsgabe die gesetzten hohen Ansprüche verfolgt werden[32]. Zahllos sind die Beispiele, in denen er sich für das Fortkommen seiner Schüler und für Aufführungen ihrer Werke einsetzt[33]. Oft und gern führt er Besuchern eigene oder andere geliebte Werke vor; Klaus Mann berichtet, wie er elfjährig (1917) einen Besuch bei Pfitzner machte: *Frau Pfitzner, deren große, dunkle und sanft-gescheite Augen ich nie vergessen habe, war aufs mütterlichste freundlich zu mir* [...] *Pfitzner sang und spielte uns auf dem Flügel die ganze Partitur aus »Don Giovanni« vor. Seitdem habe ich ihn nie wieder spielen hören, aber das Schauspiel dieser besessenen Musikalität, das sogar auf das Kind erregend wirkte, ist mir unverwischbar im Gedächtnis geblieben.*[34] Als der Bruder Paul Hindemiths, Rudolf, Pfitzner 1926 beichten muß, daß er beim Studium von dessen cis-Moll-Quartett das Originalmanuskript des I. Satzes im Zug liegengelassen und trotz aller Mühe nicht wiederbekommen hatte (in Wirklichkeit soll, so Hindemiths Schüler Dietrich Erdmann, das Manuskript von Rudolfs Hunden gefressen worden sein), geht Pfitzner mit nur einem Satz über diesen für ihn gewiß ärgerlichen Verlust hinweg und wendet sich wieder den Sachfragen der Uraufführung zu[35].

Ich bin ein böser Kerl, und in meinen Adern fließt nicht gerade Limonade – fast stolz klingt diese Selbstbeschreibung Pfitzners[36], und Thomas Mann nimmt die finstere Energie seines Adrian Leverkühn aus dem *Doktor Faustus* vorweg, wenn er Pfitzner charakterisiert: *Im übrigen ist er zum sich wohl fühlen wohl nicht geboren: ein schwieriger, wunder, zwiespältiger Mensch, glaube ich, der bei aller Liebe*

[32] Beiträge der früheren Schüler zum Thema HP als Lehrer in HPM 20, S. 9f.; vgl. auch Else Betz in: *HP. Ein Bild in Widmungen*, S. 95f.; Gerhard Frommel, *Autobiographische Skizze*, in: Cahn/Osthoff/Vogel (Hgg.), *Gerhard Frommel*, S. 34; Gerhard Frommel, *Tradition und Originalität*, S. 189f.; auch HP, *Über den Orchestermusiker*, SS IV, S. 176f. und *An meine lieben Münchener Philharmoniker*, SS IV, S. 396f. sowie Schrott, *HP*, S. 12

[33] Beispiele finden sich im Briefwechsel mit Alma Moodie (NW 27), in Briefen an Leo Kestenberg (NW 123 und 189) und an Lulu Cossmann (*Br.*, S. 1018).

[34] Klaus Mann, *Kind dieser Zeit*, S. 63

[35] *Br.*, S. 425

[36] Schrott, *HP*, S. 13

zum erlösenden »Intellekt« von der bösen Willenswelt seines zweiten »Palestrina«-Aktes ohne Zweifel viel in sich trägt.[37] Alma Mahler vergleicht ihn in seinem Aussehen, aber auch in der *skurrilen Art und Bosheit* mit Hugo Wolf[38]. Da gibt es ein übersteigertes Rechtsgefühl, besonders dann, wenn ihm durch wohlmeinendes Handeln anderer *die Verantwortung gestohlen* wird – Pfitzner widmet dem ein ganzes Kapitel seiner *Eindrücke und Bilder.* Alles gerinnt ihm alsbald zu Denkschriften, ob es sich nun um den *Boykott meiner Werke* an den Opern in Berlin und München handelt, um die Affären anläßlich der Uraufführung seiner Oper *Das Herz* in Berlin, um seine Pensionierung an der Münchener Akademie der Künste, um sein Verhältnis zu seinen Kindern oder um die Behandlung seiner Werke im Dritten Reich[39]. Auseinandersetzungen erhalten bei Pfitzner rasch etwas Prinzipielles und werden konsequent bis zum bitteren Ende geführt; Michael Kohlhaas war eine Figur, die Pfitzner außerordentlich schätzte.

Eng damit zusammen hängt die Einstellung Pfitzners zum »sich selbst treu bleiben«; er ist davon überzeugt, daß jeder Mensch *seine Natur* hat, nach der er leben müsse; *gegen unsere Natur wird natürlich keiner von uns können, ungestraft, und keiner wollen, daß der andere zu gehen versucht*[40]. Als der Freund Cossmann 1906 katholisch wird, ist dies für Pfitzner ein gänzlich unverständlicher Schritt, selbst noch im Alter: *Ich begreife es, wenn diesen Schritt ein armes, altes dummes Weiblein tut, welches niemanden auf der Welt hat und irgendeine geistige Heimat, eine Anlehnung und Bindung sucht, aber nicht von einem in der Fülle des Lebens stehenden Gelehrten. Ich hätte damals, als ich das erfuhr* [...] *gleich die äußersten Konsequenzen ziehen und ihm bedeuten sollen, daß unsere Lebenswege von jetzt an nicht mehr zusammengehen.*[41] Bis zum Starrsinn hält Pfitzner an einmal gefaßten Überzeugungen fest und verfolgt eine Konsequenz auch dann noch, wenn er weiß, daß sie nicht mit der Realität übereinstimmt. So schreibt er, nachdem er seinem Sohn Peter Hausverbot

[37] Brief Thomas Mann an Bruno Walter vom 24. 6. 1917 (Mann, *Briefe*, S. 137)
[38] Alma Mahler, *Mein Leben*, S. 165
[39] SS IV, S. 201f., 313f., 235f., 321f.; Briefe an den Bayerischen Ministerpräsidenten (*Br.*, S. 663), an den Oberbürgermeister von München (NW 89/60); Denkschriften zu Sohn Peter (BayStB Cgm 8262) und Tochter Agnes (NW 4/43)
[40] Brief HP an Paul Cossmann vom 6. 8. 1906 (*Br.*, S. 127)
[41] *EB*, S. 593

Porträtzeichnung von Emil Preetorius, um 1924

erteilt hat, an Cossmann: *Nun ist eine Situation geschaffen, die weder seinem wahren Verhältnis zu mir, noch dem meinigen zu ihm entspricht. Das ist das Tragische in der Sache.*[42]

Diplomatische Kompromisse gehen Pfitzner gänzlich gegen die Natur. Die Verhältnisse zwischen ihm und anderen müssen völlig klar sein. Von seinen Freunden, seiner Familie verlangt er *die natürliche Empfindung des zu-einander-Haltens, wenigstens im Augenblick des Streitens* mit anderen[43]. Zahlreich sind die Fälle, in denen er sich mit Freunden überwirft, weil sie für jemanden, der anderer Meinung ist als er, Partei ergreifen. Auch die Verhältnisse anderer untereinander möchte er geklärt sehen. Pfitzner kann es nicht aushalten, je-

[42] *Br.*, S. 490
[43] Brief HP an Mimi Pfitzner (NW 430)

mandem die Wahrheit nicht zu sagen, auch wenn der sie nicht schätzen kann. Bruno Walter dazu: *Unsere Ansichten divergieren in folgendem: Du fühlst als Freundespflicht, dem Freunde unfreundliche Reden und Gesinnung Dritter, die sich in deiner Gegenwart oder zu dir äußerten, mitzuteilen; ich fühle als Freundespflicht, dem Freunde derartiges, wie überhaupt alles Unangenehme, das nur unnütze Aufregung und unfruchtbaren Ärger bringt, zu verschweigen.*[44] Doch Pfitzner hält diplomatische Bemühungen nicht nur für Bemühungen um nicht hinnehmbare Halbheiten, sondern auch für zeitraubende Umwege, die er glaubt, sich nicht leisten zu können. Er hat angesichts sich hinziehender Verhandlungen um Aufführungen oder Anstellungen das *Gefühl, immer und immer noch von jeder Art Möglichkeit des Schaffens weggeschwemmt zu werden; dies treibt mich zur Gewaltsamkeit, die bald durch nichts mehr zurückzuhalten sein wird, und in der (ohne daß es mein Verstand eigentlich hofft) vielleicht auch die einzige Möglichkeit zu einem Umschwung liegt.* Und er sieht auch hier die unaufhaltsame Tragik: *Traurig ist, daß auch Mimi das Verständnis für mein Leben verliert, dadurch, wie es jetzt ist; und dadurch, daß ich allerdings ja selbst vergesse und vergessen muß, wozu ich eigentlich da bin.*[45] Man rauft sich die Haare, wenn man im Nachlaß liest, wie ein Komponist sich nahezu systematisch mit Intendanten, Regisseuren, Dirigenten und Sängern anlegt, die er doch für die Aufführung seiner Werke dringend bräuchte; man staunt, wie viele Persönlichkeiten es dann doch gibt, die ungeachtet der persönlichen Mißhelligkeiten Pfitzners Musik auch weiterhin pflegen (z.B. Bruno Walter, Wilhelm Furtwängler, Karl Erb, Paul Bekker, der Kölner Generalintendant Spring); aber man ahnt dann auch, weshalb sich die Zahl der Aufführungen mindestens zu Pfitzners Lebzeiten in Grenzen hielt.

In diesen Zusammenhang gehört auch die Geschichte der Widmungen seiner Werke; oft dienen sie dem Zweck, Interpreten zur häufigen Aufführung der ihnen gewidmeten Werke zu veranlassen. Taten sie es dann nicht, gab es heftige Auseinandersetzungen mit den Widmungsträgern bis hin zum Entzug der Widmung[46].

[44] Brief Bruno Walter an HP vom 14. 4. 1910 (Walter, *Briefe*, S. 106)
[45] Brief HP an Paul Cossmann vom 16. 11. 1909 (NW 47/32)
[46] Widmungen dieser Art erhielten u.a. der Sänger J. Messchaert (op. 22/1 und 2), der Dirigent Fritz Busch (op. 31) sowie das Sängerehepaar Karl Erb und Maria Ivogün (op. 33).

Hans Pfitzners heftiges Bedürfnis nach verläßlichen, klaren Verhältnissen dürfte seine Wurzel einerseits in seiner übergroßen Verletzlichkeit, andererseits in seiner erstaunlich naiven Realitätsferne haben. So schildert Pfitzner eine ihm wichtige Charaktereigenschaft: *Ich habe von jeher das Phänomen an mir wahrgenommen, daß ich mich immer mehr auf eine Sache gefreut habe, als diese Sache genossen; was vorher in der Phantasie herrlich war, wurde durch die Erfüllung nicht etwa gesteigert, sondern brachte Enttäuschungen* [...] *Diese »Phantasie der Erwartung« kann mir noch Streiche spielen* [...] *Ich bin enttäuscht und verärgert, wenn, sagen wir, ich zu einer bestimmten Stunde die und die Person erwarte und eine davon nicht eintrifft, – nicht etwa, daß das Kommen dieser Person notwendig und mir besonders lieb wäre – nein, weil in meinem Kopf, meiner Phantasie vorher schon die verabredete Zusammenkunft so deutlich stattgefunden hat, daß, wenn sie sich nicht genauso in der Wirklichkeit wiederholt, ich jede Abweichung als Störung von etwas schon Daseiendem empfinde, einer bestehenden Ordnung; ich muß mich erst wieder dareinfinden und das vorher fertige Bild nachträglich korrigieren. Daß die daraus entstehende Verstimmung stets nicht verstanden wird – wenn auch zugegeben daß sie unvernünftig sei –, scheint mir ein Beweis zu sein, daß nicht viele Menschen diese Art von Phantasie kennen.*[47] Immer wieder kommt es zur Enttäuschung über den *Zwiespalt der Erwartung und der Gegenwärtigkeit*[48]. Der Blick auf die geliebte goldene Taschenuhr ist eine typische Bewegung Pfitzners; Zeitpunkte für Begegnungen werden genau vorgegeben (auf den Straßburger Konzertprogrammen steht als Beginn *präzis 20.00 Uhr*). Die Stieftochter Pfitzners, Frau Annelore Habs, berichtet, wie ihr Verlobter bei seinem ersten Besuch im Hause Pfitzner gut instruiert pünktlich um 20 Uhr an der Haustür läutete und als erstes die Belehrung vernehmen mußte, daß er, wenn eine Einladung für 20 Uhr ausgesprochen sei, um 20 Uhr im Zimmer und nicht erst vor der Haustür zu sein habe[49].

Überlagert hier schon nach Pfitzners Erklärung die Phantasie die Realität, so setzt sich dies auch unabhängig von Erwartungen im schlichten Alltag fort, vielleicht ein Erbteil des Vaters, der *in Lebensdingen bis zur Ängstlichkeit schüchtern* war[50]. *Das Kindliche seiner Na-*

[47] *EB*, S. 560f.
[48] ebda.
[49] mündliche Äußerung von Annelore Habs gegenüber dem Autor (1986)
[50] *EB*, S. 566

Karikatur von H. Lindloff, 1912

tur macht ihn ungeeignet zum sogenannten Leben der Erwachsenen, schreibt Cossmann 1904[51], und Mimi Pfitzner ist noch 1921 *immer von neuem erschreckt, wie wenig er immer noch die praktischen Angelegenheiten praktisch behandelt*[52]. Pfitzners Naivität stößt ständig mit der »Welt« zusammen: so etwa, als die Mutter seines Librettisten James Grun auf Abschluß eines Tantiemenvertrags hinsichtlich des *Armen Heinrich* drängt[53]. Noch der Komponist des *Palestrina* muß sich bei seiner Frau erkundigen, wie man Geld überweist, und weiß

51 Cossman, *HP*
52 Brief Mimi Pfitzner an Willy Levin vom 15. 2. 1921 (NW 140)
53 *EB*, S. 606f.

nicht, was ein Kreditbrief ist[54]. Letztlich benötigte Pfitzner immer einen vertrauten Dolmetscher, der seine Welt mit der Realität versöhnte. In der ersten Hälfte seines Lebens sind dies sein Freund Cossmann und seine Frau Mimi; nach ihrem Tod häufen sich die Auseinandersetzungen auch mit Freunden und – in nachgerade antiktragischer Weise – mit seinen Kindern.

Kindlichkeit einerseits, Suche nach Verläßlichkeit andererseits drücken eine tiefe Heimatlosigkeit aus, die ihrerseits eine Erklärung für sein zunächst latentes, später – nach Versailles – flagrantes Nationalgefühl sein könnte. Ausgerechnet er mußte immer wieder in veränderten Lebensumständen leben. Aus seiner Kindheit berichtet er, *wir wechselten sehr oft die Wohnungen, zogen sozusagen immerfort um*[55]. *Auf Heimatsuche war er lebenslang. Wer nirgends richtig hingehört, dem ersetzt oft die Tradition Heimat. Der Traditionsbruch als Programm der Moderne verstörte ihn mehr als die Errungenschaften der Moderne. Das Gewordensein war für ihn ein Wert, der zu retten war. Er wandte sich weniger gegen das Neue als gegen die Zerstörung des Gewordenen* – so versucht Wilhelm Killmayer ihn zu verstehen[56].

Hans Pfitzner empfindet früh die Schwierigkeit, Kunst zu schaffen in einer Zeit, deren Tendenzen immer feindlicher für eine Kunst werden, wie er sie versteht. *Unser Leben wird immer maschineller, immer nüchterner, aller Innerlichkeit abholder; die Bestrebungen gehen nach Vervollkommnung im äußerlichen Sinne auf jedem Gebiet. Das Leben wird immer schneller, die Menschen leben immer zweckmäßiger, haben immer weniger Zeit. Bei der rapiden Entwicklung aller sonstigen geistigen Lebenselemente glaubt die Kunst nicht dahintenbleiben zu müssen, und dies erzeugt das Phänomen einer, ich möchte sagen, geistigen Kunstströmung, die sich in krampfhaft hastigem Suchen nach neuen Kunstwerken und -anschauungen äußert. Zugegeben, daß die Technik auch der Künste von dem regen Zeitgeist profitiert, so muß doch eigentlich das Tiefste, die Seele, die Innerlichkeit der Kunst in unserer Zeit arg zu kurz kommen.*[57] Im *Palestrina* wird die Distanz verallgemeinert: *Hast Du vom Leid der Welt noch nicht gehört, / davon die Dichter sagen? / Man geht und weint, weil man geboren ist.* Die sich zu Beginn dieses Jahrhunderts anbahnende Zeitenwende stellt

[54] Schrott, *HP*, S. 126; Levin, *Erinnerungen*, S. 59
[55] *EB*, S. 558
[56] HPM 55, S. 33ff.
[57] HP, *Webers »Freischütz«*, GS I, S. 79

Pfitzner, um 1920

den in der Tradition verwurzelten Künstler vor das Problem der Entfremdung, er läuft Gefahr, überständig zu werden, ein Letzter zu sein – eine Situation, die Pfitzner im *Palestrina* exemplarisch gedichtet und komponiert hat[58].

Der »Sprechmensch« sehnt sich nach Geselligkeit. Schon in der Jugend bildet er die Gewohnheit aus, abends – gegebenenfalls nach Aufführungen – mit anderen beim Wein zu sitzen[59]. Dann war er *der*

58 Adamy, *Das »Palestrina«-Textbuch als Dichtung*, S. 49
59 *EB*, S. 610 und 628

geselligste, aufgeschlossenste Mensch, der Güte, Humor und Wärme atmet, Heiterkeit, Witz und Übermut versprüht, ein bestrickender, liebenswürdiger Gastgeber[60]. Er liebt das anspruchsvolle Gespräch und zitiert gern aus seinem schier unerschöpflichen Vorrat an Literaturkenntnis; dann wieder ist er ein *gewaltiger Streiter, begabt mit Schärfe der Formulierung, einfallsreich in der Diskussion. Ich möchte ihn keinen Meister des Gesprächs nennen, da er zuwenig um Zuhören bemüht, zu leidenschaftlich von seiner eigenen Ansicht beherrscht war. Was ihm aber an Breite des Wesens fehlte, ersetzte er durch Intensität, und es dürfte niemand mit ihm ins Gespräch gekommen sein, der sich nicht davon bereichert gefühlt hätte. Er kannte aber nicht nur das dialogische ernste Sichverschwenden, er liebte auch das kindliche Gespräch im Familienkreis, das vergnügte Beisammensein mit Freunden beim Wein, dem er sehr ergeben war, und er zeigte sich unerschöpflich im witzigen Einfall, ja von allen mir bekannten Musikern kam er als einziger Bülow nah im Kalauer.*[61] *Er ist,* schreibt Cossmann 1904, *von allen Menschen, die ich kenne, der witzigste und humorvollste* [...] *Sein Sinn für das Humoristische, insbesondere auch ein unübertreffliches Nachahmungstalent*[62], wird vielfältig überliefert.

Im übrigen war er auch Frauen gegenüber keineswegs unempfänglich, auch wenn er sich als *Stümper in der Liebe* bezeichnete[63]. Die beträchtliche Zahl von Briefen zahlreicher Verehrerinnen im Nachlaß verrät vor allem nach 1926 vielfältige Beziehungen. Fritz Busch schildert sein erstes Zusammentreffen mit Pfitzner anläßlich seiner *Palestrina*-Aufführung in Stuttgart 1918: *Hans Pfitzner erwies sich als der Mann, den man uns geschildert hatte: Unzufrieden mit allem, beleidigt, sobald man nur den Mund auftat, und trotz vorgerückter Jahre nach der ersten Probe regelmäßig in die jeweilige Darstellerin des jungen Palestrina-Sohnes Ighino verliebt.*[64] Freundlicher zeichnet eine Studentin aus der Straßburger Zeit das Bild Pfitzners etwa nach einer Premiere: *Er lachte, er strahlte, er sah in seiner Freude ganz jung aus, ein ausgesprochen kindlicher Ausdruck lag auf seinem Gesicht* [...] *Er stand vor zwei jungen Damen aus seiner Opernklasse und schaute zu ihnen auf, er hatte mit überströmender Herzlichkeit mit beiden Händen ihre Hände gefaßt und redete eifrig mit ihnen. Alles*

60 Abendroth, *HP*, S. 55; Schrott, *HP*, S. 21f.; Thea von Seuffert-Bach, HPM 56, S. 25ff.
61 Walter, *Thema und Variationen*, S. 163; Seidl berichtet über ausgeschmückt erzählte »Zoten-Anekdötlein« (Seidl, *HP*, S. 9f.).
62 Cossmann, *HP*
63 *EB*, S. 647
64 Busch, *Aus dem Leben eines Musikers*, S. 124

an ihm war erregt und heiß, er hatte den Ausdruck bezwingender Liebenswürdigkeit im Gesicht, den er Frauen gegenüber so oft hatte, es ging ein Strom von Licht und Wärme von ihm zu ihnen, er sah aus wie ein feiner blonder Junge, und die Damen standen und sahen ihn leuchtend aus dunklen Augen an.[65]

Bruno Walter hat uns die treffendsten Beobachtungen hinterlassen; so rechnet er den Fünfzigjährigen zu jenen instinktstarken, wurzelhaften, eigenartigen und eigenwilligen Naturen, deren Wesen Romantik ist; *sie haben wenig Breite, aber große Tiefe. Der Welt gegenüber folgen sie, willig oder unwillig, fast nur ihren Instinkten; denn so hell und mächtig das Licht der Vernunft in ihnen sein mag – und es ist bei Pfitzner z.B. von einer erstaunlichen Kraft –, mir scheint, es leuchtet nur nach innen und in diejenige geistige Sphäre, mit der ihr Talent sie verknüpft; hinaus in die Welt, auf das »Andere« fällt es wohl nicht. Sie leben in ihren Gedanken- und Gefühlskreisen mit beispielloser Intensität; was aber nicht dahingehört, sehen sie überhaupt nicht. Sie haben ein triebhaftes Verhältnis heißer Liebe und innerster Bedüftigkeit zu den Menschen; aber es kann sich nicht durch Erfahrungen regulieren und zu irgendeiner, wenn auch noch so resignationserfüllten Art von Harmonie mit dem Leben entwickeln. Fremd zu sein in der Welt, das Los und Leiden jedes Künstlers, ist deshalb niemandem schmerzhafter und anhaltender fühlbar als diesen in ihr eigenes schärfst umschriebenes Wesensgebiet dämonisch gebannten Naturen* [...] *Die ganze heiße Lebenskraft stürzt sich auf das, was der Augenblick gerade bietet; – hier liegt die Stärke und die Schwäche, der persönliche Reiz und das Befremden seines Wesens.*[66] Da ist alles gesehen: Naivität, Besessenheit und eine Intelligenz, die an den Realitäten vorbeischießt. Kind und Dämon, die Sehnsucht nach der Schönheit des Paradieses und der Trieb zum Dunklen, Geisterhaften, das »Leid der Welt«, die »Sympathie mit dem Tode«. Hier liegt die Tragik des Menschen Pfitzner: *Daß ich was schaffen kann, muß mir immer das oberste Prinzip bleiben, wie tief ich als Mensch leide und mich selbst vergewaltigen muß, Nebensache. Das ist der Fluch meiner zehnfachen Einsamkeit, daß ich sie nicht empfinden darf, wenn sie mir fruchtbar werden soll.*[67] Seine Einsicht liegt ganz in der Nähe seines Lieblingsdichters Heinrich von Kleist: *Vielleicht ist mir überhaupt nicht zu*

[65] Ilse Jordan, HPM 5, S. 7f.
[66] Bruno Walter, in: Kroll, *HP*, S. 47f.
[67] Brief HP an Paul Cossmann vom 9. 5. 1903 (*RS*, S. 293)

helfen.[68] Aber genau hier liegt auch das Besondere des Komponisten Pfitzner: eine Musik, die zugleich von der Verwurzelung im Paradies der Romantik und der existentiellen Bedrohung des Menschen im 20. Jahrhundert kündet.

Die unausweichliche, komplizierte Grundstruktur seiner Persönlichkeit wird blitzartig beleuchtet von einem frühen Traum, den Pfitzner noch im Alter als erstes Kapitel seiner *Eindrücke und Bilder*, gleichsam programmatisch, überliefert: *Wir saßen alle im Zimmer, dessen Fenster nach dem Leonhardtsplatz lagen. »Wir« waren alle mir damals bekannten Menschen außer meinem Vater; also meine Mutter, Geschwister und noch irgendeine oder zwei fremde weibliche Personen aus dem Hause, Nachbarin oder Magd – ich weiß es nicht. Und zwar saßen wir alle auf Stühlen, die wie zu einer Theatervorstellung oder sonstigen Vorführung für das Publikum gestellt waren, mit den Gesichtern auf das nächste Zimmer zu, dessen Türe offen war. Dort sollte etwas kommen, was von uns allen erwartet wurde, etwas Gefährliches, zu Bestehendes. Ich stand auf, ungeduldig, und sah durch die Scheiben des Fensters auf den Platz. Da sah ich eine Hexe, furchterregend und groß, mit einem Mann kommen; sie kam über den Platz auf unser Haus zu; ich wußte, daß sie es war, die erwartet wurde, zu »bestehen« war. Sie ging allein, ohne den Mann, ins Haus hinein; ich setzte mich wieder auf meinen Stuhl. Wir fühlten, daß sie jetzt die Treppe heraufkam, sodann im Nebenzimmer durch die – uns unsichtbare – Eingangstür erschien. Sie war da. Es war eine Stimmung bei uns im anderen Zimmer als: »Wer soll nun zu ihr hingehen?« Ich stand an der Eingangstür und stellte mich gerade vor sie hin. Da nahm sie eine Stecknadel mit großem schwarzen Kopf vom Busen und steckte sie mir ruhig bis an den Knopf vorne in den Hals.*[69]

68 Brief HP an Willy Levin vom 12. 2. 1909 (*RS*, S. 299)
69 *EB*, S. 557f.

Frühe Leidenschaft zur Musik

Das Lied soll schauern und beben ...
Heinrich Heine[70]

Der deutsche Komponist Hans Pfitzner läßt sich nur mit Schwierigkeit einer deutschen Landschaft zuordnen. In Moskau am 5. Mai 1869 geboren, in Straßburg auf dem Höhepunkt seiner beruflichen Entfaltung, in Salzburg am 22. Mai 1949 gestorben und in Wien begraben – die wesentlichen geographischen Eckpunkte seiner Biographie liegen außerhalb der Grenzen des Deutschen Reiches von 1937. Wenn überhaupt, dann assoziieren wir München und Umgebung mit Pfitzner; dort hat er immer leben wollen, dort hat er während der zweiten Hälfte seines Lebens gelebt. Gleichwohl war Pfitzner seiner Herkunft nach kein Süddeutscher. Sein Vater Robert (1825–1904) stammte aus Frohburg, einem Städtchen ziemlich genau auf der Mitte zwischen Leipzig, dem Geburtsort Wagners, und Zwickau, dem Geburtsort Schumanns. Schon der Großvater Gottfried war dort »Musikmeister« gewesen; der Vater erhielt seine Musikbildung am gerade gegründeten Konservatorium in Leipzig – er ist der sechste eingetragene Schüler dieses Instituts – unter Felix Mendelssohn Bartholdy und Joseph Joachim. Als Orchestergeiger verschlägt es ihn an die Moskauer Oper; in Moskau heiratet er Wilhelmine geb. Reimer (1841–1924), Kind Hamburger Eltern, aber in Moskau aufgewachsen. Sie *hatte sich in Rußland so akklimatisiert, daß sie fast mehr als Russin denn als Deutsche wirkte.* Obwohl sie *geistig sehr regsam, talentiert, vielseitig* war und *über ein großes Sprachtalent* verfügte, galt Pfitzners Liebe dem Vater, von dem er *die Solidität des Wesens, das spezifisch Deutsche, aber auch die Weichheit, die oft bis zur Unentschiedenheit, ja Schwäche geht*, geerbt haben will[71].

In Pfitzner vereinigen sich mithin sächsisches und hanseatisches Erbe, vor allem aber die extrem unterschiedlichen Charaktereigenschaften seiner Eltern: die Mutter tatkräftig und dynamisch, der Vater in sich gekehrt, antriebsschwach und geistig wenig interessiert.

[70] *Buch der Lieder*; Motto von HPs Violoncellosonate op. 1

[71] Die Darstellung von HPs Biographie in diesem und dem nächsten Kapitel folgt *EB*, und alle diesbezüglichen Zitate wurden, soweit nicht anders angegeben, dort entnommen.

Die Eltern Robert und Wilhelmine Pfitzner

Frankfurt am Main wird der Ort, an dem Pfitzner aufwächst; 1872 wird der Vater dort Musikdirektor (Konzertmeister) am Stadttheater. In der Familie ist Hans der Jüngste neben seinem zweieinhalb Jahre älteren Bruder Heinrich und der noch älteren unehelichen Tochter seiner Mutter, Else. Die häuslichen Verhältnisse sind kleinbürgerlich beengt; die Familie zieht häufig um – das Melderegister enthält von 1872 bis 1887 14 Wohnsitze. Die Mutter strebt aus der Enge heraus. Sie schreibt Geschichten und Märchen. Um die Haushaltskasse aufzubessern, erteilt sie Sprachunterricht (auch Hans konnte angeblich etwas Russisch[72]) und nimmt gelegentlich auch zahlende Gäste auf; die Kinder werden dann provisorisch untergebracht.

Früh zeigt sich Hans' Neigung zur Musik. Freilich bedarf es einiger Anstrengung, sich mit dieser Neigung in der Familie durchzu-

[72] Michael Goldstein, HPM 40, S. 15f.

Die Brüder Hans und Heinrich Pfitzner, um 1876

setzen: Nach der Familientradition erhält zunächst der ältere Bruder Musikunterricht beim Vater; Hans muß mit Klavierstunden bei der Mutter vorliebnehmen. Ein jahrelanger Streit mit dem Bruder um den *Platz am Klavier* entbrennt. Der Grund wird gelegt für den Minderwertigkeitskomplex, ewig der Zweite zu sein. Hans, erheblich motivierter im Klavierspiel als der nur durchschnittlich begabte Bruder, gewinnt schließlich ebenfalls den Vater als Klavierlehrer, wird von ihm auch in die Anfangsgründe der Harmonielehre eingeführt und drängt ihn schließlich, die ersten Kompositionen zu notieren, was der Vater nur widerwillig macht, weil er mehr von der Beherrschung eines Instruments als vom Notenschreiben hält. Das Heft, in das der Vater die Kompositionen notierte, ist nicht mehr erhalten; einige Klavierwerke, die schon selbst aufgezeichnet sind, liegen im Nachlaß[73]. Ein Thema, das dem Zwölfjährigen auf dem Schulhof einfiel, wird »fortgeschrieben«: Pfitzner hat es als Hauptthema im Schlußsatz des Streichquartetts op. 13 und für den Chor *Alle Engel freuen sich* in der Oper *Das Christ-Elflein* verwendet.

Das Verhältnis zum Bruder Heinrich blieb immer zwiespältig. Nach der gemeinsamen Zeit am Konservatorium ging Heinrich 1891 in die USA und war in Nuncic oder Muncie (?) als Organist, Komponist und Dirigent tätig[74]; zweimal kehrte er hilfesuchend nach Deutschland zu Hans zurück, der ihm 1893 erst seinen Posten am Konservatorium in Koblenz »vererbte« und dann noch einmal am Sternschen Konservatorium in Berlin 1899 eine Stelle beschaffte: beide Male verließ Heinrich diese Positionen alsbald wieder. Als er nach dem Tod seiner Frau 1926 erneut hilfesuchend zu Hans nach Unterschondorf zurückkehrt, weist ihm dieser, vergrämt über das frühere Verhalten und noch unter dem Eindruck des Todes seiner eigenen Frau, die Tür; am nächsten Tag fährt er ihm allerdings voller Reue bis Hamburg nach, findet ihn aber nicht mehr und verliert ihn aus den Augen – eines der zwanghaften Schicksale im Umkreis Pfitzners. Wo Heinrich danach tätig war, wann und wo er gestorben ist – wir wissen es nicht.

[73] vgl. Rectanus, *Pfitzners frühe Werke* und HPM 52, S. 44ff.; Cahn, *Das Hoch'sche Konservatorium*, S. 109f.

[74] Veröffentlichungen von Heinrich Pfitzner: *Schule des polyphonen Spiels* (auch engl.), Leipzig 1904; *The Art of Pedaling the Organ*, 1910 und Concert-Etude, Schirmer (USA) 1907

James Kwast

Vom neunten Lebensjahr an besucht Hans die Klinger-Realschule, wo er fleißig und begabt in allen Fächern außer im Rechnen sehr gute Leistungen erbringt. 1886 wird Pfitzner ins Hoch'sche Konservatorium aufgenommen; auf Grund seines Vorspiels der Sonaten in D-Dur op. 26/3 von Clementi und op. 118/2 von Schumann erhält er eine Freistelle und hat Klavierunterricht bei *dem neben Clara Schumann ersten Klavierprofessor James Kwast* und Kompositionsunterricht bei Iwan Knorr, der Pfitzner vor allem mit Brahms' Werken bekannt macht[75]. Der junge Mann, der wegen seines zierlichen Wuchses bei Konzertauftritten noch für einen Knaben gehalten wird[76], will Opernkomponist werden. Das Opernrepertoire war ihm

[75] Cahn, *Konservatorium*, S. 107f.
[76] ebda., S. 108

von klein auf geläufig; als Schulbub fingerte er sich seine Lieblingsopern, *Don Giovanni*, *Freischütz*, Marschners *Hans Heiling* und Bruchs *Loreley*, am Klavier zurecht[77]; sein Vater nahm ihn ins Orchester mit, wo er *meist auf der Lehne eines Stuhles sitzend* verfolgte, was er bereits vom Klavierauszug kannte. Mit seinen Musikneigungen sitzt er schon im Konservatorium zwischen den Stühlen: Herrscht im Konservatorium die antiwagnerische Brahms-Richtung – hatte

Das Hoch'sche Konservatorium in Frankfurt a. M., um 1900

doch der Direktor Bernhard Scholz 1860 zusammen mit Johannes Brahms und Joseph Joachim jenes Manifest unterzeichnet, das sich gegen Franz Liszt und die »Neudeutschen« wandte –, so sind Pfitzners Leitsterne Robert Schumann, aber auch Richard Wagner; sie verkörpern für ihn *die markantesten Erscheinungen auf dem Gebiet der*

[77] HP, *Meine Beziehungen zu Max Bruch*, SS IV, S. 497

Lyrik und der dramatischen Musik[78]. Seine intensive Wagner-Kenntnis dürfte er im Selbststudium erworben haben. Im übrigen wurde er von James Kwast und Iwan Knorr solide ausgebildet; 1888 spielt er das virtuose *Capriccio brillant* h-Moll für Klavier und Orchester op. 22 von Felix Mendelssohn Bartholdy und immer wieder auch schwierige Kammermusik[79]. Seine auf dem Konservatorium geschriebenen Kompositionen weisen ihn als zunehmend sicheren und schließlich souveränen Komponisten aus. Wenn auch viele seiner Werke in Konservatoriumskonzerten aufgeführt werden[80], scheint seine spezifische Begabung nicht recht erkannt worden zu sein. Noch im Alter wurmt ihn, daß er für den ersten Satz seines Streichquartetts nicht das Mozart-Stipendium erhielt[81] und daß Direktor Bernhard Scholz die Aufführung seines Cellokonzerts verhinderte[82]. Der neben Paul Hindemith bedeutendste Schüler des Hoch'schen Konservatoriums geht 1890 ohne besondere Empfehlung ab.

Die schöpferische Ausbeute der Lehrzeit ist – gemessen am Gesamtwerk – beträchtlich: über 30 Lieder (u.a. opp. 2–7 und damit fast ein Drittel des Liedschaffens), drei Klaviertrios, ein Streichquartett, dazu ein Scherzo für Orchester, ein Cellokonzert und die Chorballade *Der Blumen Rache,* schließlich die Cellosonate op. 1 und die Bühnenmusik zu Ibsens *Das Fest auf Solhaug*. Manches davon, von Pfitzner alsbald als nicht völlig geglückt angesehen, wird für die beiden ersten Bühnenwerke ausgeschlachtet: etwa das 4. Jugendlied *Nun, da so warm der Sonnenschein* als Italien-Thema für den *Armen Heinrich,* das Scherzo-Trio aus dem Quartett als *Blütenwunder* für *Die Rose vom Liebesgarten*; einiges ist bis heute verschollen[83]. Vor allem in den Liedern entfaltet sich Pfitzners Tonsprache: als musikalisches Grundgefühl und Ausgangspunkt ein an Weber, Mendelssohn und Schumann orientierter romantischer Volks- oder besser Naturton gleich im ersten Jugendlied *Abendlied,* in den beiden Leander-Liedern op. 2 und in den *Fischerkindern* op. 7/1, später im *Gärtner*

[78] HP versucht noch im Alter, Schumann und Wagner in eine enge Verbindung zu setzen: *Robert Schumann – Richard Wagner, eine Sternenfreundschaft* (1936), SS IV, S. 119ff.
[79] Cahn, *Konservatorium*, S. 108
[80] ebda., S. 109f.
[81] HP, *Meine Beziehungen zu Max Bruch*, SS IV, S. 498
[82] HP, *Zum Gedächtnis Heinrich Kiefers*, GS II, S. 283ff.
[83] vgl. Rectanus, *Pfitzners frühe Werke*; das Streichquartett d-Moll enthält nicht den von Abendroth (*HP*, S. 74) erwähnten großen Variationensatz.

op. 9/1, der sich durch Pfitzners gesamtes Werk zieht und zu dem Pfitzner im Alterswerk zurückkehrt. Mit diesem Naturton steht Pfitzner originär in einer Strömung, die nach den Kompliziertheiten und Überladenheiten der Nach-Wagner-Zeit eine neue Einfachheit und auch in der Volksnähe neue Impulse sucht: Engelbert Humperdinck, der das Kindliche »verwagnert«; Max Reger, der wie der Dichter Julius Bierbaum ins Simple tendiert; Gustav Mahler, der aus dem Verlust des unmittelbaren Bezugs heraus die Sehnsucht nach der Kindheit formuliert. Pfitzner hat noch die direkte Beziehung zur Frühromantik, und selbst dort, wo er ein Volkslied (*Untreu und Trost*, 1903) nachempfindet, bleibt er in einem im besten Sinne naiven, lebendigen Naturton, der nie in Ironie umschlägt. Die männlich-dunklen, an Brahms gemahnenden Tonfarben treten in den Liedern op. 3 hinzu (Pfitzner hatte schon im Konservatorium Brahms' gerade erschienene 2. Violinsonate op. 100 aufgeführt[84]). Deutlich ist die frühe Vorliebe für selbstvergessen auffliegende Melodik nach Schumannschem Vorbild (*und meine Seele spannte / weit ihre Flügel aus*) schon vom 1. Jugendlied an, im Heine-Lied *Es fällt ein Stern herunter* op. 4/3 entwickelt sich die Melodik über wiegenden Triolen wie später im langsamen Satz des Trios op. 8 und im I. Satz des cis-Moll-Quartetts op. 36. Überhaupt signalisieren die Lieder nach Gedichten von Heinrich Heine op. 4 die nun voll ausgebildete Tonsprache in ihrer ganzen Gegensätzlichkeit: das Grüblerisch-Schweifende in sparsam linearem Tonsatz in *Es glänzt so schön die sinkende Sonne* und die wild ausbrechenden, gleichsam überinstrumentierten Akkorde in *Sie haben heut abend Gesellschaft* und *Es faßt mich wieder der alte Mut.* In *Zugvogel* op. 6/3 dann erstmals die wie von innen glühenden, feierlichen Glockenakkorde mit ihren dumpfen Terz-Verdoppelungen und den unmerklichen Halbtonverschiebungen, die jäh die Stimmung verwandeln (*die Sonne aufleuchten in Flammenpracht*). Glockenklänge beherrschen Pfitzners Werk von früh an in vielen Varianten, vom fernen Läuten in op. 6/5 über das *Glocken-Erschrecken*[85] in op. 7/3, die Abendglocken op. 9/3, die Glocken von Sankt Michael op. 19/2, das ferne Glockenschlagen in op. 26/2 bis hin zum *kolossalen Schaukeln von abenteuerlich harmonisierten Sekunden*[86], den

[84] Cahn, *Konservatorium*, S. 110

[85] Brief HP an Alma Mahler vom 27. 7. 1903 (*Br.*, S. 101); vgl. hierzu Peter Cahn, *Kontrapunktische Züge in Ps Liedern*, in: *HP und die musikalische Lyrik seiner Zeit*, S. 13ff. und 16ff.

[86] Thomas Mann, *Betrachtungen eines Unpolitischen*, S. 402

berühmten Glocken Roms in *Palestrina*; das statische, unregelmäßige wie gleichmäßige Schlagen und Pendeln in irregulären Zusammenklängen hat Pfitzner zeitlebens angezogen und ist für ihn so typisch wie für Franz Schubert der Wanderrhythmus. Schließlich wird die zwielichtig trügerische Atmosphäre Eichendorffscher Gedichte, jenes »Schauern und Beben«, in *Lockung* op. 7/4 angeschlagen, phantastisch schweifende Figuren mit delikaten harmonischen Fortschreitungen, Sinnbilder des Transzendierens vom Hier nach Dort. Wenn Pfitzner geradezu mit Joseph von Eichendorff identifiziert wird[87], dann ist daran soviel richtig, daß sich an dessen Gedichten Pfitzners typischste Stilmerkmale ausbilden. Das gilt für die Lieder op. 9 ebenso wie für die Kantate *Von deutscher Seele*. Es scheint, als versichere sich Pfitzner an Eichendorff seiner romantischen Wurzeln. Es ist sicher kein Zufall, daß Pfitzner für seine letzten beiden Lieder op. 41/2 und 3 gerade auf diesen Dichter zurückgriff. Um so überraschender ist es, daß sich Pfitzner nie über Eichendorff geäußert hat.

Ein Einfluß Richard Wagners wird am ehesten im Instrumentalwerk hörbar. Zwar knüpft auch das Orchesterscherzo, in kurzer Zeit für ein Konservatoriumskonzert geschrieben, eher an Mendelssohn und Brahms an; im Cellokonzert bricht aber ein musikdramatischer Ton durch, freilich gleich mit dem für Pfitzner typischen lyrischen Einschlag (nicht zufällig kann er ganze Abschnitte in den *Armen Heinrich* übertragen). Zwei Sätze werden motivisch zu einem verklammert, das Ende kehrt erschöpft zum Anfang zurück; alle Motive sind eng miteinander verwandt und kreisen umeinander; die Sonatenform des ersten und die Liedform des zweiten Satzes verschmelzen zugleich zur Einsätzigkeit wie bei einer Sinfonischen Dichtung. Der Vergleich mit Arnold Schönbergs zehn Jahre später geschriebenem Sextett *Verklärte Nacht* op. 4 zeigt bei ähnlichem motivischem Material allerdings, was Pfitzner »erbt« und wie sehr dies von seinem Personalstil aufgesogen wird: das Ausspinnen des Einfalls zur unendlichen Melodie; sie liefert zugleich die Begleit- und Gegenstimmen, die Harmonik wird nicht – wie bei Schönberg – zur Klangfarbe erhoben, auf der die Melodie schwimmt wie ein Korken auf den Wellen. Weiter fällt das Insistieren auf der Grundtonart auf, was zusammen mit der am Ende auf den Anfang zurückgreifenden

[87] Busse, *Die Eichendorff-Rezeption im Kunstlied*; Adamy, *HP*, S. 198ff.

und unter sich vielfältig verwandten Motivik den Eindruck des immer wieder auf den Ausgangspunkt Zurückkommenden, des Stockenden und Kreisenden erweckt. Davon heben sich dann um so stärker die melodisch-harmonischen Ausbrüche wie Momente der Befreiung ab. Schließlich begegnet hier der dunkle Orchesterklang mit seiner charakteristischen Bläserbehandlung (die drei von Scholz so perhorreszierten Posaunen[88]), der zugleich sehr gekonnt das Solocello »durchläßt« (*Mir lag das Instrumentieren im Blut*). Der Pfitznerische bohrende Leidenston ist in diesem Werk des Neunzehnjährigen frühreif ausgebildet.

Neben diesem genialen, aber formal und in den Übergängen noch nicht gänzlich souveränen Wurf ist die Cellosonate das ebenso inspirierte wie formal solide Gesellenstück. Brahms' Cellosonaten – die zweite op. 99 wurde drei Jahre zuvor geschrieben –, dürfte Pfitzner durch Iwan Knorr kennengelernt haben; deren weitschwingende melodische Bögen über einer Tremolo-Grundierung, die Abfolge von melodischen und rhythmisch akzentuierten Abschnitten, der vollgriffige Klaviersatz mit den Terz- und Sextgängen, die motivische Verklammerung der Themen, die kammermusikalisch-kontrapunktische Faktur finden sich auch in Pfitzners op. 1. Der mit dem Cellokonzert angeschlagene Leidensausdruck tritt zurück, die Formphantasie wird diszipliniert. Wenn der Cellist Bernhard Cossmann das Werk für die bedeutendste Cellosonate der gesamten Literatur nach Beethoven gehalten haben soll[89], dann sagt dies etwas über das hohe Kompositionsniveau, das dieses Werk über eine Epigonenkomposition hinausträgt. In vielen Einzelheiten bricht der Pfitznersche Personalstil durch, am deutlichsten in den weit entfalteten melodischen Bögen und in den weiträumigen, huschenden Figuren im Kopfsatz und im Scherzo; da ist wieder jener transparente und doch schauernde Ton der Eichendorff-Lieder. – Auf Empfehlung Iwan Knorrs verlegt Breitkopf & Härtel das Werk; Pfitzner tritt mit zwanzig Jahren als Komponist an die Öffentlichkeit.

In der Konservatoriumszeit bildet sich auch der Freundeskreis, der Pfitzner tragen und sein Schaffen unmittelbar begleiten sollte. Zentrum ist das Haus Cossmann. Bernhard Cossmann, Cellolehrer am

[88] HP, *Zum Gedächtnis an Heinrich Kiefer*, GS II, S. 294; Cahn versucht HPs höchst negatives Urteil über Scholz zu relativieren (Cahn, *Konservatorium*, S. 109).
[89] Hofmiller (Hg.), *P. N. Cossmann zum 60. Geburtstag*, S. XX

Konservatorium seit dessen Gründung 1878, der bedeutendste Cellist seiner Zeit, hatte mit Joseph Joachim, Franz Liszt und Hans von Bülow konzertiert[90] und von daher vermutlich ein freieres Urteil über die Musik seiner Zeit als die meisten seiner im Parteienstreit befangenen Kollegen. Er kannte Pfitzners Vater schon aus der Moskauer Zeit[91]. In seinem Haus trafen sich nicht nur Pfitzners Lehrer Kwast und Knorr, sondern auch die Jugend, der Freundeskreis des Sohnes Paul und der Tochter Lulu Cossmann. Hans Pfitzner und der einen Monat ältere Paul lernten sich bereits bei der gemeinsamen Einschulung in der Klinger-Schule kennen, eine schicksalhafte Begegnung, denn Paul Cossmanns Einfluß auf Pfitzner in der sich nun entwickelnden engen Freundschaft ist gar nicht hoch genug einzuschätzen. Zwar besucht er nicht das Konservatorium, aber als Sohn seines Vaters *gehört er dazu* und spielt anständig Cello[92]. Vielfältig und solide gebildet auf literarischem, historischem und sozialwissenschaftlichem Gebiet geht er 1893 als Privatgelehrter nach München. Die dort 1904 von ihm mit Wilhelm Weigand gegründeten *Süddeutschen Monatshefte* werden zum ersten Sprachrohr für Pfitzner. Schon früh glaubt Cossmann an Pfitzners Genie und widmet sich unter Einsatz aller seiner Mittel und Beziehungen der Aufgabe, *der Vorkämpfer des größten lebenden Tondichters zu werden*[93]. Die erste Veröffentlichung über Pfitzner (1904) stammt von ihm. Auf ihr wechselvolles Verhältnis wird in der Folge noch einzugehen sein.

Am Konservatorium lernt Pfitzner James Grun kennen, in London geborener Sohn deutscher Eltern, der Vater ein *dunkler Ehrenmann* – was immer das bedeuten mag. James ist eigentlich Dichter, besucht aber, um Musiktheorie und Klavierspiel zu erlernen, das Konservatorium, wenn auch zur ständigen Verzweiflung seines Klavierlehrers. Offenbar eine charismatische Persönlichkeit, *Sektierer, Bußprediger, Wandermönch*, wie Pfitzner ihn schildert und der Maler Hans Thoma ihn zeichnet. *Sein Geist sucht sich alles Große und Bedeutende* in den Bereichen der Kunst, der Religion, des Sozialismus, allerdings stets nur flüchtig und rasch urteilend, wenn auch höchst anregend. Paul Cossmann hielt vom Dichter Grun nichts; er fand *den unfreiwilligen Humor nicht groß genug, um den Mangel an freiwilli-*

[90] Cahn, *Konservatorium*, S. 39 und 61
[91] Abendroth, *HP*, S. 369
[92] Müller, *Mars und Venus*, S. 18 und 63
[93] Hofmiller, *Cossmann*, S. XX

Pfitzner und James Grun (re.), um 1890

gem zu ersetzen[94]. Nach der Arbeit an der *Rose vom Liebesgarten* bricht Grun die Beziehungen zu Pfitzner aus uns unbekannten Gründen ab. In London, wo er seit 1895 lebt, wendet er sich immer stärker der Heilsarmee zu und stirbt dort 1928 bei einem Verkehrsunfall[95].

Während der Konservatoriumszeit lebt Grun in einem »Weiberstaat« zusammen mit seiner Mutter und drei Schwestern; mit der ältesten, Eleanor, ist Cossmann eine Zeit lang verlobt[96]; die jüngste, Frances, steht Hans nahe – mindestens schenkt er ihr sein Foto mit dem Spruch: *Selig in Lust und Leid / läßt die Liebe uns sein.*[97] Couragiert

94 Brief Paul Cossmann an HP von 1902 (NW 62/188)
95 Brief HP an Eleanor Grun vom 18. 12. 1928 (*Br.*, S. 485)
96 vgl. Briefe Paul Cossmann an HP (NW 93)
97 Brief HP an Frances Grun vom 8. 1. 1893 (NW 93/69, 1232/1); Abendroth, *HP*, S. 75f.

Frances Grun

sucht sie den Großherzog von Hessen auf und veranlaßt ihn, sich beim Mainzer Stadttheater nach dem Termin der Aufführung des *Armen Heinrich* zu erkundigen; sie trägt damit wesentlich zur Uraufführung bei. Später ist sie eng mit dem Maler Hans Thoma befreundet[98], der ebenfalls, obwohl wesentlich älter, dem Frankfurter Freundeskreis angehört.

[98] Brief Frances Grun an HP 1926 (NW 239/43)

Pfitzner und Heinrich Kiefer (re.), Karikatur von Kiefer

Schließlich ist Heinrich Kiefer zu nennen, der Pfitzner zur Komposition seiner Cellowerke anregt; Pfitzner hat dem großen Cellisten später einen liebevollen Nachruf gewidmet. In den Kreis um Paul und Hans wuchs Kwasts elf Jahre jüngere Tochter Maria, genannt Mimi, hinein, ein junges Mädchen *mit einem scharfen, männlich zu nennenden Verstand*; sie macht Hans auf Freiligraths Ballade *Der Blumen Rache* aufmerksam[99]. Sie sollte Pfitzners Frau werden.

[99] Hans Rectanus, *HPs »Der Blumen Rache« und die Gattung der Chorballade*, in: *HP und die musikalische Lyrik seiner Zeit*, S. 105ff.

Paul Cossmann und James Grun prägen in der Konservatoriumszeit die literarische Bildung Pfitzners. Mit Paul liest Hans schon in der Schulzeit viel zusammen, *auf Spaziergängen und Ausflügen drehte sich unsere Unterhaltung fast nur um geistige Dinge*. Sie spielen zusammen mit anderen Theaterstücke, *allerdings, unter Schiller taten wir es nicht*[100]. In den folgenden Jahrzehnten ist es immer wieder Cossmann, der Pfitzner auf literarischem Gebiet berät und auf wichtige literarische Werke und Neuerscheinungen aufmerksam macht. Schon früh legt sich Pfitzner eine Bibliothek der deutschen Klassiker zu, vor allem in Reclam-Bändchen. Er las aber keineswegs nur deutsche oder – wie Shakespeare und Ibsen – eingedeutschte Literatur, sondern auch – selbst nach 1914 – ausländische Werke, allerdings in deutscher Übersetzung, da er keine Fremdsprache ausreichend beherrschte. Hier sind es vor allem spanische, französische, englische und besonders russische Dichter, die er nach seiner Gewohnheit gründlich – mit dem Bleistift in der Hand – studierte. Wo es um literarische Qualität ging, war Pfitzner kein Chauvinist[101]. Grun trug aus der mittelalterlichen Legendenwelt bei und spielte als Librettist der beiden Bühnenwerke *Der arme Heinrich* und *Die Rose vom Liebesgarten* eine wichtige, wenn auch kurze Rolle im Leben Pfitzners.

Hans Pfitzner war offenbar schon vom Elternhaus her nicht an das Christentum herangeführt worden, der Glaube sollte in seinem Leben keinen Raum gewinnen, wenn er auch – wie seine Opernsujets zeigen – immer eine stille Sehnsucht gewesen sein mag. Um so wichtiger war gegen Ende der Konservatoriumszeit die vermutlich von Cossmann angeregte Begegnung Pfitzners mit »seinem« Philosophen. Arthur Schopenhauer bot in seinem Hauptwerk *Die Welt als Wille und Vorstellung* allen Komponisten der zweiten Jahrhunderthälfte eine philosophisch begründete Identität[102]. Ausgehend von der Einsicht, daß *die Kunst, das Werk des Genius*, die Erkenntnisart ist, die *jenes außer und unabhängig von aller Relation stehende, allein eigentlich wesentliche der Welt, den wahren Gehalt ihrer Erscheinungen, das keinem Wechsel unterworfene und daher für alle Zeiten*

[100] Briefe HP an Paul Cossmann (*RS*, S. 291 und 299)

[101] Adamy, *HP*, S. 175ff.; Williamson, *Pfitzner and Ibsen*, S. 140–143 und *The Music of HP*, S. 38

[102] Arthur Schopenhauer, *Die Welt als Wille und Vorstellung*, Bd. I, 3. Buch, § 36

Arthur Schopenhauer

mit gleicher Wahrheit erkannte, mit einem Wort, die Ideen betrachtet, weist Schopenhauer dem Genie die Fähigkeit zu, *sein Interesse, sein Wollen, seine Zwecke ganz aus den Augen zu lassen*, sich rein kontemplativ zu verhalten, *um als rein kennendes Subjekt, klares Weltauge, übrigzubleiben.* Die höchste Kunst aber ist die Musik, denn sie ist *keineswegs gleich den anderen Künsten das Abbild der Ideen, sondern Abbild des Willens selbst, dessen Objektivität auch die Ideen sind*; die anderen Künste *reden nur vom Schatten*, die Musik aber *vom Wesen.* Mithin offenbart der Komponist *das innerste Wesen der Welt und spricht die tiefste Weisheit aus in einer Sprache, die seine Vernunft nicht versteht; wie eine magnetische Somnambule Aufschlüsse gibt über Dinge, von denen sie wachend keinen Begriff hat. Daher ist in einem Komponisten mehr als in irgendeinem anderen Künstler der Mensch vom Künstler ganz getrennt und unterschieden.* Der geniale Komponist ist also zum einen der Künstler, der den unmittelbarsten

Pfitzner, um 1890

Zugang zu den Ewigkeitswerten besitzt, zum anderen ist dieser Zugang rational nicht nachvollziehbar. Die höchste Stufe der Objektivation des Willens sieht Schopenhauer in der Melodie. Ihre Erfindung, *die Aufdeckung der allertiefsten Geheimnisse des menschlichen Willens und Empfindens in ihr, ist das Werk des Genius, dessen Wirken hier augenscheinlicher als irgendwo fern von aller Reflexion und bewußter Absichtlichkeit liegt und eine Inspiration heißen könnte.*

Hans Pfitzner hat sich im Laufe seines Lebens immer wieder intensiv mit Schopenhauers Werk, *von dem ich sagen kann, daß ich jede Zeile kenne*, auseinandergesetzt. *Zu dem Sinn des Ganzen bin ich schon in jungen Jahren vorgedrungen und die ganze Höhe und Tiefe des lehrreichsten Buches der Welt ist mir klar geworden und ein unverlierbarer Besitz meines Lebens.*[103] Als habe Schopenhauer 50 Jahre vor Pfitzners Geburt diesen vor sich gesehen, beschreibt er den Komponisten wie folgt[104]: *Ungewöhnliche Stärke der Phantasie* sei *Begleiterin, ja Bedingung der Genialität*; darüber vernachlässige das Genie die Betrachtung seines eigenen Weges im Leben und gehe ihn *meistens ungeschickt genug*. Auch finde man *bekanntlich selten große Genialität mit vorherrschender Vernünftigkeit gepaart,* vielmehr sei sie *oft heftigen Affekten und unvernünftigen Leidenschaften unterworfen.* Selbst Schopenhauers anfechtbare Feststellung, große Genies in der Kunst hätten *zur Mathematik keine Fähigkeit,* konnte Pfitzner auf sich beziehen.

Arthur Schopenhausers Rechtfertigung kam Pfitzner bis ins Detail zupaß; so ist Grund der Unvernunft *nicht Schwäche der Vernunft, sondern teils ungewöhnliche Energie der ganzen Willenserscheinung, die das geniale Individuum ist und welche sich durch Heftigkeit aller Willensakte äußert, teils Übergewicht der anschauenden Erkenntnis durch Sinne und Verstand über die abstrakte, daher entschiedene Richtung auf das Anschauliche, dessen bei ihnen höchst energischer Eindruck die farblosen Begriffe so sehr überstrahlt, daß nicht mehr diese, sondern jener das Handeln leitet, welches eben dadurch vernünftig wird: Demnach ist der Eindruck der Gegenwart auf sie sehr mächtig, reißt sie hin zum Unüberlegten, zum Affekt, zur Leidenschaft. Daher auch und überhaupt, weil ihre Erkenntnis sich zum Teil dem Dienste des Willens entzogen hat, werden sie im Gespräche nicht sowohl an die Person denken, zu der, sondern mehr an die Sache, wovon sie reden, die ihnen lebhaft vorschwebt: Daher werden sie für ihr Interesse zu objektiv urteilen oder erzählen, nicht verschweigen, was klüger verschwiegen bliebe usw. Daher endlich sind sie zu Monologen geneigt und können überhaupt mehrere Schwächen zeigen, die sich wirklich dem Wahnsinn nähern.*[105]

[103] HP, *Mein Bekenntnis zu Schopenhauer*, SS IV, S. 483f.
[104] Schopenhauer, *Die Welt als Wille und Vorstellung*, Bd. I, 3. Buch, § 36
[105] ebda.

Aber auch in anderen Äußerungen des Pessimisten Schopenhauer fand sich Pfitzner wieder: *Wenn nicht der nächste und unmittelbare Zweck unseres Lebens das Leiden ist, so ist unser Dasein das zweckwidrigste auf der Welt. Es ist absurd, anzunehmen, daß der endlose aus der dem Leben wesentlichen Not entspringende Schmerz, davon die Welt überall voll ist, zwecklos und rein zufällig sein sollte. Unsere Empfindlichkeit für den Schmerz ist fast unendlich, die für den Genuß hat enge Grenzen. Jedes einzelne Unglück erscheint zwar als Ausnahme, aber das Unglück überhaupt ist die Regel.*[106]

Abgesehen von diesen Lebenshaltungen war es Schopenhauers Hinweis auf die kontemplative, irrationale Erkenntnisfähigkeit des Genies, auf die Inspiration, die die Basis der Gedanken Pfitzners zum Einfall in der Musik bilden sollte. Sie wird zum eigentlichen Zentrum seines Denkens[107]. Zwar ist Pfitzner keineswegs der erste Komponist, der der Inspiration eine Schlüsselrolle im musikalischen Schaffensprozeß zuweist, und er ist auch unter seinen Zeitgenossen nicht der einzige: Richard Strauss äußert sich zum Phänomen selbst in gleichem Sinne[108], und auch für Arnold Schönberg ist der Einfall letzte Instanz[109]. Doch Pfitzner zieht daraus in seinen Schriften[110] die radikalsten Konsequenzen.

Für ihn ist der Einfall das *hineingefallene Geschenk*[111]; es ist der Ursprung, aber auch das Kennzeichen eines jeden genialen Kunstwerks. Kraft des Einfalls trägt jedes Werk seine Vollendung in sich und wird aus dem zeitlichen Zusammenhang herausgehoben; eine Verbesserung durch ein späteres Werk im Sinne eines Fortschritts ist nicht denkbar. Wäre der Einfall rational nachvollziehbar, könnte dies der Schlüssel aller Kunstästhetik sein. Reflexion hätte dann prinzipiell ein Recht auf das Wesen der Kunst; dann freilich wäre Musik eben

106 Schopenhauer, *Paralipomena*, § 148

107 Ermen, *Musik als Einfall*, S. 57ff.; Williamson, *The Music of HP*, S. 23ff.

108 Richard Strauss, *Vom melodischen Einfall*, in: ds., *Betrachtungen und Erinnerungen*, S. 161f.

109 Zu den neuen Tonleitern Busonis merkt Schönberg an: *Es geht, muß aber nur sein, wenn ein Einfall dazu zwingt*, in: Ferruccio Busoni, *Entwurf einer neuen Ästhetik der Tonkunst*, mit Anmerkungen von Arnold Schönberg, S. 71

110 *Bühnentradition*, GS I, S. 7ff.; *Futuristengefahr*, GS I, S. 185ff.; *Zur Grundfrage der Operndichtung*, GS II, S. 7ff.; *Die neue Ästhetik der musikalischen* Impotenz, GS II, S. 99ff. (s. dazu Dokumentation); *Über musikalische Inspiration*, SS IV, S. 269ff.

111 zit. n. HP, *Zur Grundfrage der Operndichtung*, GS II, S. 7ff.

Pfitzner, um 1890

nicht mehr Ausdruck des Ewigen. Freilich kann auch das Genie den Reichtum eines blitzartig aufleuchtenden Einfalls nur unvollkommen aufzeichnen; mit der Aufzeichnung schon überlagert Reflexion die Vision, als *Folge der Beschränkung menschlicher Kräfte überhaupt.* Die Gestaltung größerer musikalischer Gebilde beruht *jedenfalls auf bewußter Gedankenarbeit und kann nicht mit der Inspiration im Sinne des spontan sich einstellenden genialen Ur-Einfalls verglichen werden; es ist kindisch, sich gegen das Wort »Reflexion« zu wehren, das kombinatorische Moment leugnen zu wollen. »Bewußte Gedankenarbeit« heißt hier nicht: solange rechnen, bis die sichere Lösung erzielt ist, sondern es schwebt einem etwas vor, eine Gestaltung, die man finden möchte; man müht sich, entwirft, verwirft, bis der glückliche Augenblick kommt, der das »rechte« bringt, was einem natürlich dann »einfällt«; aber alles das ist doch abhängig von dem Ur-Einfall*.[112]

Wo Pfitzner nicht polemisch, sondern von der Sache her argumentiert, äußert er sich höchst differenziert. So mußte der Einfall keineswegs nur ein Motiv oder eine Melodie sein; für ihn war es die ganze *Träumerei* von Schumann oder das ganze *Moment musical* in f-Moll von Schubert, aber auch ein Ensemble von Melodie und der dazu gehörenden Harmonik einschließlich des Satzes, einzelne Motive, ausgedehnte Themen wie die 19 Takte des Kopfthemas im Cellokonzert op. 42. Er unterschied bei der Komposition von Liedern solche, bei denen aus der Stimmung des Gedichts heraus ein melodischer Einfall entsteht, und solche, bei denen die Musik aus dem Sprachrhythmus wächst; hier sei die melodische Linie durchaus korrekturfähig. Pfitzner schien auch durchaus nicht nur auf einen Einfall gewartet zu haben; *im allgemeinen brauche ich zum Komponieren ein Instrument; das Komponieren am Schreibtisch war nie meine Sache, da kann man nicht die Phantasie fliegen lassen, und – den tätigen Fingern fällt übrigens auch manchmal etwas ein*[113].

Alles in allem gab Schopenhauers Philosophie Pfitzners unbewußter Haltung rationale Lebenserkenntnis und Trost. Wer am Einfall als Vermittlung ewiger Wahrheit zweifelte, wer einen Fortschritt in der Kunst postulierte, verletzte Pfitzners existentielle Grundlage. Das mußte im weiteren Verlauf gerade in einer Zeit, deren Fort-

[112] GS II, S. 224. Es ist auffällig, daß HP hier die Begriffe »rechnen« und »finden« in genau derselben Weise benutzt wie Schönberg in seiner *Harmonielehre* von 1911 (dort S. 441).

[113] SS IV, S. 287f.; Brief HP an Heger vom 4. 4. 1946 (HPM 14, S. 13)

schrittsglaube auch die Kunst erfaßte, zur Konfrontation führen. So steht Pfitzner am Ende der Konservatoriumszeit vor uns: ein Komponist auf der Höhe seiner Zeit, Vertreter einer Generation, die aus beiden Traditionen, Wagner und Brahms, schöpfen kann, aber auch einer Generation, die erstmals bewußt über die Rolle ihres Schaffens in der Entwicklung der Musik aus der Vergangenheit in die Zukunft reflektiert. Komponieren zwischen irrationaler Naturwüchsigkeit und rationaler Planung bis hin zur Ideologie wird zum wesentlichen Problem dieser Generation; vielleicht am eindrucksvollsten spiegelt sich dies in Pfitzners Auffassung und Werk.

Stockende Anläufe, jähe Ausbrüche

... Pfitzners seltsames Schicksal ...
Bruno Walter[114]

Hans Pfitzners Entwicklung vollzieht sich in merkwürdig improvisierten, immer wieder auf die Ausgangslage zurückfallenden Anläufen und jähen, verzweiflungsvollen Ausbrüchen. Nach dem Ausscheiden aus dem Konservatorium im Sommer 1890 wohnt Pfitzner noch zwei Jahre bei seinen Eltern in deren beengten Verhältnissen – eigentlich doch verwunderlich bei einem fertig ausgebildeten jungen Mann. Aber zum einen ist er fixiert darauf zu komponieren – nach Fertigstellung der Musik zum *Fest auf Solhaug* fangen James Grun und er auf Anregung Paul Cossmanns Feuer für Hartmann von Aues *Der arme Heinrich*; die Komposition des Musikdramas wird Pfitzner bis zum Sommer 1893 beschäftigen. Zum anderen mögen Mißerfolge seinen Unternehmungsgeist nicht sehr angefeuert haben. Zwar macht ein erstes eigenes öffentliches Konzert in Frankfurt[115] einiges Aufsehen, aber Johannes Brahms antwortet auf die Zusendung der Cellosonate nicht und schickt die Noten erst auf James Kwasts Nachfrage zurück; Max Bruch reagiert grob, weil die Sendung

114 Walter, *Thema und Variationen*, S. 296
115 Cahn, *Konservatorium*, S. 117f.

– Pfitzners seltsames Schicksal – unfrankiert ankam[116]. Die Aufführung der *Solhaug*-Musik scheitert daran, daß die Musikrechte an einen anderen vergeben waren. Als Pfitzner bei Henrik Ibsen persönlich in München vorspricht, wird er von diesem an der Tür abgefertigt.

Herkunft und Charakter entscheiden früh über den weiteren Lebensweg: Richard Strauss zum Beispiel, gesegnet mit einem fördernden Vater und den finanziellen Mitteln der Brauerei Pschorr, verbringt im gleichen Alter die Zeit nach dem Abitur auf einer Bildungsreise in Italien und Berlin, gewinnt mit jugendlichem Elan Hans von Bülow als Mentor und nimmt einen raschen Aufstieg als Dirigent und Komponist. Pfitzner hat weder Beziehungen noch Mittel; bis zum 40. Lebensjahr hat er keine adäquate Position und wird, vor allem durch Willy Levin, finanziell unterstützt. Es ist eine Frage des Lebensgefühls, ob man mit 24 Jahren einen *Armen Heinrich* schreibt oder einen *Don Juan*.

Lebensuntüchtigkeit und Heimatsuche tun ein übriges. Drei Anläufe, auf eigene Füße zu kommen, enden wieder im Elternhaus. Der erste Anlauf: Pfitzner nimmt im Herbst 1892 eine provinzielle Theorie- und Klavierlehrerstelle am Konservatorium Koblenz an und versinkt dort in einsamer Trostlosigkeit. Die Freunde tun sich zusammen und mieten die Berliner Philharmoniker für ein Konzert; Pfitzner bringt sich – am Konservatorium gab es damals noch keine Dirigierkurse – ad hoc das Dirigieren bei. *Ich studierte also zunächst meine Partituren musikalisch genau, aber auch Beethovensche Sinfonien, stellte die Partituren auf ein Notenpult, mich davor und dirigierte nun los, indem ich darauf achtete, alle wichtigen Einsätze deutlich zu geben, immer nach der Stelle hin, wo ich den Spieler sitzend annahm. So zwang ich mich dazu, wenigstens in der Phantasie ohne Angst vor dem Heer der Berliner Orchestermusiker zu stehen, ähnlich wie seiner Zeit Marius seine Römer vor das Heer der germanischen Barbaren lagerte, um sie an den Anblick dieser Wilden zu gewöhnen.*

Tatsächlich dirigiert er am 4. Mai 1893 in der Singakademie Berlin eigene Werke. Er erringt einen deutlichen Publikumserfolg[117], die Kritik äußert sich gegenüber dem völlig Unbekannten höchst schmeichelhaft, auch hinsichtlich des Dirigierens (*mit der Sicherheit eines Alten, mit dem Feuer der Jugend, mit der Genialität des Auserwähl-*

[116] HP, *Max Bruch*, SS IV, S. 497ff.
[117] Cossmann, *HP*

ten). Aber: Das Konzert bleibt ohne alle Folgen, denn Pfitzner beutet den Erfolg nicht aus. Er kehrt nach Koblenz zurück, gibt drei Monate später seine Position an seinen Bruder ab und zieht wieder zu seinen Eltern.

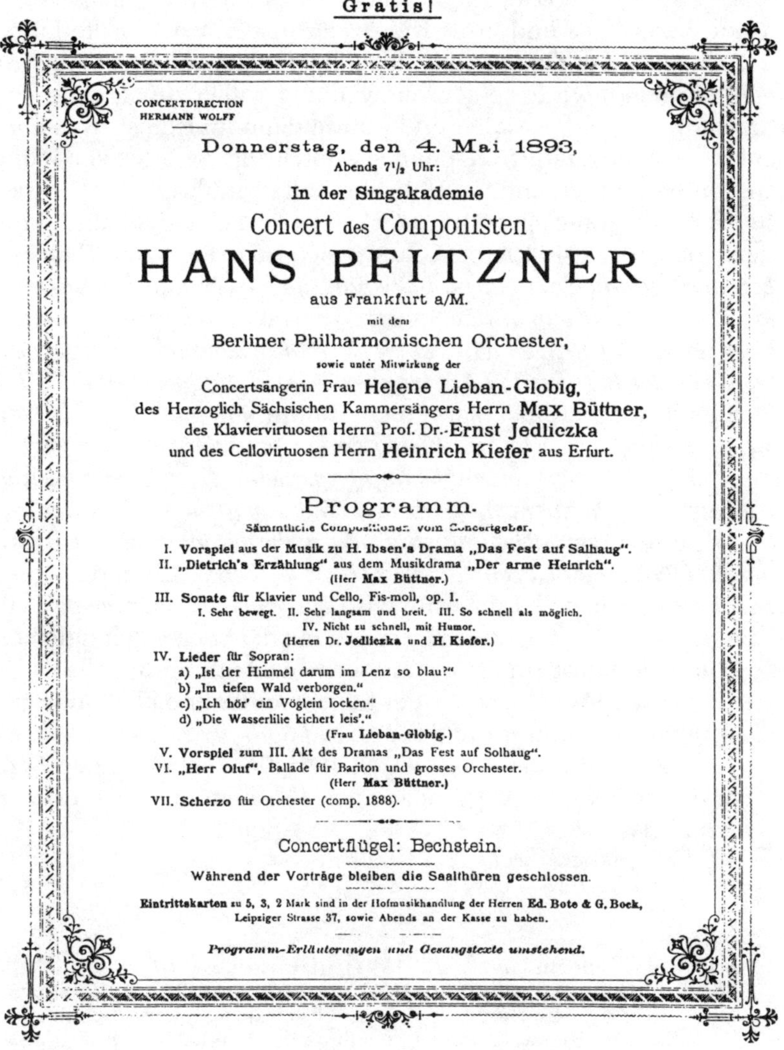

Gratis!

CONCERTDIRECTION
HERMANN WOLFF

Donnerstag, den 4. Mai 1893,
Abends 7½ Uhr:

In der Singakademie

Concert des Componisten

HANS PFITZNER

aus Frankfurt a/M.

mit dem

Berliner Philharmonischen Orchester,

sowie unter Mitwirkung der

Concertsängerin Frau **Helene Lieban-Globig,**
des Herzoglich Sächsischen Kammersängers Herrn **Max Büttner,**
des Klaviervirtuosen Herrn Prof. Dr. **Ernst Jedliczka**
und des Cellovirtuosen Herrn **Heinrich Kiefer** aus Erfurt.

Programm.

Sämmtliche Compositionen vom Concertgeber.

I. **Vorspiel** aus der **Musik zu H. Ibsen's Drama „Das Fest auf Salhaug".**
II. **„Dietrich's Erzählung"** aus dem Musikdrama **„Der arme Heinrich".**
(Herr **Max Büttner.**)
III. **Sonate** für Klavier und Cello, Fis-moll, op. 1.
I. Sehr bewegt. II. Sehr langsam und breit. III. So schnell als möglich.
IV. Nicht zu schnell, mit Humor.
(Herren Dr. **Jedliczka** und **H. Kiefer.**)
IV. **Lieder** für Sopran:
a) „Ist der Himmel darum im Lenz so blau?"
b) „Im tiefen Wald verborgen."
c) „Ich hör' ein Vöglein locken."
d) „Die Wasserlilie kichert leis'."
(Frau **Lieban-Globig.**)
V. **Vorspiel** zum III. Akt des Dramas „Das Fest auf Solhaug".
VI. **„Herr Oluf",** Ballade für Bariton und grosses Orchester.
(Herr **Max Büttner.**)
VII. **Scherzo** für Orchester (comp. 1888).

Concertflügel: Bechstein.

Während der Vorträge bleiben die Saalthüren geschlossen.

Eintrittskarten zu 5, 3, 2 Mark sind in der Hofmusikhandlung der Herren **Ed. Bote & G. Bock,** Leipziger Strasse 37, sowie Abends an der Kasse zu haben.

Programm-Erläuterungen und Gesangstexte umstehend.

Programm von Pfitzners erstem Auftritt als Dirigent am 4. Mai 1893

Zweiter Anlauf: Mit der Partitur des *Armen Heinrich* reist er von einer Bühne zur andern, spielt Dirigenten, Intendanten und Sängern vor, beeindruckt persönlich, aber die Oper wollen weder Hermann Levi in München noch Karl Muck in Berlin noch Felix Mottl in Karlsruhe aufführen. Immerhin gewinnt er einige Sänger als treue Bundesgenossen: Bruno Heydrich (der bei der Uraufführung gratis singt), Anton Sistermans und Ernst Kraus, der in Berlin viel Hilfe leistet (z.B. finanziert er die erste Drucklegung der zweiten Oper *Die Rose vom Liebesgarten*). In seiner Verzweiflung will er zunächst Ballettrepetitor in Basel[118] werden und nimmt dann im Herbst 1894 eine unbezahlte, überzählige Kapellmeisterstelle am Stadttheater Mainz an, um »von innen« eine Aufführung herbeizuführen. Am 2. April 1895 erreicht er mit aller Hartnäckigkeit tatsächlich die Uraufführung, sie erregt einiges Aufsehen. So äußert sich Hugo Riemann: *Ihre Freiheit und Kühnheit der Harmoniebehandlung ist erstaunlich, aber erweckt keine Spur von Mißbehagen, da sie von einem starken Gefühl strenger Logik getragen wird, so daß ich die Überzeugung hege, daß Sie einer der berufensten Nachfolger Richard Wagners sind.*[119] Und Engelbert Humperdinck kann nicht umhin, *Pfitzners kompositorische Begabung als eine sehr bedeutende einzuschätzen. Seine Erfindung erscheint nicht reich und üppig quellend, wohl aber echt und eigenartig* [...] *Pfitzners Musik ist von einer Innigkeit der Empfindung und Tiefe des Gemütslebens durchdrungen, die wir in den Erzeugnissen der musikalischen Gegenwart vergebens suchen.*[120] Doch das Ereignis bleibt provinziell. Immerhin wird das Werk zwei Jahre später in Frankfurt und Darmstadt nachgespielt, mit der bei Pfitzner üblichen Mischung von großem Erfolg und wenigen Aufführungen[121].

Pfitzner wird besoldeter Dritter Kapellmeister und kann in Mainz auch noch die Aufführung des *Fest auf Solhaug* mit seiner Musik durchsetzen. Mit Ende der Spielzeit 1895/96 sieht er keinen Sinn mehr in seiner Tätigkeit, gibt seine Position auf und zieht erneut zu seinen Eltern.

118 *RS*, S. 291
119 Brief Hugo Riemann an HP (ca. 1894), in: Cossmann, *HP*, S. 40
120 Engelbert Humperdinck, Zeitungskritiken 1894 und 1897, in: Cossmann, *HP*, S. 45 und 47. Zu Humperdinck entwickelt sich ein freundschaftliches Verhältnis. HP ist auch an der Herstellung des Klavierauszugs zu *Hänsel und Gretel* beteiligt (vgl. Cahn, HPM 53, S. 3ff.).
121 Abendroth, *HP*, S. 99

Dritter Anlauf: 1897 will Pfitzner in Berlin Fuß fassen. Groß wird freilich die Erinnerung an den Erfolg von 1893 nicht mehr gewesen sein. *Das Berlin um die Jahrhundertwende war eine Kulturstätte ersten Ranges und kein ungeeigneter Boden für einen Künstler, sich darauf niederzulassen.* Pfitzners Generation gibt sich dort ein Stelldichein. Richard Strauss wirkt seit 1898 als Erster Kapellmeister an der Hofoper, Ferruccio Busoni lebt seit 1895 in der Stadt, Arnold Schönberg dirigiert 1901 an Ernst von Wolzogens »Überbrettl« und wird 1902 für kurze Zeit Kollege von Pfitzner am Sternschen Konservatorium, Jean Sibelius hält sich 1898 einen Winter lang in Berlin auf. Pfitzner gerät zwischen die Fronten der »Brahminen« und der »Neudeutschen«, an deren Spitze Strauss mit seinen Sinfonischen Dichtungen gesehen wird; ohne daß man Pfitzner zu den »Neudeutschen« zählen konnte, wird seine Musik doch als unverständlich empfunden[122]. Nach der Aufführung seines Klaviertrios op. 8 wird er von der Kritik *fürchterlich vermöbelt; einer meinte, es sei überhaupt das Scheußlichste, was überhaupt noch in der Musik da war, ein anderer brandmarkte mich sogar als den Führer der Sozialdemokratie in der Musik; dagegen hatte ich beim Publikum großen Erfolg*[123]. Im Herbst 1897 erhält er eine Lehrstelle für Theorie und Klavier am Sternschen Konservatorium. Seine Bemühungen um eine Aufführung seines Musikdramas an der Hofoper scheitern; mangelnde Anerkennung und Vereinsamung lösen ein heftiges Nervenfieber aus, ähnlich wie es Schumann, Sibelius und Reger im gleichen Alter befiel. Zerschlagen kehrt er erneut zu den Eltern zurück.

In diesen Zeitraum fällt die entscheidende Phase seiner Beziehung zu Mimi Kwast. Später beschreibt Pfitzner zwar, wie die damals fünfzehnjährige Mimi ihn während der Komposition am Trio (1894/95) besucht, er aber die ihm entgegengebrachte Zuneigung nicht wahrgenommen habe[124]. Tatsächlich aber ahnt er schon zur Zeit der letzten Arbeiten am *Armen Heinrich* (1892/93), daß *eine ganz neue Art von Liebe zu Mimmie anzufangen scheint*, und kämpft mit der Frage, ob die Dämonie seines Genies mit einer ernsten menschlichen Bindung in Einklang zu bringen ist: *Entweder ich componiere und das schließt Mimmie ebenso mit ein, oder ich liebe Mimmie rein, das*

[122] vgl. die Kritiken in: Abendroth, *HP*, S. 423
[123] Brief HP an Engelbert Humperdinck vom 10. 6. 1897 (*Br.*, S. 66)
[124] Daß Mimi HP schon damals liebte, schreibt sie später ihrem Verehrer Percy Grainger (vgl. Cahn, HPM 43, S. 78ff.).

Pfitzner und Mimi, um 1899, dem Jahr ihrer Eheschließung

schließt das Componieren aus[125] – oder, noch zugespitzter: *Ich bin, solange ich lebe, Componist, und nicht Heiliger*.[126] Das frühreif gefühlsstarke und intelligente Mädchen scheint von Anfang an den Lebensauftrag in sich zu spüren, für Pfitzner da zu sein: *Meine Pflicht ihm gegenüber werde ich erfüllen, auch wenn mein ersehntes Glück nicht sich erfüllt*.[127] *Als ich*, erinnert sich Pfitzner, *ungenügend geheilt,*

[125] Brief HP an Paul Cossmann (NW 46/78)
[126] Brief HP an Paul Cossmann vom 10. 5. 1899 (SK 15a)
[127] Brief Mimi Kwast an Percy Grainger vom 19. 12. 1898 und ähnlich vom 1. 3. 1899 (Cahn, HPM 43, S. 81f.)

wieder nach Berlin kam und mich wieder mit mir allein befand, stand eines fest bei mir: Ich wollte nicht mehr allein sein; ich mußte eine Lebensgefährtin haben, und daß dies nur Mimi sein konnte, das erkannte ich jetzt mit plötzlicher, deutlich gefühlter Klarheit. Just zu diesem Zeitpunkt (Herbst 1889) überfällt Mimi eine jähe, leidenschaftliche Zuneigung zu einem jüngeren Schüler ihres Vaters, dem später bekannten australischen Komponisten und Pianisten Percy Grainger[128]. Pfitzner hält bei den Eltern um ihre Hand an, kassiert aber wegen seiner ungesicherten Lebensverhältnisse einen Korb; als Mimi es im Frühjahr 1899 nicht fertigbringt, die Beziehung zu Grainger zu lösen, ruft er sie zu sich nach Berlin, bricht aus seiner Lehrtätigkeit aus und entführt sie, unterstützt von Cossmann und Grun und von der Polizei verfolgt, über Norditalien und Frankreich nach England, wo sie am 10. Juni 1899 in Canterbury standesamtlich heiraten[129]. Erstaunlicherweise hat der gewaltsame Schritt keine bösen Folgen; Mimis Lebensklugheit und Liebenswürdigkeit stellen die Beziehungen zu ihren Eltern alsbald wieder her, Pfitzner behält seine Stelle am Konservatorium, und auch das Verhältnis Mimis zu Grainger bleibt herzlich.

So beginnt eine überaus erfüllte, überaus spannungsreiche Ehe, deren Belastungen wesentlich von Mimi aufgefangen werden; die zarte, künstlerisch begabte junge Frau[130] gerät bald an ihre physischen und psychischen Grenzen: *Meine Gesundheit reicht eben im Grunde nur für sehr wenig. Kinder od. Haushalt od. Mann, aber dies alles zusammen erscheint mir unüberwindlich.*[131] Von Anfang an benötigt sie jährlich eine Kur, wohl auch eine Rückzugsmöglichkeit, um sich selbst wiederzufinden. Deutlich sieht sie die Grenzen der Gemeinsamkeit: *Aber ich sehne mich allerdings nach einer inneren Gemeinschaft mit Dir, wie Du sie wohl nicht erträumst – was auch kein Wunder ist – denn schließlich ist jede menschliche Gemeinschaft für Dich etwas sekundäres, während bei mir als Frau und Nichtkünstler etwas primäres,* schreibt sie an Hans[132]. Erfüllt von einem tiefen Verständnis für Pfitzners Zerrissenheit und Bedürfnisse erkennt sie doch die Not-

128 Cahn, HPM 43, S. 78f.
129 Für die Überlassung einer Kopie der Registration danke ich dem Grainger-Biographen John Bird, London.
130 Levin, *Erinnerungen*, S. 61f.
131 Brief Mimi an Paul Cossmann vom 16. 3. 1908 (NW 251/46) und ähnlich an ihren Bruder vom 26. 10. 1924 (NW 110/5)
132 Brief Mimi an HP vom 23. 4. 1924 (NW 430)

wendigkeit, eine eigenständige Position ihrem Mann gegenüber zu gewinnen; sie wird ab Herbst 1904 Schauspielschülerin bei Max Reinhardt, verzichtet aber auf die Berufsausübung, als Pfitzner Operndirektor in Straßburg wird[133]. Ab 1920 schreibt sie mit Pfitzner zusammen eine Schumann-Biographie und recherchiert zu diesem Zweck umsichtig und einfühlsam; von ihr dürften die im Nachlaß befindlichen ersten Kapitel[134] stammen. Nach ihrem Tod wollte Pfitzner das Unternehmen nicht mehr fortführen. Von den vier Kindern (Paul, geboren am 28. Januar 1903, Peter am 20. Oktober 1906, Agnes am 27. Mai 1908 und Johannes am 31. Oktober 1911) stirbt das letzte gleich nach der Geburt; über Paul, Peter und Agnes wird noch zu berichten sein.

Zerreißproben bedrohen die Ehe: Pfitzners Verhältnis mit Ilse von Stach-Lerner, der Librettistin des *Christ-Elflein,* gegen Ende der Berliner Zeit ist vermutlich der Grund für Mimis Übersiedelung mit den Kindern nach Düsseldorf 1907, um dort den Schauspielunterricht fortzusetzen[135]; ihr Verhältnis zu dem Schauspieler Lothar Körner vermutlich Grund für Pfitzners Ausbruch aus der Ehe 1912[136]. Der Dritte im Bunde ist beider Freund Paul Cossmann; bei ihm können sie sich aussprechen, er vermittelt, er hilft. Er berät auch in allen Alltagsfragen – Urlaubsmöglichkeiten, Geldsorgen, Erziehungsproblemen usw.; mitunter findet ein täglicher Briefwechsel zwischen den dreien statt. Cossmann überweist die Tantiemen seines Pfitzner-Büchleins an Pfitzner; für die Vorstellungen der *Rose vom Liebesgarten* an der Wiener Hofoper kauft er Plätze auf, damit es zu weiteren Aufführungen kommt. Trotz aller Anfechtungen bleibt bis zu Mimis Tod 1926 ein inniges Vertrauensverhältnis zwischen den Eheleuten bestehen; *laß uns aber so leben daß wir nicht bereuen müssen, denn dann können wir nicht wieder von vorn anfangen. Und laß uns auch ein bißchen denken, daß alle Vorsorge nur Tasten sein kann – so oder so,* schreibt Mimi, und *ich habe Dich doch lieb – sicher tausendmal lieber als die anderen. Das weißt Du auch – wie ich es auch von Dir weiß*.[137] Und er schreibt von seinen Reisen: *Ich wünschte, ich wäre*

[133] Abendroth, *HP*, S. 135f., 145 und 149
[134] SS IV, S. 134
[135] Abendroth, *HP*, S. 145; Briefe Mimi an Paul Cossmann vom 9. 4. 1905 und undatiert (1907?) (NW 251/27 und 251/169)
[136] Briefe HP an Paul Cossmann vom 2. 1. 1912 (*Br.*, S. 174) und 13. 1. 1912 (BayStB); Brief Mimi an Paul Cossmann vom 25. 7. 1912 (NW 251/96)
[137] Briefe Mimi an HP (1918?) und 1. 9. 1919 (NW 2/5 und 9217)

wieder bei Dir. Hier fühle ich mich elend – ich kann es immer weniger ertragen, ohne Dich und die Kinder zu sein.[138] Am 19. April 1926 stirbt Mimi an Krebs, physisch und psychisch gänzlich erschöpft[139].

Pfitzners richten sich 1899 in Berlin ein. Bewerbungen um befriedigendere Stellen in München (wo sich Cossmann ab 1903 bemüht), Schwerin (1900) und Stuttgart (1905) bleiben vergeblich, obwohl die Erfolge zunehmen: Seit 1898 sind Werke von ihm auf den Veranstaltungen des Allgemeinen Deutschen Musikvereins zu hören. *Der arme Heinrich* wird in Prag (1899) und endlich auch, wenn auch unerklärlicherweise nur dreimal, an der Hofoper Berlin unter dem noch unbekannten Bruno Walter (1900) aufgeführt. Auch die in Berlin fertiggestellte *Rose vom Liebesgarten,* 1901 in Elberfeld uraufgeführt, wird in Mannheim, München, Bremen (1904) und schließlich 1905 in Wien in einer erfolgreichen, hochbedeutenden Inszenierung unter Gustav Mahlers, später Bruno Walters Stabführung mehrere Jahre lang nachgespielt. Max Reinhardt bestellt für die Eröffnungsvorstellung seines Deutschen Theaters in Berlin 1905 die Musik zu Heinrich von Kleists *Käthchen von Heilbronn.* Gleichwohl bleibt Pfitzners wirtschaftliche Situation kümmerlich; immer wieder ist es der große Berliner Mäzen Kommerzienrat Willy Levin, der ihn finanziell kräftig unterstützen muß. Pfitzner und übrigens auch Richard Strauss haben seinen Namen in ihren Widmungen des *Christ-Elflein* bzw. der *Elektra* dankbar verewigt[140]. Angesichts der Wahl, *Schmierentaktschläger oder Klavierstundengeber* zu sein, nimmt Pfitzner 1902 zusätzlich den Ersten Kapellmeisterposten am Theater des Westens an, dessen Orchesterraum *das Werk schauderhaftesten Dilettantismus* ist, wie ihm Richard Strauss (und ähnlich Engelbert Humperdinck und Max von Schillings) auf Anfrage bestätigt[141]. Aller Unzulänglichkeit zum Trotz führt er Ermanno Wolf-Ferraris *Neugierige Frauen* zu einem beträchtlichen Erfolg, stellt Heinrich Marschners Oper *Templer und Jüdin* in einer eigenen Bearbeitung zur Dis-

[138] Brief HP an Mimi (1921?) (NW 82/1)

[139] Für die Behauptung, Mimi habe Selbstmord verübt (SK 20), gibt es keinerlei Hinweise.

[140] Willy Levin ist als Kommerzienrat von Strauss in *Intermezzo* porträtiert worden. In Levins Auftrag entstanden die Büsten Pfitzners und Strauss' von Hugo Lederer. Über Levin vgl. Abendroth, *HP*, S. 113f.; Walter, *Thema und Variationen*, S. 163; K. Levin, *Erinnerungen*, S. 58ff.

[141] Briefe von Richard Strauss, Engelbert Humperdinck und Max von Schillings vom Februar 1903 (NW 80/56, 80/54 und 80/120)

Willy Levin

kussion und bringt *mit mittelmäßigen Kräften eine meisterhafte Aufführung des »Freischütz«* heraus[142]. Nach drei Jahren ist er der Sache überdrüssig und dirigiert nur noch gastweise.

Am 19. März 1900 findet in Berlin ein Konzert statt, das das Verhältnis Pfitzners zu Richard Strauss in gewisser Weise prägen sollte. Der durch seine Sinfonischen Dichtungen berühmte Kapellmeister der Hofoper und der fünf Jahre jüngere Konservatoriumslehrer treten gemeinsam in einem Konzert der Berliner Philharmoniker mit eigenen Werken auf, Programmfolge: *Tod und Verklärung,* der I. Akt der *Rose vom Liebesgarten* und *Ein Heldenleben.* Alle Werke werden her-

142 Levin, *Erinnerungen*, S. 59

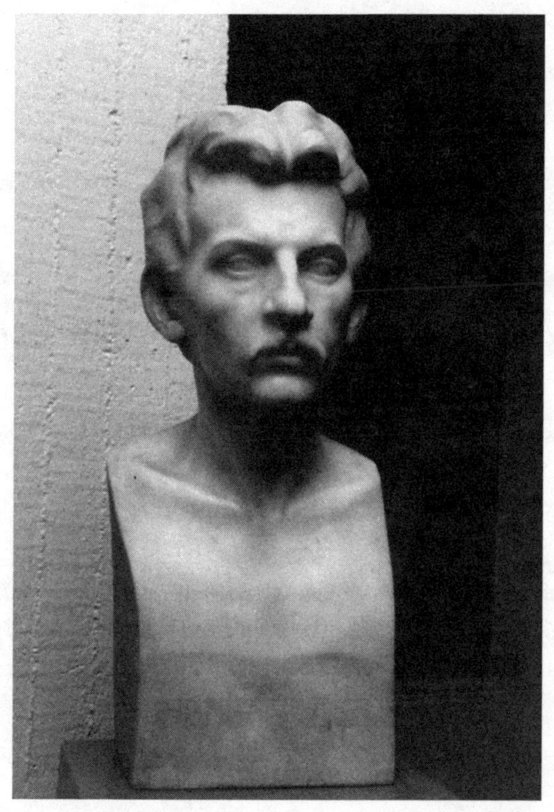

Diese Porträtbüste Pfitzners hatte Willy Levin bei dem Bildhauer Hugo Lederer bestellt.

vorragend geboten, das Presseecho allerdings war für Pfitzner voller *Hornissengift*. Die wirkungssicher für den Konzertsaal geschriebenen, noch dazu bekannten Werke von Strauss mußten besser ankommen als die blühende, aber ohne Bühnenaktion nicht ausreichend zugkräftige Musik Pfitzners; vermutlich würde das heute ebenso empfunden.

Von diesem Zeitpunkt an dürfte Pfitzners Verhältnis zu Strauss immer auch vom Neid auf den Erfolgreicheren geprägt gewesen sein; wieder ist er der Zweite. Noch bis ins Alter schlägt oft das Ressentiment gegen den Schöpfer des *Rosenkavalier* durch, der sich großer Publikumsgunst und hoher Einnahmen erfreute. Im übrigen war aber

Concert-Direction
Hermann Wolff, Berlin.

Montag, den 19. März 1900
Abends 8 Uhr pünktlich

im Saal der Philharmonie

CONCERT

des

Vereins zur Förderung der Kunst

unter Leitung von

Hofkapellmeister **Richard Strauss**

und

Hans Pfitzner.

Mitwirkende:

Hofopernsänger **Ernst Kraus, Anton Sistermans, Alexander Heinemann, der verstärkte Chor des Stern'schen Conservatoriums, das Philharmonische Orchester.**

PROGRAMM.

1. Tod und Verklärung, Tondichtung für grosses Orchester, op. 24 . . . . *Rich. Strauss.*
2. Die Rose vom Liebesgarten (Dichtung von James Grun) I. Act (Vorspiel) . *Hans Pfitzner.*
3. Ein Heldenleben, Tondichtung für grosses Orchester . . . . *Rich. Strauss.*

Während der Vorträge bleiben die Saalthüren geschlossen.

Eintrittskarten zu **5, 4, 3** und **1 Mark** sind in der Hofmusikalien-Handlung von **Ed. Bote & G. Bock**, Leipzigerstr. 37, sowie Abends an der Kasse zu haben.

Programm des Konzertes von Pfitzner und Richard Strauss am 19. März 1900

auch Strauss nicht ganz frei von solchen Gefühlen, vor allem im Hinblick auf *Palestrina*, was sich darin zeigt, daß er 1919 in Wien einer Anstellung Pfitzners entgegenwirkt[143], oder daß er Hans Knappertsbusch scherzhaft androht, seine Frau werde ihn *in den tiefsten Contrapfuhl der Pfitznerhölle verfluchen und zu lebenslänglichem »Palestrina« verdammen*[144]. Gewiß ist Strauss' Musik optimistischer Ausdruck der Gründerjahre, des Wilhelminismus; sie repräsentierte bis zu *Elektra* (1909) den musikalischen Fortschritt der »Neudeutschen«; ihre Qualität wurde von Pfitzner ausdrücklich anerkannt. Den mehrfach so neidvoll zitierten *Rosenkavalier* hat er 1912 in Straßburg aufgeführt[145], wie im übrigen auch Strauss *Palestrina* in Wien pflegte. Ihr Antipodentum lag in ihrer extrem gegensätzlichen Herkunft und Wesensart; in ihrer Selbsteinschätzung als letzte einer großen Zeit und in ihrer musikpolitischen Forderung nach stärkerer Pflege deutscher Musik in Deutschland waren sich beide sehr einig[146]. Den Höhepunkt ihrer Aktualität erreichten sie nicht gleichzeitig, sondern nacheinander: Strauss in der Zeit bis zum Ersten Weltkrieg, Pfitzner zwischen *Palestrina* (1917) und dem cis-Moll-Quartett (1926)[147]. *Nun, ich bin der jüngere; ich habe persönlich lange »die Nummer 2« der öffentlichen Rangliste ertragen müssen; jetzt im Alter verkürzt sich der Abstand*, beschreibt der alte Pfitzner die Beziehung[148]. Er muß sich ganz gern mit Strauss unterhalten haben[149], nicht nur bei gemeinsamen Bemühungen um eine befriedigende Tantiemen-Regelung; in den letzten Lebensjahren hätte er gern noch einmal mit Strauss gesprochen[150]. In ihrem Alterswerk waren sie sich schließlich sehr nahe. Hans Zender bemerkt zum Verhältnis der beiden Komponisten: *Strauss braucht diese Korrektur Pfitzner. Die kompositorische Substanz halte ich bei Pfitzner für eher stärker als bei Strauss. Natürlich ist er weder eingängig noch brillant noch irgendwie heiter-unterhaltend oder »süffig«, so wie es Strauss in fast allen seinen Werken ist* [...] *Das ist eine eigene Art von Tragik, ich möchte fast sagen: von Nihilismus bei Pfitzner, der für mein Empfinden die Zeit des nieder-*

143 Brief Richard Strauss an Franz Schalk vom 7. 3. 1919 (SS IV, S. 728)
144 Brief Richard Strauss an Hans Knappertsbusch vom 28. 5. 1926 (SK 435)
145 Briefe HP an Richard Strauss 1912 (*Br.*, S. 176ff.)
146 vgl. Adamy, SS IV, S. 726ff.
147 Gerhard Frommel, HPM 26, S. 2ff.
148 Boetticher, HPM 42, S. 12
149 Emil Preetorius, HPM 12, S. 8
150 Schrott, *HP*, S. 23

gehenden Bürgertums wahrer zum Ausdruck bringt, als die Werke von Strauss, die dieses niedergehende Bürgertum eigentlich noch verklären.[151]

In demselben Maße, wie seine Erfolge außerhalb Berlins zunehmen – erste Auslandskonzerte in Zürich (1906) und Amsterdam (1907), erstes Auftreten als Gastdirigent mit einem fremden Werk, dem *Tannhäuser* an der Münchner Hofoper (1906), Uraufführung des *Christ-Elflein* unter Felix Mottl in München (1906) – leidet Pfitzner unter seiner inadäquaten Stellung in Berlin. *So schrecklich ist jetzt meine Lage und meine innere Verfassung,* schreibt er an Grete Kraus[152]. Er will nach München, und nachdem sich 1906 die Hoffnung auf eine Kapellmeisterstelle an der dortigen Hofoper zerschlägt, übernimmt er 1907 die erstbeste ihm angebotene Stelle: die Leitung des privaten Kaim-Orchesters (den späteren Münchner Philharmonikern). Gegen die Bedenken seiner Freunde hinsichtlich der Finanzen des Orchesters gibt er für sechs Konzerte in der Saison seine Lehrstelle in Berlin auf. Tatsächlich kommt es nur noch zu vier Konzerten, dann bricht das Orchester finanziell zusammen; aber da – auch das gehört zu Pfitzners seltsamem Schicksal – erreicht ihn neben einem Angebot des Wiener Tonkünstlerorchesters auch der Ruf nach Straßburg als musikalischer Leiter des Städtischen Orchesters. Im Winter 1907/08 dirigiert er bereits die Straßburger Konzerte, im April 1908 vereinigt sich die ganze Familie in der damaligen Hauptstadt des Elsaß.

So gern Pfitzner in der kulturträchtigen Atmosphäre Berlins gelebt hat – vor allem die Berliner Theater unter Otto Brahm und Max Reinhardt, aber auch der Volkswitz hatten es ihm angetan –, die Bitterkeit über die fortgesetzte Nichtanerkennung seiner Kompositionen überwog. Die seltenen Aufführungen ernteten Verrisse; die bei Willy Levin und Ernst Kraus geknüpften gesellschaftlichen Kontakte – der Bildhauer Hugo Lederer (von ihm stammt die früheste Büste Pfitzners; vgl. Anm. 140), der Regisseur Max Reinhardt, der Dichter Ludwig Jacobowski, der Kunstkritiker Arthur Eloesser – entschädigten nur teilweise. Vor allem ist hier die Freundschaft mit Bruno Walter zu nennen. *Wir verbrachten miteinander Stunden voll leidenschaftlichem Meinungsaustausch, oft erwärmt durch Gleichklang im Enthusiasmus und Ablehnung, oft erregt durch Streit und Uneinigkeit*

151 Hans Zender in: *NZfM*, 1982, Heft 4
152 Briefe HP an Grete Kraus vom 11. 5. und 17. 11. 1907 (NW 160/34)

Richard Strauss, um 1900

in Fragen, die uns beiden am Herzen lagen.[153] Walter hatte schon in seiner Hamburger Zeit (1895/96) den *Ton reinen Goldes*[154] im *Armen Heinrich* vernommen; 1899 trafen sich der sieben Jahre Jüngere und Pfitzner beim gemeinsamen Freund Ernst Kraus; der frischgebackene Kapellmeister setzte 1901 die Aufführung der Oper in Berlin durch und führte seitdem in allen Positionen, die er bis zu seiner Emigration aus Österreich bekleidete, Pfitzners Werke zum Erfolg.

Bruno Walter dürfte auch den Kontakt Pfitzners zum Ehepaar Mahler geknüpft haben. Alma brachte Pfitzner eine überschwengliche Zuneigung entgegen; ihr Bonmot von Pfitzners Liebe als *Holz-*

[153] Abendroth, *HP*, S. 112f.
[154] Walter, *Thema und Variationen*, S. 163

Pfitzner und Bruno Walter während der Proben zur *Palestrina*-Uraufführung 1917

essig wird häufiger zitiert als ihre recht intensiven Gefühle für den Komponisten[155]. Sie liebte vor allem sein Trio und das ihr gewidmete Streichquartett op. 13 und soll ihren Mann durch beständiges Aufstellen des Klavierauszugs der *Rose vom Liebesgarten* auf dem Flügel schließlich zur Aufführung dieses Werks 1905 verführt haben[156]; Pfitzner seinerseits war keineswegs unempfindlich für ihren Charme[157]. So hätte er gern 1912 in ihrem Haus am Semmering an seinem *Palestrina* gearbeitet – da war Alma aber gerade mit Oskar Kokoschka beschäftigt. Nach der Flucht aus Straßburg bemüht sich Pfitzner durch Almas Fürsprache um eine Stelle in Wien, doch vergeblich. Nach dem Tod Mimis wurde die Beziehung wieder intensiver; als Pfitzners Tochter Agnes einen Ausbruchsversuch aus dem väterlichen Haus unternimmt, landet sie in Wien bei Alma. Später ärgerten ihn ihre

155 Alma Mahler, *Mein Leben*, S. 149, 31 und 33; Briefe an HP (NW 255)
156 Walter, *Thema und Variationen*, S. 222; *EB*, S. 690
157 Walter, *Thema und Variationen*, S. 222; Wamleck-Junk, *HP und Wien*, S. 30

Alma Mahler, um 1905

gesellschaftliche Glätte und ihre klatschhafte Indezenz[158], aber noch seine Witwe schickt ihr ein Bild seiner Totenmaske[159]. Für Gustav Mahler empfand Pfitzner sein Leben lang höchste Verehrung und Dankbarkeit: Er war für ihn das große Beispiel eines Dirigenten *ganz ohne Eitelkeit*, dem es *nur drum zu tun war, das Werk im Sinne des Komponisten herauszubringen, und nicht Narr auf eigene Hand zu sein*[160]. Er achtete ihn als wahren Künstler und großen Menschen. Zwar verhielt er sich gegenüber dem Werk Mahlers reserviert – dies sei *immer erfüllt von der vollkommensten Hingabe, immer mit »Herzblut« geschrieben* [...] *aber das, was auf dem Notenpapier steht, ist keineswegs adäquater Ausdruck des gewollten Gefühls* –, doch gibt es

158 Brief HP an Alma Mahler-Werfel vom 19. 7. 1930 (NW 255/112)
159 Monson, *Alma Mahler-Werfel*, S. 311
160 Brief HP an L. Huch vom 4. 10. 1932 (NW 108)

Max Reinhardt, Gustav Mahler, Carl Moll, Hans Pfitzner (v. li. n. re.), Wien 1905

in den bitteren *Eindrücken und Bildern* des alten Pfitzner außer für Mimi keine vergleichbar liebevolle Äußerung über einen Menschen und seine Leistung wie die über Mahler: *In ihm ist Liebe.*[161]

Unter den Werken zwischen Konservatorium und Straßburg liegt das Schwergewicht bei den drei Opern. Sie machten Pfitzner bekannt, auch wenn sie bis 1908 nicht sehr oft aufgeführt wurden. Da sie heute nur ganz selten auf den Spielplänen stehen, seien im folgenden einige prominente Äußerungen dazu angeführt. Bruno Walter: *»Der arme Heinrich« ist kein strahlender Erfolg; dazu ist er zu düster; aber er macht stets einen tiefen Eindruck.*[162] Ernst Krenek: *»Der arme Heinrich« hat vor allem durch die tiefe Innerlichkeit und gehaltene Ekstase erschütternd auf mich gewirkt, die sich in der unerhörten Ein-*

161 *EB*, S. 690f.; *»Die Rose vom Liebesgarten« in Wien*, SS IV, S. 413ff.
162 Walter, *Thema und Variationen*, S. 164

heitlichkeit des Werkes manifestiert [...] *So ging die stärkste Wirkung vom zweiten Akt aus, und als bei der Generalprobe die unglaubliche Stelle kam: »Der Ruf ertönt« – ich saß neben meinem Chef* [Paul Bekker] – *da sahen wir uns gegenseitig an und hatten beide Tränen in den Augen.*[163] Thomas Mann: *Ich habe neulich mehr als einmal gestaunt über eine, wie ich glaube, beispiellose Intimität mit dem christlichen Mittelalter, die in diesem Liede von Qual und Erlösung waltet.*[164] – In der *Rose vom Liebesgarten* hört Bruno Walter Dinge, *die zum Schönsten gehören, was je geschrieben worden ist,* ein Werk *für ein kleines, aber sicheres Publikum*[165]. Egon Wellesz: *»Die Rose vom Liebesgarten« wurde wegen des Textbuches zum Mißerfolg. Die Musik aber war höchst eindrucksvoll und enthielt Partien von großer Kraft und Schönheit.*[166] Gustav Mahler schließlich, der dem Werk zunächst recht fern stand, rief nach dem I. Akt in der Premiere aus: *Seit der »Walküre«, erster Akt, ist ewas ähnlich Großartiges nicht geschrieben worden.*[167] – Zum Text des *Christ-Elflein* meint Bruno Walter: *Es gibt kein so kindisches Kind und keinen noch so eidechsenartigen Mann, der diesem Märchen das geringste abgewinnen könnte. Entzückende, echt Pfitznersche Einfälle sind in der Musik; aber da Du als wahrer Mensch und Dramatiker sie für das Märchen geschrieben hast und es zu den musikalischen Kombinationen und Entwickelungen naturgemäß nicht kommen konnte, so hat dieses Mal die lernäische Schlange* [gemeint ist die Librettistin Ilse von Stach-Lerner] *den Herkules umgebracht. Verzeih diesen in jedem Sinne grimmigen Kalauer.*[168] Erwin Kroll: *Welcher Art nun auch die dramaturgischen Bedenken sein mögen, die man gegen das Werk hegt, sie verstummen vor der treuherzigen, heiteren, im besten Sinne volkstümlichen und weihnachtlichen Musik, mit der es Pfitzner ausgestattet hat* [...] *Hier ist es überall der Zauber der Musik, der uns das Geschehen auf der Bühne glaubhaft macht und jene Stimmung schafft, die unserer Zeit so nottut, die des echten Idylls,* und er stimmt Hermann W. von Waltershausen zu, der dieses Werk eben wegen seines stark idyllischen Charakters als dasjenige bezeichnet, *das am weitesten in die Zukunft weist. Und in der Tat könnte es mit*

163 HPM 37, S. 47
164 Thomas Mann, *Tischrede auf P* (1919)
165 Brief Bruno Walter an HP vom 28. 3. 1907 (Walter, *Briefe*, S. 91)
166 Wellesz, *Leben und Werk*, S. 28
167 Alma Mahler-Werfel, *Erinnerungen an Gustav Mahler / Gustav Mahler: Briefe an Alma Mahler*, hg. von D. Mitchell, Frankfurt/Main u.a. 1972, S. 110
168 Walter, *Briefe*, S. 91

Bühnenbild von Wilhelm Reinking zur Erstaufführung des *Armen Heinrich* an der Hamburgischen Staatsoper am 9. März 1935 unter Leitung des Komponisten

der Verfeinerung seiner Kontrapunktik, der Differenzierung seiner Harmonik im auffassungsdissonanten Sinne, der kammermusikalischen Orchesterbehandlung und der Schlichtheit und Innerlichkeit des Gefühls, könnte es vor allem mit der Kraft seiner volkstümlichen Melodik der Ausgangspunkt eines neuen musikalischen Stils werden.[169]

Alle Bühnenwerke Pfitzners (außer *Das Herz*) haben die Eigentümlichkeit, daß in ihnen fehlt, was das Hauptagens fast aller Opern vor ihnen einschließlich derjenigen von Giacomo Puccini, Richard Strauss, Franz Schreker und Max von Schillings ist: eine erotische Beziehung zwischen den Protagonisten. An deren Stelle tritt der Kampf des Helden mit sich selbst – offensichtlich die eigene Ursituation Pfitzners. Am Schluß steht nicht das jubilierende Happy-End oder der tragische Höhepunkt, sondern die stille, fast religiöse Ergebung oder Selbstüberwindung. Pfitzner knüpft in dieser Hinsicht

[169] Kroll, *HP*, S. 230ff.

an *Parsifal* an. Zugleich macht dies seine Bühnenwerke spröde für das große Publikum. Dessen ungeachtet ist diese Tradition fortgeführt worden; zu nennen sind etwa *Moses und Aron* von Arnold Schönberg oder *Aus einem Totenhaus* von Leoš Janáček.

Im übrigen erweitert sich Pfitzners Musiksprache bedeutend. Er wird der Komponist einer um 1900 ungewöhnlichen und so nur noch bei Schönberg feststellbaren Universalität[170], auch wenn er sich in erster Linie als Opernkomponist empfindet. In den drei Opern prägt er drei ganz unterschiedliche Charaktere aus: in *Der arme Heinrich* die herben, dissonierenden Töne, die Pfitzners Musik den Ruf des Schwierigen, Asketischen einbringen; in *Die Rose vom Liebesgarten* die leuchtenden, »romantischen« Farben; in *Das Christ-Elflein* den kindlichen Naturton. Die Ouvertüre zur Bühnenmusik zum *Käthchen von Heilbronn* bietet einen brillanten, mit Richard Strauss wetteifernden Orchesterklang (*Mahler hat's riesig gefallen*[171]), wie überhaupt der Orchesterklang Pfitzners – etwa in *Der arme Heinrich* und *Die Rose vom Liebesgarten* – als kühn und eigenwillig empfunden wird[172]. Das Chorwerk *Columbus* und der I. und III. Satz des Streichquartetts op. 13 bauen in ihren linearen Stimmführungen die konstruktive Seite von Pfitzners Ausdrucksweise aus. Mit der Verwendung der Ganztonleiter im Lied *An den Mond* und der Polytonalität in der Ouvertüre zum *Käthchen von Heilbronn* setzt sich Pfitzner mit dem aktuellsten »Materialstand« auseinander[173]. Signifikant für die Entwicklung ist ein Vergleich der Cellosonate von 1890 mit dem Klaviertrio op. 8 von 1896, einem autobiographischen Spiegelbild der Aus- und Zusammenbrüche: statt der ausgewogenen Form und Faktur nun ein Auseinanderstreben aller Elemente. Augenblicke zartester Abtönung stehen neben Momenten lärmender Wut, strömende Melodik neben brütendem Stocken und irregulären Repetitionen isolierter Akkorde und Töne[174], eleganter Tonfall neben spröder Motivarbeit, äußerste Kraftentfaltung neben erschöpftem Verstummen. Das Zerrissene von Form und Faktur unter dem Druck und der Ausweitung der Ausdrucksskala wird mitkomponiert; jeder Satz enthält mehrere Tempi, die Instrumente werden immer wieder »überan-

170 Dahlhaus, *Die Musik des 19. Jahrhunderts*, S. 286
171 Brief Bruno Walter an HP vom 18. 11. 1906 (*Br.*, S. 91)
172 Humperdinck 1895 und 1896 sowie Marsop 1897; alle in: Cossmann, *HP*, S. 45f. und 35f.
173 Osthoff, *P und der »historische Materialstand«*, S. 115ff.
174 Williamson, *The Music of HP*, S. 54

strengt«, herrlich klingende Stellen verschärfen die selbstzerstörerische Wucht der eingesetzten Dissonanzen. Dieses wohl interessanteste Klaviertrio nach Brahms mußte in seiner kühnen Gebrochenheit seinerzeit völliges Unverständnis hervorrufen; noch der mildeste Kritiker gesteht *beschämt* [...] *ich habe das Stück einfach nicht verstanden*[175].

Befremdlich erscheint die Tatsache, daß zugleich mit dem Trio auch die Lieder op. 10 nach Texten von Detlev von Liliencron in ihrer jeweiligen traditionellen harmonischen Geschlossenheit komponiert wurden und wenig später die zwar auch finstere Abschnitte enthaltende, aber doch insgesamt helle, diatonische *Rose vom Liebesgarten* oder ein Publikumsreißer wie das Lied *Gretel* op. 11/5 (1901) folgen. Im Quartett op. 13 (1902) wechseln sich zwei spröde, in ihren kühnen kontrapunktischen Kombinationen am späten Beethoven orientierte und zwei kindlich-musikantische Sätze miteinander ab (wobei der letzte ein Thema des Zwölfjährigen verarbeitet); Bruno Walter: *Anfangs vom 2ten und 4ten Satz sofort erobert, erkenne ich jetzt den 1ten Satz als den größten* [...] *Das Adagio ist mir noch fern,* während Gustav Mahler gerade diesen Satz *am bedeutendsten* fand[176]. Ähnlich »inkonsequent« stehen 1905/06 das gemütvoll romantische Lied *Michaelskirchplatz* op. 19/2 und die hochexpressionistischen »modernen« Lieder *Stimme der Sehnsucht* op. 19/1 und *An den Mond* op. 18 nebeneinander. Das *Christ-Elflein* wieder entstammt der kindlich-naiven Welt der zwei musikantischen Sätze des Quartetts. Und in den Liedern von 1907 liegt das verspielte *An die Bienen* op. 22/5 in enger Nachbarschaft der herb dissonierenden Lieder op. 21 und des harmonisch höchst komplexen *In Danzig* op. 22/1. Während Arnold Schönberg bis zur Entfaltung der Zwölftontechnik und in gewissem Sinne auch Richard Strauss bis zur *Elektra* mit jedem Werk den Materialstand des vorangehenden überholen, fängt Pfitzner mit jedem Werk gleichsam wieder von vorn an und gibt nichts von seiner eigenen Werktradition auf. Es entsteht eine Vielfalt von Werkkonfigurationen, die sich einer schlagwortartigen Festlegung verweigert. Pfitzner hat sich solcher Fixierung aus-

[175] Kritik in der *Vossischen Zeitung* vom 4. 3. 1897, zit. nach Abendroth, *HP*, S. 423; Williamson nennt das Trio *the most radical formal experiment* Pfitzners (*The Music of HP*, S. 63).

[176] Briefe Bruno Walter an HP 1902/03 (*Br.*, S. 59ff.); kritisch zum Quartett äußert sich Kroll (*HP*, S. 108).

Pfitzner, um 1900

drücklich entzogen und für sich einen freien *Gestaltungstrieb*, einen *höheren Spieltrieb*[177] in Anspruch genommen, dem er sich ausliefere und der dazu führe, daß sich Einfälle in einer Weise entwickelten, die er nicht vorhersehen könne.

Das einigende Band ist ein schwer zu beschreibender Personalstil, der sich in den Werken ab 1890 immer deutlicher ausprägt und an dem jedes seiner Werke sofort erkennbar ist. Etwas eigentümlich Kantiges, Anarchisches liegt in den unorthodoxen Harmoniefolgen und Stimmführungen, den improvisatorischen Melodiefortspinnungen und -abbrüchen, in den Satzverläufen und in der Gleichzeitigkeit gegensätzlicher Ausdrucksweisen. Da folgen das Einfache und das Komplizierte überraschend aufeinander, verirren sich eben noch klare Stimmführungen in verwirrenden Labyrinthen, bleiben schwungvolle Ansätze in komplexen Pendelbewegungen hängen. Die Spannung, die Pfitzner seinen Werken zwischen op. 8 und op. 41 verleiht, treibt sie in eine Originalität, in der alles anders ist als üblich[178]. Im besten Falle entsteht eine eigengesetzliche Organik, der etwas Natürliches auf einer zweiten Ebene anhaftet, es findet sich, *wenn die Erkenntnis gleichsam durch ein Unendliches gegangen ist, die Grazie wieder ein*, wie es Heinrich von Kleist formulierte[179].

Überraschenderweise entwickelt sich gerade mit Bezug auf die Opern das Schlagwort vom »absoluten« Musiker Pfitzner[180]. Offensichtlich geht dies zurück auf den Eindruck einer thematischen Prägnanz und einer aus der Thematik wachsenden, vom Text scheinbar unabhängigen Entwicklung, im Gegensatz etwa zur (dem Text unterlegten und ihn ausmalenden) Leitmotivtechnik nachwagnerischer Opern oder zum (ein außermusikalisches Programm widerspiegelnden) Verlauf Sinfonischer Dichtungen Lisztscher und Straussscher Prägung. Pfitzner baut in seinen Musikdramen abschnittsweise Stimmungen auf, die – bei aller Sorgfalt der Textdeklamation – ein musikalisch-autonomes Gewicht jenseits des Textes erhalten. Diese

[177] HP, *Von deutscher Seele*, SS IV, S. 442

[178] vgl. Osthoff, *Materialstand*; Rihm, *Zur Aktualität Ps*; Killmayer, *Komponieren als privates und öffentliches Problem*

[179] Heinrich von Kleist, *Über das Marionettentheater*, in: ds., *Sämtliche Werke und Briefe*, München ²1961, Bd. 2, S. 345; zum Verhältnis Ps zu Kleist vgl. *EB*, S. 273 und Adamy, *HP*, S. 177

[180] erstmals Marsop (1897) zum *Armen Heinrich* (Cossmann, *HP*, S. 35): *Ein Werk, in dem ein Komponist lediglich durch die Mittel seiner eigensten Kunst wirkt*; ausdrücklich dann Berrsche, *HP und die absolute Musik*; auch Kroll, *HP*, S. 84ff.; vgl. dazu Stephan, *Sind HPs Lieder »absolute« Musik?*

Stimmungsfelder bestimmen seine Bühnenwerke so, daß der lyrische Gesamtcharakter zu Lasten der Dramatik eine für Pfitzners Bühnenwerke in der Tat signifikante Handlungsstatik, *einen Widerwillen gegen optimistische Fortschreitung*[181] bewirkt. Die Dramatik besteht wesentlich in der »inneren« Abfolge der Stimmungsbilder. So liegt die Dramatik im *Armen Heinrich* nicht in der äußeren Handlung (wird Heinrich von seiner Krankheit erlöst? wird Agnes wirklich geopfert? oder gar: welches Ende nimmt eine denkbare Liebesgeschichte von Heinrich und Agnes?), sondern in der – durch äußere Handlung kaum darstellbaren – seelischen Wandlung des Heinrich hin zur Annahme und damit zur Überwindung seiner Krankheit. Bezeichnenderweise endet die Oper nicht mit einem Jubeltableau mit Liebespaar und Volk von Salerno, sondern *still und stiller, nur feierliche Demut, alles ist innerlich geblieben und klingt wie ein Stück absoluter Musik*[182]. – Die Idee der *Rose vom Liebesgarten* rührt von einem Bilderzyklus Hans Thomas her und besteht wesentlich aus statischen Tableaux: Der Held (Siegnot) bleibt ohne Sieg, die Entwicklung der Heldin (Minneleide) hat keine dramatische Stringenz; überwältigend dagegen die aus der Musik erwachsenden Stimmungen: der Frühlingseinzug, der Urwald vor dem Liebesgarten, die Tropfsteinhöhlen des Nachtwunderers, die die Oper zum Paradefall einer Jugendstil-Oper machen. *An dem Primat der Stimmungseinheit ist der Pfitznersche Typ des musikalischen Dramas in allen Fällen zu erkennen.*[183] Im übrigen ist Pfitzner *derben theatralischen Effekten keineswegs abgeneigt*[184]: In jeder Oper werden Effekte wie Donner, Blitz, Gewehrsalven usw. eingesetzt – im Gegensatz zwischen Versunkenheit und jähem Ausbruch.

Hans Pfitzners Musik widersetzt sich raschem Konsum. Dies hat sie mit der Musik Gustav Mahlers und mit atonaler Musik gemein. Das Besondere ist, daß die Widersetzlichkeiten in einer Musik auftreten, deren traditionelles Gewand zunächst Schwierigkeiten nicht erwarten läßt. Pfitzners Widersprüche: seine Musik irritiert, erschreckt den Hörer, aber nicht, indem sie offensichtlich mit neuen Mitteln spricht, sondern indem neue Mittel, traditionell verwandt, auch die

181 Rihm, *Aktualität*, S. 192

182 Josef Hofmiller, *HP*, in: *HP, Vierteljahresheft des Bühnenvolksbundes*, 1921, Heft 3/4, S. 10

183 Rectanus, *Leitmotivik*, S. 181; für den Liedbereich Diez, *HPs Lieder*, S. 16 und 42

184 Ermen, *Musik als Einfall*, S. 53

Eines der Bilder von Hans Thoma,
die Pfitzner zur *Rose vom Liebesgarten* anregten

traditionellen Mittel neu erscheinen lassen. Dieses Neue der Musiksprache Pfitzners wurde von sensiblen Zeitgenossen als Qualität empfunden. Mahler, der *Die Rose vom Liebesgarten* zunächst ganz abgelehnt hatte, lernte dieses Werk schließlich doch schätzen[185]. Am

[185] Brief Gustav Mahler an Alma vom 1. 2. 1904 (Mahler, *Briefe*, S. 309); Briefe Bruno Walter an HP 1901–04 (Walter, *Briefe*, S. 45ff.)

Pfitzner, um 1907

Arnold Schönberg, Selbstporträt 1910

Streichquartett op. 13 nahm er lebhaften Anteil; auch Max Reger gratulierte begeistert zu diesem Stück[186]. Für die nächste Generation war Pfitzner die Alternative zu Arnold Schönberg: Sowohl Alban Berg als auch Anton Webern sollen zunächst beabsichtigt haben, Pfitzner als Lehrer aufzusuchen[187], bevor sie Schönberg wählten.

186 Abendroth, *HP*, S. 129

187 Alma Mahler, *Mein Leben*, S. 25; Ermen, *Musik als Einfall*, S. 84. Abendroth (*HP*, S. 241) verlegt allerdings Weberns mögliche Schülerschaft in den falschen (Schondorfer) Lebensabschnitt Ps, denn Webern war schon seit 1904 bei Schönberg. Zum Verhältnis Bergs zu Pfitzner vgl. Rudolf Stephan, *Voraussetzungen des Zerfalls der Einheit der Tonkunst*, in: *Von der Vielfalt musikalischer Kultur*, hg. von Rüdiger Schumacher, Anif/Salzburg 1992, S. 524ff.

Straßburg und *Palestrina*

Wenn die Natur in mich eine solche zutiefst aufrührende Idee gepflanzt hat, so wird sie auch ein Organ schaffen, diese Idee zum Ausreifen zu bringen. Hans Pfitzner[188]

Straßburg, bis 1871 provinzieller Sitz der Verwaltung des Departements Bas-Rhin (Nordelsaß) im administrativ und kulturell auf Paris ausgerichteten Frankreich, entwickelt sich als Hauptstadt des Reichslandes Elsaß-Lothringen unter seinen ehrgeizigen kaiserlichen Statthaltern in Konkurrenz zu den deutschen Landeshauptstädten zu reger kultureller Blüte. Zwar war die Eingliederung in das Deutsche Reich von der Bevölkerung nicht gerade begeistert aufgenommen worden, zwar blieb insbesondere die katholische, mit Frankreich sympathisierende Partei in Opposition zur deutschen Verwaltung und entsandte bis in die 1890er Jahre nur oppositionelle Abgeordnete, sogenannte »Protestler«, in den Reichstag, doch nach 1900 gelang es den politisch klug agierenden Statthaltern und den Staatssekretären des Reichsministeriums für Elsaß-Lothringen (letztere vielfach Elsässer), einen fruchtbaren inneren Frieden herzustellen und eine blühende Wirtschaft zu entfalten. Als Pfitzner im Winter 1907/08 nach Straßburg kommt, trifft er auf ein vielfältiges Musikleben unter dem abtretenden Münsterkapellmeister Franz Stockhausen (Bruder des Sängers und Brahms-Freundes Julius), dem Chorleiter Ernst Münch (Vater des Dirigenten Charles) und Albert Schweitzer. Er übernimmt die ihm angetragene Leitung des Städtischen Konservatoriums, des Städtischen Symphonieorchesters und ab 1910 – auf seinen ausdrücklichen Wunsch – auch der Städtischen Oper. In Pfitzners Leben beginnt damit der Abschnitt größter musikalischer Wirksamkeit und Fruchtbarkeit als Dirigent, Lehrer, Regisseur und als Komponist und Dichter des *Palestrina*.

Mit dem ersten von ihm geleiteten Konzert des Städtischen Orchesters im Winter 1907 beginnt und mit dem ersten Konzert der Saison 1918/19 endet Pfitzners Tätigkeit in Straßburg. Neben allen Abonnementskonzerten dirigiert er auch die meisten Konzerte der Elsaß-Lothringer Musikfeste und bestimmt die Programmfolgen. Die

[188] HP, *Mein Hauptwerk*, SS IV, S. 432

Pfitzner, um 1910

Pfitzner mit seinen Schülern in den Vogesen, 1910
(v. li. n. re. Gava, Heinrich Boell, Helmut Coerper, Hans Pfitzner, Heinrich Jacobi, Felix Wolfes)

Programme der Jahre 1908 bis 1913[189] zeigen dabei ein eindrucksvoll vielfältiges Bild, wo man nur deutsche Romantiker erwartet hätte: als Schwerpunkt Beethoven mit achtzehn Werken, darunter fast alle Sinfonien, Brahms mit acht Werken, Mozart und Schubert mit je sechs; aber auch fünf Werke von Richard Strauss, je vier von Chopin und Tschaikowsky, drei von Berlioz (*Hans hat die »Symphonie phantastique« sehr lieb gewonnen*[190]), die 3. Sinfonie von Bruckner, die 2. und 4. von Mahler und das Klavierkonzert mit Chor von Busoni; Werke von Bizet, Lalo, Ducasse, Chausson, d'Indy, Saint-Saëns, César Franck und Widor sowie Novitäten seiner Zeitgenossen Schillings, Reger, Elgar, Boehe, Braunfels, Sekles, Sinigaglia, Klenau usw. Bemerkenswert wenig von Schumann, dem dafür aber zum 100. Ge-

[189] Originalprogramme (NW 937)
[190] Brief Mimi an Paul Cossmann, März 1911 (NW 251)

burtstag 1910 das Elsaß-Lothringer Musikfest gewidmet wird, und von Pfitzner selbst lediglich zweimal Orchesterlieder. Auch von Debussy und Schönberg hätte er etwas aufgeführt, aber Debussy, »musicien français«, las keine deutsch geschriebenen Briefe[191], und Schönberg machte zur unerfüllbaren Bedingung, daß das Publikum nicht lachen solle[192]. Mehrfach tritt Albert Schweitzer in Orgelkonzerten auf und in nahezu jedem Konzert ein deutscher oder französischer Solist. Die in der Presse erhobenen Vorwürfe, Pfitzner vernachlässige entweder die deutsche oder die französische Musik, halten sich die Waage.

Als Pfitzner sich für Straßburg entscheidet, hat er zwar kaum eine andere Wahl, er weiß auch, daß ihm nur die begrenzten Mittel einer Stadt von 200.000 Einwohnern zur Verfügung stehen, aber ihm erfüllt sich der Wunsch, über eine Oper zu verfügen. Den eigentlichen Konservatoriumsdienst betrachtet er als *antimusikalische Angelegenheit*[193], doch in der Bündelung aller musikalischen Ämter der Stadt sieht er einen Weg, die größtmögliche Wirkung zu erzielen. Nach den üblichen Umbesetzungen bildet er am Konservatorium sofort eine Opernklasse, die er selbst leitet, und stellt die Studierenden alsbald auf die Bühne; damit verbinden sich nicht nur Theorie und Praxis in der Ausbildung, für die Oper werden auch Kräfte für Chor und Nebenrollen gewonnen. Der bedeutende Regisseur Otto Ehrhardt weist darauf hin, *welch genialer Regisseur Pfitzner eigentlich ist*[194]. Mangelnde Erfahrung der Sänger wird durch minutiöse Regie ausgeglichen, Pfitzners Suggestion und Vorstellungskraft überträgt sich auf alle Beteiligten. Unermüdlich ist er im Vorsingen und -mimen und zeigt dabei eine erstaunliche Wandlungsfähigkeit[195]. So kann er, als 1913 in einer *Meistersinger*-Aufführung der Darsteller des Beckmesser während des Abends ausfällt, selbst einspringen[196] (der Vorgang wiederholt sich in eigenen Werken: 1920 vertritt er kurzfristig in Ber-

191 Briefwechsel HP/Claude Debussy, Sommer 1908 (NW 80)

192 Schrott, *HP*, S. 130; vgl. auch Martin Vogel, *Schönberg und die Folgen*, Bonn 1984, S. 497

193 Briefe HP an Willy Levin, August 1908 (Abendroth, *HP*, S. 155) und an Grete Kraus vom 8. 7. 1909 (NW 160/34)

194 Otto Erhardt, *Die Aufgaben der modernen Opernregie*, in: *HP, Vierteljahresheft des Bühnenvolksbundes*, 1921, Heft 3/4, S. 28

195 Kroll, *HP*, S. 44; auch E. Schmitz, HPM 4, S. 23; Paul Marsop, ebda.; Ilse Jordan, HPM 5, S. 6; J. Keilberth, HPM 18, S. 5. HP konnte offenbar auch suggestiv und eindrucksvoll vorlesen, selbst in Bayrisch oder Hessisch (W. Preetorius, HPM 2, S. 4).

196 *EB*, S. 684f.

Das Stadttheater in Straßburg, um 1910

lin den Novagerio im *Palestrina,* 1932 markiert er eigene Lieder, als der Sänger Jerger ausfällt[197]). Die Kritik ist sich einig, daß die hohen Anforderungen aller Wagner-Opern vom *Tannhäuser* an (der *Parsifal* wird unmittelbar nach Freigabe 1914 aufgeführt) und der Bühnenwerke Pfitzners in mustergültigen Aufführungen bewältigt werden[198]. Ein bedeutendes Repertoire deutscher romantischer Opern wird aufgebaut: Webers *Freischütz* und *Euryanthe*, Marschners *Hans Heiling* und *Templer und Jüdin*; Novitäten werden herausgebracht wie *Der Rosenkavalier*, Hermann von Waltershausens *Oberst Chabert* oder Wolf-Ferraris *Neugierige Frauen*; schließlich kommen auch romanische Opern nicht zu kurz: Bizet, Maillart, Donizetti und Verdi finden sich auf dem Spielplan, wenn auch nicht in dem Umfang wie an anderen deutschen Bühnen. Pfitzner macht Ernst mit seiner For-

197 Kroll, *HP*, S. 44; Abendroth, *HP*, S. 294
198 Abendroth, *HP*, S. 170ff.

derung, daß *deutsche Art in Deutschland positiv behandelt, geliebt, vorgezogen* werden solle, denn dies sei *nicht mehr, als andere Länder ihren Geistesvertretern gewähren*[199].

Pfitzner mit Wilhelm Furtwängler 1931 in München

Rasch verbreitet sich der Ruf des Straßburger Musiklebens. Junge, später berühmte Dirigenten werden an der Oper tätig: Wilhelm Furtwängler (1909–11), Otto Klemperer (gelegentlich ab 1908, dann von 1914 bis 1917), George Szell (1917/18). Pfitzner wird 1910 Ehrendoktor der Straßburger Universität; 1912 erhält er den Professorentitel. Nach einem Wechsel der Intendanz 1913 bleiben die Verhältnisse nicht ungetrübt: Pfitzner will 1916 alle seine städtischen Ämter niederlegen; mit Mühe gelingt es dem Stadtrat, ihn in seinen Posi-

[199] HP, drittes Vorwort zu *Die neue Ästhetik der musikalischen Impotenz*, GS II, S. 111

tionen am Stadtorchester und Konservatorium zu halten; von der Möglichkeit, gastweise an der Oper tätig zu werden, macht Pfitzner keinen Gebrauch mehr. Die Neufassung des *Christ-Elflein* erfährt ihre Uraufführung 1917 in Dresden. Ob Klemperer bei diesen Mißhelligkeiten die intrigante Rolle gespielt hat, die ihm in Abendroths Biographie zugeschrieben wird[200], müßte noch genauer untersucht werden; jedenfalls bleibt er auch später in freundschaftlichem Kontakt zu Pfitzner und führt in seiner nächsten Stellung in Köln 1920 *Palestrina* auf.

Unmerklich geraten Denken und Schaffen Pfitzners in den Sog des Werkes, das sein Hauptwerk werden soll: des *Palestrina.* Kompositorisch und theoretisch bahnt sich eine Auseinandersetzung mit Richard Wagners Dramen an. Noch enthielt *Der arme Heinrich* alle Elemente Wagnerscher Dramen, insbesondere die allgegenwärtige Leitmotivtechnik, wenn auch die Spannungselemente der Handlung gegenüber denen der inneren Entwicklung der Personen weiter reduziert werden und die Harmonik als äußerst kühn empfunden wird. Schon die Bezeichnung der zweiten Oper, der *Rose vom Liebesgarten,* als »romantische Oper« (die Bezeichnung stammt von Mimi[201]) weist dann auf die vorwagnersche Opernform hin, wenn auch der Text aufdringlich »wagnert«. Die Leitmotivtechnik wird zwar überdeutlich eingesetzt, trägt aber nicht das musikalische Geschehen, weiträumige melodische Bögen außerhalb der Leitmotive vermitteln Stimmungen, die zugleich den musikalischen Zusammenhang herstellen. Der thematische, stimmungsbezogene Einfall drängt sich neben die Leitmotivik[202]. Typisch für Pfitzner ist die Gleichzeitigkeit des Gegensätzlichen: Der Rückgriff auf eine frühere Opernform wird begleitet von einer Tonsprache, die bei der Wiener Aufführung Schönberg und seinem Kreis als höchst neuartig erschien und die nachweislich diese Komponisten sowie Gustav Mahler beeinflußt hat[203].

Es ist wohl kein Zufall, daß sich Pfitzner nach diesem Werk noch einmal gründlich mit Wagners Dramen auseinandersetzt; so entstehen seine ersten schriftstellerischen Äußerungen, die er später (1915) unter dem Titel *Vom musikalischen Drama* zusammenfaßt. Aus

[200] Abendroth, *HP*, S. 106f.
[201] Brief Mimi an Paul Cossmann (NW 251/255)
[202] Rectanus, *Leitmotivik*; Ermen, *Musik als Einfall*
[203] Wellesz, *Leben und Werk*, S. 27f.; Osthoff, *HPs »Rose vom Liebesgarten«*, S. 265ff.

Richard Wagner

einem tiefen Verständnis heraus – der Aufsatz *Melot der Verruchte* enthält eine *Tristan*-Interpretation, die großen Eindruck zum Beispiel auf Ernst Bloch machen sollte[204] – kommt er zu einer grundsätzlichen Kritik an der Leitmotivtechnik Wagners. Dabei setzt er an beim Unterschied zwischen Dichtung und Musik: *Der große elementare Unterschied zwischen allem Dichten und allem Komponieren besteht darin, daß ein jedes Dichtwerk seinem Wesen nach erst in seinem Verlaufe, vom ersten bis zum letzten Wort eine an sich ungreifbare Einheit (Kon-*

204 Ermen, *Musik als Einfall*, S. 9 und 65

zeption, Handlung) darstellt, von der es ausgegangen ist. Während eine jede Komposition, ihrem Wesen nach, von einer sinnlich greifbaren, in sich schon vollendeten Einheit (Einfall, Thema) ausgeht, von der der Verlauf zehrt oder deren er neue bringen muß. Die musikalische Idee ist mithin *gegenwärtig*, die dichterische Idee *allgegenwärtig. Des Dichters Idee ist eine einzige, von deren Niederschlag das Ganze abhängt. Ist sie nicht in Ordnung, nicht eine wahrhafte Konzeption, so bleibt für den Begriff der »Dichtung« nichts mehr zu retten.* Demgegenüber ist für die Musik entscheidend der Einfall, *die sinnliche Einheit, die Gegenwart.* So wurde in der Spieloper die eigentliche Handlung *einfach gesprochen, damit sich die Musik in ihrem eigensten Gebiet, das fernab von allem Gedanklichen liegt, ausbreiten kann.* In der durchkomponierten *höheren Kunstform des Musikdramas steht die Dichtung vor der schweren Aufgabe, alles, was sie zu sagen hat, der sinnlichen Gegenwärtigkeit der Musik anzupassen, ihr Stimmungen zu liefern.*[205] Diese Anpassung macht in komplexeren Dichtungen abstraktes Symbolisieren notwendig und überträgt der Musik die Aufgabe, diese Symbole durch Leitmotive sinnfällig zu machen, an sie zu erinnern. Damit wird die Musik nach Pfitzners Meinung begrifflich überladen. Sie soll nun Gedanken austauschen oder Vergangenes ausdrücken, was nicht in ihrer Möglichkeit liegt; kritisch bemerkt Pfitzner, daß Wagner in solchen Augenblicken, insbesondere im *Ring*, derartige Vorgänge sinfonisch-leitmotivisch untermalen muß; er hat den Eindruck, *als trennte sich hier der breite Strom des Gesamtwerkes in zwei Flüsse, die eine Zeitlang nebeneinander herlaufen*[206]. Später (1942) wendet sich Pfitzner noch entschiedener vom Wagner des *Ring* ab: Er sieht in der untermalenden Motiv-Sinfonik *den Einbruch und das Überwuchern der malenden Unmusik in der Oper*[207]. Pfitzner zieht in *Palestrina* die Konsequenz: die in diesem Werk enthaltenen Leitmotive und Leitthemen (Toller zählt 89[208]) haben im wesentlichen die Funktion, bestimmte Stimmungen zu erzeugen oder zu verstärken[209]. Sie bilden gleichsam eine Motivsprache aus, die Text und Handlung in Musik umsetzt und insbesondere auch Unausgesprochenes hörbar werden läßt.

205 HP, *Zur Grundfrage der Operndichtung*, GS II, S. 19ff.
206 ebda.
207 HP, *Die Oper*, SS IV, S. 102
208 Toller, *P's »Palestrina«*, S. 128ff.
209 Rectanus, *P als Dramatiker*, S. 143

Der Komposition des *Palestrina* gehen das Klavierquintett (1908) und die Lieder op. 24 (1909) voraus. Gegenüber dem Klaviertrio und dem Streichquartett op. 13 wirkt das Quintett geschlossener: Der I. Satz konzentriert sich auf ein einziges Thema, das kontrapunktisch überaus dicht gearbeitet ist, wuchtig, mit Beethovenschem Pathos (s. Werkteil); im II. Satz wird die Neigung Pfitzners zum grotesken Scherzo-Humor ins Skurrile nach Art E. T. A. Hoffmanns gesteigert (*die Scherzi sind etwas ganz Substantielles, eine Freizone; in ihnen konnte Pfitzner ganz pfitznerisch sein: er mußte nicht wichtig sein*[210]); der Schwerpunkt liegt im breit ausgeführten Trauermarsch des langsamen Satzes; der Schlußsatz, *attacca* angehängt, ist ein relativ kurzer Epilog und unterläuft die gewichtige Finale-Form. Auffallend ist das ernste, gesammelte Ethos des ganzen Werkes. Für die Lieder op. 24 Nr. 1 bis 3 wählt Pfitzner zwei Gedichte von Walther von der Vogelweide und das Sonett Nr. 92 von Petrarca; eine gewisse lineare Sprödigkeit, die sich schon in den Liedern *An die Mark* (1904), *Herbstbild* (1907) und *Tragische Geschichte* (1907) findet, wird nun, unromantisch dissonant, »mittelalterlich« stilisiert. Pfitzner selbst bezeichnete später das *Petrarca-Sonett* als *Vorstudie z. Palestrina*[211]. Dann stagniert Pfitzner als Komponist.

Schon während seiner Mainzer Zeit stößt Pfitzner auf den Palestrina-Stoff in der Musikgeschichte von August Wilhelm Ambros und sieht vor sich *eine Art Triptychon als Form: einen ersten und einen dritten Akt für die eigentliche Palestrina-Welt, und in der Mitte das Bild bewegten Treibens der Außenwelt, die dem stillen Schaffen des Genies immer feindlich ist*[212]. James Grun stellt – offenbar im Zeitraum der Arbeit an der *Rose vom Liebesgarten* – einen Entwurf für einen Einakter her; 1903 ist die Rede von einem »Bühnenweihfestspiel«[213], Ilse von Stach-Lerner versucht sich als erste an Pfitzners *Vision*[214]. Danach leistet Richard Voss einen Beitrag und schließlich 1908 auch Therese Rie (die unter dem Pseudonym L. Andro schreibt); alle bleiben weit hinter Pfitzners Vorstellung zurück. *In dem äußersten Bedürfnis nach einem großen Werk*[215] schreibt Pfitzner 1910/11 den Text nach ein-

210 Killmayer, *Komponieren als öffentliches und privates Problem*, S. 48f.
211 Notiz Ps im Exemplar des op. 24/3 für Lilo Martin (BayStB)
212 HP, *Palestrina*, SS IV, S. 422 und 432; Adamy, *Das »Palestrina«-Textbuch als Dichtung*; Williamson, *The Music of HP*, S. 126ff.; Toller, *P's »Palestrina«*
213 vgl. Anm. 20
214 Brief HP an Paul Cossmann vom 9. 5. 1903 (RS, S. 293f.)
215 Brief HP an Willy Levin vom 28. 7. 1910 (*RS*, S. 302)

gehendem Quellenstudium selbst. Der Konzilsakt enthält weithin wörtliche Zitate aus den Protokollen des Tridentiner Konzils und anderen zeitgenössischen Quellen; im übrigen hält sich Pfitzner freilich nicht genau an die historischen Vorgänge, denn zwar wurde Palestrina seit dem 17. Jahrhundert als »Retter der Musik« apostrophiert, die rettende Messe schrieb seinerzeit jedoch ein heute weitgehend vergessener Niederländer namens Jacopo de Kerle. Ob die *Missa Papae Marcelli* zur Zeit des Konzils komponiert wurde, läßt sich nicht genau feststellen; Bardi lebte weder zu dieser Zeit in Florenz, noch ist sein Stil der, den Silla schildert[216]. Aber Pfitzner ging es von Anfang an um eine »Legende«, ein Gleichnis seiner eigenen Position, und dies in verschiedener Hinsicht. Zum einen im Hinblick auf die Konfrontation der ideellen Welt des Kunstwerks mit der realen Welt der Gesellschaft und ihrer Forderungen: Keine außermusikalische Kraft kann ein musikalisches Kunstwerk hervorbringen; es verdankt sich dem Einfall. Zum andern hinsichtlich der Rolle eines Komponisten als letztem Vertreter der Tradition in einer Umbruchszeit. Ungeachtet dieser ideellen Belastung des Textbuchs treten uns Persönlichkeiten gegenüber, mit denen wir uns menschlich identifizieren können: ein Einzelner in der Auseinandersetzung mit für ihn letztlich nicht durchschaubaren politischen Kräften; die Politiker stellen ihre Machtinteressen über die Sachen und manipulieren das Parlament; Sitzungstechniken, wie sie jeder erlebt, der an derartigen Sitzungen teilgenommen oder teilzunehmen hat. Gewiß war Pfitzner kein Vertreter demokratischer Willensbildung, doch ist, was er kritisiert, weniger das Demokratische als das Technokratische der Entscheidungsfindung[217]; gerade auch heute (Entscheidungen hinsichtlich des Euro oder der Arbeitslosigkeit) fällt es nicht schwer, sich in die dargestellte Kritik einzuleben. Die menschlichen Charaktere und die Problemlösungen erreichen einen Rang der Verallgemeinerung, der weit über ein Historienstück oder die Darstellung eines ästhetisch-philosophischen Problems hinausgeht. Es herrscht ein *Reichtum an Lebensfülle, von dessen Menschlichkeit das Ganze überströmt*[218]. Der hohe Rang des Buchs erschließt sich jedem Leser; immerhin bezeichnete es sogar Thomas Mann als *Dichtung*[219].

216 vgl. hierzu Stefan Kunze, *Zeitschichten in Ps »Palestrina«*, in: *Symposium HP Berlin 1981*, S. 69ff; Osthoff, *P – Goethe – Italien*, S. 194ff.; Adamy, *»Palestrina«-Textbuch*, S. 224; Toller, *P's »Palestrina*, S. 215ff.

217 ähnlich in seiner Wertung auch Williamson, *The Music of HP*, S. 167

218 Erhardt, *Die Inszenierung von HPs musikalischer Legende »Palestrina«*, S. 10

219 Brief Thomas Mann an HP vom 19. 5. 1917 (Mann, *Briefe*, S. 135f.)

Pfitzner, um 1916

Giovanni Pierluigi da Palestrina
(nach einer Postkarte, die Pfitzner stets bei sich trug)

Auch Palestrinas Musik bezog Pfitzner in seine Studien mit ein. Wir kennen seine Abschriften etwa der *Missa Papae Marcelli* und die Motive aus ihr, die er in seine Messenkomposition einflocht[220] – pikanterweise gerade da, wo die autonome Inspiration gefeiert wird.

Am 1. Januar 1912 beginnt Pfitzner mit der Komposition, begleitet von menschlichen Zusammenbrüchen. Am 20. Dezember 1911 schreibt er an Paul Cossmann: *Doch ist mir, als müßte ich Dich warnen; ich weiß nicht, wie es auf Dich wirkt, wenn Du mich jetzt siehst und von mir hörst; ich habe einen Weg beschritten, den einzigen, der mir momentan übrig blieb, der nicht zu dem Bilde paßt, welches Du und ich bisher von meinem Leben und Lieben hatten. Also, daß es ernst geworden ist, mußt Du wissen.*[221] Am 2. Januar 1912: *Du sagtest früher einmal, man sollte das, was in genialen oder erleuchteten besonderen Momenten man erkennt, in anderen, gewöhnlichen eben durchführen; darin bestehe eben die vernünftige Richtschnur des Lebens. Dem stimmte ich sehr bei. Wenn ich das machen will, muß ich mich von Mimi trennen, das muß die Ausbeute aus dem furchtbaren Zusammenbruch sein, den ich jetzt erlebe – er soll nicht umsonst sein* [...] *Ich war vor 12 Jahren vielleicht organisch kränker, nicht aber tiefer gesundheitlich und allgemeiner erschüttert als ich es jetzt bin; ich bin körperlich so schwach, und geistig so entschlossen, wie ich es nie war. Gestern, am 1. Januar, schrieb ich die ersten ernstlichen Noten am Palestrina. Ich will ihn schreiben. Daran möchte ich mich nicht hindern lassen.*[222] Am 13. Januar 1912: *Ich liege leider wieder seit drei Tagen an einer schmerzhaften Halsentzündung im Bett* [...] *Du darfst nicht in zu günstigem Irrtum über mich sein – ich kämpfe bloß jetzt um meine Existenz im primitivsten Sinne, weil sich unter Umständen, die einem unnatürlich sind, sich am Leben zu erhalten, zumal in gewissen Jahren, sehr schwer ist*[223]. Mimi zieht nämlich mit den Kindern aus[224]; trotzdem korrespondiert sie mit Cossmann über die Möglichkeit, Pfitzner für die Komposition freizustellen; Willy Levin ist bereit, dies

[220] Osthoff, *Eine neue Quelle zu Palestrina-Zitat und -Satz in Ps musikalischer Legende*, S. 185ff.
[221] Brief HP an Paul Cossmann vom 20. 12. 1911 (NW 17/13)
[222] Brief HP an Paul Cossmann vom 2. 1. 1912 (*Br.*, S. 174); der erwähnte Rat Cossmanns findet sich bei Hofmiller, *Cossmann*, S. 97.
[223] Brief HP an Paul Cossmann vom 13. 1. 1912 (BayStB)
[224] Briefe Mimi an Paul Cossmann, 1912 (NW 251)

zu finanzieren[225]. Im Laufe der Komposition normalisieren sich die Verhältnisse wieder; Pfitzner bleibt in seinen Ämtern; lediglich für die Saison 1914/15 – nach Fertigstellung des I. Aktes – läßt er sich von Oper und Konservatorium (nicht von den Konzerten) beurlauben, um den II. Akt zu schreiben; im Juni 1915 liegt die Partitur der ganzen Oper vor. Levin hatte inzwischen mit dem Verleger Adolph Fürstner verhandelt, der die hohen Forderungen Pfitzners akzeptierte und damit den Verlegerfreund Max Brockhaus überbot[226].

Die Uraufführung im Münchner Prinzregententheater am 12. Juni 1917 im Rahmen einer Pfitzner-Woche, in der auch die anderen Opern in erstklassiger Besetzung dargeboten wurden, wird ein glanzvolles Ereignis, das in Thomas Manns begeisterten Berichten nachschwingt. Die Besetzung mit Pfitzner als Spielleiter, Bruno Walter als Dirigent, Karl Erb in der Titelrolle, Maria Ivogün als Ighino und Fritz Feinhals als Borromeo dürfte eine maßstabsetzende Realisation des anspruchsvollen Bühnenwerks ergeben haben. Mitten im Krieg gastiert die Münchner Bühne mit dem Stück in Basel, Bern und Zürich; allgemein wird es als Zeugnis eines über allen kriegerischen Unmenschlichkeiten stehenden deutschen humanistischen Geistes verstanden.

Die musikalische Legende (näheres dazu im Werkteil) spielt zwar in historisch entrückter Zeit – der Renaissance –, liegt aber 1917 »politisch« richtig, indem sie die geistige Situation einer Endzeit beim Anbruch einer neuen Zeit spiegelt. Thomas Mann erfaßt dies mit kongenialer Sensibilität; er erklärt das *Ja!, mit dem ich unmittelbar auf das Werk antworte,* mit der *ungewöhnlichen Spannung der Bereitschaft und Empfänglichkeit, welche die Zeit, das Feindliche der Zeit in mir hervorgebracht hatte,* die pessimistische *Lebensstimmung allen Konservativismus.* Er zitiert Pfitzner, der den Unterschied zwischen *Meistersingern* und *Palestrina*, zwischen einer Periode auf der Höhe der Zeit und einer am Ende einer Zeit darin sieht, daß *das eine die Apotheose des Neuen, ein Preis der Zukunft und des Lebens* [ist]*; im »Palestrina« neigt alles zum Vergangenen, es herrscht darin Sympathie mit dem Tode*[227]. Gemeint ist das Ende der Romantik, das Ende

[225] Brief Paul Cossmann an HP vom 19. 8. 1912 (NW 187/12)

[226] Adamy, *P und der Verlag Adolph Fürstner*, S. 28f.; vgl. auch die Korrespondenz Fürstner/Levin (NW 208)

[227] Brief Thomas Mann an Bruno Walter vom 24. 6. 1917 (Mann, *Briefe*, S. 136f.)

Prinz-Regenten-Theater.

München, Dienstag den 12. Juni 1917.

Uraufführung:

Palestrina.

Musikalische Legende in drei Akten von **Hans Pfitzner**.
Spielleitung: Herr Pfitzner.
Musikalische Leitung: Herr Bruno Walter

Personen:

Papst Pius IV.	Herr Bender.
Giovanni Morone } Kardinallegaten des Papstes	Herr Brodersen.
Bernardo Novagerio } Kardinallegaten des Papstes	Herr Kuhn.
Kardinal Christoph Madruscht, Fürstbischof von Trient	Herr Gillmann.
Carlo Borromeo, römischer Kardinal	Herr Feinhals.
Der Kardinal von Lothringen	Herr Fönß.
Abdisu, der Patriarch von Assyrien	Herr Schade.
Anton Brus von Müglitz, Erzbischof von Prag	Herr Gimpler.
Graf Luna, Orator des Königs von Spanien	Herr Schützendorf.
Der Bischof von Budoja } italienische Bischöfe	Herr Birrenkoven.
Theophilus, Bischof von Imola } italienische Bischöfe	Herr v. Schaik.
Avosmediano, Bischof von Cadix, spanischer Bischof	Herr Gist.
Giovanni Pierluigi Palestrina, Kapellmeister an der Kirche St. Maria Maggiore in Rom	Herr Erb.
Ighino, sein Sohn	Fräulein Ivogün.
Silla, sein Schüler	Fräulein Krüger.
Bischof Ercole Severolus, Zeremonienmeister des Konzils von Trient	Herr Bauberger.
Kapellsänger von St. Maria Maggiore in Rom	Herr Schützendorf. Herr Gist. Herr v. Schaik. Herr Gruber. Herr Lohfing.
Die Erscheinung der Lukrezia, Palestrinas verstorb. Frau	Fräulein Willer.
Die Erscheinungen verstorbener Meister der Tonkunst	Herr Schade. Herr v. Schaik. Herr Birrenkoven. Herr Brodersen Herr Schützendorf. Herr Gist. Herr Bauberger. Herr Lohfing. Herr Gimpler.
Engelstimmen	Fräulein Hirn. Fräul. Reinhardt. Frau Almo.

Kapellsänger der päpstlichen Kapelle — Erzbischöfe, Bischöfe, Äbte, Ordensgenerale, Gesandte, Prokuratoren geistlicher und weltlicher Fürsten, Theologen, Doktoren aller christlichen Nationen — Diener — Stadtsoldaten — Straßenvolk. Zwei päpstliche Nuntien — Lainez, Salmeron, Jesuitengenerale — Massarelli, Bischof von Thelesia, Sekretär des Konzils — Giuseppe, der alte Diener des Palestrina — Engel.

Die Handlung spielt im November und Dezember 1563, dem Jahre der Beendigung des Tridentiner Konzils. Der erste und dritte Akt in Rom. Der zweite Akt in Trient. Zwischen dem ersten und zweiten Akt liegen etwa acht Tage, zwischen dem zweiten und dritten Akt etwa vierzehn Tage.

Dekorationen und Kostüme nach Entwürfen von Herrn Ludwig Kirschner.
Die neuen Dekorationen sind gemalt von Herrn Fischer.

Nach dem 1. Akte findet eine längere Pause statt. Der 3. Akt schließt unmittelbar an den 2. Akt an.

Textbücher sind zu 1,20 Mk. an der Kasse zu haben.

Eintrittspreis 10 Mk. 70 Pfg.

Programm der Uraufführung des *Palestrina* am 12. Juni 1917

der ständischen, eventuell auch der nationalen Gesellschaft, wobei »Romantik« nicht nur als historische Rückschau, sondern auch als Rückwendung auf das Subjekt verstanden wird: *Palestrina* als romantische Bekenntniskunst angesichts der Einsicht, daß die neue Zeit nicht aufzuhalten ist und ertragen werden muß[228].

Thomas Manns durchaus zutreffende, aber auch zeitgebundene Sicht des Werks in seinen *Betrachtungen eines Unpolitischen* hat in ihrer sinnfälligen Formulierung nicht nur die Rezeption dieses Werks von Pfitzner (*Kreuz, Tod und Gruft*) geprägt, sondern bürgerte sich als Etikett für alle Werke Pfitzners ein. In der Folge wird Pfitzner selbst zum »letzten Romantiker« stilisiert (so von Conrad Wandrey in seiner Pfitzner-Biographie). Mag ihm dies zunächst auch nicht unsympathisch gewesen sein, so hat er sich später, als er die Folgen der Festlegung erkannte, mit allem Nachdruck dagegen gewehrt[229]. *Anrecht auf Anerkennung als schöpferisches Genie hat aber nur der, der in der Vorwärtsschau lebt*, schreibt Pfitzner 1933[230]. Nur oberflächlich erscheint die Verlegung der aktuellen Probleme in die Renaissance als Rückschau – es ist eben nicht die Renaissance, sondern eine Zeitlosigkeit, in der die zunächst persönliche Situation Pfitzners zu einer allgemein verbindlichen menschlichen Situation gemacht wird. Der »letzte Romantiker« entwächst damit der Romantik. Thomas Manns Wort vom *Grabgesang der romantischen Oper* gilt nur, wenn man sich klarmacht, daß *Palestrina* eben keine romantische Oper mehr ist[231]; Geschichte wird zur Aufforderung, »zu sich selbst zu kommen«. *Palestrina* vermittelt die Einsicht, *daß Musik immer auch eine Mitkomposition ihrer Vergangenheit sein wird*[232]. So ist denn auch die Musik des *Palestrina* keine renaissancehafte Stilparodie, sondern eine überaus komplexe Musiksprache, in der die traditionell romantischen Mittel, vor allem die tonikalen Bezüge, von linear gedachten Stimmen konterkariert werden. Der linear gedachte Satz erinnert an den Stil Palestrinas, ist aber zugleich expressionistisch im Sinne Gustav Mahlers und Arnold Schönbergs. Das romantisch weitge-

228 Thomas Mann, *Betrachtungen eines Unpolitischen*, S. 413ff.
229 Offener Brief HP an Dr. Wolfgang Nufer 1934 (SS IV, S. 260ff.)
230 Brief HP an Greeff vom 15. 10. 1933 (SK 23)
231 Kunze, *Zeitschichten in Ps »Palestrina«*, in: *Symposium HP Berlin 1981*, S. 71f.
232 Hans Zender, *Vorahnung einer neuen Musik*, in: Programmheft der Hamburgischen Staatsoper, November 1979; Paul Fiebig/Hans Zender, *Den Romantiker neu entdecken*, in: *NZfM*, April 1982, S. 17ff.

Maria Ivogün (Ighino) und Karl Erb (Palestrina), Szenenbild der Uraufführungsproduktion, München 1917

schwungene Konzilsthema, das Renaissance suggerierende »Schlußsteinmotiv«, die archaisch-modernen Quinten und Quarten des Anfangs, die barbarisch motorischen sechs Hörner mit der abgerissenen Trompete im Vorspiel des II. Aktes ergeben einen Kosmos von Gegensätzlichem, Zerrissenem, der dann doch – unbegreiflich genug – als zusammengehörig empfunden wird. Vergleichen wir diese

Musiksprache mit der des *Rosenkavalier* oder Edward Elgars 2. Sinfonie, wird, gerade weil auch diese Werke Meisterwerke sind, das Sperrige, Rauhe, im Rückgriff auf weit Zurückliegendes »Moderne« des *Palestrina* deutlich. Richard Strauss hat mit der *Frau ohne Schatten* (1917) eine ähnlich komplexe Legende in Musik gesetzt; seine Musik erreicht dabei noch einmal eine hohe Differenziertheit, jedoch nicht die verstörende, ergreifende Wucht des *Palestrina.*

Im übrigen hat auch die *Rückwendung auf das Subjekt*[233] Signalwirkung: Ferruccio Busoni im *Faust* (1916–24), Arnold Schönberg in *Moses und Aron* (1930–32) und Paul Hindemith in *Mathis der Maler* (1932–34) machen sich selbst und die Problematik künstlerischen Schaffens in der Zeit zum Opernthema. *Faust* und *Moses*, konservativ auf Synthese angelegt, bleiben Fragmente; *Palestrina*, modern auf die Polarität von Kunst und Welt angelegt, kommt zur Vollendung.

Sie selbst sind Palestrina, schreibt Wilhelm Furtwängler an Pfitzner[234], und auch Bruno Walter bestätigt noch im Alter (1955): *Palestrina mit moralischem Ernst und inniger Herzensweisheit charakterisiert auch den Menschen. Es ist ein Unrecht, von seinem Verhalten auf seinen wahren Charakter zu schließen.*[235] Pfitzner hat sich in der Tat selbst in die Rolle eingebracht[236] und zugleich im Leben stilisiert. Gern hätte er wohl die überlegene Haltung gegenüber der Weiterentwicklung der Musik eingenommen und wäre wie sein Opernheld *guter Dinge und friedvoll* gewesen. Nur kurz wird die Dämonie des Genies berührt, wenn Palestrina von den *dunkleren, unheimlichen Gedanken in seiner Brust* spricht, *für die der Holzstoß noch zu mild wäre*, und wenn er den eigentlichen Schaffensakt mit den Anfangssätzen zu Dantes *Inferno* beginnen läßt: *Wie schrecklich, sich plötzlich einsam tief im Wald zu finden.* Diese Dämonie beherrscht Pfitzners Person weit mehr als die Figur des Palestrina; entsprechend dem der Partitur vorangestellten Schopenhauer-Motto könnte Pfitzner im *Palestrina* sein *intellektuelles Leben*, seine Idealgestalt ausgebildet haben. Weder kann er jüngere Zeitgenossen, die kompositorisch neue Wege gehen, *voll von Gottes Gabe* sehen, noch will er auf das Recht verzichten, seine Stimme gegen das Neue zu erheben.

233 Ermen, *Musik als Einfall*, S. 114f.
234 Brief Wilhelm Furtwängler an HP 1911 (HPM 28, S. 12); vgl. auch Furtwängler, *Vermächtnis*, S. 118
235 Brief Bruno Walter an J. Lesser vom 20. 12. 1955 (HPM 15, S. 14)
236 Brief HP an Willy Levin vom 28. 7. 1910 (*RS*, S. 302)

Ferruccio Busoni, um 1920

Hans Pfitzner ist nicht Palestrina. Als Busoni in seinem *Entwurf einer neuen Ästhetik der Tonkunst* eine Utopie der zukünftigen Musik beschreibt, äußert sich Pfitzner mit einer Gegenschrift *Futuristengefahr* (1917)[237]. Busoni gab der noch diffusen Aufbruchsstimmung vor dem Ersten Weltkrieg konkrete Leitlinien; so wie sich die Jugend in der Jugendbewegung freimachte von den Fesseln des Überkommenen, so nahm Busoni der jungen Komponistengeneration die drückende Last der großen Werke der Vergangenheit und verlegte die große Zeit der Musik in die Zukunft. Zugleich machte er konkrete

[237] vgl. zum Folgenden: Vogel, *Pfitzner und Busoni*; Ermen, *Musik als Einfall*, S. 71ff.

Pfitzner, um 1922

Vorschläge (neue Tonleitern, Dritteltöne, neue Notation, elektrische Instrumente und ähnliches), deren spekulativer Gehalt beim zweiten Erscheinen des Buchs schon im Begriff war, eingelöst zu werden. Pfitzner mag hier die Spitze einer Entwicklung gesehen haben, die von Franz Brendel, dem Nachfolger Robert Schumanns als Redakteur der *Neuen Zeitschrift für Musik*, über die von ihm inspirierte »Neudeutsche Schule« Richard Wagner, Franz Liszt und Richard Strauss bis eben zu Busoni reichte. Am Anfang war Brendels These, daß es die Aufgabe der Kritik sein müsse, Bewußtheit in die Entwicklung der Musik zu bringen; in das unbewußte, natürliche, naturnotwendige Wachstum der Musik müsse nun bewußt umgestaltend eingegriffen und Reformen angebahnt werden. Fortschritt zunächst als Vehikel der Emanzipation der Kritiker gegenüber den Komponisten, dann aber auch Maßstab für den qualitativen Vorrang eines Werkes. Zunächst hielten sich fortschrittliche Kritiker an die vorhandene, ihrer Meinung nach fortschrittliche Musik von Wagner, Liszt und den nachfolgenden »Neudeutschen« und unterstützten diese; mit Busoni (und nach ihm Theodor W. Adorno) überholten aber die Denker über Musik die Komponisten und gaben Leitlinien vor, wohin der Fortschritt zu führen habe. Pfitzner wie übrigens auch der frühe Schönberg[238] erkannten deutlich, wie sich bei Busoni die kompositorischen Mittel gegenüber der inneren Notwendigkeit kompositorischer Formung verselbständigten.

Pfitzner sieht das Bestehende, die großen Werke der Vergangenheit, auf denen sein Schaffen aufbaut, in Gefahr; er fühlt sich selbst bedroht, weil ihm, dem Sicherheitsbedürftigen, der Boden entzogen wird (*Ach der Bedrohte bin nur ich*, sagt Palestrina, konfrontiert mit den neuen Bestrebungen Sillas[239]). Darum greift er das Problem des Fortschritts in der Kunst grundsätzlich auf. Für sein Schopenhauersches Denken hat Fortschritt *eine gewisse Zielstrebigkeit*, die er *von je als allem Wesen der Kunst feindlich und entgegengesetzt empfunden* hat. Allenfalls sieht er einen Sinn darin, wenn man von einem Ziel der Wissenschaft spricht, *denn diese dient ganz bestimmten Zwecken und erzeugt nützliche Resultate* [...] *Dagegen ist es geradezu unlogisch, von Zielen der Kunst überhaupt zu sprechen. Sie hat keine Zwecke und keine Ziele. Ein jedes Kunstwerk ist eine Welt für sich; ist es das Werk eines Genies, ist es gelungen, erhebt es, beglückt es, so ist es durch nichts zu überholen; es hat den einzigen »Zweck«, das einzige »Ziel« erreicht, von dem man vernünftigerweise bei ihm reden*

[238] Busoni, *Entwurf einer neuen Ästhetik der Tonkunst*, mit Anmerkungen von Arnold Schönberg, S. 68ff.
[239] vgl. dazu Killmayer, *Komponieren als privates und öffentliches Problem*, S. 63ff.

kann. Nicht die Kunst: Der Künstler hat ein Ziel, nämlich seine ihm verliehene Begabung in möglichst vollkommene Leistungen umzusetzen. Kunst hat Eigenschaften, Kräfte, Wirkungen. Kunst entsteht und ist da, und hat die Eigenschaft, Lustgefühle zu erregen, vom behaglichen Genuß, dem spielerischen Vergnügen an, bis zu dem erhabensten Entzücken, den gewaltigsten Erschütterungen und Erhebungen. Die Größe und Vollkommenheit der Kunst hängt nicht von der Größe und Vollkommenheit der Mittel, sondern von der des Künstlers ab. Ich glaube, daß noch niemals ein Genie sich deshalb nicht hat entwickeln können, weil seine Zeit noch nicht auf der Höhe der zu seinem Werk erforderlichen Werkzeuge war; und wenn etwas daran wirklich fehlte, so hat eben dieses Genie das Fehlende beschafft vermöge der Gewalt seiner Konzeption, die dann dieses Mittel aus dem Boden stampfte.[240]

So wendet sich Pfitzner gegen die Festlegung der Zukunft in der Kunst durch Utopien, die dann in ihrer Verwirklichung im Brendelschen Sinn qualitativen Vorrang vor den Werken haben, die der Utopie nicht entsprechen. Nicht rationale Spekulation über die weitere Kunstentwicklung, sondern die aus dem Einfall heraus wachsenden Werke entscheiden über die Geschichte der Kunst. *Der wahre »Neuerer« will nichts Neues, sondern leistet etwas Neues.*[241] Tragik der geistigen Entwicklungen: Theodor W. Adorno, der eifernde Philosoph des Avancierten, sieht am Ende seines Lebens die Gefährdung des Komponisten *zwischen dem Fetischismus des Materials und der Verfahrensweise hier, losgelassener Zufälligkeit dort.* Technik habe Eigengewicht erlangt, *kompositorisches Subjekt und kompositorische Objektivität klaffen auseinander.* Zugleich sei *die Adäquanz zwischen der Musik und ihrem sozialen Ort erschüttert. Ungewiß ist geworden, was sie der Erfahrung der Menschen, denen sie exponiert wird, bedeutet. Umgekehrt kann die Musik jene Erfahrung der Menschen gar nicht mehr in sich selbst aufnehmen. Nimmt man das Komponieren todernst, so muß man schließlich fragen, ob es nicht insgesamt heute*

[240] HP, *Futuristengefahr*, GS I, S. 185ff. Das Problem besteht heute noch; so sah sich Günter Grass genötigt, einer Journalistin zu antworten: *Es gibt in der ästhetischen Entwicklung keinen Fortschritt, es gibt Entwicklung, Wiederholungen, Veränderungen, auch Veränderungen in den Wiederholungen* [...] *Nur eine Literaturkritik, die nach wie vor glaubt, Literatur müsse sich immer als Avantgarde benehmen, kann dem Irrtum aufsitzen, es müsse immer etwas Neues sein* (*Neue Zürcher Zeitung*, 16./17. 5. 1998, S. 49).

[241] GS I, S. 203

ideologisch wird. Man muß deshalb unmetaphorisch und ohne Trost, so könne es nicht bleiben, die Möglichkeit des Verstummens ins Auge fassen.[242] Das Erschrecken vor dem Ende der Musik hatte Pfitzner in *Futuristengefahr* auch schon formuliert; er hielt bei weiterer Verfolgung optimistischer Zukunftsspekulationen den *Selbstmord* unserer Musik für denkbar, *sie könnte nichts Besseres tun, als ganz verschwinden*[243].

Als wolle er seine Position als »letzter Romantiker« auch kompositorisch verdeutlichen, schreibt er nach *Palestrina* romantische Lieder wie *Nachts* oder *Trauerstille* (op. 26, 1916); gleichzeitig löst er sich von aller Askese und »Gotik« mit der blühenden Melodik seiner Goethe-Lieder *Neue Liebe* und *Mailied* und seiner Violinsonate op. 27 (1918); vor allem befremdet viele, die Pfitzner nun auf den *Palestrina*-Ernst festlegen wollen, daß er gleich im Anschluß die so naiv-musikantische Musik zum *Christ-Elflein* in eine Spieloper umwandelt (1917).

Das Kriegsende im Herbst 1918 trifft ihn auf einer Konzertreise außerhalb Straßburgs; sang- und klanglos verschwindet er von der Stätte seines Wirkens. Frankreich tilgt die Spuren seiner Tätigkeit; kein Denkmal, nicht einmal ein Straßenname oder eine Gedenktafel künden in Straßburg von dem, was er hier geschaffen hat.

242 Theodor W. Adorno, *Über einige Schwierigkeiten des Komponierens heute*, in: *Aspekte der Modernität*, hg. von Hans Steffen, Göttingen 1965, S. 148f.

243 GS I, S. 223

Im Schatten von Versailles

... ich, der ich von eigentlicher Politik nicht das geringste verstehe, sondern nur die gefühlsmäßig nationale Einstellung habe ...

Hans Pfitzner[244]

Pfitzners seltsames Schicksal wollte es, daß er gerade am Abend des 8. November ein Konzert hatte, bei dem die wenigen mutigen Zuhörer auf die immer neuen, in den Saal drängenden Schreckensnachrichten und fernen Schüsse hin sich allmählich davonmachten – er stand unter dem Eindruck, daß nur ihm eine solche revolutionäre Unannehmlichkeit passieren könne.[245] So schildert Bruno Walter die Revolutionsnacht des 8. November 1918 in München, in der der bayerische König abgesetzt wurde und Kurt Eisner Bayern zur Räterepublik erklärte. Es ist ein typisches Beispiel dafür, wie Pfitzner zufällig in die große Politik hineingerät, diese Zufälligkeit aber gleichwohl als persönliches, widriges Schicksal empfindet. In der Folgezeit fühlt er sich aufgerufen, Politik so zu beeinflussen, daß dieses Schicksal ihm günstiger ausschlägt. Dabei verhält er sich allerdings »unpolitisch« privatistisch; Ziel aller seiner »politischen« Bemühungen ist immer die Verankerung seiner ästhetischen Anschauungen und damit seines Werkes in der Gesellschaft, oder indirekter, politischer: die Etablierung einer allgemeinen Haltung, in der dann sein Werk, als adäquater Ausdruck dieser Haltung, breit akzeptiert wird.

Erinnern wir uns: Schon seine frühen Werke haben zwischen den Fronten der »Neudeutschen« und Konservativen keinen rechten gesellschaftlichen Ort; einerseits sind sie zu neu, um ohne weiteres von den Konservativen akzeptiert zu werden, andererseits stehen sie zu tief in der Tradition, um als »neudeutsch« gelten zu können. Zusätzlich mußte Pfitzner – wie übrigens andere deutsche Komponisten wie Richard Strauss und Max von Schillings auch – beobachten, daß um die Jahrhundertwende italienische Komponisten das Opernrepertoire beherrschten: die Veristen Pietro Mascagni und Ruggero Leoncavallo, dann Giacomo Puccini und immer stärker Giuseppe

[244] *EB*, S. 594
[245] Walter, *Thema und Variationen*, S. 296

Verdi[246]. Dabei geriet Pfitzners Geniebild in Konflikt mit der Realität: Wenn das Genie unabhängig von möglichen Bedürfnissen der Mitwelt schafft, muß dieses Schaffen notwendigerweise mit dem Risiko verbunden sein, nicht verstanden zu werden; Pfitzner konnte eigentlich gar nicht damit rechnen, daß sein Werk ohne weiteres aufgenommen würde. *Der Deutsche,* meinte schon Richard Wagner, *ist imstande, Musik zu schreiben bloß für sich* [...] *gänzlich unbekümmert, ob sie jemals exekutiert und von einem Publikum vernommen wird.*[247] Aber diesen Individualismus konnte und wollte Pfitzner nicht durchhalten: Wenn seine Werke nicht aufgeführt wurden, fehlte ihm die Stimmung, neue zu komponieren.

Richard Wagner lieferte für diesen Individualismus eine verhängnisvolle Ideologie: *Der Deutsche hat ein Recht, ausschließlich mit »Musiker« bezeichnet zu werden, – denn von ihm kann man sagen, er liebt die Musik um ihrer selbst willen, – nicht als Mittel zu entzücken, Geld und Ansehen zu erlangen, sondern, weil sie eine göttliche, schöne Kunst ist, die er anbetet, und die, wenn er sich ihr ergibt, sein Ein und Alles wird.*[248] Der Deutsche ist in dieser Weise privilegiert; seine Musik steht für das Romantische und für das Abbild des Metaphysischen. Daraus folgt die Vermutung: Musik, die herb und publikumsabgewandt wirkt, ist deutsch – und in gesteigertem Maße, wie wir es bei Musikkritikern und -schriftstellern bis 1945 immer wieder lesen können –, ist sie kerndeutsch, echtdeutsch, echtbürtig deutsch. Umgekehrt: Musik, die brillant, schlagkräftig, eingängig klingt, ist undeutsch, »international«, ja jüdisch. Nach der Jahrhundertwende verschiebt sich die Frontstellung »neudeutsch«/»konservativ« zu »international-modern«/»deutsch-romantisch«.

Früh wird Pfitzners Musik, etwa *Der arme Heinrich*, als deutsch bezeichnet. Schon Paul Marsop schreibt 1896 von ihr, sie sei eine genuine Wagner-Nachfolge, *ganz aus deutschem Empfinden gewachsen*[249]. Thomas Mann sieht das Deutsche in Pfitzners Musik eng ver-

246 So empört sich P über die pompöse Ausstattung der Uraufführung des *Roland von Berlin* von Leoncavallo (*EB*, S. 667f.). Drastisch äußert sich auch Richard Strauss gegen die Überfremdung der deutschen Oper; insbesondere stimmte er mit P in der Ablehnung von Opern nach klassischen Dramen überein (*Betrachtungen und Erinnerungen*, S. 74).

247 Richard Wagner, *Über deutsches Musikwesen*, in: *Gesammelte Schriften und Dichtungen*, Leipzig ²1888, Bd. 1, S. 148ff.

248 ebda.

249 Marsop, *Die Geschichte HPs* (1896), zit. in: Cossmann, *HP*

bunden mit dem Romantischen[250]; in seinem Roman *Doktor Faustus*, der Biographie des *deutschen Tonsetzers Adrian Leverkühn*, dem großen Abgesang auf das Deutsche, sind noch einmal alle Eigenschaften und Attribute des Deutschen versammelt. Mit ihnen kommt man dem näher, was in der Musik als »deutsch« verstanden wurde und sich deutlich abhebt vom Italienischen (z.B. Puccini), Französischen (z.B. Debussy), Russischen (z.B. Mussorgsky), Tschechischen (z.B. Dvořák), Finnischen (z.B. Sibelius) oder Ungarischen (z.B. Bartók). Auf einen Nenner gebracht ist es alles das, was sich in der (deutschen) Romantik konzentriert. In der hier gebotenen Kürze und nicht ohne Leichtfertigkeit seien einige dieser »deutschen« Charakteristika aus dem Roman geschöpft und mit entsprechenden Komponisten verknüpft: das Streben nach Integration von dämonischer Leidenschaft und vergeistigter Disziplin (z.B. J. S. Bach, Beethoven und Wagner), von volksliednaher Innigkeit, schlichter Frömmigkeit und beängstigender Spukhaftigkeit (z.B. Weber und Mendelssohn), von Verinnerlichung und existentiell bedrohlicher Zwielichtigkeit (z.B. Schumann und Brahms), von liebevoll-biederem Witz (z.B. Lortzing) und gelegentlich gewaltsamen Ausbrüchen bzw. etwas verkrampftem, auch banalem Jubel. Es ist der norddeutsch-sächsische Tonsprachraum; das Alpenländische von Mozart bis Strauss hat einen anderen, eher heiter-gelassenen Charakter. Pfitzner selbst liegt mit seiner sächsischen Herkunft, mit seinen selbst gewählten geistigen Ahnen Bach, Beethoven und den deutschen Frühromantikern wie mit seiner eigenen Musik im »deutschen« Kanon; am Schluß seines Lebens bekennt er sich noch einmal *zu dem Land, in dem die h-moll-Messe* [...] *entstanden ist, das den »Freischütz«* [...], *die »Pastorale« und die »Meistersinger« hervorgebracht* [...][251].

Das so verstandene Deutsche ist zunächst einmal kein Stigma, kein Hindernis für universale Verständlichkeit; im Gegenteil: diese Universalität scheint der Musik gerade aus ihrer nationalen Ausprägung zuzuwachsen. Dvořák etwa brauchte diese national-heimatliche Verwurzelung, damit seine Werke internationale Anerkennung gewannen. Und Bartók äußerte sich dahingehend, daß eine Musik ohne Nationalcharakter keine Weltgeltung erreichen könne. Wenn die Kritiker schon die frühen Werke Pfitzners als »deutsch« bezeichne-

[250] Thomas Mann, *Tischrede auf P* (1919), S. 417ff.
[251] Brief HP an Bruno Walter vom 5. 10. 1946 (SS IV, S. 347f.)

ten, hörten sie, daß sie in der Tradition einer Musik mit national-heimatlicher Charakteristik im Gegensatz zu anderer zeitgenössischer Musik standen. Das Deutsche wächst Pfitzners Werk vom Romantischen her zu. Das Romantische und das Nationale ist nach Thomas Manns Worten *eine und dieselbe ideelle Macht*, ihr wohnt *mehr zukunftsbildende Kraft und Bedeutung inne als mancher scheinbar zeitgerechteren*[252]. Pfitzner hat sich vielfältig zum Romantischen als Wurzel seines Werkes bekannt; Schumann und Wagner und deren Sehnsucht zum deutschen Mittelalter und einer noch weiter zurückliegenden Vorzeit waren zugleich seine Rückbezüge. Ausdrücklich nennt er *Die Rose vom Liebesgarten* eine »romantische« Oper[253], die Eichendorff-Kantate eine »romantische« Kantate. Zwar gibt es Spannungen zwischen dem, was Pfitzner, und dem, was Thomas Mann unter »Romantik« verstehen: Pfitzner wollte sich unter diesem Etikett keineswegs nur auf die mystische, den Nachtseiten zugewandte *Sympathie mit dem Tode* festgelegt sehen. Gleichwohl führten alle diese Auffassungen von Romantik dazu, daß Pfitzner in besonderer Weise als deutsch empfunden wurde. Er selbst sah es so: *Es gibt ein tiefes, beseligendes Zugehörigkeitsgefühl zum eigenen Land und Volk, ein Heimatgefühl über Zeit und Raum, welches eine durchaus metaphysische Angelegenheit ist.* Und: *Weltgeltung erreicht man nur, wenn die Wurzeln im Boden eines Landes liegen; die Wipfel mögen über die Grenzen gehen.*[254]

Wenn eine Musik in Deutschland um 1900 als »deutsch« bezeichnet wurde, dann hatte dies, dem wilhelminischen Zeitgeist entsprechend, allerdings auch einen nationalen Nebengeschmack. Auch innerhalb Deutschlands war das Deutsche umstritten: nach Cossmann hatte das Deutsche seinen Sitz in Süddeutschland, nicht bei den Berlinern, deren Größe *weniger in Herz und Hirn als im Mundwerk beruht.* Paul Cossmann identifiziert Pfitzner 1904 mit der deutschen Kunst als Ganzes: *Pfitzner wäre der erste, wenn seine Sache nicht die der deutschen Kunst wäre, seine Werke und sich selbst ins Feuer zu werfen.*[255] Cossmann baut diese Position in den von ihm 1904 initiierten, überaus einflußreichen *Süddeutschen Monatsheften* aus, *einer*

252 Thomas Mann, *Betrachtungen eines Unpolitischen*, S. 417, sowie *Tischrede auf P*
253 vgl. dazu Ermen, *Der Lyriker als Dramatiker*
254 HP, *Was ist uns Weber?*, GS I, S. 88; Brief HP an die »Böttcherstraße« vom 21. 5. 1928 (HPM 1, S. 6)
255 Cossmann, *HP*

wissenschaftlich, literarisch und musisch gerichteten Monatsschrift von edler Haltung[256]; Pfitzner wird neben Josef Hofmiller, Friedrich Naumann und Hans Thoma Mitherausgeber und erhält hier ein erstes Sprachrohr im Kreis gebildeter, für deutsche Traditionen eintretender Konservativer. Mit dem Beginn des Ersten Weltkriegs politisiert Cossmann sich völlig, *und zwar in nationalistischem Sinn*[257]; parallel dazu sieht Thomas Mann beifällig Pfitzner sich wandeln vom romantischen Künstler, der *national, aber unpolitisch gewesen war*, zum *antidemokratischen Nationalisten*[258]. In der Tat: Pfitzner veröffentlicht Ende 1914 ein schrilles Gedicht dagegen, daß ausländische Dichter, die sich nationalgesinnt in der Öffentlichkeit gegen Deutschland ausgesprochen hatten, nach wie vor in Deutschland gelesen würden, während man deutsche Dichter in Deutschland vernachlässige[259]. Auch Thomas Mann – neben vielen anderen Vertretern deutschen Geistes – äußert sich zur gleichen Zeit in seinen *Gedanken im Kriege* nicht weniger schrill. Pfitzner widmet 1916 zwei Orchesterlieder auf Gedichte von Joseph von Eichendorff und August Kopisch dem Großadmiral von Tirpitz in Sympathie für den zum Rücktritt gedrängten Staatssekretär im Reichsmarineamt (der unbeschränkte U-Boot-Krieg war gegen dessen Rat 1915 zu umfassend begonnen und dann 1916, wieder gegen seinen Rat, vom Kaiser zurückgenommen worden[260]). Auch Max Reger schreibt 1916 *Eine vaterländische Ouvertüre.* Hinter Pfitzners Haltung steht freilich vor allem seine Parteinahme für die jeweils Schwächeren[261]: für Gottfried August Bürger, Heinrich von Kleist und Arthur Schopenhauer, die zu Lebzeiten – wie er selbst, Pfitzner – verkannt waren; für den politisch gescheiterten Tirpitz und vor allem auch für Paul Cossmann, dessen *Süddeutsche Monatshefte* wegen Veröffentlichung der Tirpitz-Briefe der Zensur unterworfen wurden.

[256] zur Geschichte der *Süddeutschen Monatshefte* vgl. Hofmiller, *Cossmann*, S. XVIff.; auch Walter, *Thema und Variationen*, S. 277

[257] Walter, *Thema und Variationen*, S. 277

[258] Thomas Mann, *Betrachtungen eines Unpolitischen*, S. 417

[259] HP, *Süddeutsche Monatshefte*, 1914, S. 456: s. auch Kolbe, *Heller Zauber*, S. 274

[260] Alfred von Tirpitz, *Erinnerungen*, Leipzig 1919, S. 340ff. Bezeichnend für P der Gegenstand der Widmung: in Kopischs Gedicht *Der Trompeter* verunglückt die Titelfigur beim angeheiterten nächtlichen Überqueren eines nicht mehr ganz vereisten Flusses und treibt, immer trompetend, auf einer Eisscholle davon.

[261] Darauf weist Stuckenschmidt hin (*Schöpfer der klassischen Musik*, S. 214).

Paul Cossmann, um 1925

Der von Thomas Mann beobachtete »antidemokratisch-nationalistische« Ton bricht bei Pfitzner deutlich erst nach dem verlorenen Krieg und dem als überzogen und demütigend empfundenen Friedensvertrag von Versailles durch. Pfitzner war vom Ausgang des Ersten Weltkriegs existentiell betroffen: Er mußte Position und Haus in Straßburg fluchtartig verlassen[262]; in München gerieten er und seine Familie in die Wirren der Räterepublik; für Mimi Pfitzner und die drei

[262] zum Einmarsch der Franzosen in Straßburg 1918 vgl. Alfred Walter-Horst, *Die Franzosen in Straßburg*, in: *Süddeutsche Monatshefte* 1919, S. 115ff.

Kinder waren die dauernden Quartierwechsel eine erhebliche Belastung; die Geldverlegenheiten, die mit der Straßburger Stellung und den Einnahmen aus *Palestrina* überwunden schienen, kehrten wieder[263]. Vor diesem Hintergrund müssen die politischen Gedankengänge seines engsten Freundes Paul Cossmann auf Pfitzner besonders einleuchtend und prägend gewirkt haben.

Unter Cossmanns Regie werden die *Süddeutschen Monatshefte* ein Kampforgan gegen die »Kriegsschuldlüge« und den Versailler Vertrag; als Direktor der *Münchner Neuesten Nachrichten* radikalisiert Cossmann dieses liberale Blatt zu einem nationalistischen[264]. *Sein Werk nach Versailles gehört für alle Zeiten der Deutschen Geschichte an,* schrieb Josef Hofmiller 1929, *er eröffnete den Kampf gegen die Lügen, denen wir Versailles zu verdanken hatten: Die Greuellügen, die Zerstörungslügen, die Koloniallügen, die Schuldlügen. Daß er in diesem Kampf wieder allein stand, daß ihn vor allem keine amtliche Stelle irgendwie unterstützte, konnte ihn nicht beirren*[265] (es sollte schlimmer kommen: Er gehörte zu den ersten, die von den Nazis in das KZ Dachau eingeliefert wurden). Gewiß stärkten diese Ansichten Pfitzner in seiner politischen Haltung. So berichtet Thomas Mann beifällig, Pfitzner habe *gut und lebhaft* über die Gründe des Ekels gesprochen, den Deutschland bei anderen errege, und die ungleiche Paarung beklagt von *ungeheurer Kraft, hohem Adel und tiefem Geist mit Mangel an Stolz und Würde, innerer Schlaffheit und lakaienhaftem Sichanbiedern*[266]. Noch 1946, im Briefwechsel mit Bruno Walter[267], kehren die Argumente der Kriegschuldauseinandersetzung wieder und wird Versailles als Ausgangspunkt der deutschen Entwicklung zu Hitler und zum Zusammenbruch benannt. Pfitzners Einstellung zu den Vorgängen im Dritten Reich und im Zweiten Weltkrieg bleibt gefärbt von der Bewertung der Vorgänge während und nach dem Ersten Weltkrieg.

263 Briefwechsel HP und Mimi 1919–22 (NW 91, 92, 228). Pfitzners lehnten übrigens die ihnen zustehende Fortzahlung der Straßburger Bezüge durch das Reich nach 1918 ab, weil sie eigenen Arbeitsverdienst hatten.

264 Walter, *Thema und Variationen*, S. 296

265 Hofmiller, *Cossmann*, S. XVIff.

266 Thomas Mann, Tagebucheintragung vom 24. 9. 1918 (Mann, *Tagebücher*, Bd. 1). Die erwähnten Stichworte findet man auch in den *Süddeutschen Monatsheften*; z.B. Paul Cossmann, *Der »Friede«*, in: *Süddeutsche Monatshefte* 1919, S. 245ff.

267 Brief HP an Bruno Walter vom 5. 10. 1946 (SS IV, S. 327f.); auch HP, *Glosse zum II. Weltkrieg*, SS IV, S. 735

Zum Nationalismus tritt bei Pfitzner – wie bei Nationalisten fast zwangsläufig – ein Antisemitismus hinzu. Er fand diesen bereits bei Richard Wagner vor. Freilich bieten Pfitzners Äußerungen und Taten ein recht irritierendes Bild. Offenbar ging er davon aus, daß das Judentum an und für sich ein geistiges Phänomen, ein geistiges »Abstraktum« sei, mit dem sich jede Nation auseinanderzusetzen habe. Vor allem sah er in der internationalen Verflechtung der Juden eine latente Gefahr für die Selbstfindung eines deutschen (und jedes anderen) Nationalcharakters[268]. Gerade nach 1918, also in einer Zeit, in der Deutschland umgeben war von einem feindseligen Ausland, flossen für Pfitzner die Bezeichnungen »international« und »feindliches Ausland« zusammen – die Juden (auch als Inhaber des »anglo-amerikanischen Großkapitals«) als Helfershelfer der ausländischen Feinde. Liest man die Äußerungen Pfitzners zum »internationalen Judentum«, stößt man rasch auf ein logisches Problem: Es geht ihm eigentlich um den Gegensatz »national«/»international« und nicht um den Gegensatz »arisch«/»jüdisch«, jedenfalls wendet er sich gegen die Deutschen, *die die Scheidung zwischen »völkisch« und »jüdisch« machen und nicht zwischen so und so gearteten Juden und so und so gearteten Deutschen*[269]. *Es ist ein Unterschied zwischen Jude und Judentum. Der Grenzstrich der Scheidung in Deutschland geht nicht zwischen Jude und Nichtjude, sondern zwischen deutsch-national empfindend und international empfindend.*[270] Paul Cossmann, Willy Levin, Arthur Eloesser, Bruno Walter oder Otto Ehrhardt waren für ihn national empfindende Deutsche; nachdrücklich weist er zurück, bei seiner Polemik gegen Paul Bekker habe eine Rolle gespielt, daß dieser Jude sei[271]; undeutsch denkende Arier konnten dagegen unter das »internationale Judentum« fallen, wenn sie – auf musikalischem Gebiet – einer *antimusikalischen, materialistischen Weltanschauung* anhingen[272].

268 Levin, *Erinnerungen*, S. 62. Cossmanns *Süddeutsche Monatshefte* enthalten bei allem Nationalismus keinen Antisemitismus, nicht einmal in den Heften der zwanziger Jahre, die sich mit Rassenhygiene (Eugenik) befassen.

269 Brief HP vom Mai 1930 (SS IV, S. 310f); auch Heyworth, *Gespräche mit Klemperer*, S. 79

270 HP, *Die neue Ästhetik der musikalischen Impotenz*, GS II, S. 244

271 Brief HP an Fritz Stein vom 20. 8. 1927 (*RS*, S. 310)

272 HP, *Was ist musikalische Inspiration?*, SS IV, S. 266ff. (hier: S. 274)

Paul Bekker, Ernst Krenek, Kapellmeister Zulauf (hinten v. re. n. li.), Oskar Kokoschka (vorn), 1926

Was für uns heute an dieser Verwendung des Begriffs »Jude« reichlich verwirrend und unlogisch erscheint, war offenbar zu Beginn dieses Jahrhunderts in Deutschland, auch unter den integrierten, national gesinnten jüdischen Mitbürgern, recht verbreitet und richtete sich vornehmlich gegen Ostjuden[273]. Daß Pfitzner eine so mißverständliche Begriffsbildung benutzte, mußte ihn unter die Sympathisanten des Antisemitismus Hitlerscher Prägung einreihen, deckte er doch damit den tödlichen Zungenschlag der Nazis. – Soviel allerdings ist sicher: Anders als Wagner hat Pfitzner niemanden angegriffen oder verurteilt, weil er Jude war. Im Gegenteil: Er benutzte seinen Ruf als Antisemit, um desto besser für Juden eintreten zu können[274].

Zeugnis der nationalistischen, auch gegen das internationale Judentum gerichteten Affekte Pfitzners wird seine Schrift *Die neue Ästhetik der musikalischen Impotenz*, 1919 in der *Stimmung von damals, wo alles zusammenbrach*[275], geschrieben. Nach Anlaß und Inhalt wendet Pfitzner sich gegen die musikalische Hermeneutik, gegen die Erklärung der Musik aus der »poetischen Idee«, wie sie sich in Paul Bekkers vielgelesenem Beethoven-Buch (1911) und in dessen weiteren Schriften *Erfinder und Gestalter* und *Die Sinfonie von Beethoven bis Mahler* (1918) niederschlug. Ging es Pfitzner in *Futuristengefahr* noch gleichsam indirekt um den Einfall – insofern, als seine Einfallsästhetik den Fortschritt in der Musik ausschloß –, so fühlte er sich nun gedrängt, auf einen seiner Meinung nach direkten Angriff gegen die Autonomie der Musik zu reagieren und der »neuen Ästhetik« (nicht zufällig benutzt er die beiden Titelworte aus Busonis *Entwurf*) seine Einsichten zum musikalischen Einfall entgegenzustellen. Anders als 1917 beläßt es Pfitzner aber nicht bei einer

273 So seien Ostjuden (unsympathische) Streber und Geldanhäufer (Hans Ullmann, *Süddeutsche Monatshefte* 1927, S. 283); ihr wirtschaftlicher Aufstieg verlaufe in Deutschland zwar außerordentlich schnell, doch folge ein entsprechender Bildungszustand erst in der folgenden Generation; dies sei in kultureller und moralischer Hinsicht unerfreulich, besonders wenn diese Elemente einen maßgeblichen Einfluß auf spezifisch deutsche Kulturbestrebungen auszuüben suchen. Besser, man schaffe ihnen sichere Wohnrechte in ihrer Heimat (A. Friedemann, *Süddeutsche Monatshefte* 1916, S. 680ff.).

274 Brief HP an Oberbürgermeister Dr. Goerdeler vom 10. 9. 1933, zit. in SS IV, S. 736

275 HP, 3. Vorwort zu *Die neue Ästhetik der musikalischen Impotenz*, GS II, S. 99f. (hier: S. 103)

in Maßen polemischen Gegendarstellung, sondern sieht nun, angesichts der drohenden Feinde von außen und innen, die das Deutsche entwürdigen, eine Verbindung zwischen Bekkers neuer Ästhetik, einer neuen Musik-Historiographie, die den Fortschritt in den Vordergrund rückte (und zu deren Exponenten auch Bekker gehörte[276]) und den internationalen Kräften, die das Deutschtum, die deutsche Musik – und damit Pfitzners Wurzeln und Mark – zerstören wollen. Kämpfte Cossmann – nach der Würdigung Josef Hofmillers – allein in der Frage der Kriegsschuldlüge, so erhob nun Pfitzner allein die Stimme gegen die neue Ästhetik. *Schließlich ist es nicht möglich, in eben dieser Zeit auf irgendein Gebiet des deutschen Geisteslebens zu sprechen zu kommen, ohne sofort auch schon bei der Existenzfrage des deutschen Volkes angelangt zu sein.*[277] Was politisch die »Novemberrevolution«, ist in der Musik die »aharmonische« Musik; ästhetische Polemik vermengt sich mit politischer; Pfitzners Autorität legitimiert diese neue Melange. Die schrillen politischen Töne haben der Schrift in den ersten sieben Jahren nach ihrem Erscheinen drei Auflagen beschert und Pfitzner die Rolle eines nationalen Mahners zugewiesen. Er selbst hat die Schrift immer wieder als Beweis seiner nationalen Einstellung verschenkt. Bei seinen kritischeren Freunden (Bruno Walter, Thomas Mann[278], Walter Riezler[279]) ist sie auf Zurückhaltung gestoßen.

Nach 1945 hat gerade die *Impotenz* das ganze übrige literarische Werk Pfitzners denunziert. Tatsächlich verschütten die groben Kahlschläge das dritte Kapitel, das eine zusammenfassende, differenzierte Darstellung seiner Einfallsästhetik bietet (s. Dokumentarteil). Aber auch hier stand er mit seinem Bekenntnis zum Irrationalen, Unbewußten, Unerklärbaren der Entstehung und der Qualität eines Kunstwerks im Widerspruch zur Position derer, die meinten, Qualität von Kunst rational erklären zu können, und sorgte mit seiner polemischen Schreibweise für Mißverständnisse. So wandte sich Alban Berg in einem geschliffenen Essay gegen die Unerklärbarkeit von Musik[280].

276 Thrun, *Neue Musik im deutschen Musikleben bis 1933*, Bd. 1, S. 284ff.

277 GS II, S. 105

278 Thomas Mann, Tagebucheintragung vom 20. 12. 1919: *sehr schlecht geschrieben* (Mann, *Tagebücher*, Bd. 1)

279 Brief Walter Riezler an HP vom 5. 9. 1919, zit. in SS IV, S. 702

280 vgl. Alban Bergs Analyse der *Träumerei* von Schumann unter dem Titel *Die musikalische Impotenz der »Neuen Ästhetik« Hans Pfitzners*, in: Reich, *Alban Berg*, S. 194f.; dazu Vogel, *Das Lied »Nachts«*; Carner, *Pfitzner vs. Berg*

Alban Berg

Noch Theodor W. Adorno unterstellte, ein Einfall dürfe keine Anklänge an schon Existierendes aufweisen[281]. Im *Palestrina,* wo die Darstellung der Einfallsästhetik auf künstlerische Weise sehr viel weniger anstößig gelungen ist, benutzt Pfitzner ausgerechnet in der Inspirationsszene Motive aus Werken Palestrinas und verdeutlicht, daß es ihm weniger auf die Originalität des Einfalls ankommt als *auf das Einlassen auf den momentanen Impuls, das Vertrauen auf die Gefühlssicherheit*, wie Wolfgang Rihm erkennt: *Durch Betonung der Ein-*

[281] Theodor W. Adorno, *Kriterien der neuen Musik*, in: *Nervenpunkte der neuen Musik*, Reinbek 1969, S. 112ff.

fallskunst wird heute ein progressiver Ort markiert, wird eine Haltung gegen die akademische Weitergabe systematischer Raster eingenommen.[282]

Als polemisch wurden auch Pfitzners Äußerungen gegen die atonale – er nennt sie »aharmonische« – Musik angesehen. Als er in der dritten Auflage auch noch die dogmatischen Lehrsätze der Zwölftonmethode angriff (die Vermeidung der Thematik, der Wiederholung, der Konsonanzen), so befand er sich in Gesellschaft zum Beispiel Alban Bergs, der diese Grundsätze in seinen späten Werken großzügig vernachlässigt. Deutlich stellte Pfitzner klar: *Was ich der Musik retten will, ist nicht etwa der Wohlklang, sondern der Sinn* [...] *Man möchte fast so kühn sein zu sagen: Hat ein »Mißklang« Sinn und Bedeutung, so wird er zum Wohlklang.*[283]

Wie Pfitzner seine politische Haltung praktiziert und damit auf die falsche Seite gerät, dafür gibt es ein berühmtes Beispiel: sein Verhältnis zu Thomas Mann. *Palestrina* stiftet die Bekanntschaft; das Werk beschäftigt Mann seit 1917 über alle Maßen, es berührt ihn existentiell als künstlerische Aussage für seine Auffassung, angesichts der sich ankündigenden Umbruchzeit müßten die geistigen Kräfte auf die Bewahrung des geistigen Erbes gerichtet sein, und er widmet ihm eine ausführliche Passage in den *Betrachtungen eines Unpolitischen*[284]. Die politische Zuordnung läßt sich ablesen in Begriffen wie *edler Konservativismus, hohe Kunstfrömmigkeit, echtbürtige Deutschheit, ein Stück sterbender Romantik* und – im Gleichklang mit Pfitzner – *Sympathie mit dem Tode.* Mann beläßt es nicht bei diesen privaten, wenn auch veröffentlichten politischen Äußerungen; er agiert auch politisch, indem er 1918 maßgeblich mit einem prachtvollen Aufruf bei der Gründung des »Hans-Pfitzner-Vereins für deutsche Tonkunst« mitwirkt[285]. Der Verein sollte mehr sein als nur ein Förderverein für Pfitzner; er sollte volksbildend wirken durch die Popularisierung deutscher, der deutschen Volksseele entsprungener Werke. Thomas Mann hat einige Schwierigkeiten bei der Formulierung, denn warum das, was der deutschen Volksseele entspringt,

282 Rihm, *Zur Aktualität Ps*, S. 193
283 GS II, S. 276
284 Thomas Mann, *Betrachtungen eines Unpolitischen*, S. 398ff.; der Abschnitt erschien 1919 auch gesondert als Büchlein.
285 Thomas Mann, *Aufruf zur Gründung des Hans-Pfitzner-Vereins für deutsche Tonkunst*, abgedruckt in: Abendroth, *HP*, S. 222f.

Pfitzners Palestrina

von

Thomas Mann

Sonderdruck aus den
„Betrachtungen eines Unpolitischen“

1919

S. Fischer / Verlag / Berlin

Das *Palestrina*-Kapitel aus Thomas Manns *Betrachtungen eines Unpolitischen* erschien 1919 auch als Einzeldruck.

in Deutschland noch eigens popularisiert werden müsse, konnte nur begreiflich gemacht werden, indem ein *Widerstreit von Volk und Masse* konstruiert wurde. Die Begeisterung aber trägt Thomas Mann über diese Schwierigkeiten hinweg. In ihren politischen Ansichten sind sich Pfitzner und Mann danach weitgehend einig.

Der politisch denkende Dichter Thomas Mann reagiert in der Folge auf die politischen Herausforderungen; der unpolitische Komponist Hans Pfitzner verharrt in den politischen Ansichten, die sich unter Paul Cossmanns Einfluß gebildet haben. So bricht die Einigkeit, als sich Thomas Mann historisch »richtig« mit seiner Rede *Von deutscher Republik* 1922 für die Demokratie entscheidet (wenn er auch eher eine hanseatische Honoratiorenregierung nach Lübecker Muster meint als die Weimarer Verfassung). Für Pfitzner war die politische Übereinstimmung in der Beziehung zu Thomas Mann offensichtlich entscheidend (und die Tatsache, daß Mann seine Überzeugung gewechselt hatte); er benutzt ein Gratulationsschreiben zum 50. Geburtstag Thomas Manns 1925, um zu erläutern, weshalb er den *Zustand, Sie nicht zu sehen, einer Begegnung mit Ihnen vorzog. Nicht leichten Herzens. Denn die wirklichen Freunde meiner Kunst und die Personen, die mir so wenig fernstehen in ihrem Leben und Wirken wie Sie, sind nicht so dicht gesät, als daß mir ein Verzicht auf Ihre zeitweilige menschliche Nähe ein Vergnügen wäre. Aber gerade aus diesen Gefühlen heraus ist es meiner Art unmöglich, unehrlich zu sein. So möchte ich Ihnen denn das sagen, was Sie wahrscheinlich schon längst fühlen, daß mich Ihre letzten öffentlichen »politischen« (um dieses nicht ganz zutreffende Wort zu gebrauchen) Kundgebungen schmerzlich Ihnen entfremdet haben.*[286] Thomas Mann antwortet darauf, daß er sich *natürlich im klaren darüber war, daß meine neueren geistigen Entschlüsse Ihnen zuwider sein müßten. Glauben Sie wenigstens, daß sie einem guten Willen entstammen – und im Gefühl einer Verantwortung, die strenger sein mag, als diejenige, die dem Musiker auferlegt ist.* Er verweist auf seine eigene geistige Entwicklung bei der Ausarbeitung des *Zauberbergs*, spielt auf das Verhältnis Friedrich Nietzsches zu Richard Wagner an und stellt ihr Verhältnis auf eine höhere Ebene: *Was mich aber in Ihrem Brief am tiefsten ergriffen hat, ist die Andeutung Ihrer Einsamkeit inmitten des Ruhmes, und daß Sie in aller Umschwärmtheit nicht viele wahre höhere Freunde zu verlieren haben. Leider, das haben Sie nicht und ich auch nicht* [...] *Was zwischen uns steht, zwischen uns schwebt, es verbindet uns auch wieder, mindestens so sehr, wie es uns trennt* [...] *Unsere beiderseitige Stellung in der Zeit weist eigentümliche Verwandtschaften auf. Es steht*

[286] Brief HP an Thomas Mann vom 18. 6. 1925 (Abendroth, *HP*, S. 261; *Br.*, S. 405f.)

uns frei, uns zu verfeinden; aber wir werden nicht hindern können, daß künftige Zeiten unsere Namen häufig in einem Atem nennen werden. Vielleicht sollten wir also unser Verhältnis ein wenig sub specie aeterni betrachten und über alle Meinungsgegensätze hinweg eine Brüderlichkeit anerkennen, von der die Nachwelt uns kaum dispensieren wird.[287] Aus der Zeit nach dem Tod Mimi Pfitzners 1926 stammt der letzte Brief Thomas Manns an Pfitzner, dem er mit warmherzigen Worten sein Beileid ausspricht[288].

Zum Bruch kommt es, als Thomas Mann im Frühjahr 1933 im Ausland Vorträge über Richard Wagner hält und vierzig Münchner Persönlichkeiten des kulturellen Lebens, darunter Richard Strauss, Knappertsbusch, Gulbransson und auch Pfitzner (an der Spitze Max Ammann neben einer Reihe später bekannt gewordener Nationalsozialisten) dagegen öffentlich protestieren. Die Unterzeichner mögen unterschiedliche Gründe für ihre Attacke gegen Thomas Mann gehabt haben; u.a. spielte auch eine Rolle, daß Mann in der 2. Auflage seiner *Betrachtungen eines Unpolitischen* antidemokratische Passagen getilgt hatte und damit zur Republik übergelaufen sei. Pfitzner hat seine Gründe öffentlich in einer von hohem Respekt vor dem Dichter geprägten Stellungnahme bekundet[289], nachdem er – als einziger der Unterzeichner – von Willi Schuh öffentlich persönlich angegriffen worden war[290]. Pfitzner jedenfalls ging es nicht um eine allgemeine Diffamierung Thomas Manns, es ging ihm auch nicht um die Haltung Thomas Manns zu Richard Wagner, über die er mit Mann durchaus hätte diskutieren können. *Aber uns selbst, unser Ansehen im eigenen Land und bei den lieben Nachbarn, das wollen wir verteidigen und uns dagegen auflehnen, wenn wir erleben, daß ein öffentlicher Spruchsprecher, ein höchst geachteter Name über unseren höchsten Musikdramatiker Dinge sagt, die in der großen Öffentlichkeit mißverstanden werden müssen.*[291] Es ist also die kritische Aus-

[287] Brief Thomas Mann an HP vom 23. 6. 1925 (Mann, *Briefe*, S. 241f.). Es ist bemerkenswert, daß Mann in diesem Brief ein Verhältnis zu Pfitzner beschwört, daß zehn Jahre später Pfitzner (SS IV, S. 119ff.) für das Verhältnis Schumanns zu Wagner definiert: eine *Sternenfreundschaft.*

[288] Brief Thomas Mann an HP 1926 (Adamy, *HP*, S. 223f.)

[289] HP, *Zur Kundgebung gegen die Wagner-Rede Thomas Manns*, in: *FZ*, 2. 7. 1933 (SS IV, S. 308f.); vgl. dazu die Anm. Adamys, SS IV, S. 806f.

[290] Willi Schuh, *Thomas Mann, Richard Wagner und die Münchner Gralshüter*, in: *NZZ*, 21. 4. 1933, Nr. 713

[291] vgl. Anm. 289

einandersetzung mit einem großen Deutschen im feindlichen Ausland, die Pfitzner für eine *Entgleisung* hält und der gegenüber er *vor mir selbst feige* erschienen wäre, wenn er trotz einzelner Kritikpunkte am Wortlaut des Protests nicht unterschrieben hätte. Thomas Mann scheint zunächst die Begründung Pfitzners zu akzeptieren; er notiert: *Nicht zu meiner Unehre*[292], schreibt dann aber doch einen damals nicht veröffentlichten Artikel, in dem er Pfitzner vorwirft, sich an einem *Monstreaufgebot von Renommee* gegen ihn öffentlich beteiligt zu haben[293].

Thomas Manns Vortragsreise endete im Exil; ob das alle Unterzeichner gewollt hatten? Pfitzner stand mit seiner Unterschrift trotz vertretbarer Gründe auf der historisch »falschen« Seite und in der falschen Gesellschaft, die glaubte, nach der Machtübernahme durch die Nazis noch einen »unpolitischen« Literaturstreit öffentlich veranstalten zu können. Den Nazis mußte an einer Demontage Manns vordringlich gelegen sein; ein Prominenter, der die Nazis 1930 in seiner mutigen *Deutschen Ansprache*[294] so massiv angegriffen hatte, mußte unschädlich gemacht werden. Für sie könnte es ein Testfall gewesen sein, mit wieviel Widerspruch aus der Münchner Gesellschaft sie bei einer Maßnahme gegen Mann persönlich zu rechnen hätten. In der Literatur[295] wird Pfitzner zum Initiator des Wagner-Protests gestempelt, obwohl nachweislich Knappertsbusch der Organisator war und Pfitzner nach eigenem Bekunden erst gegen Ende der Aktion dazustieß; er beteuert, seine Teilnahme am Protest von der Streichung einer kränkenden Schlußpassage abhängig gemacht zu haben[296]. Es wäre nicht überraschend, wenn eines Tages offenbar würde, daß der eigentliche Drahtzieher Max Ammann war[297], Hitlers Feldwebel im Krieg, Nazi der ersten Stunde, Parteimitglied Nr. 3, Teilnehmer am Marsch auf die Feldherrnhalle, Verleger von

292 Thomas Mann, Tagebucheintragung, zit. n. Adamy, *HP*, S. 254

293 Thomas Mann, *Antwort an Hans Pfitzner* (1933), in: *Gesammelte Werke*, Bd. 13, S. 78ff.

294 Thomas Mann, *Deutsche Ansprache*, in: *Schriften zur Politik*, Frankfurt/Main 1970, S. 74ff.

295 Hans R. Vaget, *Präludium in München*, in: *FAZ*, 14. 5. 1994, und in verschiedenen Vorträgen; dagegen Mann, *Tagebücher*, Bd. 2 (1933–34), Anm. 422; hier wird auch der Präsident der Akademie der Tonkunst, Siegmund von Hausegger, als einer der Organisatoren benannt.

296 Brief HP an Walter Abendroth vom 11. 4. 1934 (SS IV, S. 807)

297 Gottfried Bermann-Fischer betont die *Lumpengemeinschaft* mit Max Ammann (*Bedroht Bewahrt*, Frankfurt/Main 1971, S. 79).

Hans Knappertsbusch

Hitlers *Mein Kampf* und des *Völkischen Beobachters*, der Mann, der sofort nach der Machtübernahme Paul Cossmann ins KZ Dachau eingewiesen haben dürfte und dessen *Münchner Neueste Nachrichten* usurpierte. In diesem Blatt wurde der Protest am 16. April 1933 erstmals veröffentlicht. Vermutlich war er der einzige unter den Unterzeichnern, der die *Deutsche Ansprache* kannte.

Gehässig wird der Ton auf Pfitzners Seite nach dem Zweiten Weltkrieg, als er von Thomas Mann hört, daß dieser für die Taten und Untaten Hitlers *das gesamte deutsche Volk verantwortlich* mache *und Deutschland mit ihm* identifiziere. Dies hält er für *intellektuell ebenso falsch und flach wie moralisch infam* und schreibt dies Bruno Walter am 5. Oktober 1946[298]. Für Bruno Walter mußte das unverständlich sein; er beendete die Korrespondenz mit Pfitzner[299] und zeigte

[298] Brief HP an Bruno Walter vom 5. 10. 1946 (SS IV, S. 347f.)
[299] Brief Bruno Walter an HP vom 4. 11. 1946 (Walter, *Briefe*, S. 291)

den Brief Thomas Mann, der seinerseits seine in Deutschland veröffentlichte Rede zum 70. Geburtstag Hermann Hesses dazu benutzt, von Pfitzner als einem *namhaften alten Tonsetzer in München, treudeutsch und bitterböse* zu reden: *Nun der Mann hat sein Leben lang viel zänkischen Unsinn geredet, und so legt man's zum übrigen.*[300] In der Tat mußte es unverständlich sein, wenn Pfitzner trotz aller Kriegs- und KZ-Greuel immer noch die Frage stellt: *Was ist Deutschlands platonische Idee? Ist es das »heilige Herz der Völker« oder ist es eine nach Millionen zählende Bande von grausamen Verbrechern?* und sie damit beantwortet, daß – man hört Thomas Manns *Gedanken im Kriege* von 1914 durch – *das Land der Dichter und Denker eine Sonderstellung, einen absoluten Ausnahmecharakter* habe, der ihm den Haß des Auslands zuzöge. *Wer Grausamkeiten kalten Blutes ausübt, ist kein Deutscher; es entspricht nicht dem ewigen, »intelligiblen« (um mit Kant zu reden) Charakter* des Deutschen. Zu dieser platonischen Idee Deutschlands bekennt sich Pfitzner, *dem Lande Luthers, in dem die h-moll-Messe und der »Faust« entstanden sind, das den »Freischütz« und Eichendorff, die »Pastorale« und die »Meistersinger« hervorgebracht, in dem die Vernunftkritiken und die »Welt als Wille und Vorstellung« gedacht worden sind – diesem Land bleibe ich treu bis zu meinem letzten Hauch*[301]. Thomas Mann mochte diese Schopenhauersche schwierige Unterscheidung von Idee und Wirklichkeit des Deutschen nicht mehr nachvollziehen; in seiner Rede *Deutschland und die Deutschen* (1945) sind das »gute« und das »böse« Deutschland untrennbar miteinander verbunden. Bei aller krausen Gedankenführung etwa in der *Glosse zum II. Weltkrieg* hat Pfitzner die entsetzliche Wirklichkeit durchaus wahrgenommen; worin er »unbelehrt« blieb, das war politisch die Anwendung von Maßstäben aus der Zeit vor und nach Versailles auf das Geschehen zwischen 1933 und 1945 und philosophisch das Festhalten an den Schopenhauerschen Kategorien von Idee und Wirklichkeit. Immerhin dürfte Pfitzner nach 1945 der einzige deutsche Komponist gewesen sein, der sich überhaupt geistig mit dem Nationalsozialismus auseinandergesetzt hat, wenn dies auch inadäquat genug geschehen ist. Obwohl Thomas Mann Pfitzners Musik nie mehr erwähnt hat, darf man doch

300 Thomas Mann, *Hermann Hesse zum siebzigsten Geburtstag* (1947); vgl. dazu HP, *Antwort auf Thomas Manns Anrempelung vom 30. 6. 1947*, SS IV, S. 344f. (damals ungedruckt)

301 Brief HP an Bruno Walter vom 5. 10. 1946 (SS IV, S. 347f.)

vermuten, daß etwas, das solchen Eindruck auf ihn gemacht hat, in seinem Werk latent fortlebt, etwa in der Dämonie des Adrian Leverkühn oder in den Glocken von Rom in *Der Erwählte*.

Ähnlich wie die *Futuristengefahr* als ein Versuch musikpolitischer Konkretion die Ästhetik des *Palestrina* begleitete, erhält die musikpolitische Stoßrichtung der *Impotenz* ein musikalisches Pendant in Form eines Appells an das ideale Deutsche: die »romantische Kantate« *Von deutscher Seele* (1921) – »romantisch«, denn sie ist keine geistliche oder festliche Kantate. Pfitzner stellt aus Joseph von Eichendorffs Lyrik Sinngedichte, Sprüche und romantische Lieder zusammen, die in ihrer Zusammenschau deutsches Wesen charakterisieren, und läßt sie – so, wie er Lieder von Robert Schumann in Konzerten improvisierend verband[302] – *von der Musik ins Schlepptau nehmen.* So recht *ein deutscher Nationalgesang*, wie Alma Mahler lobt[303]. Auch hier ist der Komponist Pfitzner klüger als der Schriftsteller. Der nationale Ton kommt nur am Schluß des zweiten Teils etwas gewaltsam heraus: Die Kantate soll einen sieghaften Dur-Abschluß haben, aber mit den Dur-Abschlüssen tat sich schon die gesamte Romantik und besonders Pfitzners Generation schwer. Die Schwerpunkte liegen, gewichtet durch größere Orchesterzwischenspiele, bei den Gedanken an den Tod (*Der Tod als Postillon*), an den Zauber der Nacht (*Abend und Nacht*), an Verzicht und Ergebung (*Ergebung*); dazwischen steigt eine beim reifen Pfitzner seltene hohe Heiterkeit auf (*Herz, in deinen sonnenhellen Tagen*; *Die Lerche*). Hier, nicht im Nationalen, sondern in der Labyrinthik der Stimmungen, der Form, der Kontrapunktik und der bis an die Grenze der Tonalität vorgetragenen Harmonik liegt – wie immer, wenn Pfitzner zu »seinen« Themen kommt – die allgemeinverbindliche Aussage und die Qualität dieses Werks. Politisch mag die Kantate als Ausdruck deutscher Introvertiertheit und übersteigerten Machtanspruchs gesehen werden. *Verinnerlichung, tiefe Einkehr und nationale Selbsterforschung ist das, was not tut. Daß Deutschland sich selbst verstehe, um sich selber treu bleiben und zwischen Ost und West seinen eigen-*

[302] Levin, *Erinnerungen*, S. 59; dazu kritisch Alfred Einstein, Kritik vom 5. 11. 1919 in: Kurt Dorfmüller, *Alfred Einstein als Münchener Musikberichterstatter*, in: *Festschrift Rudolf Elvers*, Tutzing, 1985, S. 117ff. (hier: S. 134ff.); vgl. auch Pfitzners Bearbeitung von Frauenchören Schumanns (1910)

[303] Brief Alma Mahler an HP (1920?) (NW 255)

tümlichen Weg finden zu können, den Weg der Rettung für die abendländische Kultur vor dem Chaos, das hereinbricht, wenn Deutschland versagt: Das ist heute Weltnotwendigkeit – so sagte es Thomas Mann auf der Feier zu Pfitzners 50. Geburtstag 1919 in seiner Tischrede[304]. Den dort versammelten konservativen Honoratioren sprach er damit gewiß aus dem Herzen. Mann und Pfitzner konnten sich damals noch selbst in Frage stellen: Thomas berichtet seinem Bruder Heinrich, Pfitzner habe, als er nach der geistigen Enge der Versammlung auf die Straße trat, seine Frau gefragt: *Weißt du, was ich jetzt möchte? Jetzt möchte ich einen Juden sehen.*[305]

Auf der Höhe der Zeit

> *Anrecht auf Anerkennung als schöpferisches Genie hat aber nur der, der in der Vorwärtsschau lebt.* Hans Pfitzner[306]

Im Sommer 1919 finden Pfitzners eine neue endgültige Bleibe; der Münchner Freundeskreis um Paul Cossmann schenkt ihnen eine Villa in Unterschondorf am Ammersee im Einzugsbereich Münchens. Die neue Umgebung gibt Pfitzner neuen Auftrieb. Er lernt schwimmen, möchte Griechisch lernen und beschäftigt sich intensiv mit Kant[307].

Angesichts so einflußreicher Fürsprecher wie Cossmann, Bruno Walter und Thomas Mann scheint eine angemessene Position in München zum Greifen nahe. Sofort nach seiner Flucht aus Straßburg wird Pfitzner die Leitung der Konzerte des Münchner Konzertvereins übertragen; im Winter 1918/19 kommt es zu Aufführungen der Neufassung des *Christ-Elflein* in München (Bruno Walter), Mannheim (Wilhelm Furtwängler) und Düsseldorf, des *Palestrina* in Wien; im Frühjahr 1919 wird er zum Mitglied der Preußischen Akademie der Künste Berlin ernannt; im Herbst bringt Max von Schillings *Palestrina* in Ber-

304 Thomas Mann, *Tischrede auf P* (1919)
305 Äußerung Thomas Manns zu Heinrich, zit. bei Peter de Mendelssohn, *Thomas Mann und München*, München 1986, S. 23
306 Brief HP an Greeff vom 15. 10. 1933 (SK 23)
307 Preetorius, HPM 2, S. 3; HP, *Philosophie und Dichtung in meinem Leben*, SS IV, S. 471ff.

Pfitzners Haus in Unterschondorf am Ammersee

lin. Stellenangebote gehen ein: die Leitung der Volksoper Wien, die Nachfolge Max Regers am Konservatorium Leipzig, die Leitung der Oper Düsseldorf/Duisburg und die der Wiesbadener Oper; die Stadt Coburg verleiht ihm den Titel Generalmusikdirektor – abgesehen von der Chefdirigentenstelle bei den Münchner Philharmonikern 1919/20 scheitern alle diese Verhandlungen an den hohen Geld- und

Kompetenzforderungen Pfitzners; er zielt auf die Position eines Oberregisseurs der Münchner Oper[308].

Weshalb Cossmanns und Walters Bemühungen ergebnislos bleiben, wäre noch zu klären; jedenfalls kommt es im Frühjahr 1920 deswegen zu einem ernsten Zerwürfnis zwischen den Freunden[309], und Pfitzner nimmt im Sommer 1920 nolens volens das Angebot der Preußischen Akademie an, die Meisterklasse von Richard Strauss in Berlin fortzuführen. Die Position bot kaum Möglichkeiten, eigene Werke aufzuführen, außerdem hatte Pfitzner nach den Erfahrungen während seines Aufenthaltes 1897 bis 1907 keine Neigung, nach Berlin zu ziehen; schon in den nächsten Folgejahren werden die Kurse der Meisterklasse in Unterschondorf abgehalten. Mit den Leitern der anderen Meisterklassen, Franz Schreker und Ferruccio Busoni (nach dessen Tod Arnold Schönberg), kommt es zu keinen wesentlichen Kontakten. Sein Verhältnis zum Musikreferenten des preußischen Ministeriums für Wissenschaft, Kunst und Volksbildung, Leo Kestenberg, entwickelt sich bei unterschiedlichen Grundansichten durchaus freundschaftlich. *Sie sind eine Natur, die gerne alles, was sich überhaupt regt, umfassen und vereinigen möchte*, schreibt Pfitzner an ihn 1921; *bei mir ist es nicht ganz so. Wenn ich an der Vereinbarkeit verschiedenartiger Elemente in unserem Kulturleben zweifle, so ist es nicht Unversöhnlichkeit, sondern beruht auf meiner mir angeborenen Kunstanschauung und meinem Kunstgefühl überhaupt. Wollte man die Begründung dieses Gefühls unternehmen, so würden die Fäden dieses Gedankengewebes sehr weit in die Vergangenheit reichen. Die Zeiten von 1530 kommen nicht mehr wieder.* Dann spricht er aus, was beide gleichermaßen erlitten haben dürften: *Das Wirkenwollen in geistigen Dingen bleibt immer ein schmerzliches Dilemma. Faßt man es theoretisch an d.h. unpersönlich durch Bücherschreiben, so bleibt es auch meist theoretisch insofern sich niemand oder wenigstens nur eine unerhebliche Minorität danach richtet. Faßt man es praktisch an d.h. greift man mit seinen Theorien mitten hinein ins volle Menschenleben, so »menschelt« es auch schon d.h. der praktische Widerstand, Feinde und was alles sonst Menschliches und Reales dazu gehört, ist da.*[310]

308 Walter, *Briefe*, S. 408

309 Briefe Bruno Walter an HP vom 4. 6. 1920 (Walter, *Briefe*, S. 182f.) sowie Paul Cossmann an Mimi vom 22. 3. 1920 (NW 251/110) und vom 21. 12. 1920 (NW 251/117)

310 Brief HP an Leo Kestenberg vom 6. 6. 1921 (*Br.*, S. 324)

Gerhard Frommel, um 1930

Anders als Schönberg bildete Pfitzner als Lehrer keine Schule; er ging jeweils individuell auf die Fähigkeiten seiner Schüler ein, und wenn auch tonalitätsüberschreitende Kompositionsweisen bei ihm nicht vorkamen, förderte er doch im verbleibenden weiten Rahmen unterschiedlichste Stilrichtungen[311]. So machte er auch weder seine eigenen Werke zum Gegenstand des Unterrichts noch äußerte er sich zu seiner eigenen Kompositionstechnik. Im übrigen kümmerte er sich nachhaltig darum, daß die Werke seiner Schüler aufgeführt wurden, oder führte sie selbst in seinen Konzerten auf[312]. Namhafte Schü-

311 vgl. hierzu Anm. 32
312 vgl. hierzu Anm. 33

ler Pfitzners waren in seiner ersten Berliner Zeit Otto Klemperer, in Straßburg Felix Wolfes[313] und in der Meisterklasse Hermann Ambrosius, Robert Rehan, Paul Winter und – wohl der bedeutendste – Gerhard Frommel[314]. Dieser wurzelt ähnlich wie Pfitzner in einer romantischen Grundhaltung und hat mit seinem Werk (unter anderem über 30 George-Lieder, zwei Violin- und sieben Klaviersonaten) eigenwillige und unverwechselbare Zeugnisse deutscher Musik zwischen 1930 und 1960 geschaffen. Übrigens hatte sich auch Carl Orff 1921 bei Pfitzner angemeldet, nahm dann aber am Unterricht nicht teil[315].

Mit der Verlegung der Meisterklasse nach Unterschondorf gewinnt Pfitzner freie Verfügung über seine Zeit, um sich der schon in der Straßburger Zeit angelaufenen und sich nun immer mehr steigernden Reisetätigkeit als Regisseur, Dirigent und Pianist zu widmen. Er tritt nicht nur in Großstädten, sondern auch in der Provinz auf. Zwar warnt schon Paul Cossmann 1923 davor, *daß Hans die bayerischen Provinzkonzerte abhalten will – eine selbstzerstörerische Tätigkeit, die mitanzusehen furchtbar ist*[316]. Und auch Pfitzner selbst will 1926 *das öffentliche Spielen* am Klavier *ganz aufgeben. Es verschiebt meine Stellung und lenkt mich von Wichtigerem ab.*[317] Vordergründig ist es zweifellos der erhöhte Geldbedarf für die zahlreichen Krankheiten in der Familie Pfitzner: Der Sohn Paul ist nach nichterkannter Enzephalitis seit 1919 ständig behandlungsbedürftig; Pfitzner selbst braucht gegen seine Gallenkoliken Kuren bis zur Operation 1924; ebenso ist die zarte Mimi nach den Strapazen der Übergangszeit 1918/19 kurbedürftig. Krebsoperationen 1925 und 1926 führen schließlich zu ihrem Tod. Vor allem ist es aber wohl der dämonische Drang, seine Werke sorgfältig aufgeführt zu sehen und einem breiten Publikum vorzustellen, der Pfitzner in die zeit- und kraftraubenden Strapazen des Reiselebens treibt. Seine Zeit ist ausgefüllt mit Konzerttourneen, die bis in Kleinstädte auch in Österreich und in der Tschechoslowakei führen, mit dem Dirigieren fremder und eigener, neu entstehender Orchesterwerke, mit der Regie seiner Opern. Vor allem letzte-

313 vgl. Rectanus, *Unsterbliche Melodie – Die Lieder von Felix Wolfes*; Weiner, *Der Briefwechsel zwischen HP und Felix Wolfes*

314 vgl. Cahn/Osthoff/Vogel (Hgg.), *Gerhard Frommel*

315 Briefe HP an Leo Kestenberg vom 14. 4. 1921 (NW 189) und 6. 6. 1921 (*Br.*, S. 324)

316 Brief Paul Cossmann an Mimi vom 24. 2. 1923 (NW 251/250).

317 Brief HP an Mimi vom 11. 3. 1926 (NW 168/115)

Hans und Mimi Pfitzner mit den Kindern Paul, Agnes und Peter, um 1921

res bedeutet nicht nur wochenlange Probenaufenthalte, sondern auch ein Hindernis dafür, daß es überhaupt zu Aufführungen kommt; nicht wenige Intendanten und Hausregisseure empfinden die Kopplung der Aufführungsrechte mit Pfitzners Regie als Zumutung. Pfitzner wieder sieht in jeder mangelhaften Aufführung gerade an Provinzbühnen die Gefahr einer Minderung seines Ansehens und ist nicht selten bereit, auf sein Honorar zu verzichten, um seine Mitwirkung durchzusetzen. (Richard Strauss verhält sich viel pragmatischer: Nur an den wichtigen Bühnen nimmt er nachdrücklich Einfluß auf Regie und Besetzung.)

Die spärlichen Schallplattenaufnahmen lassen über den Pianisten ein genaueres Urteil zu als über den Dirigenten. Pfitzner spielte altmodisch mit häufigem, aber gezieltem Pedalgebrauch, einer Vorliebe für Akkordbrechungen und *rubati* und deutlicher Hervorhebung der Melodie. Die Stimmung, nicht das Detail, der großzügige Fluß, nicht das Gegeneinander der Stimmen oder die Pointierung der Dissonanzen waren ihm wichtig, und noch der alte Bruno Walter erinnert sich des hohen Anschlagreizes und der Gefühlskraft in Pfitzners Spiel[318]. Da er vorzugsweise als Liedbegleiter auftrat, dürfte sein Repertoire außer seinem eigenen Liedwerk überwiegend Lieder seit Beethoven, vor allem von Schumann, umfaßt haben.

Der Gastdirigent Pfitzner trat in erster Linie für seine eigenen Werke ein. Zunächst in Berlin, dann in Straßburg erwarb er sich ein charakteristisches Repertoire. An den Opernhäusern dirigierte er die deutsche Romantik Richard Wagners, Webers, Marschners bis hin zu E. T. A. Hoffmanns *Undine*. Sein Konzertrepertoire läßt sich aus den Programmen der Münchner Philharmoniker, mit denen er zeitlebens musizierte, ablesen: die Sinfonien Nr. 6 und 8, aber auch 5, 7 und 9 von Beethoven, Schumanns Sinfonien, Brahms' 2. und 3., aber auch Haydn, dessen Sinfonik er über die Mozarts stellt, und zeitgenössische Komponisten, gerade auch Richard Strauss[319]. Seine Interpretation der 6. Sinfonie Beethovens und der 4. Sinfonie Schumanns sind, wie wir heute noch dank wiederaufgelegter Platten nachempfinden können, sehr persönlich geprägt und höchst eindrucksvoll

318 Brief Bruno Walter an Mali Pfitzner vom 27. 1. 1961 (Walter, *Briefe*, S. 369)
319 Wolfgang Osthoff, *HP als Dirigent und Komponist bei den Münchner Philharmonikern*, in: *100 Jahre Münchner Philharmoniker*, hg. von Gabriele E. Meyer, München 1994, S. 205ff.

in der Verwendung meist zügiger, aber flexibler Tempi[320]. Die eingesetzten Temporückungen gliederten den Verlauf, sie stellten Stimmungen her, auf die es Pfitzner stets ankam. *Ich frage mich noch heute,* erinnert sich Werner Thomas, *wodurch eigentlich seine »Pastorale« so unvergleichlich war. Trotz der erheiternden optischen Ablenkung durch die spätestens bei den Fortissimo-Ausbrüchen des »Gewitters« über die Fingerknöchel vorgerutschten Manschetten seines Frackhemdes waren wir hingerissen von der arkadischen Helle, mit der er die mediantisch abgesetzten Perioden am Anfang des Satzes »Lustiges Zusammensein der Landleute« farbig gegeneinander stellte. Ich kann den Grad der Faszination nur mit Richard Strauss als Dirigenten vergleichen*.[321] Gleichwohl gehen die Meinungen über sein Dirigieren auseinander: Humperdinck und Walter Niemann lobten ihn sehr, für Alfred Einstein *gehört er als Interpret eigener Werke zu jener höchsten Art von Dirigenten, die einfach das Sachliche, d.h. das Musikalische tun. Das Musikantische und Seelische wird eins; man hat das beglückende Gefühl, daß all das nicht anders sein kann.*[322] Victor Junk kritisiert sein *unpräzises schüttelndes Taktieren, sein Einknicken in den Knien und Aufspringen bei effektvollen Stellen,* und auch Kurt Levin, Hans Vogt, Keilberth und Klemperer beurteilen ihn eher negativ, Knappertsbusch sogar gehässig[323]. Sein häufiges Auftreten als Gastdirigent scheint allerdings dafür zu sprechen, daß diese Kritik im wesentlichen nur seine Dirigierattitüden betrifft.

Nur in den Sommermonaten und über die Jahreswechsel bleibt ihm Zeit zum Komponieren. Dennoch entstehen in den zwanziger Jahren relativ viele Werke. Nach der Kantate *Von deutscher Seele,* die die Konzertsäle rasch erobert (sie wird im Oktober 1923 sogar unter Artur Bodanzky in New York aufgeführt – ein seltener internationaler Erfolg), entstehen in rascher Folge das Klavierkonzert

[320] Gert Fischer, *Am Pult: HP,* in: *Symposium HP Berlin 1981,* S. 155ff.; Helmut Haack, in: *HP und die musikalische Lyrik seiner Zeit,* S. 149ff.; Alexander Berrsche, Kritiken, in: ds., *Trösterin Musika,* S. 363, 365, 370 (eigene Werke) und 199ff. (Schumann und Beethoven)

[321] Werner Thomas, *Impressionen von HPs Lehrtätigkeit,* HPM 42, S. 3

[322] Alfred Einstein, zit. n. Busch-Salmen/Weiß, *HP,* S. 71

[323] Humperdinck in *Frankfurter Zeitung,* 3. 4. 1895, in: Cossmann, *HP,* S. 44, auch HPM 53, S. 10; Niemann, *Musik der Gegenwart,* S. 108f.; Victor Junk, *Erinnerung von 1907,* in: Wamleck-Junk, *HP und Wien,* S. 225; Levin, *Erinnerungen,* S. 59; Hans Vogt, HPM 54, S. 24; Joseph Keilberth, HPM 18, S.2; Otto Klemperer in: Heyworth, *Gespräche,* S. 71; Äußerungen von Knappertsbusch in Busch-Salmen/Weiß, *HP,* S. 85ff.

Alma Moodie, um 1924

(1922/23) und das Violinkonzert (Ende 1923) – Werke, mit denen Pfitzner ein breites Publikum erreichen will und erreicht. Dirigenten wie Bruno Walter, Fritz Busch, Wilhelm Furtwängler, Solisten wie der Pianist Walter Gieseking und die Geigerin Alma Moodie[324] setzen sich für sie ein. Das Klavierkonzert ist ein letztes viersätziges sinfonisches Konzert nach denen von Brahms und Reger. Die mit *Pa-*

[324] Das Verhältnis zwischen HP und Alma Moodie war herzlich. Sie konnte sich erlauben, das Variationenthema im ihr gewidmeten Violinkonzert als *feierlich verdrossen* zu charakterisieren, und schenkte HP eine goldene Taschenuhr mit eingraviertem Thema aus dem Violinkonzert; vgl. auch Wolfgang Osthoff, HPM 58, S. 43ff.

lestrina oder der Eichendorff-Kantate verglichen traditionelle Ausdrucksweise in einem beziehungsvoll an Beethoven und Liszt angelehnten Es-Dur, mit ausgeprägten Gegensätzen im großangelegten Kopfsatz, einem tokkatenhaften Scherzo, einem träumerisch-introvertierten langsamen Satz und einem Finale voll ungeschlachten Humors kommt dem Publikum entgegen zu einer Zeit, in der die Klavierkonzerte von Igor Strawinsky und Béla Bartók neue Modelle präsentieren.

Komplexer, experimenteller und aggressiver fällt das Violinkonzert aus (vgl. dazu den Werkteil). Als habe er sich mit dem Klavierkonzert, dem ersten sinfonischen Konzert seit der Konservatoriumszeit, des Rahmens größerer Orchesterwerke vergewissern wollen, zielt er nun dahin, diesen Rahmen bis zur äußersten Gespanntheit mit disparatem Material aufzufüllen. Eine große Entwicklungsform umfaßt Elemente eines Sonatensatzes, der Variationsform, eines Adagio-Liedes und eines locker gefügten Finales, wo hinein vier (eigentlich fünf) scharf kontrastierende, motivisch aber zusammenhängende, von Pfitzner so bezeichnete »Themen« in vielfältigen Varianten verwoben werden. Pfitzner realisiert hier eine Form, *dem Verlauf eines Menschenlebens gleich, in Wesen und Weben, Beginnen, Verwirren und Rückkehren, Fluten und Ebben im unbestimmten Reich der Töne*[325] – möglicherweise das, was Busoni mit »landschaftlicher« Form (im Gegensatz zur »architektonischen«) gemeint hat. Diese Vielfalt wird überwölbt von einem hochexpressionistischen Ausdruckswillen mit gewaltigen Melodiebögen, explosiven Ausbrüchen und introvertierten Versunkenheiten. Wenn man so will, ist das Violinkonzert in seiner den Einfällen folgenden Irregularität der radikale Gegenpol zu Schönbergs Streben nach rationaler Folgerichtigkeit (wenn es einen Antipoden zu Pfitzner gibt, ist es nicht Richard Strauss, sondern Schönberg). Das Violinkonzert und die im gleichen Zeitraum entwickelte Zwölftonmusik signalisieren zwei gegensätzliche Wege der Musikentwicklung aus derselben Einsicht, daß nämlich nur aus der Geschlossenheit eines Systems heraus komponiert werden kann[326]. Nicht von ungefähr verdrängte dieses Werk schon bald das Klavierkonzert an Beliebtheit, obwohl es mit seinem rhapsodischen Gestus und seiner dissonanten Tonsprache nicht leicht auf-

[325] GS II, S. 202
[326] Ermen, *Musik als Einfall*, S. 79ff.

zunehmen ist und obwohl der Solist ausgerechnet im langsamen Teil sich nicht entfalten darf.

Auch unter den im gleichen Zeitraum komponierten 26 Liedern finden sich relativ viele, die ungeniert auf äußere Wirkung zielen. So sucht Pfitzner in den acht *Alten Weisen* nach Gottfried Keller (1923) die Konfrontation mit Hugo Wolf; er charakterisiert geradezu absichtsvoll anders und setzt in einem bei ihm bisher nicht gekannten Maß virtuose illustrative Mittel mit plakativer Wirkung ein – Erfolgsstücke für den Konzertsaal[327]. Ebenso virtuos, aber schon viel weniger auf Popularität berechnet sind die sechs *Liebeslieder* nach Ricarda Huch (1924); Pfitzner vertont die erstaunlich sinnliche Lyrik in spröder, transparenter Zwei- bis Vierstimmigkeit, doch zugleich mit einer extremen Ausdrucksskala von herber Verhaltenheit über einsame Verlorenheit bis zu leidenschaftlichster Dämonie.

Violinkonzert und *Liebeslieder* bezeichnen den Weg, auf dem Pfitzner nach seinem Ausflug als »Erfolgskomponist« wieder zu sich selbst zurückkehrt. Diese Entwicklung gipfelt im cis-Moll-Quartett (1925)[328]. Pfitzner knüpft vielfältig an den späten Beethoven an; manche Motive erinnern an dessen ebenfalls in cis-Moll stehendes Quartett op. 131; vor allem die motivische Arbeit und Verzahnung der Themen untereinander lassen das große Vorbild durchscheinen. Der Ausdruck wird aufs äußerste gesteigert und gespannt, die Quartett-Besetzung »überanstrengt«. In der Heftigkeit des Ausdruckswillens, in der Weite der Ausdrucksskala und teilweise auch in den Mitteln ist dieses Werk durchaus vergleichbar mit den etwas später folgenden Quartetten von Alban Berg (*Lyrische Suite*) und Béla Bartók (Nr. 3 und 4). Anders als diese gewinnt das cis-Moll-Quartett eine besondere Vielschichtigkeit durch das Festhalten an der romantischen Grundhaltung bei gleichzeitiger Expansion auf allen Ebenen[329]: Die traditionellen Satzformen werden überlagert von unterschiedlichen Parallelverläufen; das Finale ist ein Musterbeispiel einer entwickelnden Variation; überdeutlich diatonisch-tonale und tonal nicht

[327] vgl. dazu Diez, *HPs Lieder*, S. 27f.; Vogel, »*... mehr Stimmungsmache als Stimmung*«

[328] vgl. dazu Skouenborg, *Von Wagner zu Pfitzner*, S. 133f.; Vogel, *HP: Streichquartett cis-Moll op. 36*

[329] Kroll, *HP*, S. 92: *Er wäre zu den Expressionisten zu zählen, wenn da nicht jener romantische Grundton seines Wesens wäre*; Paul Bekker sieht *keinen Unterschied zwischen Ihren Werken und denen der angefeindeten »impotenten« Zeitgenossen* (Bekker, *Briefe*, S. 81).

Mimi Pfitzner, um 1924

bestimmbare Abschnitte stehen unmittelbar nebeneinander; auf stockende, zum Verstummen neigende Passagen folgen solche, die melodisch wie unendlich strömen. Ähnlich wie schon im Violinkonzert scheint Pfitzner den Ablauf zu improvisieren, als schreibe er einen privaten Brief oder erzähle eine Geschichte zum ersten Mal; manchmal meint man, er habe den Faden verloren. Diesmal wahrt er aber die klassische viersätzige Form; die Faktur ist quartettmäßig dicht und konzentriert. Neben *Palestrina* und dem Violinkonzert dürfte dieses Quartett wohl das bedeutendste Werk Pfitzners sein.

Der »Meister« (wie er von seinen Verehrern genannt wird; er selbst bevorzugte die Anrede »Professor«) hat die Höhe seiner Entfaltung erreicht. 1925 wird ihm der »Pour le mérite« verliehen, 1927 der bayerische Maximiliansorden für Wissenschaft und Kunst. Pläne für eine neue Oper beschäftigen ihn: Seine Frau Mimi skizzierte ein *Rübezahl*-Libretto[330]; möglicherweise gehen auf sie auch die Ideen zurück für eine Oper nach Gottfried August Bürgers *Königin von Golkonda* und für das spätere *Herz*. Während die *Königin* ein Hohelied auf die unverrückbare Treue einer Frau – im Sinne eines schicksalhaften Bestimmtseins füreinander – und damit eine Oper auf Mimi geworden wäre, behandeln *Rübezahl* und *Das Herz* jeweils Männer, die über Zauberkräfte verfügen, die sie aus dämonischem Ehrgeiz einsetzen oder um die Gunst der Geliebten zu erringen, wofür sie büßen müssen. – In diese Pläne, in den Bogen der kompositorischen Entwicklung hinein stirbt Mimi am 19. April 1926. Pfitzner, der eine tiefe Angst vor dem Alleinsein hat, verliert den vertrautesten Partner und seinen »Dolmetscher« gegenüber der Welt. Zugleich ist er sich bewußt, was er ihr ständig zugemutet hat; er bereut *zahllose Vergehen gegen meine Frau*[331]. Aufs tiefste betroffen sieht er sich vom *Palestrina*-Schicksal eingeholt, aber: *Ein treuer Hund legt sich aufs Grab und stirbt, ich komponiere das Lied »Lethe«*, ein sich an den Grenzen der Tonalität bewegendes Stück auf ein Gedicht Conrad Ferdinand Meyers mit eingeflochtenen Motiven aus den Liedern *Ich und Du, Abbitte* und aus *Palestrina – Stellen, die auf Mimi Bezug haben*[332]. In einer ähnlich komplexen, harmonisch äußerst gespannten Sprache ist die nach einer Pause von drei Jahren 1929 geschriebene Chorphantasie *Das dunkle Reich* für Soli, Chor und Orchester gehalten,

330 Brief Mimi an HP (undatiert) (NW 92/37)
331 Alma Mahler, *Mein Leben*, S. 164
332 Brief HP an Margaritta Fischer vom 24. 10. 1926 (Abendroth, *HP*, S. 269)

ein weltliches Requiem nach Gedichten von Richard Dehmel, Goethe, C. F. Meyer und Michelangelo. *Pfitzner musiziert über und zwischen diesen Texten mit soviel Eingebung, daß eine gänzlich neue Form entsteht. Erstaunlich wie er einem an sich harmlosen Walzerthema instrumentale und rhythmisch gespenstische Lichter aufsetzt. Frappant, wie sein Harmoniegefühl erweitert, seine Metrik plötzlich differenziert ist. Es gibt Stellen, etwa im »Chor-Spruch«, die an Strawinskys »Sacre« gemahnen, Strecken im Fugato, die als Beispiel modernster Kontrapunktik angesprochen werden könnten*, schreibt Hans Heinz Stuckenschmidt anläßlich der Uraufführung 1930[333]. Der Sechzigjährige hat seine avancierteste Position erreicht.

Pfitzners Haus in München, Wasserburger Straße

1929 ist ein Jahr der Wende. Hans Pfitzner und Paul Cossmann feiern ihre 60. Geburtstage – für beide der Höhepunkt öffentlicher Ehrung und Anerkennung in ihrem Leben. Cossmann ist seit 1926 Vorsitzender des Hans-Pfitzner-Vereins; unermüdlich stellt er seine Beziehungen in den Dienst der Werke des Freundes und versucht,

[333] H. H. Stuckenschmidt, Kritik in der *B. Z. am Mittag*, 25. 11. 1930 (Abendroth, *HP*, S. 486)

Fäden zu halten oder zu erneuern, die der Freund zerrissen hat. In München und Wien werden glanzvolle Festwochen veranstaltet, Pfitzner wird Ehrenbürger der Münchner Universität, erhält die Ehrenmitgliedschaft im Allgemeinen Deutschen Musikverein, die Ehrenmedaille der Stadt München und das, worauf er seit 25 Jahren wartet: eine Stelle in München, die Berufung an die Akademie der Tonkunst. Pläne, nach dem Tod Mimis doch nach Berlin umzuziehen, werden jetzt aufgegeben; die Freunde ermöglichen den Kauf einer Villa in München-Bogenhausen, Wasserburger Straße (und schenken ihm zu seiner großen Freude ein Auto, das ihm seine Reisen erleichtert).

Die Berliner Meisterklasse wird aufgelöst. Wieder ist es ein Opernkurs, den Pfitzner in seiner neuen Position einrichtet; diese mit seinem Bühnenwerk eng verbundene Tätigkeit lag ihm seit Straßburg stets am Herzen. Einer seiner Studenten, Werner Thomas, berichtet: *Es war ein situatives Durchleuchten der Infrastruktur des Werkes von mehreren Seiten. Das geschah äußerst knapp, fast beiläufig, aphoristisch, in geschliffener Formulierung, immer dort ins Ironische oder Polemische umschlagend, wo Gedankenlosigkeit, Manier, Klischee oder, was er besonders haßte, Schlamperei in der musikalischen oder regielichen Praxis anzuprangern waren.* Bewegungen auf der Bühne machte er selbst vor, *und zwar ohne karikierende Übertreibung. Aber gerade in dieser Zurückhaltung kam das Falsche der »Vorstellung« eindringlich und mit drastischer Komik heraus.* Thomas faßt zusammen: *Das war überhaupt das Erregende an Pfitzners Unterweisung, daß alles eng am Detail blieb, unmittelbar in der Bühnenpraxis erfahren und stringent am satztechnischen Befund verifizierbar. Denn Pfitzner verstand das Handwerk des Regisseurs ebenso fundamental wie das des Musikers.*[334]

Nun entsteht doch noch eine neue Oper, *Das Herz* (1930/31). Das Szenario stammt von Hans Mahner-Mons, einem Schüler Pfitzners aus der ersten Berliner Zeit und polyglotten Weltenbummler (unter dem Pseudonym Possendorf schrieb er den Bestseller *Klettermaxe*). Pfitzner redigiert das Libretto umfassend, ohne aber etwas am Gesamtverlauf zu verändern. Das Werk ist in mancher Hinsicht eine Rücknahme: Nach den die Transzendenz stets einbegreifenden Handlungen der bisherigen Dramen nun eine regelrechte »romantische«

[334] Werner Thomas, *Impressionen von Ps Lehrtätigkeit*, HPM 42, S. 3ff.

Hans Mahner-Mons

Opernhandlung, nach den Musikdramen nun eine Nummernoper nach frühromantischem Vorbild[335], nach dem komplexen romantischen Expressionismus nun eine klassizistisch ausgedünnte, einfache, zum Teil herbe Musiksprache. Zwar berührt die mystisch-schaurige Handlung schon 1931 das Publikum zwiespältig, aber *Pfitzners Inspiration gelingt das Wunderbare: Wir tragen von seiner Musik einen so intensiven, packenden Eindruck davon, daß das ganze Werk durch sie verklärt und in eine höhere Ebene verlegt erscheint* [...] *Nie hat Pfitzner mit größerer Liebe und Zärtlichkeit eine Frauenfigur gezeichnet, als diese Helge von Laudenheim, deren sanft gebrochenes d-moll die letzten beiden Akte durchzittert* [...] *»Das Herz« ist Pfitzners menschlichstes Werk.*[336] Albert Schweitzer schreibt an Pfitzner: *Immer wieder bin ich im Banne des »Edeln« und so ungeheuer »Reichen« Ihrer*

[335] Williamson weist auf die zeitliche Nähe des *Herz* als Nummernoper zu Bergs *Wozzeck* und Hindemiths *Cardillac* hin (*The Music of HP*, S. 309).
[336] H. H. Stuckenschmidt, Kritik in der *B. Z. am Mittag*, 13. 11. 1931 (Abendroth, *HP*, S. 496)

Musik, immer wieder unter dem Zauber Ihrer so ausdrucksvollen Themen, immer wieder erlöst, endlich wieder Musik zu hören, in der nichts von Banalität ist.[337] Und selbst Alfred Einstein, der das Werk als *Nachklang* empfindet und verreißt, sieht *im musikalischen Kolorit der Zeit um 1700, in den gebrochenen Tönen der Sarabande als Todesmusik, eines menuettartigen Reigens* [...] *vielleicht das Schönste des Werks*[338]. Zwiespältig sind im übrigen auch die Umstände der doppelten Uraufführung in Berlin unter Wilhelm Furtwängler und in München unter Hans Knappertsbusch: Wegen nachträglicher Änderungen an seiner Inszenierung überwirft sich Pfitzner mit Furtwängler, dem Berliner Intendanten Heinz Tietjen und Mahner-Mons und veröffentlicht einmal mehr eine Denkschrift[339], die die weitere Verbreitung der Oper nicht gefördert haben dürfte. Auch der bisher großzügige Verleger Adolph Fürstner ist vom schlechten Absatz der Oper so vergrämt, daß er für den Druck des nächsten Werkes, der Orchestrierung des cis-Moll-Quartetts als Sinfonie (1932), nur noch mit Mühe zu gewinnen ist[340].

Nach dem Willen Pfitzners sollen die beiden Liederbände opp. 40 und 41 (1931) sein Schaffen abschließen. Noch einmal findet sich hier jener komplexe romantische Expressionismus, zum Beispiel in *Sehnsucht* (Ricarda Huch), und daneben der transparente Altersstil, zum Beispiel in den *Drei Sonetten* op. 41 nach Gottfried August Bürger und Joseph von Eichendorff. Zugleich schimmert aber auch eine deutlich auf das Frühwerk Bezug nehmende Romantik auf in *Leuchtende Tage* (Ludwig Jacobowski)[341]. Von hier ergeben sich Bezüge zur letzten Phase des Altersstils ab 1939. Zunächst allerdings tritt eine Pause von vier Jahren ein; Pfitzner gibt sechs Jugendlieder heraus und instrumentiert 1932 das cis-Moll-Quartett zu einer nach seiner Meinung *richtigen Sinfonie im alten guten Sinn*[342]; zunächst scheint es, als habe er lediglich die Stimmen des Quartetts auf die Instrumente

337 Brief Albert Schweitzer an HP vom 29. 2. 1932 (NW 80/19)

338 Alfred Einstein, Kritik im *Berliner Tageblatt*, 13. 11. 1931 (Abendroth, *HP*, S. 491). Einstein hat sich übrigens immer wieder mit Werken HPs beschäftigt; vgl. dazu Wolfgang Osthoff, HPM 52, S. 34.

339 HP, Denkschrift (1931), SS IV, S. 235ff.

340 Adamy, *P und der Verlag Adolph Fürstner*, S. 44f.; Briefe HP an Fürstner 1932 (*Br.*, S. 595ff.)

341 Bruno Walter sieht in diesen Liedern eine Art Rückkehr auf höherer Ebene zum Ton gewisser Jugendlieder; vgl. Brief Bruno Walter an HP vom 9. 6. 1937 (Walter, *Briefe*, S. 239).

342 Brief HP an Adolph Fürstner vom 7. 7. 1932 (*Br.*, S. 598f.)

Pfitzner, um 1930

des Orchesters verteilt; bei näherer Betrachtung zeigt sich, daß er zusätzlich strukturierende Töne hinzugefügt sowie die Stimmführungen vereinfacht und durchsichtiger gemacht hat[343]. Das Alterswerk, das 1935 mit dem Cellokonzert op. 42 beginnt, kündigt sich an.

Nach *Lethe* sieht es zunächst so aus, als wolle Pfitzner nur noch schriftstellern. Die mit Mimi begonnene Schumann-Biographie legt er allerdings endgültig zu den Akten; er stellt 1926 zwei Bände *Gesammelte Schriften* zusammen und schreibt dann sein umfangreichstes Buch: *Werk und Wiedergabe.* Hier äußert sich der Bühnenpraktiker umfassend zur Aufführungspraxis. Von seiner Einfallslehre her fordert er eine Werktreue, die nicht nur den Notentext der Partitur, sondern auch alle anderen Angaben des Komponisten, etwa die zum Bühnenbild und zum Auf- und Abtreten der Personen, ernst nimmt[344]. Für Pfitzner gibt es nur einen Schöpfer einer Oper: den Komponisten, der sich die Handlung vorgestellt und dazu eine Musik geschrieben hat. Seine Abneigung gilt deshalb den Nachschaffenden: Dirigenten, Regisseuren, Bühnenbildnern und Sängern/ Schauspielern, die sich als »Narren auf eigene Hand« vor das Werk drängen. Pfitzner war als Regisseur alles andere als ein musealer Archivar; es ging ihm um eine lebendige, möglichst hohe Aussagekraft der Inszenierung, die er am stärksten einschätzte, wenn die Vorgänge auf der Bühne mit denen in der Musik in einem Höchstmaß übereinstimmten. Aus der Musik entwickelte er Handlung, Choreographie und dramatische Wirkung auf der Bühne. Seine Beispiele beweisen genaueste Kenntnis der jeweiligen Komposition, etwa wenn er nachweist, wann im *Freischütz* während Agathas Arie die Gardine vor dem Fenster geöffnet und geschlossen werden soll oder wo der Sprecher im Finale des I. Akts der *Zauberflöte* dem Tamino in den Weg tritt. Mag das heutige Regietheater diese Überlegungen zum alten Eisen geworfen haben; für spätere Generationen, die die Frage nach werkgerechter Verlebendigung der so prekären Kunstform Oper wieder aufwerfen, wird es eine Schule hohen Kunstverständnisses sein. *So habe ich mit der genauen Ausarbeitung der Szene* [...] *sehr viel Ar-*

343 Wiesend, *Ps Streichquartett op. 36 als Sinfonie*

344 HP hat sich in seinen Bearbeitungen der Opern Marschners, auch mit seinen Übergangsimprovisationen in Schumann-Liederabenden selbst nicht an dieses Prinzip der radikalen Werktreue gehalten; vgl. dazu Wolfgang Osthoff, HPM 52, S. 34; auch HPM 57, S. 6.

beit gehabt. Ich wollte den neuen Beherrschern der Theaterkunst, den Regisseuren, möglichst wenig überlassen [...] *Denn all das liegt heute sehr im Argen, und die Eigenmächtigkeit dieser Hilfsorgane und ihre Gewissenlosigkeit werden nur von ihrer Kulturlosigkeit und Impotenz übertroffen* – dies schrieb nicht Pfitzner, sondern Arnold Schönberg zwei Jahre nach Pfitzners Buch während seiner Arbeit an *Moses und Aron* an Anton Webern[345].

Vergälltes Alter, Scheiden im Licht

Mit dem Tode meiner Frau Mimi fühle ich auch mein eigentliches Leben beendet. Hans Pfitzner[346]

Die letzten siebzehn Lebensjahre Pfitzners fallen zum größten Teil in die Zeit des Dritten Reichs; sie sind geprägt von zunehmender Vereinsamung und Verbitterung. Pfitzner hatte sich sicher ein Alter in der Art seines Opernhelden Palestrina vorgestellt, im wesentlichen täglicher Verpflichtungen enthoben, allgemein von Achtung umgeben und vor allem: an deutschen Bühnen ständig aufgeführt[347]. Da er sich während seines ganzen Lebens dafür eingesetzt hatte, daß deutsche Kunst in Deutschland besonders gepflegt werde, nahm er an, daß ihm das neue, so national gestimmte Deutschland mit offenen Armen entgegenkommen würde. Diese Erwartungen wurden enttäuscht, und in demselben Maße, in dem er sich darüber klar wurde, stiegen seine Hinweise auf die Begründetheit seiner Erwartungen bis zur Anmaßung und wuchs zugleich die Verbitterung darüber, daß die so erhobenen Forderungen auf taube Ohren stießen.

345 Brief Arnold Schönberg an Anton Webern vom 12. 9. 1931 (Schönberg, *Briefe*, hg. v. Erwin Stein, Mainz 1958). Dazu, daß hier geradezu eine Tradition der Auseinandersetzung zwischen Komponisten und Regisseuren seit Gluck gegeben ist, vgl. Wolfgang Osthoff, *Werk und Wiedergabe als aktuelles Problem.*

346 *EB*, S. 651

347 Briefe HP an Walter Abendroth vom 10. 12. 1930 (*RS*, S. 311) und an den preußischen Ministerpräsidenten Hermann Göring vom 8. 2. 1935 (*Br.*, S. 702)

Das Verhältnis Pfitzners zu den Nazis war von vornherein ein Mißverständnis. Der elitäre Individualist wurde von den Nazis nicht integriert, seine endzeitliche Kunst konnte von einer »anbrechenden Zeit« nicht geschätzt werden. Deutschnationale Haltung allein reichte nicht aus, um im Dritten Reich zu reüssieren. Das bahnte sich schon anläßlich des von Paul Cossmann vermittelten[348] Besuchs Adolf Hitlers bei dem gallenkranken Pfitzner im Krankenhaus im Frühjahr 1923[349] an. Hinsichtlich der Forderung nach nationaler Selbstbesinnung nach Versailles trafen sich beide bestimmt, aber Berichte, daß sie hinsichtlich der Judenbehandlung nicht auf einen Nenner kamen, klingen wahrscheinlich. Für Hitler war dies ein rassisches, für Pfitzner ein nationales Problem. Hitler soll sich hinterher wenig befriedigt über dieses Gespräch geäußert haben, denn *Pfitzner habe mit seinem Bart vor ihm gelegen wie ein Rabbiner*[350].

Zu den vielen Irritationen, die gerade Pfitzners Verhalten gegenüber den Nazis auslöst, gehört, daß er im April 1924 (also ein Jahr später) das Bändchen *Huttens letzte Tage* von Conrad Ferdinand Meyer (eine würdige Ermutigungslektüre für einen inhaftierten, aufstrebenden Politiker) mit der Widmung *Adolf Hitler, dem großen Deutschen* versieht und eine Begleitkarte schreibt[351], das Ganze aber dann nicht abschickt. Hatte er Hitler in seiner Haftzeit trösten wollen und hatte ihm jemand Hitlers negative Äußerungen hinterbracht? Es fällt auf, daß Pfitzner in den vielen Fällen, in denen er sich nach 1933 an Nazi-Spitzenfunktionäre wendet, wohl nur einmal an Hitler selbst herantritt[352]. Hitler soll seinerseits angeblich einen Auftritt Pfitzners

[348] Schrott, *HP*, S. 60; HP, *Glosse zum II. Weltkrieg*, SS IV, S. 327ff.

[349] Abendroth, *HP*, S. 252; Adamy, S. 301, und der alte Pfitzner (*Glosse*) verlegen den Besuch irrtümlich in das Jahr 1924. Wenn HPs Schreiben vom 1. 4. 1924 (*ZfMP* 1978, Heft 10, S. 14) die Antwort auf den Besuch sein soll, dann müßte er im Frühjahr 1924 stattgefunden haben. Zu dieser Zeit befand sich Hitler aber wegen seiner Teilnahme am Marsch auf die Feldherrnhalle (9. 11. 1923) in Festungshaft. P seinerseits kurierte sein Gallenleiden 1924 nicht in München, sondern in Bad Mergentheim, und zwar vom 3. bis 30. 4. 1924 (Abendroth, *HP*, S. 254).

[350] Schrott, *HP*, S. 62; Zeugenaussagen Herzog und Grohe vor der Spruchkammer (Spruchkammerbescheid vom 31. 3. 1948, NW 419/1); Levin, *Erinnerungen*, S. 64

[351] *ZfMP* 1978, Heft 10, S. 14; vgl. auch Adamy, *HP*, S. 301

[352] Wamleck-Junk (*HP und Wien*, S. 104) zitiert aus dem Tagebuch Victor Junks (September 1933), wonach sich P wegen Felix Wolfes an Hitler gewandt haben soll.

Pfitzner, um 1933

auf dem Reichsparteitag 1934[353] und Feiern zu dessen 70. Geburtstag 1939 verhindert haben[354].

Enttäuschend verliefen gleich die ersten beiden Jahre des Dritten Reichs. Als erstes sah sich Pfitzner durch höhere Weisung genötigt, seine Teilnahme an den Salzburger Festspielen 1933 abzusagen, und machte sich dadurch international unbeliebt, während Richard Strauss die hohe Devisensteuer zahlte und sich über die Weisung hinwegsetzte. Als zweites wurde sein Freund Cossmann 1933 in das KZ Dachau in »Schutzhaft« eingeliefert. Pfitzner bemühte sich auf allen Ebenen bis zu Heinrich Himmler und Reichspräsident von Hindenburg um seine Freilassung[355]. Auch für seine jüdischen Freunde Arthur Eloesser und Felix Wolfes trat er ein[356]. Als drittes wurde er pünktlich zum 65. Geburtstag 1934 an der Münchner Akademie in den Ruhestand versetzt[357]. Bei einer Persönlichkeit seines Rangs wäre eine Verlängerung der aktiven Dienstzeit möglich gewesen; die Akademie mag sich aber dazu nicht veranlaßt gesehen haben, weil Pfitzner seiner vertraglichen Verpflichtung, eine Meisterklasse einzurichten, in den Jahren seiner Zugehörigkeit auch nicht ansatzweise nachgekommen war. Politische Gründe spielten wohl keine Rolle. Wieder eine Verkennung der Realitäten: Pfitzner hatte seine Stellung so verstanden, als hätte die Akademie nicht bestimmte Lehrverpflichtungen abdecken, sondern die Persönlichkeit Hans Pfitzner für sich gewinnen wollen. Nun empfand er, darin kräftig unterstützt von seinen Freunden, die Entlassung als eine tiefe persönliche Kränkung, um so mehr, als die Pensionierung wegen der Kürze der aktiven Dienst-

353 Brief Walter Abendroth an HP vom 21. 8. 1934 (NW 31); Brief HP an Lilo Martin vom 23. 8. 1934 (Ordner 20 der von Schneider erworbenen Pfitzner-Autographen in der Münchener Stadtbiliothek)

354 Adamy, *HP*, S. 330. Aus dieser Vermutung zieht HP Konsequenzen: Erst verdächtigt er Winifred Wagner, sie hätte bei Hitler gegen ihn intrigiert (Adamy, *HP*, S. 317), dann versucht er zu lancieren, daß er 1933 für Cossmanns Freilassung aus dem KZ Dachau eingetreten sei, ohne dessen politische Machenschaften gekannt zu haben (Brief HP an Wilma Stoll vom 10. 10. 1939, NW 312).

355 Adamy, *HP*, S. 310; Briefe an Reichsleiter Heß vom 9. 11. 1933 mit Dank für eine Besuchserlaubnis und an Hindenburg vom 13. 11. 1933 (*Br.*, S. 641f.)

356 Adamy, *HP*, S. 309; Wamleck-Junk, *HP und Wien*, S. 104

357 zur ganzen Pensionsaffäre vgl. Weiß, *HP*, S. 73ff.; Adamy, *HP*, S. 322ff.; Dokumente und Korrespondenzen in NW 234 und 211, HPs Briefe auch in *Br.*, S. 663ff. Die Darstellung bei Prieberg (*Musik im NS-Staat*, S. 217ff.) ist tendenziös und in einzelnen Punkten unzutreffend.

Pfitzner mit Max Straub und Walter Gieseking (Mitte), um 1938

zeit und der damaligen Notverordnungen keine Bezüge brachte[358]. Hinzu kam, daß Knappertsbusch, musikalischer Leiter der Münchner Staatsoper, bei dieser Gelegenheit versuchte, Pfitzner gleich noch

358 Brief des Oberbürgermeisters von München an HP vom 14. 11. 1936 (NW 234/181); Brief HP an Emma Ernst vom 4. 10. 1935 (NW 241/37)

aus den ihm zugesagten Gastdirigaten an der Staatsoper zu drängen; auf höhere Weisung aus Berlin gelang dies allerdings nicht[359]. Für den alten Pfitzner, der einen keineswegs luxuriösen, aber doch gutbürgerlichen Hausstand im eigenen Haus mit Haushälterin, Fahrer, einem pflegebedürftigen Sohn und zwei studierenden Kindern zu unterhalten hatte und vielleicht auch gern die Strapazen seiner Konzerttätigkeit abgebaut hätte, mußte die Streichung fester Bezüge einer Katastrophe gleichkommen; er mag die kleinbürgerlichen Anfänge seines Lebens vor sich gesehen haben. Zunächst strich er die Wechsel der beiden Kinder, später verkaufte er noch einen Teil seines Hausgrundstücks. Er klagte gegen den Staat und wandte sich mit Heftigkeit an führende Politiker.

In diesem Zusammenhang kommt es zu der bekannten Auseinandersetzung mit dem damaligen preußischen Ministerpräsidenten Hermann Göring, in der Pfitzner ein negatives Schreiben Görings als *in Inhalt und Form wie an einen Gauner gerichtet* bezeichnet und als ein Seitenstück *zu dem Fußtritt, den ein Salzburger Bischof einst dem W. A. Mozart ungestraft erteilen durfte. Die Schande liegt aber nicht auf Mozart*.[360] Nach einer heftigen Aussprache, in der Göring Pfitzner persönlich das KZ und seinem Werk den Boykott androht[361], entschuldigt sich Pfitzner – vermutlich weniger, um den persönlichen Übeln zu entgehen, als um den Boykott seiner Werke zu vermeiden. Es bleibt bei der Pensionierung. Gewiß erhält Pfitzner später neben anderen Preisen auch von Propagandaminister Joseph Goebbels eine Ehrengabe von RM 50.000 (1941), er ist aber darauf angewiesen, zur Deckung seiner laufenden Ausgaben bis ins hohe Alter hinein als Dirigent, Regisseur und Liedbegleiter auf Reisen Geld zu verdienen. Allein zwischen Oktober 1934 und Januar 1935 gibt er 21 Konzerte zwischen Rostock, Bocholt, Freiburg i. Br. und Berlin. Angeblich sollen Pläne, in die Schweiz zu emigrieren, an finanziellen Schwierigkeiten gescheitert sein[362].

359 Weiß, *HP*, S. 75ff. Der dort abgedruckte Brief HPs an Hans Knappertsbusch vom 16. 5. 1934 zeigt übrigens, daß hier Knappertsbusch das Zerwürfnis mit P geschürt hat und nicht umgekehrt.

360 Brief HP an Hermann Göring vom 20. 1. 1935 (*RS*, S. 317)

361 HP, Gedächtnisprotokoll, in: Adamy, *HP*, S. 325f.

362 Karen Monson (*Alma Mahler-Werfel*, S. 240) erwähnt eine Äußerung HPs gegenüber Alma. Leider war von der Autorin hierzu keine nähere Auskunft zu erhalten.

Pfitzner am Flügel, 1944

Die geschilderten Vorgänge hatten auf beiden Seiten Folgen: Für die Nazis war Pfitzner ein unsicherer Kantonist. Ausgerechnet 1933 will er in München Heinrich Marschners Oper *Templer und Jüdin* aufgeführt sehen, in der eine Jüdin verherrlicht wird. Er schreibt weder *Pimpfonien in Bal-dur* (Baldur von Schirach war Reichsjugendführer) noch Olympia-Hymnen[363], er lehnt es auch ab, eine neue *Sommernachtstraum*-Musik als Ersatz für die nach seiner Auffassung unübertreffliche von Felix Mendelssohn Bartholdy zu komponieren[364]. In seinem Aufsatz *Robert Schumann – Richard Wagner, eine Sternenfreundschaft* distanziert er sich 1936 von den Judenthesen Wagners und gibt lieber ein Bändchen mit von ihm vertonten Ge-

[363] Brief HP an Ilse Warnecke vom 10. 8. 1936 (Stargardt-Kat. Nr. 670, 1998, S. 357): ihm sei die Komposition einer Musik für die Olympiade angeboten worden, *aber ich verkaufe meine Seele nicht.*

[364] Als HP von der Einschmelzung des Mendelssohn-Denkmals vor dem Leipziger Gewandhaus hörte, soll er gesagt haben: *Also ist der Mendelssohn doch eine Kanone.*

dichten nur als Manuskript heraus, als daß er die Texte von Heinrich Heine und Ludwig Jacobowski weggelassen hätte. Seine Kalauer machen die Runde (zu einem Rassenforscher, der die Frage aufwirft, ob Hitler kurz- oder langschädlig sei, meint Pfitzner: *Er wird hoffentlich nicht mehr lang schädlich sein*[365]). Als Exportartikel für das »gute Deutschland« – wie seinerzeit im Ersten Weltkrieg – ist er infolge der Salzburger Absage für lange Jahre nicht verwendbar[366]. Seinen Werken fehlt das Affirmative, das sich der Staat wünscht. Pfitzner, in seinen Erwartungen enttäuscht, wird immer unbequemer und unangenehmer, seine Polemiken immer unverhältnismäßiger. So reagiert er auf einen Zeitungsartikel von Julius Bahle, in dem der Einfall in der Musik bezweifelt wird, nicht nur mit einem äußerst polemischen Artikel ausgerechnet im *Völkischen Beobachter* (1936), er ruft auch den Stellvertreter des Führers, Rudolf Heß, zu Hilfe und veröffentlicht schließlich auch noch die Schrift *Über musikalische Inspiration* (1940), die viel Anmaßendes, aber nur noch einen schwachen Aufguß der früher so viel besser formulierten Einfallsästhetik enthält (Bahle seinerseits hat dann in der Nachkriegszeit im Spruchkammerverfahren gegen Pfitzner eine Rolle gespielt und sich mit einer Schrift *Hans Pfitzner und der geniale Mensch* revanchiert).

Hans Pfitzner unterschreibt Aufrufe oder Proteste auf der falschen Seite, freilich nur dort, wo er auch in der Sache gleicher Meinung ist[367], biedert sich bei Nazi-Größen an[368], benutzt für seine Denkschrift wegen zu geringer Aufführung seiner Werke in Berlin zum Zwecke stärkerer Beachtung ein brutales Hitler-Zitat[369] als Motto und steuert für eine unveröffentlicht gebliebene Staatsveröffentlichung nach dem 20. Juli 1944 eine (etwas verklausulierte) Ergebenheitsadresse an Hitler bei[370] – stets bemüht, sich als »deutschester« Komponist in Erinnerung zu bringen und Aufführungen seiner Werke zu bewirken. Gewiß bleiben auch im Dritten Reich die Ehrungen nicht aus: Er wird

365 *RS*, S. 155

366 So bittet z.B. Bruno Walter HP, der Aufführung des *Palestrina* in Wien 1936 fernzubleiben (Brief vom 12. 10. 1936, in: Walter, *Briefe*, S. 236); auch Wamleck-Junk, *HP und Wien*, S. 104.

367 z.B. gegen Fritz Jöde; vgl. Prieberg, *Musik im NS-Staat*, S. 166; SS IV, S. 183

368 z.B. Brief HP an Staatskommissar Hinkel vom 26. 7. 1933 (Wulf, *Musik im Dritten Reich*, S. 304)

369 *Ich bin Nationalsozialist und als solcher gewohnt, gegen jeden Angriff sofort zurückzuschlagen* über der Denkschrift *Deutsche Opernkunst in Berlin ausge-Rode-t*, SS IV, S. 313f.

370 Adamy, *HP*, S. 333

1936 zum Reichskultursenator ernannt, freilich ein Amt ohne Einfluß und ohne Einkünfte[371]; zu den »runden« Geburtstagen erhält er Ehrenmitgliedschaften, Medaillen und Preise[372] (keine Nazi-Orden). Trotzdem gehen insgesamt die Aufführungszahlen seiner Bühnenwerke zurück; in zwei Denkschriften hält er dies verbittert fest[373]. Gegen Ende des Dritten Reichs gerät er mindestens geographisch an die Peripherie: Rufe nach Straßburg und Wien, Aufführungen in Antwerpen und Paris, Feiern im Warthegau und in Krakau. Generalgouverneur Hans Frank, »Polenschlächter« und vielfältiger Mäzen, erweist sich auch Pfitzner gegenüber als großzügig und beliefert ihn mit Rotwein[374]; dessen Dankbarkeit schlägt sich nicht nur in einem kleinen Widmungswerk (op. 54 – passenderweise im Polonaisen-Rhythmus[375]) nieder, sondern auch in jenem Trosttelegramm, das er aus persönlicher Dankbarkeit dem zum Tode verurteilten Frank 1946 ins Gefängnis schickt[376]. – Alles in allem also ein irritierendes Bild, das weder die Einstufung als Steigbügelhalter[377] noch als Widerstandskämpfer[378] bestätigt.

Der Bescheid der Spruchkammer, die mit recht fragwürdigen Tatsachen und politischen Bewertungen zur Feststellung kommt, Pfitzner sei *vom Gesetz nicht betroffen*[379], wirkt gemessen an den Gesetzen, nach denen Pfitzner handelte, eher komisch. Richtiger trifft es – mit kleinen Abstrichen hinsichtlich der Anerkennung Pfitzners, aber

371 1936 wurden 60 prominente »Kulturschaffende« zu Reichskultursenatoren ernannt. Das Gremium trat insgesamt nur zweimal zusammen.

372 1934 Goethe-Preis und Goethe-Medaille; 1939 Beethoven-Medaille, Ehrenbürgerschaft von Frohburg und Ehrenmitgliedschaft des Beethoven-Hauses sowie der Frankfurter Oper

373 HP, *Deutsche Opernkunst in Berlin ausge-Rode-t*, SS IV, S. 313ff. und Denkschrift *Meine Stellung im Dritten Reich* vom 11. 3. 1942, SS IV, S. 321ff.

374 vgl. dazu Adamy, *HP*, S. 335ff.; s. auch Richard Strauss über Frank, SS IV, S. 818

375 Das Werk *Krakauer Begrüßung* op. 54 wird unverständlicherweise immer noch vom Verlag unter Verschluß gehalten.

376 zit. bei Adamy, *HP*, S. 338

377 so z.B. Prieberg, *Musik im NS-Staat*; Wulf, *Musik im Dritten Reich*; Medek, *HP und sein Dunkles Reich*, und besonders ideologisch und oberflächlich Paul Attinello, *Pfitzner, »Palestrina«, Nazis, Konservative*, in: *Palestrina – Zwischen Demontage und Rettung*, 1994 (=*Musik-Konzepte* 86), S. 60ff.; dagegen H. H. Stuckenschmidt, *Das dunkle Reich*

378 so z.B. L. Schrott, *HP*, 1959, der mit seinen eigenen Ausführungen in *HP* (1937) in Kollision gerät; vgl. aber die vorurteilsfrei-nüchterne Darstellung bei Williamson, *The Music of HP*, S. 319ff.

379 Bescheid der Spruchkammer IV, München, vom 31. 3. 1948 (NW 419/1)

auch seines Sichbeugens und seiner Konzessionen – Arnold Schönberg mit seiner noblen Erklärung vom 10. September 1947: *Es war mir immer bekannt, daß er Deutschnationaler im Sinne Richard Wagners, also mit einer kleinen antisemitischen Trübung war. Ich habe ihn in all diesen Jahren öfters gesprochen. Trotz aller uns trennenden Unterschiede, die künstlerischen inbegriffen, habe ich nie das Gefühl von*

ARNOLD SCHOENBERG
116 N. ROCKINGHAM AVENUE
LOS ANGELES, CALIF. — 24
Phone ARizona 35077

EIDESSTATTLICHE ERKLAERUNG:

Ich habe Dr. Pfitzner zur Zeit der Auffuehrung der "Rose vom Liebesgarten" in Wien im Hause Gustav Mahlers kennen gelernt.

Es war mir immer bekannt, dass er Deutschnationaler im Sinne Richard Wagners, also mit einer kleinen antisemitischen Truebung war. Ich habe ihn in all diesen Jahren oefters gesprochen. Trotz aller uns trennenden Unterschiede, die kuenstlerischen inbegriffen, habe ich nie das Gefuehl von Agressivitaet gehabt.

Kein Wunder, dass nach dem Abwandern so vieler Musikalischer Kraefte Pfitzner unter den wenigen, die verblieben, der erstklassige war und als solcher die Anerkennung fand, die ihm frueher zu Unrecht nicht immer zum Teil geworden war.

Wenn das nazistische System fuer ihn von Vorteil war, so bin ich ueberzeugt, dass er sich niemals dafuer gebeugt, niemals eine Konzession gemacht haette, Grausamkeiten aber sicherlich verurteilte. Arnold Schoenberg

Los Angeles, den 10. September 1947

Eidesstattliche Erklärung von Arnold Schönberg

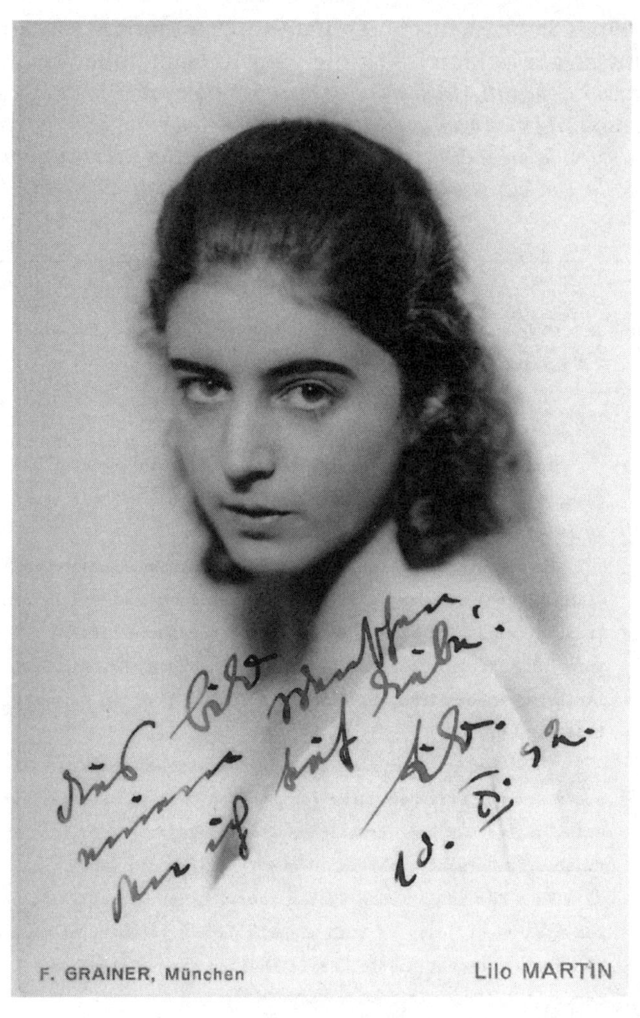

Lilo Martin, 1932

Aggressivität gehabt. Kein Wunder, daß nach dem Abwandern so vieler musikalischer Kräfte Pfitzner unter den wenigen, die verblieben, der erstklassige war und als solcher die Anerkennung fand, die ihm früher zu Unrecht nicht immer zuteil geworden war. Wenn das nazistische System für ihn von Vorteil war, so bin ich überzeugt, daß er sich niemals dafür gebeugt, niemals eine Konzession gemacht hätte, Grausamkeiten aber sicherlich verurteilte.[380]

Der Mensch Hans Pfitzner scheint nach dem Tod seiner Frau Mimi zu verkarsten. Immer wieder betont er, daß das Leben nach dem Tode Mimis für ihn nur noch Pflicht gegenüber seinem Genius und gegenüber seinen Kindern, besonders gegenüber dem siechen Paul sei. Es gibt verschiedene enge, zum Teil leidenschaftliche Beziehungen zu Frauen, die engste wohl zwischen 1932 und 1935 zu seiner Schülerin Lilo Martin; ihr schenkt er nahezu seine gesamten Werke in Erstausgaben, die er mit Eintragungen erläutert; er schreibt sich Werke von ihr ab und überläßt ihr eigene Fragmente zur Vervollständigung; er setzt sich für den Druck ihrer Werke ein und bemüht sich um Aufführungen; er möchte sie gern heiraten, doch 1936 heiratet sie einen anderen[381]. Die Einsamkeit ist für Pfitzner schwer zu ertragen, sie erwächst ihm nicht wie seinem Palestrina zu Kontemplation und Weisheit; das leidende Ringen mit sich selbst, das hochsensible Aufnehmen des Leides der Welt wird zunehmend verdrängt von banaler Unzufriedenheit mit dem Alltag und der Verbitterung über mangelnde Anerkennung. Die dämonische Zielstrebigkeit seines Charakters erleidet Beulen eines bedenklichen Opportunismus, wo es um die Verbreitung seines Werkes geht. Mehr denn je hätte er eines Dolmetschers wie Mimi bedurft; in einem gewissen Umfang spielt der Freund Walter Abendroth im politischen Bereich diese Rolle[382].

Mit seinen Kindern Peter (der gern Komponist geworden wäre und Jurist werden mußte) und Agnes (die Ärztin wurde) überwirft er sich und zugleich mit allen, die für diese eintreten; unfaßliche Denkschriften[383] zeugen von den Umständen. 1936 stirbt der Sohn Paul nach langem Siechtum. 1939, kurz nach Pfitzners 70. Geburtstag, nimmt sich die Tochter Agnes das Leben; schwer zu glauben,

380 Arnold Schönberg, Eidesstattliche Erklärung vom 10. 9. 1947; Kopie im Besitz des Autors

381 Wolfgang Osthoff, HPM 45, S. 64ff. sowie SK 20 und 51ff. Briefe HP an Breitkopf & Härtel und an Walter Gieseking vom 6. 10. 1934 (*Br.*, S. 688ff.). Der Nachlaß von Lilo Martin liegt heute in der Stadtbibliothek München.

382 vgl. etwa Brief Walter Abendroth an HP vom 26. 4. 1935 (auszugsweise abgedruckt in: HP, *Briefe*, Bd. 2 – Kommentar, hg. von Bernhard Adamy, S. 490f.); dieser Brief besagt auch etwas über die kritische Haltung Abendroths zu den Nazis.

383 Denkschriften zu Sohn Peter (BayStB Cgm 8262) und Tochter Agnes (NW 4/43)

Pfitzner und seine zweite Frau Mali, 1939

daß es dabei keinen Zusammenhang mit Pfitzners Verhalten ihr gegenüber gäbe[384]. 1944 schließlich fällt der Sohn Peter in Rußland; zwischen seiner Witwe und Pfitzner gibt es keine Beziehungen[385]. Ende 1939 heiratet Pfitzner Amalie, genannt Mali, Stoll. Geboren am 13. Februar 1893 als Tochter eines Mannheimer Bankiers, war sie bis zur Scheidung 1933 zwanzig Jahre lang mit dem Heidelberger Bankier Soherr verheiratet. Pfitzner kannte sie, da er seit 1928 bei Soherrs wohnte, wenn er in der Gegend zu tun hatte. Sie war ihm aufrichtig zugetan; als geistiger Partner wie Mimi wurde sie von ihm nicht angesehen. Sie hat ihm in den letzten zehn Jahren, trotz eigener körperlicher Beeinträchtigungen, das schwierige Leben insbesondere nach der Ausbombung 1943 in München wesentlich erleichtert und ihm, der ab 1938 zunehmend an Sehschwäche litt und in den letzten Lebensjahren pflegebedürftig wurde, rührend und unverdrossen zur Seite gestanden. Sie starb am 8. Oktober 1963 in Salzburg.

Nach 1930 verändert sich auch der Freundeskreis. Zu Paul Cossmann hatte sich die Beziehung schon in den zwanziger Jahren verändert; nach 1926 wird das gemeinsame Gedenken an Mimi zur letzten Klammer. Immerhin schenkt Pfitzner Cossmann zum 60. Geburtstag das Autograph des *Armen Heinrich* und bekennt sich noch 1934 dazu, daß Cossmann *mein bester Freund ist (und bleiben wird)*[386]. Cossmann gehörte – wie Bruno Walter und Wilhelm Furtwängler – zu den Getreuen, die um Pfitzners Werk willen und trotz verschiedener Kränkungen engagiert für ihn eintraten. Da Cossmann Partei für Pfitzners Kinder und (nach der *Herz*-Affäre) für Furtwängler ergreift, verschlechtert sich das Verhältnis weiter[387]. Wohl hilft Pfitzner sofort und nachdrücklich, als Cossmann am 6. April 1933 ins KZ eingeliefert wird. Nach einem Jahr entlassen, lebte er zurückgezogen in Ebenhausen im Isartal. In diesen Jahren kommt Pfitzner zu dem Eindruck, Cossmann werde wegen bestimmter politischer Machenschaften, von denen er Pfitzner nichts gesagt habe (angeblich habe

384 Für das Gerücht, Agnes hätte sich das Leben genommen, weil sie einen SS-Offizier liebte und ihn als »Achteljüdin« nicht hätte heiraten können, gibt es keinen Anhaltspunkt.

385 Eine Denkschrift von Inge Pfitzner, Peters Witwe, liegt in der Bayerischen Staatsbibliothek.

386 Brief HP an Hans Knappertsbusch vom 16. 5. 1934 (*Br.*, S. 658f.)

387 Briefe HP an Paul Cossmann vom 1. 9. 1932, 19. 2. und 24. 2. 1938 (*Br.*, S. 603, 798 und 802)

er der bayerischen Separatistenbewegung angehört[388]), besonders verfolgt, und unter dieser Verfolgung habe er, Pfitzner, als Freund Cossmanns auch zu leiden. In einem offensichtlich für politische Zwecke geschriebenen Brief[389] erklärt er 1939 den Freund als für sich *verschollen* – das Ende einer Männerfreundschaft[390]. Der schwerkranke Cossmann wird im November 1941 in ein Sammellager in Berg am Laim eingeliefert und im Juli 1942 nach Theresienstadt verbracht, wo er zu niederster körperlicher Arbeit herangezogen wird und am 19. Oktober 1942 im dortigen »Krankenhaus« an der Ruhr stirbt, von den Mithäftlingen wegen seiner christlichen, hilfsbereiten Haltung fast wie ein Heiliger verehrt[391]. – Bruno Walter hatte München schon 1922 verlassen[392] und muß 1933 aus Deutschland emigrieren. Ihr unterschiedliches Schicksal führt die Freunde auseinander; in ihrer Nachkriegskorrespondenz verstehen sie sich nicht mehr[393]. *Er hat es einem schwergemacht, ihm soviel Wärme zuzuwenden, wie man wünschte,* schreibt Walter 1952, *und ich glaube, uns allen, die ihm nahe gestanden haben, ist dieselbe schmerzliche Erfahrung zuteil geworden – ganz besonders wohl mir, der noch in den letzten Jahren nach dem Krieg keine guten Erfahrungen mit ihm machen konnte. Ich glaube nicht, daß wir uns diese Schwierigkeiten verhehlen sollten, aber ich glaube, wir sind uns einig, daß die Beziehungen zu ihm zu den kostbarsten unseres Lebens gehört haben.*[394]

388 Hübscher, *erlebt – gedacht – vollbracht,* zit. in Bernhard Adamy, *Ein Denkmal für Cossmann,* HPM 47, S. 73f.; vgl. auch Williamson, *The Music of HP,* S. 14ff.

389 Brief HP an Wilma Stoll (Schwester von Mali P.) vom 10. 10. 1939 (NW 185/1)

390 *EB,* S. 593f.

391 Im Nachlaß befindlicher, undatierter Zeitungsausschnitt mit dem Bericht eines Zeugen über den Tod Cossmanns (NW 93/36): *Professor Paul Nikolaus Cossman* [sic] *who died in Theresienstadt Concentration Camp, Oct. 19th, 1942.* Auf diesen Bericht stützte sich vermutlich Ps Auskunft, Cossmann sei »sanft« gestorben (vgl. dazu Heyworth, *Gespräche mit Klemperer,* S. 81).

392 Bruno Walter verließ München nicht, wie Vaget (*Präludium in München,* in: *FAZ,* 14. 5. 1994) glauben machen möchte, wegen des dortigen Antisemitismus, sondem nach eigenem Bekunden (Walter, *Thema und Variationen,* S. 311f.) aus triftigen persönlichen Gründen. Das geistige München – Cossmann, Pfitzner, Thomas Mann, Ricarda Huch u.a. – bemühte sich vergeblich, ihn mit einer Adresse in München zu halten.

393 Briefwechsel Bruno Walter und HP 1946 (SS IV, S. 347; Walter, *Briefe,* S. 291)

394 Brief Bruno Walter an Grete Kraus vom 2. 8. 1952 (HPM 48, S. 29)

Pfitzner, um 1940

Am Tag vor seinem Tod schreibt Walter an Mali Pfitzner: *Trotz aller düsteren Zeitereignisse lebt die Zuversicht in mir, daß »Palestrina« bleiben wird. Das Werk hat alle Elemente des Unvergänglichen.*[395] – Zu Wilhelm Furtwängler stellt sich zwar nach dem Zerwürfnis anläßlich der Berliner Uraufführung von *Das Herz* ein geschäftliches Verhältnis wieder her, freundschaftlich wird es nicht mehr, obwohl sich Furtwängler in der Pensionssache höchst intensiv für Pfitzner einsetzt. Pfitzner bricht den Verkehr schließlich ab, weil Furtwängler in einem Konzertprogramm Pfitzners Sinfonie an den Anfang, nach Pfitzners Meinung als *Garderobenmarsch* setzt. Auch für Furtwängler ist es *kummervoll, daß das persönliche Verhältnis zwischen Pf. und mir in den letzten Jahren getrübt war, weil ich das Gefühl hatte, daß er im Grunde doch wissen mußte – und sicher auch gewußt hat – wie ich innerlich zu seiner Musik und seiner Gesamt-Persönlichkeit stand*[396]. Willy Levin war bereits 1926, Max von Schillings 1933 gestorben.

An die Stelle dieser Menschen, die Pfitzner seit seiner Jugend begleitet hatten, treten nun Persönlichkeiten, die Pfitzner erst als Meister kennenlernen und von daher ein anderes Verhältnis zu ihm haben: Helmut Grohe (1893–1978), Sohn des Mannheimer Mäzens von Hugo Wolf, Opernregisseur u.a. an der Berliner Kroll-Oper unter Otto Klemperer und ab 1935 Leiter der Musikabteilung des Bayerischen Rundfunks, Gründungsmitglied der (dritten) Hans-Pfitzner-Gesellschaft (1950) und Herausgeber des bisher letzten Werkverzeichnisses (um 1960). – Walter Abendroth (1896–1973), Musikschriftsteller und der Biograph Pfitzners. Pfitzner hielt es für *einen großen Gewinn meines Lebens, daß ich an Ihnen einen Freund und Kämpfer gewonnen habe*[397]. Abendroth stand den Nazis außerordentlich kritisch gegenüber[398], sah sich aber genötigt, als Musikschriftsteller Zugeständnisse zu machen[399]. – Ludwig Schrott (1908–1973), letzter Präsident des

[395] Walter, *Briefe*, S. 381f.

[396] Brief Wilhelm Furtwängler an Mali Pfitzner vom 9. 6. 1949 (NW 210/13); zum Verhältnis HP/Furtwängler vgl. Mutz, *P und Furtwängler*

[397] Brief HP an Walter Abendroth vom 10. 12. 1930 (*RS*, S. 311)

[398] vgl. Brief Walter Abendroth an HP vom 26. 4. 1935 (NW 31/109, teilweise abgedruckt bei Adamy, *HP*, S. 318)

[399] In der Pfitzner-Biographie, die vor 1933 fertiggestellt war, aber erst 1935 erschien, sind keine politischen Umformulierungen vorgenommen worden (vgl. Brief Walter Abendroth an HP vom 23. 5. 1934, NW 31). Die deutsch-nationale Position Ps gegenüber dem Internationalismus von Richard Strauss war auch Abendroths Position, dessen Abneigung gegen die Musik Franz Liszts P teilte (*Robert Schumann – Richard Wagner, eine Sternenfreundschaft*, SS IV, S. 120ff.).

ersten Hans-Pfitzner-Vereins, den er 1933 in die NS-Kulturgemeinde überführte. Seiner Funktion als NS-Gauobmann in München ist es zu verdanken, daß nach der Ausbombung 1943 die Ruine des Pfitznerschen Hauses gesichert und alles Nichtzerstörte gerettet werden konnte. – Diese drei bilden zusammen mit Gottfried Münch[400], Willy Preetorius[401] und Alexander Berrsche[402] einen Kreis, der sich regelmäßig um Pfitzner versammelt; ihm ist die Widmung *An die Freunde* der C-Dur-Sinfonie op. 46 zugedacht. Jene unabhängige geistige und menschliche Partnerschaft, die die alten Freunde zu Pfitzner hatten, konnten die neuen schon aus Altersgründen nicht gewinnen; nicht von ungefähr war der älteste von ihnen, Berrsche, noch der kritischste unter den »Pfitznerianern«. Die kritische Position, die Pfitzner gegenüber der Musik Franz Liszts seit eh und je bezogen hatte, und seine Zurücksetzungsgefühle angesichts des Erfolges von Richard Strauss wurden in diesem Kreis zum Kampf des Verinnerlicht-Echtdeutschen gegen das Äußerlich-Internationale hochstilisiert, möglicherweise, um Pfitzner dem Regime angenehmer zu machen, aber nicht immer zur Freude Pfitzners: *Aber die Anti-Straussbewegung nützt mir nichts, wenn nicht eine starke Bewegung für mich ins Leben tritt,* schreibt er 1934 an Abendroth[403]. – Im übrigen hält Pfitzner nichts von der jüngeren deutschen Komponistengeneration. Der ihm in den Mund gelegte Kalauer *Egk mich am Orff* ist wahrscheinlich nicht von ihm; ein anderer auf die nach 1933 sehr geförderten Paul Graener und Georg Vollerthun ist verbürgt:

Zween Meistern floß bislang der Ruhm nicht dick,
er wird es künftig Vollerthun und schöner.
Im einen liegt zwar kaum ein Gran Musik,
im andern immerhin zwei Graener.[404]

400 HPM 18, S. 18ff. Gottfried (1889–1967), Bruder des Dirigenten Charles, kannte P schon seit der Straßburger Zeit. Seit 1924 war er Versicherungsdirektor in München und als Violinist ein versierter Kammermusiker. Er soll P zur Instrumentierung des cis-Moll-Quartetts angeregt haben.

401 HPM 2, S. 1f. Preetorius (1882–1964) war Maler und Bühnenbildner in München. Von ihm stammen z.B. die Umschlagzeichnung zu op. 33, diverse Portraitzeichnungen sowie das Exlibris Ps.

402 Berrsche (1883–1940) war Musikkritiker in München. Von ihm stammt das erste P-Werkverzeichnis 1919. Seine Aussagen über die Musik Ps sind auch heute noch gültig; vgl. Stephan, *Sind HPs Lieder »absolute« Musik?*

403 Brief HP an Walter Abendroth vom 3. 6. 1934 (NW 31)

404 dem Autor mitgeteilt von Ludwig Hölscher (1987); zur kritischen Haltung Ps gegenüber Werner Egk vgl. HP, *Die Oper,* SS IV, S. 105f.

Der Zweite Weltkrieg greift, wie schon der Erste, tief in Pfitzners persönliche Verhältnisse ein. 1942 entgehen Pfitzners *wie durch ein Wunder* dem Tod bei einem Bombenangriff in der Nähe von Nürnberg, bei dem der Schlafwagen, in dem sie reisen, völlig zerstört wird[405]. 1943 wird Pfitzners Haus durch Bomben vernichtet (Pfitzner: *Und da sagen die Leute, mir fiele nichts mehr ein*); für den Rest seines Lebens verliert er damit eine eigene Bleibe. Er weicht zunächst nach Wien-Rodaun aus[406] und flieht 1945 vor den Russen nach Garmisch,

In diesem Haus in Wien-Rodaun finden Pfitzners 1943 Unterschlupf.

wo er – Pfitzners seltsames Schicksal – gleichsam vor der Haustür von Richard Strauss in einem Flüchtlingslager unterkommt: [...] *wir, meine Frau und ich, wohnen hier elend in einem kleinen Zimmer, und müssen noch froh sein, in einem Hilfskrankenhaus eine Unterkunft zu haben, was ich nur dem Umstand verdanke, daß ich mir am*

405 Brief Mali Pfitzner an Victor Junk vom 5. 9. 1942 (Wamleck-Junk, *HP und Wien*, S. 143)

406 zur Rettung der Habe HPs nach der Flucht aus Rodaun vgl. HPM 57, S. 55ff.

Pfitzner, 1946

27. März den Arm gebrochen hatte (so sehen meine »Glücksfälle« aus); hier brauche ich mich wenigstens nicht durch »Schlange stehen« um mein Essen zu kümmern, sondern für Nahrung und Heizung ist gesorgt.[407] 1946 zieht er zum drittenmal in seinem Leben in München ein: nun für zwei Jahre in zwei Zimmer in einem Altersheim in Ramersdorf. Die Besatzungsmächte belegen den ehemaligen Reichskultursenator mit einem Auftrittsverbot; seine Freunde bittet er, *nicht bös zu sein, wenn ich so unvernünftig bin, keine von den mir anempfohlenen Aktionen zu unternehmen. Ich kann und will nicht, nahe den Achtzig, mich noch bei Behörden herumbemühen, und bei Instanzen umfragen, warum meine Werke nicht aufgeführt werden dürfen, und was ich tun soll, um eine Aufhebung oder Milderung dieses Strafbefehls zu erwirken* [...] *Ich habe »Zeit« und je näher ich dem Grabe rücke, desto ruhiger sehe ich der Zeit entgegen, wo ich »erwünscht« sein werde.*[408] Das Aufführungsverbot wird noch vor dem Spruchkammerbescheid wieder aufgehoben.

In dieser äußerlich trostlosen Situation entstehen die beiden letzten vollendeten Werke Pfitzners: das lichterfüllte, melodienselige Sextett op. 55[409] und der bittere Abschied, die Orchesterfantasie op. 56 (die von der thüringischen Landesregierung zur Zweihundertjahrfeier Goethes 1949 bestellte *repräsentative Kantate*[410] auf die *Urworte orphisch* ist nicht mehr fertig geworden[411]). Sie sind die Schlußsteine des Alterswerks, mit dem Pfitzner die Öffentlichkeit und seine Freunde überraschte. Vom ersten Werk, dem Cellokonzert G-Dur op. 42 (1935), war Bruno Walter *von Anfang und Schluß sofort sehr innig berührt – im ganzen »befremdet«. Vielleicht ist es wirklich ein neuer Laut, an den ich – alt wie ich bin – mich gewöhnen muß.*[412] Später, als ihm Mali weitere dieser Werke schickt, erläutert er sein Befremdetsein: *Der gewaltige Dramatiker, der erfindungsreiche Lyriker* [...] *war mir kaum mehr kenntlich in den so viel leiseren Lauten* [...] *die mir aus diesen letzten Kompositionen entgegenklangen. Es ist eine Stille,*

407 Briefe HP an Walter Abendroth vom 2. 11. und 23. 11. 1945 (*RS*, S. 319f.)
408 Brief HP an Walter Abendroth vom 8. 11. 1946 (*RS*, S. 320f.)
409 vgl. dazu Wilhelm Killmayer, *Zu HPs Quintett und Sextett*, in: *Jahrbuch der Bayerischen Akademie der Schönen Künste* 9, 1995, S. 327ff.
410 Brief HP an Lulu Cossmann vom 18. 9. 1947 (NW 312/10)
411 zum Werk und zu den Umständen der Auftragserteilung vgl. Rectanus, *HPs nachgelassene Goethe-Kantate*
412 Brief Bruno Walter an HP vom 12. 10. 1937 (Walter, *Briefe*, S. 239f.)

fast möchte ich sagen, eine betonte Stille in ihnen, eine Abgewandtheit von der Art des Dramatikers [...] *die mir neu war, und an die ich mich erst gewöhnen mußte* [...] *Kurz, ich bewundere diesen mir neuen Stil und fühle, daß ich mich ihm allmählich nähere, ja, daß er in eigener und neuer Weise zu meinem Herzen spricht*.[413]

Das zwischen 1935 und 1949 entstandene, relativ umfangreiche Schaffen unterscheidet sich schon rein äußerlich von den Werken zwischen op. 1 und op. 41: Es enthält weder Lieder noch Bühnenwerke (Pläne für eine neue heitere Oper um 1940 – im Gespräch sind der *Rattenfänger*, *Ovid bei Hofe* und Guy de Maupassants *Brot der Sünde* – verdichten sich nicht[414]); dafür werden Werkkategorien intensiver gepflegt, die zuvor kaum anzutreffen waren: Klavierstücke, Männerchöre, Cellokonzerte und diverse Orchesterstücke, vor allem in kleiner Besetzung. Allen ist ein intimer, kammermusikalischer Ton eigen; man denkt an das Spätwerk von Johannes Brahms, an das 3. Klavierkonzert von Béla Bartók. Zunächst erhält sich in diesen Werken (außer im Cellokonzert auch im Duo op. 43 von 1937) noch die Herbheit des *Herz* und der *Sonette* op. 41. Von der *Kleinen Sinfonie* op. 44 (1939) an stellt sich warme Harmonik ein. Hier ist Alexander Berrsche überrascht: *Sie bringt den Duft der aus den früheren Werken vertrauten Zaubersphäre mit, aber auch das veredelnde Leid später Jahre, dessen schönste Frucht Ergebung ist und heitere Güte.*[415] Das Neue dieser Werke ist die Unambitioniertheit, die völlige Entspanntheit des Musizierens, die Einfachheit des Ausdrucks, die wie improvisiert wirkende Spontaneität und die Lockerheit, mit der Verlauf und Faktur assoziativ verknüpft werden. Aus scheinbar unerheblichen Motiven werden beiläufig immer wieder neue Themen entwickelt; die Form entsteht scheinbar ungeplant, wie man einen Brief schreibt. Schwebende, schwerpunktlose Rhythmen und verschleierte, kaum dissonierende Harmonien beherrschen weithin den Verlauf. Als würden Träume erzählt, so zeitfern und gleichzeitig musikalisch konkret breiten sich die Werke aus. Zugleich ist das Neue in Pfitzners Lebenswerk das Alte: Jene Frühromantik, die uns aus den Jugendwerken entgegenleuchtet, tritt nun im Gewande der Gelassenheit des Alters auf; nicht von ungefähr kann Pfitzner Themen aus

413 Brief Bruno Walter an Mali Pfitzner vom 16. 1. 1950 (Walter, *Briefe*, S. 315)
414 Briefwechsel HP/Walter Abendroth (NW 288/112, 113 und 132)
415 Berrsche, *Trösterin Musika*, S. 384

dem frühen Cellokonzert (1888) ohne weiteres in das späte Cellokonzert op. 52 (1943) einfügen[416].

Es fällt schwer, diese Musik in Einklang zu bringen mit den Ansprüchen und der Verbitterung, die Pfitzner in diesen Jahren an den Tag legt. Er selbst empfand sein Alterswerk nicht als Ausdruck seines seelischen Allgemeinzustandes, *in dem ich mich seit 19. 4. 1926 befinde, sondern als eine naturgebotene Pflicht in dem Sinne, daß das Leben, das noch in mir steckt, heraus muß, aber nicht von lebendiger Schaffensfreude begleitet*[417] – der aufgespießte Schmetterling, der über Nacht noch Eier legt. Gewiß unterläuft gelegentlich auch ein Umschlag ins allzu Simple, fehlt es hin und wieder am zündenden Einfall (am stärksten sind davon das Streichquartett op. 50 und einige der Klavierstudien op. 51 von 1942 betroffen), aber der Duft des Abendlichen ist ständig gegenwärtig und wird von Werk zu Werk stärker. Der Vergleich zum späten Richard Strauss – *Metamorphosen, Vier letzte Lieder* –, auch zu Elgars Abschiedsstimmung (z.B. in der *Elegie* op. 45) liegt nahe. Ohne alle Schrecken auch der Tod: *Die Technik des Erlöschens und Zerfallens* macht Tiefpunkte der Entwicklung zu *inneren Höhepunkten*[418]; Pfitzner gibt mit Zitaten aus Liedern *Es geht mit mir zu Ende* op. 32/1 und den letzten *Sonetten*[419] unauffällige Hinweise – im späten Cellokonzert, auch in der *Kleinen Sinfonie*. Die drei Männerchöre auf Gedichte von Werner Hundertmark op. 53 (1944) lassen die Stimmung der »verlorenen Generation« in der Endkriegszeit aufscheinen. In der Orchesterfantasie wird es Nacht; da kommt im ersten Satz nur noch ein melodisches Stammeln zustande, auch die Melodik des Mittelteils (*Scheideblick*) verstummt kraftlos, eigentümlich kahle Holzbläserrufe und karikierende Marschanklänge erinnern an späte Werke Mahlers und Schostakowitschs, dämonisch-gespenstig verselbständigt sich der *blinde Passagier bei Nacht* aus der Eichendorff-Kantate im Finalscherzo. In dieser zerfallenden Musik blüht noch einmal die Erinnerung an Mimi mit

[416] Zum Spätstil gibt es relativ viel Literatur; Beispiele sind Stephan, *Überlegungen zu HPs Sinfonik*; Osthoff, *Jugendwerk, Früh-, Reife- und Altersstil*; Cahn, *Zum Charakter von Ps Spätstil am Beispiel der Kleinen Sinfonie op. 44*; Vogel, *Ps Kompositionen für Solo-Klavier*, HPM 15, S. 1ff.; Killmayer, *Komponieren als privates und öffentliches Problem*

[417] *EB*, S. 650

[418] Cahn, *Zum Charakter*, S. 108f.

[419] Osthoff, *Jugendwerk*, S. 89f.

Pfitzner, 1949

dem Zitat von Puccinis melodischem Bogen[420] des *mi chiamano Mimì* und einer zu Tränen rührenden Kadenz auf. Vieles wird in Erinnerung gerufen, außer den Selbstzitaten (z.B. das *Gloria*-Thema aus *Palestrina* im ersten Satz der *Kleinen Sinfonie* oder der Türmer aus *Danzig* im vorletzten Satz des Sextetts) auch die *Götter meiner Jugendjahre*: Schumanns fis-Moll-Romanze op. 28 im letzten Klavierstück op. 47, Schuberts c-Moll-Impromptu op. 90/1 im Finale des Streichquartetts, Mendelssohn mit seinem Violinkonzert im langsamen Satz der Orchesterfantasie und seiner Tarantella-Unbändigkeit der *Italienischen Sinfonie* im Finale der C-Dur-Sinfonie.

Kein Zeitbezug mehr, weder nationaler Heroismus (das an Webers 1. Sinfonie erinnernde Sinfonie-Pathos der C-Dur-Sinfonie verläuft sich, wie schon im Klavierkonzert, in introvertiertere Stimmungen) noch protestierende Trauer, denn auch für eine Verweigerung fehlt das Absichtsvolle, selbst dort, wo im *Soldatenlied* op. 53/3 (1944) zum trostlosen Text eine f-Moll-Trauerweise erklingt. Keine Auseinandersetzung mit den neuen Kunstrichtungen des Neobarock oder der Neoklassizistik, selbst dort, wo die *Kleine Sinfonie* mit einem *fugato* beginnt. Abgehobenes, besinnliches, unmerklich kunstvolles Spiel. Pfitzner gelingt bei zunehmender menschlicher und charakterlicher Verhärtung Musik von einer den Realitäten enthobenen Serenität, wie sie der kontemplative Palestrina nach dem Ende des III. Akts vermutlich geschrieben hätte.

Im Herbst 1948 erleidet Pfitzner einen ersten Schlaganfall mit einer rechtsseitigen Lähmung (zum Arzt, der, um ihn zu schonen, von einem Spasmus spricht, kalauert Pfitzner: *Ja, Spaß muß sein*[421]). Der Tod hat für ihn nichts Erschreckendes; schon 1926, nach dem Tod Mimis, wehrt sich sein Verstand, bei aller Sehnsucht nach einer persönlichen Fortdauer nach dem Tod, etwas Zeitliches und Räumliches wie die Fortdauer des Individuums im Jenseits anzunehmen[422]. Später, 1944, scheint es ihm unbegreiflich, daß es für die meisten so schwer sei, *sich das »Nichts« wirklich vorzustellen, ohne irgendeine »tröstliche« Einschränkung*[423]. Pfitzners Trost ist das Nichts ohne Zeit und Raum. Im letzten Lebenshalbjahr sind es nicht die Frankfurter, die Berliner oder die Münchner, die helfen, sondern die Wiener

420 Wolfgang Osthoff, *P und Puccini*, HPM 57, S. 38ff.
421 Mali Pfitzner, *Erinnerungen*, HPM 49, S. 12ff.
422 HP, *Über die persönliche Fortdauer nach dem Tode* (1926), SS IV, S. 55f.
423 HP, *Pantragismus und Pessimismus* (1944), SS IV, S. 45f.

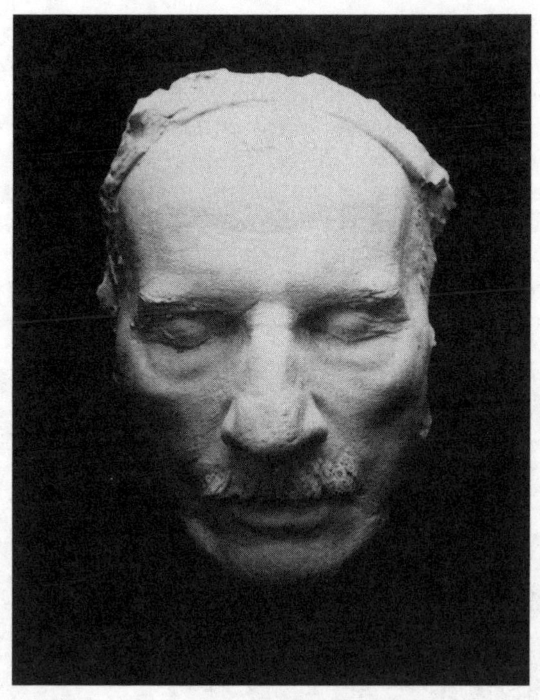

Pfitzners Totenmaske

Philharmoniker nehmen sich Pfitzners an und laden ihn nach Wien ein; dem Ehepaar wird ein »Stöckel« im Belvedere – wie weiland Anton Bruckner – angeboten, das allerdings noch renoviert werden muß. Pfitzners reisen Anfang 1949 nach Wien; noch einmal wird Pfitzner bei einer Aufführung von *Palestrina* gefeiert. Auf der Reise von dort zu Aufführungen anläßlich seines 80. Geburtstags in Frankfurt am Main ereilt Pfitzner in Salzburg ein zweiter Schlaganfall. Er kann dort noch am 5. Mai an einem Geburtstagskonzert teilnehmen; dann wird er bettlägerig. Seine Frau Mali berichtet: *Als er am 18. abends nochmal am Eßtisch mit mir aß, da konnte er sein Weinglas nicht mehr zum Munde führen* [...] *da fühlte ich, wie er in sich sein Leben beschloß. Am nächsten Morgen sah er so jung und glücklich aus, obwohl seine Augen fest geschlossen waren* [...] *Da flüsterte er: »Kein Zeichen, kein Zeichen« – und ich mußte wehmütig lächeln, daß auch im Sterben seine Ungeduld noch aufflammte, die Ewigkeit ihm säu-*

mig schien. Ich sah ihn mit kleinen Handbewegungen dirigieren und er freute sich, als ich sagte: »Du hast aber wunderschön dirigiert«. Nie habe ich ihn glücklicher, jünger, strahlender gesehen als damals – und das Zeichen ist gekommen, denn er leuchtete förmlich auf. Am 20. nachmittags streckte er sich etwas [...] *er hatte das irdische Bewußtsein verloren. Aber so hat er von seinem Sterben nichts mehr gefühlt, von dem hohen Fieber, das am nächsten Tag einsetzte. Von dem Gewitter und Sturm, die in der Nacht tobten, ehe in der Frühe um 6.40 Uhr sein Atem stillstand. Von Montag, den 16. V. bis Sonntag früh, den 22. hat sein leichtes, sanftes Sterben gedauert.*

Pfitzners Ehrengrab auf dem Wiener Zentralfriedhof

Doch soll ich sterben, muß es Morgen sein!
Befreie deinen Kämpfer, starkes Licht!
Auf deinen goldenen Schwingen trägst du Heil,
erlege mich mit deinem ersten Pfeil!

So hatte er es sich gewünscht und so war es ihm zuteil geworden.[424]

Es war Pfitzners testamentarischer Wunsch, im Grab seiner ersten Frau Mimi in Unterschondorf beigesetzt zu werden. Mali mochte das großzügige Angebot der Wiener Philharmoniker, ihn in einem Ehrengrab auf dem Wiener Zentralfriedhof beizusetzen, nicht ausschlagen. So liegt er – fremd auch dort – durch einen breiten Weg getrennt von den Musikern zwischen einem Wiener Bürgermeister und einem österreichischen Gewerkschaftler.

Werkrezeption

> *Ich werde es immer schwer haben, aber ich werde auch immer da sein.* Hans Pfitzner[425]

Pfitzners Tod fiel in eine Zeit, die der weiteren Pflege seiner Musik nicht günstig war. Schon während der Naziherrschaft waren die Aufführungszahlen seiner Werke ständig gesunken. Nach 1945 erfolgte die Rezeption der von den Nazis verbotenen Musik; diese Entwicklung ergriff zunächst die Werke Strawinskys, Bartóks und Hindemiths, dann aber auch die Schönbergs, Bergs und Weberns. Diese Rezeption hatte auch eine moralische Seite: es war die Wiedergutmachung gegenüber einer politisch ausgeschlossenen Kunst. Die Vermischung ästhetischer mit politischer Wertung, von den Nazis betrieben, schlug nun zurück mit der Gleichsetzung von atonaler mit antifaschistischer Musik. Die Zwölftonmethode, die in den dreißiger Jahren angesichts eines weltweiten Trends zur Neoklassik nur marginale Bedeutung erlangt hatte, übte nun, theoretisch gestützt durch

[424] Mali Pfitzner, *Erinnerungen*, HPM 49, S. 12ff.; Gedichtzeilen aus: C. F. Meyer, *Huttens letzte Tage*, LXX
[425] im Mai 1926 (NW 81/59)

Theodor W. Adornos *Philosophie der Neuen Musik*, eine nicht unerhebliche Faszination als »Musik der Demokratie« auf die nächste Generation von Komponisten aus; die vielfach geförderten und in die Öffentlichkeit getragenen Diskussionen in Kranichstein und Donaueschingen, dann der verbreitete Ring der »Musica Viva«-Reihen und die Nachtprogramme der Rundfunksender sorgten dafür, daß eine zahlenmäßig relativ kleine Gruppe unter Führung von Pierre Boulez, Karlheinz Stockhausen und John Cage marktbeherrschend wurde und jede andere, insbesondere die tonal orientierte zeitgenössische Musik für minderwertig erklärte. Wie schon Pfitzner, fragte nun Hans Magnus Enzensberger: *Wer kann sagen, wo »vorwärts« liegt?*[426] Ähnlich wie unter den Nazis ging die Propagierung der einen Musik mit der Ausgrenzung der anderen einher[427]. Nicht nur die im Deutschland der dreißiger Jahre bekannt gewordene Komponistengeneration (sofern sie nicht wie Wolfgang Fortner auf die neuen Kompositionsmethoden umstiegen oder wie Werner Egk einen Ruf als erfolgreicher Opernkomponist hatten oder wie Carl Orff einen Bestseller – *Carmina Burana* – anbieten konnten), sondern auch von den Nazis verfolgte oder verbotene jüdische Komponisten wie Walter Braunfels, Berthold Goldschmidt[428], Erwin Schulhoff, Viktor Ullmann und schließlich bedeutende, in Deutschland noch relativ unbekannte Komponisten wie Edward Elgar, Jean Sibelius, Dmitri Schostakowitsch oder Allan Pettersson hatten relativ geringe Aufführungschancen und wurden, wenn sie aufgeführt wurden, ideologisch schlechtgemacht[429]. Soweit die betroffenen Künstler das Komponieren mangels Aufführungsgelegenheit nicht weithin ein-

426 Hans Magnus Enzensberger, *Die Aporien der Avantgarde*, zit. n. Hermann Danuser, *Ein Mythos der Moderne*, in: *NZZ*, 28./29. 3. 1998, S. 53f.

427 Hermann Danuser, a.a.O.; die Heftigkeit der Auseinandersetzung wird deutlich an Veröffentlichungen wie denen von Alois Melichar (*Musik in der Zwangsjacke*, Wien ²1959 und *Schönberg und die Folgen*, Wien 1960) sowie Martin Vogel (*Schönberg und die Folgen*, Bd. 1, Bonn 1984).

428 Goldschmidt ist ein besonders plastisches Beispiel der Verdrängung in der Nachkriegszeit; sie bewirkte, daß er jahrelang nichts mehr komponierte. Erst in den 90er Jahren wurde er plötzlich entdeckt und konnte wenigstens noch kurze Zeit einen gewissen Ruhm genießen.

429 Sibelius hatte in Herbert von Karajan einen unabhängigen Fürsprecher; gleichwohl wurde fast nach jeder Aufführung einer Sibelius-Sinfonie Adornos Kalauer zitiert, wonach diese Musik so viele Löcher habe wie Finnland Seen; vgl. dazu J. P. Vogel, *Der angebellte Mond*, in: *Musica* 1972, 471f. – Pettersson war zwar Schüler von Leibowitz, doch komponierte er schon als Schüler »hinter dem Rücken« seines Lehrers nach eigenen Vorstellungen.

stellten[430], überwinterten sie in Nischen der Kirchen- oder Chormusik[431]. Zugleich entwickelte sich die Neue Musik rapide hin zu seriellen und aleatorischen Methoden sowie zu elektronischen Mitteln. Während Werke von Strawinsky und Prokofieff, Bartók und Kodály, Alban Berg und Hindemith alsbald ins Repertoire der Sinfoniekonzerte und Opernhäuser aufgenommen wurden und den Zuspruch eines breiten Publikums fanden, konnten nur wenige Kompositionen der avancierten Musik (etwa von György Ligeti, Hans Werner Henze oder Aribert Reimann) das Ghetto der Moderne überwinden. Etwa zum Zeitpunkt von Adornos Tod 1969 hatte sich die Fortschrittsideologie erschöpft; die neuen polnischen Komponisten – Witold Lutosławski, Krzysztof Penderecki – ließen die Kopfgeburten hinter sich, und der Blick für die Vielfalt unterschiedlicher Entwicklungen seit der Jahrhundertwende wurde wieder offener.

Pfitzner traf die Trendwende in vollem Umfang. Noch 1969 *ist Pfitzner für das deutsche Musikleben kaum mehr vorhanden,* lediglich *viermal ist Pfitzner im »Bielefelder Katalog« vertreten*[432]. Seine Musik war nicht, wie die Sinfonischen Dichtungen und Opern von Richard Strauss, bereits fest im internationalen Repertoire verankert. Sie ist romantisch und tonikal und zudem tonal und diatonisch *ohne Glanz und Verbindlichkeit*, was auch Gutwillige verstörte[433]; Pfitzner hatte sich nachdrücklich gegen Busoni, den Fortschritt in der Musik und gegen die »aharmonische« Musik ausgesprochen. Und Pfitzner galt als Nationalist und Antisemit, als Steigbügelhalter der Nationalsozialisten: bis heute wird er als Anstifter des Wagner-Protestes in München diffamiert; in den USA dient er als Schlüsselfigur für geistige Strömungen, die zum Faschismus führen[434]. Es kam hinzu, daß

430 So etwa Gerhard Frommel, dessen nach 1950 entstandenen Werke erst in den letzten Jahren (nach seinem Tode) veröffentlicht wurden (Süddeutscher Musikverlag, Tonger).

431 So Kurt Hessenberg, Ernst Pepping und Heinz Werner Zimmermann, dessen Bedeutung in den USA sehr viel geläufiger ist als in Deutschland.

432 Manfred Willfort, *HP*, in: *NZfM* 1969, S. 235; Clemens Höslinger, in: *fono forum* 1969, Heft 1

433 Typisch hierfür ist Karl Schumann, *HPs verzögerter Nachruhm.* Dieser Vortrag ist eine Paradesammlung der Rücksichten, die ein Kritiker, der »am Ball bleiben« wollte, zu nehmen hatte, wenn er sich öffentlich zu Pfitzner äußerte.

434 H. R. Vaget, div. Aufsätze und Vorträge, z. B.: *Präludium in München*, in: *FAZ*, 14. 5. 1994, Beilage *Bilder und Zeiten*; Weiner, *Undertones of Insurrection*, Lincoln/London 1993, Kap. 1: *The Polemics of HP*, S. 35 ff.; Paul Attinello, *Pfitzner, »Palestrina«, Nazis, Konservative*, in: *»Palestrina«. Zwischen Demontage und Rettung*, 1994 (=*Musik-Konzepte* 86), S. 60ff.

viele seiner Werke, vor allem viele Lieder, nicht mehr im Handel waren; außerdem bot sein Werk für den Musikbetrieb nur wenige Orchesterstücke; das Alterswerk erschien banal und unaktuell. Ein weiterer Nachteil: in unserem auf Prominenz ausgerichteten Kunstleben gab es nach der Vertreibung der jüdischen nur noch wenige bedeutende (deutsche) Dirigenten, die sein Werk zu ihrer Sache machten; nach dem Tode Furtwänglers war Joseph Keilberth der einzige von Rang. Wie sehr dies eine Rolle spielte, zeigte sich daran, daß sofort nach dem Tode Keilberths 1968 eine bereits geplante Aufführung des *Armen Heinrich* in München abgesagt wurde[435]. Lange Zeit war Dietrich Fischer-Dieskau der einzige international bedeutende Künstler, der Pfitzners Lieder im Repertoire hatte. Ausländische Dirigenten, die in Deutschland tätig sind, kennen Pfitzners Musik in der Regel nicht (Ausnahme: Rafael Kubelik, der zwar im Konzertsaal kaum Pfitzner spielte, aber wenigstens auf Schallplatte den ersten *Palestrina* dirigierte). Mit Christian Thielemann erhält die Pfitzner-Pflege endlich wieder einen Dirigenten von internationalem Format.

Unterhalb der international anerkannten Spitze gab und gibt es in beiden Teilen Deutschlands eine Reihe von Dirigenten, Sängern und Instrumentalisten, die in Abständen Werke Pfitzners aufs Programm setzen. Sie alle hatten und haben einerseits das große Verdienst, Pfitzners Musik am Leben zu erhalten, andererseits eine undankbare Aufgabe, denn die Kritiken, die sie erhalten, befleißigen sich gebetsmühlenartig zu zeigen, daß Pfitzners politische Ansichten in hohem Maße anstößig seien, so als identifizierten sich die Künstler durch die Aufführung mit ihnen und als atmeten die Musikstücke diesen Geist; außerdem muß pflichtgemäß Adornos Kalauer gestreift werden, daß der, der immer vom Einfall geredet habe, selbst keine besitze. Am Schluß ist gerade noch Platz, um die Künstler zu würdigen[436]. Das

[435] Helmut Grohe, *»Der arme Heinrich« oder Merkwürdige Folge eines Todesfalles*, HPM 24, S. 1ff.

[436] Dies gilt auch bei Spitzenleistungen: z. B. die Verhinderung der Verleihung des Prix Mondial du Disque de Montreux 1974 an die erste *Palestrina*-Schallplattenaufnahme unter Kubelik durch das deutsche Jurymitglied Ulrich Schreiber aus politischen Gründen (Vogel, *Deutsch im schlechtesten Sinne*, HPM 34, S. 67ff.) oder Peter Rummenhöller, *Von deutscher Seele*, in: *NZfM* 1980, S. 269 als ein Beispiel von vielen, gerade in Berlin, das eine Pfitzner-Stadt sein könnte, wo aber sogar die Anbringung einer Gedenktafel am früheren Wohnhaus Pfitzners in Wilmersdorf an den politischen Bedenken eines Bezirksbürgermeisters (!) scheiterte (HPM 56, S. 80).

ist, gerade für weniger bekannte Interpreten, nicht ermutigend. Das dies auch heute, und selbst bei prominenten Aufführungen, so ist, zeigt das Echo der Londoner Erstaufführung des *Palestrina* in Covent Garden 1997 (abgesehen von den Aufführungen in der Schweiz im Ersten Weltkrieg und während der deutschen Besetzung in Paris und Antwerpen im Zweiten Weltkrieg die erste Aufführung dieses Werks im Ausland): während die britischen Kritiken sich eingehend auf die unbekannte Musik einlassen und eine erstaunliche Akzeptanz im Publikum spiegeln, füllen deutsche Berichte ihre Spalten mit der politischen Würdigung des Komponisten[437].

In den letzten Jahren hat zwar keine Renaissance, aber doch ein Ansteigen der Präsenz Pfitznerscher Werke stattgefunden. Von der Wiederentdeckungswelle, die Busoni, Korngold, Schreker und Zemlinsky erreicht hat, ist Pfitzner bisher kaum berührtworden. *Palestrina* wurde und wird trotz des erforderlichen Aufwandes (*Palestrina ist eine Besetzungsfrage*[438]) an den größeren Bühnen immer wieder aufgeführt. Als maßstäblich kann die Aufführung in Hannover 1991 in der Regie Peter Lehmanns und unter der Stabführung George Alexander Albrechts gelten; unter prinzipieller Wahrung der Bühnenanweisungen Pfitzners wurde eine Inszenierung geboten, die insbesondere im I. Akt modernste Lichttechnik einbezog und damit zeitverhaftete Bühnenanweisungen aktualisierte[439]. Die Erstaufführungen in London, New York und Rom unter Thielemann 80 Jahre nach der Uraufführung geben dem Werk nun auch international[440] eine Chance. – *Das Christ-Elflein* erklingt nur noch selten, die übrigen Opern gar nicht mehr. Ausnahme: nach 50 Jahren die erste Aufführung des *Herz* in Rudolstadt 1993, Inszenierung Peter Pachl, Dirigent Rolf Reuter[441] (der auch schon in der DDR immer wieder Pfitzner dirigiert hat). Wenn auch die Regie den Sinn der Handlung stark verfremdete, erwies sich die Musik als durchaus zugkräftig. – Ende 1998 wurde in Zürich *Die Rose vom Liebesgarten* aufgeführt; von Franz Welser-Möst hervorragend dirigiert, jedoch in einer Werk und Komponisten diffamierenden Regie.

437 vgl. dazu J. P. Vogel und J. Krasting, HPM 58, S. 3ff.
438 Schumann, *HPs verzögerter Nachruhm*
439 Diese Aufführung ist in dem sonst recht umfassenden Überblick über die Rezeption des Werkes bei Toller (*P's »Palestrina«*, S. 287ff.) nicht erwähnt.
440 vgl. dazu Reinhard Seebohm, *Die Rezeption Pfitzners im Ausland*, HPM 34, S. 27ff. (1975)
441 vgl. dazu Beiträge in: *HP – »Das Herz«*

Trotz aller Umstrittenheit des Titels wird die Kantate *Von deutscher Seele* relativ häufig gegeben (z.B. unter Rolf Reuter, Horst Stein), ebenso wie die beiden Konzerte für Klavier bzw. Violine, erstaunlicherweise das letztere, schwierigere von Anfang an häufiger als das erstere, traditionsgebundenere (die drei Cellokonzerte sind von den Cellisten noch zu entdecken). Auch die Ouvertüren zum *Käthchen von Heilbronn* und zum *Christ-Elflein* sowie die drei *Palestrina*-Vorspiele und die Sinfonie in C-Dur finden sich im Repertoire. – In der Kammermusik ist die Cellosonate absoluter Spitzenreiter; dagegen sind die Streichquartette, vor allem das technisch und inhaltlich anspruchsvolle cis-Moll-Quartett, von den bekannten Quartettvereinigungen noch nicht angenommen worden. Vermutlich liegt es an der gängigeren Besetzung, daß das experimentelle Klaviertrio eher zu hören ist als das reife Klavierquintett. Die Lieder schließlich, vor allem die nach Eichendorff, sind in den seltener werdenden Liederabenden häufiger zu hören, auch international (zuletzt in Buenos Aires und 1998 als russische Erstaufführung in St. Petersburg). Gänzlich unentdeckt sind die kleinen Chöre des Alterswerks, vor allem die zeitkritischen Hundertmark-Gesänge op. 53 (1944), die es von Verlagsseite nur in Kopien des Autographs gibt.

Die steigende Präsenz Pfitznerscher Werke macht sich auch auf dem Schallplattenmarkt bemerkbar (s. Diskographie). Wenn auch von den Opern nur *Palestrina* (in mehreren Aufnahmen) und *Das Herz* (in einem Live-Mitschnitt aus Rudolstadt) vorliegen, so sind doch die großen Chorwerke sowie das Orchesterwerk einschließlich aller Konzerte (Werner Andreas Albert) und z.T. in verschiedenen Aufnahmen vorhanden, ebenso die Kammermusik (hier vor allem in mehreren Aufnahmen die Cellosonate) und, oft in mehreren Aufnahmen, fast alle Lieder. Es fehlen die Orchesterlieder und die kleineren Chorwerke.

Auch die Musikwissenschaft, und nicht nur die deutsche[442], beschäftigt sich zunehmend mit Pfitzners Musik. Hier kommt der Hans-Pfitzner-Gesellschaft eine nicht hoch genug einzuschätzende Bedeutung zu: in ihren Mitteilungsheften (begründet von Walter Abendroth und heute herausgegeben von Wolfgang Osthoff) hat sie seit ihrem Bestehen (und lange Zeit als einziger Publikationsort zum

[442] neben einer Reihe von Aufsätzen zwei umfangreiche Bücher: Williamson, *The Music of HP*, 1992; Toller, *P's »Palestrina«*, 1997 (als erste Monographie über Ps Hauptwerk!)

Szenenbilder zu *Palestrina*, Hannover 1991

Thema Pfitzner) Zeitzeugnisse dokumentiert, über Aufführungen berichtet und sich kritisch mit Pfitzners Polemiken, aber auch mit den veröffentlichten Klischees befaßt. Auf ihr Betreiben sind, z.T. mit erheblichem Engagement des Verlegers Dr. Hans Schneider, Tutzing, und mit großzügiger Förderung der Inhaberin der Urheberrechte, Frau Annelore Habs, inzwischen alle Schriften und zahlreiche Briefe (hg. v. Bernhard Adamy), außerdem die Gesamtausgabe der Lieder und die wichtigsten Frühwerke Pfitzners (hg. v. Hans Rectanus und Wolfgang Osthoff) der Öffentlichkeit zugänglich gemacht worden. Seit 1981 werden unter Federführung von Wolfgang Osthoff Symposien veranstaltet, in denen wesentliche Gesichtspunkte des Werks öffentlich diskutiert und dokumentiert werden. Ihre internationalen Liedwettbewerbe haben eine interessierte Jugend für Pfitzner gewinnen können.

Möglicherweise werden die Polemiken Pfitzners seinem Musikschaffen noch einige Zeit im Weg stehen. *Bevor so gelungene Werke wie »Von deutscher Seele« ein breiteres Publikum erreichen können, ist ein gemeinschaftlicher Akt des Verzeihens gegenüber dem grimmigen Schatten des Komponisten nötig – nicht nur von seiten der Juden und Israelis, die sich zu Recht dadurch gekränkt fühlen, daß er ihre Rasse als bloße Abstraktion ansah, sondern von seiten aller liberalen Geister, denen Pfitzners dezidierte Meinungen ein Dorn im Auge sind. So lange wir den immanenten Qualitäten seiner Musik nicht genauso viel Beachtung schenken wie dem intellektuellen Kontext, in dem sie steht, wird Pfitzner nach wie vor ein vieldiskutierter, aber selten gespielter Komponist bleiben.*[443] Wo die Diskussion seine Musik erreicht, besteht aller Anlaß zu erwarten, daß hier eine Substanz überzeugt, die es wert ist, in den Vorrat präsenter Musik aufgenommen zu werden. Als Zeugen für diese Vermutung seien die folgenden Dirigenten, Kritiker und Komponisten aufgerufen, die das Hindernis der Persönlichkeit Pfitzners überwunden und die Besonderheit des Œuvres erkannt haben.

Wilhelm Furtwängler (1936)
Pfitzner ist der einzige, der das Primat des Geistes in der Musik (zumal Kammermusik) aufrechterhalten hat. Er scheut sich nicht, seine Blößen zu zeigen. Er ist angreifbar, verletzlich wie nur einer; aber er ist,

[443] Williamson, *The Music of HP*, S. 348

was die andern alle nicht sind, echt. Und dadurch ist er, nicht im Verhältnis zu den früheren, aber im Verhältnis zu seiner Umgebung, groß.[444]

Bruno Walter (1949/52)
Ich bin vollkommen Deiner Ansicht, daß er die bedeutendste Gestalt von den schöpfenden Musikern unserer Epoche gewesen ist. Seine Größe ist jedenfalls nicht an der Breite seiner Wirkung zu messen. – Haben wir nicht in seinem Wesen die seltsamste Mischung von wahrer Größe und Intoleranz, die vielleicht je das Leben eines Musikers von solcher Bedeutung problematisch gemacht hat?[445]

Hans Heinz Stuckenschmidt (1969)
Wenn der Psychologiebegriff der Ambivalenz je Wirklichkeit geworden ist, dann in der Person und geistigen Aura Hans Pfitzners. Umkämpft seit den frühen Äußerungen, bewundert, gehaßt und verachtet von Menschen, die ihn tendenziös mißverstanden, nahm er seinen bizarren Weg durch die neuere deutsche Geschichte. Um 1890 ein Modernist, dem man Dissonanzen und linearen Kontrapunkt so zornig verübelte wie seinen Kampfgenossen Strauss, Reger und Schönberg, Modernist auch in der Bewunderung Ibsens, rebellierte er zugleich gegen modischen Konformismus. Dem liberalen Denken stellte er eine nationalkonservative Gesinnung entgegen, die ihn zeitlebens in Konflikte mit herrschenden Ideen und Prinzipien der Staatsführung brachte. In ihm lebte eine grundsätzliche Sympathie für die Schwächeren, die zusammen mit einem galligen Temperament oft die absonderlichsten Früchte trug [...] *Von seiner längst nicht mehr zeitgemäßen Musik wird einiges viele Zeitgemäße überdauern.*[446]

Hans Zender (1979)
[...] *eine zutiefst gespaltene, gebrochene Musik; aber auch eine Neuentdeckung aber auch der ältesten meditativen Schichten der Musik: Musik* [...] *als Möglichkeit zu Sammlung und Kritik. Hierin ist Pfitzners Werk* [...] *ein Vorklang einer neuen Musik, die ihrem Wesen nach mehrschichtig ist.*[447]

444 Furtwängler, *Vermächtnis*, S. 16
445 Briefe Bruno Walter an Grete Kraus vom 2. 8. 1952 (HPM 48, S. 29f.) und Max Brockhaus vom 26. 5. 1949 (Walter, *Briefe*, S. 313)
446 Stuckenschmidt, *Das dunkle Reich*, S. 214
447 Hans Zender, *Vorahnung einer neuen Musik*, in: Programmheft der Hamburgischen Staatsoper, November 1979

Gerhard Frommel (1981)
Die wahre Größe Pfitzners wird man erst erkennen, wenn man sich seiner, in unserem Jahrhundert einzigartigen, Bedeutung als weit in die Vergangenheit zurückreichender Bewahrer der Tradition und als Schöpfer neuer musikalischer Werte bewußt wird.[448]

Peter Ruzicka (1981)
Pfitzner glaubte, jener letzte Komponist einer versinkenden Kultur zu sein, der mit dem traditionellen, tonalitätsbezogenen Metier Musik zu schaffen fähig war: Musik vor dem Tode, eine letzte Gesamtschau auf vierhundert Jahre Entwicklung der Musik, noch einmal das harmonistische Bild einer Welt, die im Begriff war und ist, sich selbst zu zerstören. Und vielleicht war Pfitzner in der Tat der letzte, der mit den Mitteln der Musik für Momente einen Blick auf längst abhanden Gekommenes zugänglich machte.[449]

Wolfgang Rihm (1981)
Pfitzner ist nicht aktuell. Aktualität dürfte in seinem Fall paradoxerweise gerade deshalb bestehen: Sein Werk widersetzt sich in einer auf »Renaissance« gestimmten Atmosphäre bis jetzt weitgehend dem Zugriff professioneller Ausgräber. Das hat Gründe [...] *Pfitzner ist zu progressiv, um einfach wie Korngold eingeschlürft werden zu können, und er ist zu konservativ, um etwa wie Schönberg die Musik hörbar folgenreich beeinflußt zu haben. Wir finden nicht auf den ersten Blick das gebrochene Heutige in seinem Werk, aber auch nicht das ungebrochen Gestrige. Wir finden beides – also keines, und dies läßt Einordnungsversuche stocken. Pfitzner ist heute noch querständig. Das macht ihn zum Fall, das ist auch das Aktuelle.*[450]

Wilhelm Killmayer (1993)
Es ist keine Frage, daß eine so sensible, unruhefähige Gestalt wie Hans Pfitzner die Vibrationen der Epoche seismographisch widerspiegelte – der sich wechselseitig verhielt, zum Beispiel Schutz im Bestehenden suchte vor den Öffnungen mit den dahinterliegenden Abgründen, der sich am Beackerten festhielt und in der Heftigkeit des Festhaltens sein

[448] Gerhard Frommel in: *Symposium HP Berlin 1981*, S. 188
[449] Ruzicka, *HP, der große Unbequeme*, S. 44f.
[450] Rihm, *Zur Aktualität Pfitzners*, S. 189

Eigenstes gab, der, im oftmals nur vermeintlichen Widerstand gegen den Erdrutsch der Epoche, Aufbrüche sah, die im allgemeinen Vorwärtsdrängen der feineren Wahrnehmung entgingen, die aber auf vieles vorausweisen, woher uns Heutigen neuer Anfang zu schimmern scheint.[451]

[451] Killmayer, *Komponieren als öffentliches und privates Problem*, S. 39

Aspekte der Musik Pfitzners

Einleitung

Pfitzners kompositorisches Werk erscheint, gemessen an seiner Lebensdauer und verglichen mit den Œuvres seiner Zeitgenossen, nicht übermäßig umfangreich. Dabei schrieb Pfitzner, wenn er an einem Werk saß, relativ rasch; für das komplexe cis-Moll-Quartett benötigte er ein Vierteljahr. Vom täglichen »Talent-Coupon-Abschneiden« hielt er nichts; um zu komponieren, bedurfte er der erforderlichen Einfälle und der richtigen »Stimmung«. Hemmend wirkte auf ihn, wenn das zuletzt geschriebene Werk noch nicht aufgeführt war; sein »Appetit« auf ein neues Werk bildete sich offenbar erst, wenn das vorangegangene in die Öffentlichkeit entlassen war.

Auffällig ist, daß er alle Werkgattungen mit Stücken bedacht hat: Opern, Kantaten, Bühnenmusiken, Sinfonien, sinfonische Konzerte für unterschiedliche Instrumente, Kammermusik aller Gattungen, Lieder – eine Vielseitigkeit, die sich abhebt von seinen Zeitgenossen Mahler, Wolf und selbst Reger und ihn neben Richard Strauss und Schönberg stellt. Ausgangspunkt sind die Kammermusik und das Klavierlied – damals offenbar ungewöhnlich, denn Pfitzner beschreibt pointiert seine Situation um die Jahrhundertwende: *Man wurde nämlich damals nicht für voll genommen, wenn man nicht entweder Opern oder sinfonische Dichtungen schrieb. Kammermusik wurde einem geradezu übel genommen.*[1] Dies führt dazu, daß Pfitzner bis zum Beginn seines Altersstils außer einem Scherzo und drei durchaus sinfonischen Konzerten kein von der Bühne unabhängiges Orchesterwerk geschrieben hat. In auffallender Weise weicht er der Sinfonie und der Sinfonischen Dichtung aus – erst im Rahmen seines Alterswerks schreibt er seine drei Sinfonien, die erste bezeichnenderweise als Instrumentierung des Streichquartetts cis-Moll, und auch die *Kleine Sinfonie* erwächst aus dem Geist der Kammermusik[2] (vgl. Bsp. 1).

Schließlich ist es ein Grundzug seines Œuvres, daß es schwer fällt, eine stilistische Entwicklung auszumachen. Gewiß kann man sein Jugendwerk von der Reifezeit abgrenzen; es endet mit der von Pfitzner absichtsvoll mit der Opusziffer 1 versehenen Violoncello-Sonate 1890. Sein Alterswerk beginnt, angekündigt durch die gelöstere

[1] HP, *Rede auf H. W. von Waltershausen* (1932)
[2] vgl. dazu Stephan, *Überlegungen zu HPs Sinfonik*

Beispiel 1

Kleine Sinfonie op. 44 (I. Satz)

Struktur der Oper *Das Herz* (1930/31) und der letzten Lieder, mit dem Violoncellokonzert op. 42 (1935). Dazwischen liegen sehr unterschiedliche Werke, solche linear asketischen Charakters wie *Der arme Heinrich* (1891–93), die Vogelweide- und Petrarca-Lieder (1909), *Palestrina* (1912–15), die Ricarda-Huch-Lieder (1924) und die Kantate *Das dunkle Reich* (1929/30), solche homophon-romantischen Charakters wie die Ballade *Herr Oluf* (1891), *Die Rose vom Liebesgarten* (1897–1900), das Klavierkonzert (1922) und die letzten Lieder (1931) oder solche naiv-musikantischen Charakters wie das Lied *Gretel* (1901) oder *Das Christ-Elflein* (1906); da finden sich Werke eher experimenteller Faktur wie das Klaviertrio (1896), *Columbus* (1905), das Violinkonzert (1923) und das cis-Moll-Quartett (1925) und daneben solche eher konservativer Faktur wie die Eichendorff-

Lieder (1894/95), das Klavierquintett (1907) oder das Klavierkonzert (1922) und schließlich Werke, in denen die unterschiedlichen Charakteristika unmittelbar nebeneinander auftreten wie im D-Dur-Quartett (1902) oder in der Eichendorff-Kantate (1921).

Diese Abwesenheit einer ex post als folgerichtig erscheinenden stilistischen Entwicklung kann nur aus der spezifischen Persönlichkeitsstruktur Pfitzners erklärt werden. Seine musikalischen Wurzeln liegen offensichtlich tief in der Frühromantik; das zeigt sein Jugendwerk, in dem sich Stilelemente treffen, die an Schumann, Mendelssohn und Brahms erinnern[3]. Freilich: nur eine Seite seiner persönlichen Neigung wurde durch das konservative Hoch'sche Konservatorium gefördert; zugleich erarbeitete er sich Wagners Musik, und auch dessen Stilelemente gingen in das Jugendwerk ein, etwa im frühen Violoncellokonzert 1888. Die frühen Lieder opp. 2 bis 7 und die Chorballade *Der Blumen Rache* atmen einen frischen, ursprünglichen und romantischen Ton, wobei teils Schumann (opp. 2/5, 6/2 und die Chorballade), teils Mendelssohn (Nr. 1 der *Jugendlieder*, op. 7/1), teils Brahms (op. 3) Pate stehen. Die Violoncellosonate op. 1 wirkt wie eine Fortsetzung der beiden Brahms-Sonaten (op. 99 entstand drei Jahre vorher); aber hier wie schon in einzelnen Liedern (op. 4 nach Heinrich Heine, op. 6/5 nach Paul Cossmann, op. 7/4 nach Eichendorff) tritt ein darüber hinaus gehender, von diesen romantischen Wurzeln geprägter eigener Tonfall auf. Auf der anderen Seite drängt sein zeitgenössischer, »moderner« Ausdruckswille ihn zunehmend über diese Herkunft hinaus, ja geradezu in eine Gegenposition hinein. Dies wird deutlich an der linearen Faktur, die die romantische Homophonie »zersetzt«, aber auch an der expressiven Gestik, die über die romantische Gebundenheit hinausschießt. Man höre etwa das Nebeneinander von romantischer Melodik und stockenden Schlägen im langsamen Satz des Trios oder von unendlich erscheinender Kantilene und stockender, dann aber wild herausfahrender Gestik im Kopfsatz des cis-Moll-Quartetts oder die Gleichzeitigkeit von romantisch wirkender Gesangsstimme und kontrapunktisch linearer Führung der Gegenstimmen in Liedern wie *An die Mark* op. 15/3, *Die Nachtigallen* op. 21/2, das *92. Sonett* (Petrarca) op. 24/3 oder *Sehnsucht* (Ricarda Huch) op. 40/3.

Das Problem der Spannung zwischen diesen Antagonismen – konservative Wurzeln versus moderner Ausdruckswille – wird von Pfitz-

[3] näheres dazu bei Williamson, *The Music of HP*, S. 50ff.

ner im Laufe seines Werkes nun nicht sukzessiv durch Integration oder Harmonisierung gelöst, sondern stellt sich für ihn mit jedem Werk neu. Sicher findet man eine besonders hohe Spannungsdichte in Werken der zwanziger Jahre (Violinkonzert, Ricarda-Huch-Lieder, cis-Moll-Quartett, *Das dunkle Reich*), doch stehen dem im gleichen Zeitraum Werke geringerer Spannungsdichte gegenüber (Klavierkonzert, Gottfried-Keller-Lieder). Manchmal erweckt ein Werk den Eindruck, als sei Pfitzner beim Komponieren von seinem Ausdruckswillen über die ursprüngliche Vision hinausgetragen worden (z.B. Klaviertrio), manchmal ergibt sich der konservativere Charakter eines Werkes oder von Werkteilen aber auch aus den vertonten Texten (z.B. in der Eichendorff-Kantate) oder aus der angestrebten Breitenwirkung (z.B. Klavierkonzert oder Schlußabschnitt der Eichendorff-Kantate). *Palestrina* und *Der Arme Heinrich* beziehen ihre Qualität aus dem über das ganze Werk hin durchgehaltenen hohen Niveau der Spannungsdichte, *Das Christ-Elflein* ist, dem Sujet angemessen, sehr viel weniger spannungsvoll und in seiner Tonsprache eher dem Jugendwerk verbunden. Das Spätwerk verliert dann zunehmend die dem zeitgenössischen Ausdruckswillen entspringenden Spannungen und wirkt wie ein Rückgriff auf den Stil des Jugendwerks[4], ist aber nichts anderes als ein nun wieder deutlicheres und gelöstes[5] Zutagetreten der romantischen Wurzeln des Pfitznerschen Stils.

Der romantische Ansatz Pfitzners umfaßt von Anfang an Schumann und Wagner; es tritt bei ihm aber etwas Spezifisches hinzu: Er hat eine linear gedachte Tonsprache, und er unterscheidet deutlich zwischen Diatonik und Chromatik; damit hebt er sich scheinbar konservativ ab von der homophon denkenden, harmonisch hybriden *Tristan*-Nachfolge Hugo Wolfs, Regers und des frühen Schönberg. Sein Beitrag zur Fortentwicklung der Sprache der Musik besteht in der expressiven Verselbständigung der Stimmen bis an die Grenze zur Aufhebung harmonischer Bezüge und in der Konfrontation traditioneller und moderner Ausdrucksmittel.

Pfitzner ist in seinen frühen Opern auch ein Wagner-Nachfahre, von Anfang an aber ein kritischer. Analogien sind insbesondere im

[4] vgl. Brief Bruno Walter an HP vom 9. 6. 1937 zu opp. 40 und 41 (Walter, *Briefe*, S. 239)

[5] Ich vermeide die Charakteristik »heiter« in Aufnahme der kritischen Anmerkungen zum Alterswerk bei Cahn, *Zum Charakter von Ps Spätstil*, S. 100f.

Armen Heinrich mit Händen zu greifen. Gleichwohl setzt sich auch hier Pfitzners Eigenart durch; nicht nur in dem Bestreben, Abschnitte zu formen, die thematisch und harmonisch eine Einheit bilden, sondern auch in der Abkehr vom »sinfonisch-leitmotivischen Prinzip«, das nach seiner Auffassung musikalische Unterlegung, aber nicht Vertonung des Textes ist[6]. Mit dem *Christ-Elflein* und dem *Herz* nähert er sich romantischen Opernformen aus der Zeit vor Wagner.

Da Pfitzner seine Wurzeln nicht aufgibt, sein Ausdruckswille aber zu zeitgenössischer Expressivität drängt, wirkt seine Musik zerrissener als die in sich einheitlichere von Mahler, Strauss oder Reger. *Wenn der 1864 geborene Richard Strauss der letzte Komponist war, bei dem Melodie noch ungebrochen und direkt, ja unverblümt zur Gestalt wird und für Gestalt sorgt, ist der fünf Jahre später geborene Hans Pfitzner der erste Komponist, in dem sich die Problematik des sich anbahnenden Epochenbruchs zwischen Spätromantik und Moderne umfassend spiegelt.*[7] Seine Musik hat *eine spezifische Diktion: die des stockenden Schwungs*, sie zeigt *einen Widerstand gegen optimistische Fortschreitung*[8]. Pfitzners Gestik sei unvermittelt: *Darin und im Mißtrauen gegen das Schmucke ist Pfitzner Schönberg näher als vermutet.*[9]

Im folgenden sollen, ohne Anspruch auf Vollständigkeit, einige Aspekte des Werks näher behandelt werden.

Die Lieder

Das Liedschaffen ist mit über 100 Kompositionen nicht nur die umfangreichste Gattung des Œuvres, sie ist auch sein Ausgangspunkt. Die ersten überlieferten Stücke sind 1884 entstanden, noch vor dem Konservatoriumsbesuch; bis zur Jahrhundertwende liegen über 50 Lieder vor (frühe Lieder, *Jugendlieder*, opp. 2–7 und 9–11). Mit den Liedern opp. 40 und 41 (1931) endet das Liedschaffen vor dem Ein-

[6] dazu HP selbst: *Zur Grundfrage der Operndichtung* (1909), GS II, S. 7ff. sowie Rectanus: *Leitmotivik*, und Williamson, *The Music of HP*, S. 83ff.
[7] Killmayer, *Komponieren als privates und öffentliches Problem*, S. 39
[8] Rihm, *Zur Aktualität Ps*, S. 192f.; ähnlich auch Killmayer, a.a.O., S. 40ff. (mit konkreten Beispielen)
[9] Rihm, a.a.O., S. 192

tritt in das Alterswerk, so als sei damit das eigentliche Œuvre abgeschlossen – die altersweisen *Sonette* op. 41 entsprechen in etwa den *Vier letzten Liedern* von Richard Strauss. Vier ganz unterschiedliche Lieder sollen hier exemplarisch näher betrachtet werden.

1. *Ich will mich im grünen Wald ergehn* (Heinrich Heine) op. 6/2[10]

Unter den frühen Heine-Liedern Pfitzners erinnert *Ich will mich im grünen Wald ergehn* am deutlichsten an den Tonfall Schumanns. Der offene Schluß scheint dem offenen Schluß von *Im wunderschönen Monat Mai* op. 48/1 nachempfunden. Das kurze Lied wirkt leicht überschaubar, und doch ist schon diese frühe Vertonung aus der Konservatoriumszeit ein Beispiel für den genialen Zugriff auf das Wesentliche des Textes, die Gleichzeitigkeit von Todesahnung und Lebenswillen.

Beispiel 2

[10] Ich benutze die Gelegenheit, um meine Interpretation in HPM 47, S. 22ff. zu korrigieren.

Grab einst lie - gen wer - de, ist Aug' und Ohr be - deckt mit Er - - de,
pp
und die Blu - men kann ich nicht sprie-ßen sehn, und
Vo - gel-sang hör' ich nicht klin - - gen. Ich
espr.
pp
will mich im grü - nen Wald er - gehn, wo Blu - men sprießen und
mf espr.
pp
Vö - - gel sin - gen.
dim.
ppp

Schon Heines wenig bekanntes, nur sechs Zeilen umfassendes Gedicht scheint einfach zu sein: Der Dichter will sich im grünen Wald ergehn, die Blumen sprießen sehen und die Vögel singen hören. In diese Idylle bricht das zweite Zeilenpaar ein mit der drastischen Vorstellung: wenn er im Grab liegt, wird Aug' und Ohr bedeckt mit Erde sein; er wird dann nichts mehr sehen und hören (dieses Zeilenpaar ist die Mitte des Gedichts und als einziges gereimt und wirkt wie abgeschlossen, eingesargt). Man kann dies als sentimentalen Ausblick werten, aber auch als Äußerung, mit welchem Bewußtsein der Dichter sich im grünen Wald mit den sprießenden Blumen und den singenden Vögeln ergehn will. Doppelgängerisch fallen Gegenwart und Zukunft, Lebensfreude und jähe Todesahnung zusammen. Mag Heine auch hier seine (sentimental gefärbte) Ironie im Sinn gehabt haben; jedenfalls könnte dieses Gedicht auch sehr ernst gemeint sein.

Ich will mich im grünen Wald ergehn
(Heinrich Heine)

Ich will mich im grünen Wald ergehn,
Wo Blumen sprießen und Vögel singen;
Denn wenn ich im Grabe einst liegen werde,
Ist Aug' und Ohr bedeckt mit Erde,
Die Blumen kann ich nicht sprießen sehn,
Und Vogelgesänge hör' ich nicht klingen.
[Erg. HP: Ich will mich im grünen Wald ergehn,
Wo Blumen sprießen und Vögel singen.]

Der junge Pfitzner nimmt Heine jedenfalls ebenso ernst wie vor ihm schon Schubert und Schumann. Die Disposition seines Liedes ist leicht zu überschauen: jedes Zeilenpaar hat den gleichen, leicht variierten kompositorischen Verlauf; die Periodik ist freilich kunstvoll verschränkt. Auch die Tonart des Liedes ist kunstvoll in der Schwebe gehalten: der Beginn steht in E-Dur, der Schluß in Gis-Dur. Tonaler Schwerpunkt scheint Gis-Dur zu sein, doch tritt es fast immer im Septakkord auf. Da der vorletzte Takt in fis-Moll steht, erhält Gis-Dur spätestens im letzten Takt dominantische Wirkung. Die sich so ergebende Tonika cis-Moll ist zwar vorgezeichnet, doch erklingt sie in 29 Takten nur dreimal auf schwerem Taktteil (T. 2, 15 und 21), dann aber melodisch hervorgehoben. Harmonisch bleibt das Lied überall unaufgelöst, mit Ausnahme des zweiten Zeilenpaars, in dem vier

Takte lang eindeutig f-Moll vorgezeichnet ist und herrscht (T. 8–11). Das Grab ist ein in seiner enharmonischen Schreibweise deutlich abgehobener, transzendenter Ort. Der gedankliche Ausflug des Dichters und des Komponisten an jenen Ort hat Folgen für die weitere Komposition: Pfitzner wiederholt die Musik des ersten Zeilenpaares, doch unterscheidet sich die Vertonung von der des ersten Zeilenpaars am Anfang sowohl in harmonischer als auch in deklamatorischer Hinsicht.

Zunächst zur harmonischen Seite. Im ersten Zeilenpaar ist das Sprießen der Blumen und das Singen der Vögel mit einer pendelnden Akkordik zwischen dem Gis-Dur-Septakkord und einem auf Gis ruhenden Dis-Dur-Nonenakkord harmonisch unterlegt (T. 3–7). Im dritten und vierten Zeilenpaar gibt es ein entsprechendes Pendeln zwischen einem Sept- und einem Nonenakkord, diesmal zwischen dem Gis-Dur-Septakkord und einem auf der alterierten Quinte stehenden Gis-Dur-Nonenakkord (T. 16–19, 22–26). Bewegte sich die erste Pendelbewegung vier Takte lang über dem Baßton Gis, wechselt in den späteren Pendelbewegungen der Baßton zwischen Dis und D mit. Dem lyrischen Ich, das sich zunächst auf festem Boden im Wald erging, schwankt beim Gedanken an das Grab plötzlich der Boden unter den Füßen. Beim weiteren Spaziergang stoßen die Ebenen des Diesseits und Jenseits hörbar zusammen: der auf der alterierten Quinte stehende Gis-Dur-Nonenakkord klingt wie ein D-Dur-Septakkord (Pfitzner schreibt his statt c); die im Tritonus zueinander stehenden Tonarten Gis und D treffen unmittelbar aufeinander.

Was im Gedicht zwar hintereinander steht, aber gleichzeitig ins Bewußtsein tritt, drückt Pfitzners Musik nacheinander aus. Pfitzner verwendet die Wiederholung des ersten Zeilenpaars nach der Grabesvorstellung als eine Bekräftigung des Vorsatzes: Ich will mich (gleichwohl) im grünen Wald ergehn. Das vierte Zeilenpaar beginnt mit der stärksten Klangentfaltung im Lied (T. 20/21, tiefe und hohe Register im Klavier eine Oktave tiefer bzw. höher, *mf*); diesem Aufschwung folgt dann aber nicht mehr der »feste Boden« des ersten Zeilenpaars, sondern erneut das tritönige Pendeln des dritten Zeilenpaars, nun gleichsam wie in der Erinnerung *pp*. Das Pendeln reicht bis in die Schlußtöne der Melodiestimme dis"/d" (T. 24/25 – das ist schwer zu singen und bleibt gleichsam im Halse stecken[11]).

[11] Eine ähnlich »erstickte« Stelle gibt es später mit dem g" der Altistin in der Kantate *Von deutscher Seele* in dem Abschnitt *Die Nonne und der Ritter* bei den Worten *und ich möcht' von Herzen weinen.*

Pfitzner verdeutlicht seine Sicht in der Wiederholung des ersten Zeilenpaars auch mit Hilfe der Deklamation. Das ganze Lied und insbesondere die Singstimme wirkt improvisiert, rhapsodisch und folgt dem Sprachduktus. Melodisch am eingängigsten ist die absteigende Vier-Achtel-Skala (T. 2, 8, 15, 21), die jeweils der ersten Textzeile jedes Zeilenpaars das melodische Profil gibt. Sie wird erreicht in einem stufenweisen Anlauf; die melodische Energie klingt aus in einem Quintfall (dem im ersten Zeilenpaar noch ein Septfall folgt – der Anklang an Schumann erscheint hier noch signifikanter als im offenen Schluß, denn die beiden Intervalle erinnern an Schumanns Lied *Auf einer Burg* und an dessen Stimmung). Vor allem der Anlauf ist ein Beispiel für die kunstvolle Deklamation Pfitzners. In der ersten Zeile des Textes steht das für ihn wichtigste Wort *Wald* auf der dritten Hebung. Entsprechend beginnt die Singstimme mit der Textzeile auf dem dritten Achtel eines $^9/_8$-Taktes; *Wald* fällt auf das erste Achtel des folgenden Taktes, das zugleich der erste Ton der Vier-Achtel-Skala ist. Bei der Vertonung derselben Stelle am Schluß fällt das Wort *Wald* auf die gleiche Stelle, doch werden die Worte *Ich will mich im grünen* ... nicht mehr in einen $^9/_8$-Takt gedrängt, sondern auf zwei $^6/_8$-Takte verteilt, und zwar so, daß das Wort *will* auf die erste Zählzeit des zweiten $^6/_8$-Takts fällt. Damit verstärkt Pfitzner den Ausdruck des Lebenswillens; allerdings kann auch diese Verstärkung das Bewußtsein der Vergänglichkeit, die Todesahnung nicht verdrängen. Der Zwiespalt bleibt unaufgelöst. So steht in den Takten 19–25 (viertes Zeilenpaar) ein durch die Deklamation wie durch den verstärkten Klang ausgedrückter Lebenswille auf engem Raum der Todesahnung, versinnbildlicht durch den Tritonus-Pendel-Baß, gegenüber; diese Takte fassen das Lied inhaltlich zusammen.

Zugleich läßt Pfitzner wie Heine den Schluß in der Schwebe. Das in einem cis-Moll-Stück unaufgelöste Schluß-d" in der Singstimme und der Subdominant-Dominant-Schluß im Klavier weisen über das Lied hinaus in eine unendliche Perspektive. Dies ist der grundsätzliche Unterschied zu Schumanns offenem Schluß in *Im wunderschönen Monat Mai*: dort löst sich der Dominantseptakkord, wie vorher auch schon im Lied selbst, in die Tonikaparallele des folgenden Liedes auf, während hier auf den Dominantseptakkord nichts folgt als die Erinnerung an das Gehörte.

So hat der junge Pfitzner mit kunstvollsten, gleichwohl einfach klingenden Mitteln den Text in seiner Doppelbödigkeit gedeutet. Die Doppelbödigkeit ist das Lebensgefühl des 20. Jahrhunderts; Pfitzner hat mit seiner Ausdeutung Heines Aussage aktualisiert. Es ist nicht wahrscheinlich, daß der junge Pfitzner das, was hier analysiert wurde, bewußt produziert hat. Die einem Genie innewohnende Vorstellungswelt wählt, geschärft vom erworbenen Kunstsinn, unter verschiedenen Möglichkeiten der Verwirklichung zugleich traumhaft und bewußt die in sich schlüssigste Lösung aus. Analyse kann bewußt machen, wie komplex und vielschichtig ein Kunstwerk ist. Komplexität und Vielschichtigkeit, einfacher ausgedrückt: Allgemeinverständlichkeit, ist ein wesentliches Kriterium für die Gültigkeit eines Kunstwerks.

2. *Nachts* (Joseph Freiherr von Eichendorff) op. 26/2

Das Lied *Nachts* ist nicht nur ein für den spätromantischen Tonfall Pfitzners sehr typisches Lied, es gehört zudem zur relativ großen Gruppe der Eichendorff-Lieder in Pfitzners Liedschaffen und es ist schließlich das Lied, das eine Rolle in der Kontroverse zwischen Alban Berg und Hans Pfitzner um den rationalen Nachweis der Qualität eines Musikstücks spielte. Während Berg mit seiner Analyse der Schumannschen *Träumerei* die Qualität des Werkes rational nachweisen wollte, bestritt er die Analysierbarkeit dieses Liedes und damit seine Qualität (Berg hat in diesem Punkt Pfitzner mißverstanden und bewies etwas, was Pfitzner gar nicht bestritten hatte[12]). Deshalb sei hier exemplarisch auf dieses Lied eingegangen, um zu zeigen, daß auch eine rhapsodische Form bei Pfitzner einer logischen Gesetzmäßigkeit unterworfen ist.

Es ist keine Herabsetzung der frühen Lieder opp. 2–7, wenn die Eichendorff-Lieder op. 9 (neben dem Lied *Lockung* op. 7/4) als der Teil seines Liedschaffens angesehen werden, in dem Pfitzner ganz zu sich selbst kommt. Diese Lieder (sowie der Nachzügler *Zum Abschied meiner Tochter* op. 10/3) gehören denn auch zu den beliebtesten Liedern Pfitzners. Diese und die späteren Eichendorff-Lieder, zu denen *Nachts* (1916) gehört, bilden gleichsam den Kern der stärker traditionsgebundenen, »romantischen« Lieder im Schaffen Pfitzners.

Das dreistrophige Gedicht Eichendorffs versammelt die bei diesem Dichter häufig anzutreffenden Elemente der Nacht, des Waldes,

[12] vgl. dazu den Dokumentationsteil

der Glocken, des Rehs und des silbernen Stromes, dazu den Dichter selbst in meditativer Haltung *an des Lebens Rand.* Während in Eichendorffs früheren, ähnlich gestimmten Nachtgedichten der Mensch von irren Klageliedern verwirrt oder von Nixen in den kühlen Grund gelockt wird, geht in diesem Gedicht der Herr über die Gipfel und segnet das stille Land. Das Gedicht verkündet nicht Zweifel, sondern Gewißheit.

Nachts
(Joseph Freiherr von Eichendorff)

Ich stehe im Waldesschatten
Wie an des Lebens Rand;
Die Länder wie dämmernde Matten,
Der Strom wie ein silbern Band.

Von fern nur schlagen die Glocken
Über die Wipfel herein;
Ein Reh hebt den Kopf erschrocken
Und schlummert gleich wieder ein.

Der Wald aber rühret die Wipfel
Im Traum von der Felsenwand;
Denn der Herr geht über die Gipfel
Und segnet das stille Land.
[Erg. HP: und segnet das stille Land,
das stille, stille Land.]

Pfitzner komponiert den großen Bogen dieses Gedichts, angefangen bei der einsamen Meditation des Einzelnen bis zum Gehen des Herrn über die Gipfel und der Segnung des stillen Landes in einem Lied, das auf den ersten Blick in der Tat traditionell und einfach aussieht; die Singstimme hat die Melodie, das Klavier begleitet. Die Begleitung bringt keine kontrapunktisch geführte Motivik, sondern Akkordik zur harmonischen Stützung. Der Betrachter im Gedicht singt im Lied die Melodie, zunächst noch in sich versunken, mehr am Sprechrhythmus orientiert, rezitierend während der ersten beiden Strophen, in der dritten dann, mit der Wendung des Gedichts von der Naturbetrachtung zur Botschaft, in ariosem Duktus. Der Segnungsvorgang wird dem Betrachter musikalisch vom Klavier vorgeführt.

Die Harmonik verläuft klar diatonisch; komplexe harmonische Vorgänge oder dissonant lineare Stimmführungen wie im *Palestrina* oder den anderen Liedern op. 26 finden sich nicht. Die Komposition ist auch vom Aufbau her leicht faßlich. Jede Doppelzeile des Gedichts wird mit einer Phrase von vier Takten vertont; jede Strophe wird gegenüber der vorangehenden abgesetzt. Freilich ist damit das Lied dann doch keine epigonale Imitation der Romantik zwischen Schubert und Brahms: Es ist weder eine Strophenlied, noch folgt die Melodik der üblichen dreiteiligen Liedform, sondern das Lied ist – ähnlich den Liedern von Hugo Wolf und Mahler – durchkomponiert; es wirkt, als handle es sich um drei Variationen über ein nicht vorausgeschicktes Thema (vgl. Bsp. 3).

Vom Aufbau her besteht die Komposition aus zwei Hälften, die sich bis in Details entsprechen; die zweite Hälfte ist nur einen Takt länger als die erste, in der die ersten beiden Strophen vertont werden. Die Symmetrie dieser beiden Teile ist das Gerüst für die sich frei entfaltende Melodik und wirkt wie ein Gegengewicht. Die Ausgewogenheit, die Eichendorff zwischen Mensch und Natur auf der einen und Gott auf der anderen Seite zum Ausdruck bringt, findet bei Pfitzner ihre Entsprechung im gleich bemessenen Umfang des Zeitablaufs.

Die Melodik der Singstimme hat einen rhapsodischen, aus dem Sprachrhythmus des Gedichtes resultierenden Duktus und erhält erst im Laufe des Liedes eine immer schärfere Kontur. Die ersten zwei Strophen entsprechen sich vielfach; die dritte unterscheidet sich erheblich von den zwei vorangehenden und trägt damit dem Text Rechnung. In diesem Lied ist nicht, wie etwa in Schuberts Lied *Allmacht*, die Größe des Herrn von Anfang an gegenwärtig, sondern sie entsteht erst vor den Augen des Betrachters/Sängers.

Die Vertonung der ersten beiden Strophen hat melodische und harmonische Parallelen. Die Melodik verläuft in je zwei Zeilen im Ambitus einer Sexte; in der ersten Strophe fällt die Sext (x) *an des Lebens Rand* nach unten und steigt angesichts der weiten Länder und des silbernen Flußbandes nach oben und damit in die Weite; in der zweiten Strophe steigt die Sext zunächst auf, gleichsam mit dem Glockenklang über die Wälder hinweg, und sinkt wieder herab, so wie der Kopf des wieder einschlummernden Rehs. Harmonischer Ausgangspunkt des Liedes ist b, zwischen Moll und Dur schwankend; von hier wendet sich die Harmonik in der ersten Strophe zunächst nach A-Dur (*Lebens Rand*), dann nach As-Dur (*silbern Band*). Die

Beispiel 3

Nachts

Joseph von Eichendorff

16
- ein, ein Reh hebt den Kopf er - schro - cken und
weniger Pedal
x
20
nachlassen
schlum - mert gleich wieder ein.
nachlassen
rit.
24
y
gebunden, anschwellend
3. Der Wald a - ber rüh - ret die
im Tempo
anschwellen
Var. 3
27
x
Wip - fel im Traum von der Fel - sen - wand.

30
f
y
z
Denn der Herr geht ü - ber die
z
cresc.
6
f
Var. 4
32
Gip - - - fel und seg - net das stil - le
z
ruhig
6
mf
dim.
8b
34
Land,
Tempo
z
ruhig
p
f
8b
36
f
y
und seg -
6
5

38
net das stil - le Land,
sehr ruhig
dim.
ruhig
8b
Var. 5
40
p
das
immer ruhiger
42
stil - le, stil - le
pp
Var. 1
44
Land.
rit.
ppp
mf
kräftig
8b

zweite Strophe bleibt zunächst im As-Bereich und wendet sich in der zweiten Hälfte nach a-Moll. Das unentschlossene Schwanken zwischen B-Dur und b-Moll spiegelt sich also im Schwanken zwischen as und a. Damit bezeichnet die Harmonik nicht nur die beklommenen Gefühle des Betrachters, sondern auch die unterschiedlichen, dunklen Farbtöne der nächtlichen Landschaft.

Die Bewegung der Melodie im Umfang unterschiedlicher Sexten und die farbige, aber auf wenige Werte festgelegte Harmonik geben dem Verlauf, der durch eine sinnfällige Motivik nicht gegliedert ist, Einheitlichkeit. Dazu trägt auch die Begleitung des Klaviers bei, die aus aufsteigenden zweistimmigen Achtelakkorden (auch hier dominiert die Sexte) besteht. Diese Akkordketten sind aber nicht gleichförmig, sondern nur ähnlich strukturiert, so wie es ein Geläute aus mehreren Glocken tatsächlich auch ist. Diese Glockenklänge sind im Text vorgegeben; sie sind aber nicht bloße Illustration, sondern sie bedeuten mehr. Pfitzner komponiert gleichsam die Symbolik der Glocken in Eichendorffs Gedichten mit. Die Glocken erinnern an Heimatglocken und bieten Trost für den Einsamen, der den Gefährdungen der nächtlichen Kräfte ausgesetzt ist. So sind die Glocken nicht nur äußere, sondern auch innere Verankerung des Menschen in einer ihn fremd umgebenden Welt. Der im Gedicht einsam an des Lebens Rand stehende Betrachter wird mit Hilfe der Glocken in die Natur einbezogen. Genau dies stellt Pfitzner in seiner Klavierbegleitung dar. Indem er in der zweiten Strophe die Glocken in eine höhere Lage anhebt, kann er zugleich die Spiegelung der Glockenklänge im beunruhigten Herzschlag des erschrockenen Rehs nachzeichnen.

Der zweite Teil des Liedes bietet mit der dritten Strophe gegenüber dem ersten Teil ein völlig neues Bild, denn es fehlen im Gesang die statisch wirkenden Tonrepetitionen; es entwickelt sich eine den ganzen Tonraum ausschöpfende ariose Melodik; die Glocken in der Begleitung gehen in ein zunehmend rascheres Rauschen über (Var. 3 und 4). Gleichwohl ist das Neue auf mannigfache Art mit dem Bisherigen verklammert: Die Glocken in der Begleitung behaupten sich im Rauschen noch eine Zeitlang in der Tenorlage; Vorspiel und Anfang der Strophe bringen den charakteristischen Wechsel von b-Moll nach B-Dur; die zweite Zeile (Vers 10) wiederholt den charakteristischen Sextfall der zweiten Zeile der ersten Strophe, und hatte bereits die zweite Strophe zu Beginn einen charakteristischen Quartsprung (y), so wird dieser nunmehr für die Melodiebildung bestimmend. Dieser signalhafte Quartauftakt macht auf die Bewegung aufmerksam, auf das Ungewöhnliche, das sich nun in der dritten Strophe vollzieht. Neues begibt sich. Die bisher weiche Rhythmik der deklamierenden Singstimme erhält nun schärfere Kontur; wenn der Herr über die Gipfel geht, stellt sich ein punktierter, marschähnlicher Rhythmus (z) ein. Das Triumphale dieses Rhythmus wird auch harmonisch betont dadurch, daß Pfitzner das bisher ausgesparte Es-Dur der Subdominante damit verbindet. Schließlich teilt Pfitzner auch den zweiten Teil in Entsprechung zu den beiden Strophen im ersten Teil in zwei Abschnitte, indem er die letzte Zeile (*und segnet das stille Land*) noch einmal wiederholt und um die Worte *das stille, stille Land* erweitert. In dieser Wiederholung übernimmt das Klavier die Führung und spinnt den marschartigen Melodieteil, nun vom gedämpften c-Moll ausgehend, zu einem großen, zum Ende des Liedes hin auslaufenden melodischen Bogen aus. Im Abschwung des Bogens verbreitert sich die Melodik und bildet sich das Rauschen in der Klavierbegleitung zu den Glockenschlägen des Anfangs zurück. Diese Rückbildung erfolgt in kleinen Bögen, die sich aus der Mittellage in die Baßregion bewegen. In den letzten Takten markiert die Singstimme das Ende des Bogens.

Warum erweitert Pfitzner die letzte Zeile? Er hätte ohne weiteres nach dem Ende der dritten Strophe mit einer Kadenz abschließen können. Allerdings wäre dann ein prägnanter, gerade erst neu eingeführter Melodieteil (eben derjenige im punktierten Rhythmus) nur einmal aufgetreten und im Gegensatz zur Bedeutung des auf ihm ruhenden Textes gleich wieder vergessen worden. Außerdem hätte Pfitzner eine vom Sinn her wichtige Ergänzung nicht vornehmen können. Das Auftreten des Herrn und seine Segnung wäre mit dem Triumph in Es-Dur etwas einseitig beschrieben. Die affirmative Eindeutigkeit wollte Pfitzner in diesem Lied (anders als im später komponierten Schlußgesang der Kantate *Von deutscher Seele*) differenzieren. Schon das Es-Dur dämpft er durch einen verminderten Septakkord mit der Moll-Terz ces (T. 32). Pfitzner wiederholt die Stelle noch einmal im Klavier, nun aber in c-Moll, und drängt den bis dahin stets melodieführenden Sänger in die Passivität der Nebenstimme. Der Herr erscheint dem Sänger/Beobachter in seiner Größe zunächst glanzvoll in Es-Dur, zieht dann aber weiträumig vorbei und vollzieht, wie der Betrachter nach dem ersten Geblendetsein bewundernd feststellt, eine Segnung. Die Es-Dur-Erscheinung wird in die feierliche, weniger heroische Tonart C-Dur und ein durch Dur-Quintseptakkorde aufgehelltes c-Moll abgemildert. Pfitzner macht auch sinnfällig, daß die Segnung das Fassungsvermögen des Betrachters übersteigt, indem der höchste Ton der Singstimme noch vor dem höheren Gipfelpunkt der Melodik im Klavier liegt. Wenn sich die melodischen Bögen der Segnung schließlich über Triolenbögen (Var. 5) im Baß beruhigen und die Tonika über die Moll-Subdominante wieder erreicht wird, klingt dies, als sei die von oben herabsinkende Segnung auf der Erde angekommen.

Wie schon bei der Umdeutung der Glocken zum Herzklopfen des Rehs läßt sich hier gut nachweisen, daß Pfitzner nicht vordergründig oder aufgesetzt illustriert, sondern daß sich die Bezüge zwanglos aus dem Material entwickeln. So zerlegt Pfitzner die gedrängte Eichendorff-Strophe in eine Handlung mit mehreren Abschnitten: Zunächst das glanzvolle, den Betrachter auch erschreckende Herannahen des Herrn, dann das segnende, vom Betrachter bewunderte Vorbeischreiten und schließlich die Beruhigung, das Zurückbleiben des gesegneten Landes. Auch der Beobachter verharrt demütig; den Abschluß des Liedes bildet eine plagale (Amen-)Kadenz.

Mit den vielfältigen, darüber hinaus vorhandenen Entsprechungen in melodischer und harmonischer Hinsicht, die dieses Lied im einzelnen prägen, soll der Text hier nicht belastet werden. Die bisherige Analyse belegt die hohe Qualität der Faktur dieses Liedes trotz seines konventionelleren Gewandes innerhalb des Pfitznerschen Liedschaffens.

3. *Unter der Linden* (Walther von der Vogelweide) op. 24/1

Die andere Seite des Pfitznerschen Personalstils, die »moderne«, linear-konstruktive, soll hier durch das Lied *Unter der Linden* (1909) vertreten werden. Das berühmte Gedicht Walthers von der Vogelweide, die Erinnerung einer jungen Frau an das Stelldichein mit ihrem Liebsten, erhält seinen Charakter schwebender Heiterkeit durch die rhythmische Unregelmäßigkeit der Verszeilen innerhalb der Strophen. Dies kommt auch in der von Pfitzner benutzten hochdeutschen Übertragung von Karl Pannier (Leipzig: Reclam 1876) gut zur Geltung; Pannier ordnet zwar die Verszeilen etwas anders an als im Originaltext und übersetzt die eine oder andere Stelle etwas frei, um die gereimte Fassung aufrechtzuerhalten, erhält aber die Vielfalt des Originals in Hinsicht auf Rhythmik und Stimmung.

Unter der Linden
(Walther von der Vogelweide/Karl Pannier)

Unter der Linden,
Bei der Haide,
Da unser beider Bette was,
Da könn[e]t ihr finden,
Wie wir beide
Die Blumen brachen und das Gras.
Vor dem Wald in einem Thal,
Tandaradei!
Sang so süß [HP: schön] die Nachtigall.

Kam da gegangen
Hin zur Aue
Und mein Liebster war schon da.
Da ward ich empfangen,
Hehre Fraue!
O welches Glück, daß ich ihn sah!
Ob er mich küßte? So manche Stund:
Tandaradei!
Seht, wie roth mir ist der Mund!

Da hat er mir gemachet
Schnell bei Scherzen
Von Blumen reich die Ruhestatt;
Ja, mancher noch lachet
Von ganzem Herzen,
Wenn er kommt denselben Pfad.
An den Rosen er wol mag,
Tandaradei!
Merken, wo das Haupt mir lag.

Wüßte das einer,
Daß geblieben
Er bei mir, ich schämte mich.
O wollte doch keiner,
Was wir trieben,
Erfahren je, nur er und ich
Und ein kleins Vögelein –

Tandaradei!
Das wird wol verschwiegen sein!
[HP: das wird wohl verschwiegen sein.]

(Pfitzner hat im Lied und in *Meine Liedertexte*, 1941, Schreibweise, Zeichensetzung und Zeilenaufteilung teilweise abgeändert.)

Beispiel 4

Unter der Linden

Walther von der Vogelweide

opus 24, No. 1

10
pp
— tan-da-ra - dei, sang so schön die Nach - ti-
pp
13
-gall.
Überl.
2. Kam da ge-
16
-gan - gen hin zur Au - e und mein Lieb-ster war schon
pp
g
C
19
f
da. Da ward ich emp-fan - gen, he - re Frau - e, o wel-ches
f
F

22
pp
Glück, daß ich ihn sah! Ob er mich
dim.
p
25
f
küß - te? So man - che Stund! Tan - da - ra - dei, seht, wie
f
28
rot mir ist der Mund!
Überl.
(5)
31
mf
3. Da hat er ge - ma - chet schnell, bei Scher - zen von
p
mf

34
Blu - men reich die Ru - he - statt, ja, man-cher noch la - chet von gan - zem
37
Her-zen, wenn er kommt den-sel - ben Pfad. An den Rosen er wohl mag -
p
42
tan-da-ra-dei, mer-ken, wo das Haupt mir lag.
46
ein klein wenig ruhiger
p
Überl.
4. Wüßte das ei - ner, daß ge - blie-ben er bei mir,
p ein klein wenig ruhiger
pp

Pfitzner trifft mit seiner Vertonung die schwebende Heiterkeit – die allerdings ein wenig getrübt ist: Gegenstand des Gedichtes ist die Erinnerung an etwas Gewesenes, möglicherweise Unwiederholbares; von irgendwelchen Versprechungen für die Zukunft ist im Gedicht nicht die Rede. Er wählt nicht die plattere Möglichkeit der Interpretation, etwa daß hier ein etwas plauderhaftes Mädchen alle Details des Stelldicheins offenbart, so daß das verschwiegene Vögelein ohnehin nichts mehr verraten kann; Scham und Verschwiegenheit wären dann nur Koketterie. Pfitzner glaubt der Scham; das geht so weit, daß er eine unglückliche Übertragung des Originals musikalisch durch die Deklamation korrigiert. Wo es nämlich im Original heißt, daß niemand erfahren soll, *wes er* [der Liebste] *mit mir pflaege*, heißt es bei Pannier: *O wollte doch keiner, was wir trieben, erfahren je*; aus den liebevollen Zärtlichkeiten wird ein »sie treiben's miteinander«. Pfitzner setzt die Schwerpunkte auf die Worte *keiner* und *erfahren* und überspielt in kurzen Noten das Wort *trieben* (T. 52/53).

Die schwebende Leichtigkeit des Gedichtes bewirkt Pfitzner auf mehreren Wegen: Zunächst einmal deklamiert er »sinngemäß« über die Verszeilen hinweg und durchbricht damit das Grundmetrum des $3/4$-Taktes vielfach durch Taktwechsel; es bildet sich keine feste Periodik. Die Gleichzeitigkeit von Duolen und Triolen, Triolen und Quartolen, sogar Triolen und Quintolen bestimmt die instabile Binnenstruktur der Takte; dennoch bleiben die Takte erhalten, weil in der Regel die erste Zählzeit betont wird. Dieser Umstand macht die Lebendigkeit der Rhythmik bewußt.

Das Schwebende zeigt sich weiter in einer tänzerischen Verspieltheit. Das *Tandaradei* weist auf ein Tanzlied hin; die Vertonung zeigt hier eine Achteltriole, deren erstes Achtel punktiert ist (erstmals in T. 10). Pfitzner bildet daraus weitmaschige Spielfiguren, deren Tanzrhythmus häufig kontrapunktiert wird von Duolen, so daß der Tanz zwar angedeutet wird, sich aber nicht verfestigt. Zugleich sorgen die weitmaschigen Figuren auch für die Luzidität der Vertonung.

Auch die Harmonik bleibt völlig in der Schwebe. Vorgezeichnet ist D-Dur; unter weitgehender Aussparung von Kadenzen werden vielfältige Tonarten diatonisch durchlaufen, Schlußwirkungen aber vermieden. Selbst am Ende (T. 63ff.), wenn Subdominante und Dominante erklingen, bleibt das Einmünden in die Tonika merkwürdig offen; nach dem Höreindruck befindet man sich hier statt in der Tonika in der Subdominante, was auch am hinzugefügten gis liegt, das der Tonart eine lydische Färbung gibt. Gleichwohl wird die Stropheneinteilung dadurch gewährleistet, daß der Melodieanfang leicht faßlich ist und dem jeweiligen Beginn eineinhalb Takte Überleitung (Überl.) vorausgehen. Gerade diese Überleitungstakte zeigen, wie eine Leittönigkeit vorgetäuscht wird, der Beginn der jeweiligen Strophe jedoch keineswegs in der Tonart beginnt, die man erwarten würde. Unversehens befindet man sich zu Beginn der zweiten Strophe (T. 16) im B-Dur-, zu Beginn der dritten Strophe (T. 31) im F-Dur-Bereich. Vor der vierten Strophe (T. 47) weist zwar das cis' nach d', aber die Diskantstimme nach h'; das unbetonte fis' könnte stehenbleiben oder nach g' fortschreiten; man erwartet G-Dur, aber die Strophe beginnt in der Tonika D-Dur.

Die Melodie, ein musikalischer Einfall Pfitznerscher Prägung, trifft nicht nur die Stimmung des Gedichts, wie es Pfitzner auffaßt, sondern auch den mittelalterlich wirkenden Volkston. Das Mittelalterliche wird nicht nur durch die Verwendung kirchentonaler Wendungen, sondern auch durch die fast durchgängige Beschränkung auf eine dreistimmige Faktur suggeriert. Genauso, wie das Gedicht Walthers trotz seines volksliedartigen Ausdrucks in hohem Maße artifiziell ist, wird auch der Volkston Pfitzners auf höchst kunstvolle Weise herbeigeführt. Zwei der drei Stimmen sind in Terzen, Sexten oder entsprechenden weiten Intervallen gekoppelt, besonders in der ersten, dritten und vierten Strophe. Die dritte Stimme bildet dazu den Kontrapunkt. Wo das Klavier dreistimmig spielt, wird eine Stimme häufig von der Singstimme verdoppelt. Die Terzen und Sexten vermitteln die heimatliche Vertrautheit des Volkslieds; zugleich weist der duettierende Duktus auf die beiden Liebenden hin. Folgerichtig weicht der Beginn der zweiten Strophe (T. 16ff.) etwas vom Schema ab, denn hier ist die einzige Bewegung im Gedicht: die Frau geht zu ihrem Liebsten, und entsprechend entwickelt sich hier die Harmonik kadenzierend von G über C nach F (T. 18–19). Hier, in der Emphase der Begegnung, verläßt das Lied den Volkston und wird arios. An zwei anderen Stellen wird der Klaviersatz akkordisch aufgefüllt und gewinnt harmonische Tiefe, und zwar, wenn die *Ruhestatt* aus Blumen bereitet wird (T. 34–35), und dort, wo in Rosen *das Haupt* der Frau lag (T. 39–44). Zum Kunstvollen gehört auch, daß Pfitzner die letzte Zeile wiederholt (*das wird wohl verschwiegen sein*); zunächst erklingen im Klavier die beiden Schlußtakte der ersten Strophe, wo von der Nachtigall die Rede war, als Schlußformel für den verschwiegenen Vogel. In der Wiederholung bringt er dann zu den Anfangstakten im Klavier die Schlußformel der dritten Strophe (*wo das Haupt mir lag*) mit dem charakteristischen Sextfall in der Singstimme als dem eigentlichen Kern der Erinnerung.

Warum Pfitzner das Gedicht Walthers so vergleichsweise spröde in Töne gesetzt hat, bleibt sein Geheimnis. *Gewalt der Minne*, das andere Gedicht Walthers, das Pfitzner vertonte, ist zur selben Zeit entstanden und mit vollen Akkorden, hymnisch-romantisch gesetzt. Von den Heine-Liedern op. 4 und *Über ein Stündlein* (Paul Heyse) über *An die Mark* op. 15/3, das Petrarca-Sonett op. 24/3, *Tragische Geschichte* op. 22/2 bis zu den Liedern nach C. F. Meyer op. 32, den Ricarda-Huch-Liedern op. 35 und den Altersliedern op. 41 zieht sich die Reihe eher konstruktiv konzipierter Lieder Pfitzners. In einigen Fällen scheint die fahle Stimmung einzelner Gedichte Anlaß für diese sparsame Struktur gewesen zu sein; bei den Liebesliedern wäre allenfalls zu vermuten, daß Pfitzner jede Sentimentalität vermeiden wollte.

4. *Wie glänzt der helle Mond* (Gottfried Keller) op. 33/8

Unter den über 100 Liedern Pfitzners gibt es nur einen Zyklus: *Alte Weisen* op. 33 nach Gedichten von Gottfried Keller: *Diese acht Lieder gehören als ein Ganzes durchaus zusammen und sind nur zusammen in dieser Reihenfolge vorzutragen.* Das letzte Lied in diesem Zyklus ist *Wie glänzt der helle Mond.* Der Zyklus ist neben den beiden Mörike-Liedern *Das verlassene Mägdlein* und *Denk es, o Seele* op. 30 Zeugnis der bewußten Auseinandersetzung Pfitzners mit Hugo Wolf. Pfitzner hat sich nur in Briefen und dann sehr knapp zu Wolf geäußert; seine konkreteste Einschätzung ist die, daß in Wolfs Liedern *mehr Stimmungsmache als Stimmung*[13] herrsche. Diese Kritik rührt aus Pfitzners Einfallslehre her: Die Stimmung eines Liedes müsse aus dem musikalischen Einfall heraus erwachsen; jede Form akzidentieller musikalischer Zutat, die eine Stimmung suggerieren solle, lehnte er ab. Nimmt man die Gedichte, die sowohl Wolf als auch Pfitzner vertont haben, so stellt sich zum einen die Frage, wie weit die Kritik Pfitzners überhaupt berechtigt ist, zum anderen ist festzustellen, daß Pfitzner jeweils eine möglichst weit entfernte Alternative zur Wolfschen Interpretation wählt[14]. Wo Wolfs Lied eine dramatische Szene darstellt (wie z.B. in *Denk es, o Seele*), vertont Pfitzner meditativ; wo Wolf ein Zustandsbild entwirft (*Das verlassene Mägdlein*), ist Pfitzners Interpretation dramatisch. Auch die *Alten Weisen* bezeichnen jeweils Gegenpositionen; Pfitzner brachte in ihnen vor allem die Dra-

[13] vgl. dazu Vogel, »... *mehr Stimmungsmache als Stimmung*«
[14] ebda.

stik der Gedichte Kellers zum Ausdruck (das schon von Wolf plastisch ausgemalte Lied *Das Köhlerweib ist trunken* vertonte Pfitzner bezeichnenderweise nicht noch einmal).

Wie glänzt der helle Mond ist die Vision einer bäuerlichen Frau am Ende ihres Lebens. Viel weiter zurück als Mond und Meer liegen ihre Jugend und ihre Schönheit; sie sieht sich in das Paradies einfahren, wo sie die heilige Familie gleichsam wie auf einem Bauernhof erschaut; Gott Vater füttert den Heiligen Geist mit Himmelskörnern. Der Schluß des Gedichts enthält eine ironische Wende: Vor der Tür hockt St. Petrus und flickt die alten Schuhe. Das Gedicht hat in der revidierten Fassung von 1883 sieben Strophen zu je zwei fünfhebigen Verszeilen.

Wie glänzt der helle Mond
(Gottfried Keller)

Wie glänzt der helle Mond so kalt und fern,
Doch ferner schimmert meiner Schönheit Stern!

Wohl rauschet weit von mir des Meeres Strand,
Doch weiterhin liegt meiner Jugend Land!

Ohn' Rad und Deichsel gibt's ein Wägelein,
Drin fahr' ich bald zum Paradies hinein.

Dort sitzt die Mutter Gottes auf dem Thron,
Auf ihren Knien schläft ihr sel'ger Sohn.

Dort sitzt Gott Vater, der den Heil'gen Geist
Aus seiner Hand mit Himmelskörnern speist.

In einem Silberschleier sitz' ich dann
Und schaue meine weißen Finger an.

Sankt Petrus aber gönnt sich keine Ruh,
Hockt vor der Tür und flickt die alten Schuh.

Hugo Wolf beschwört in seiner Vertonung eine Brucknersche Aura von durchgängigen Akkordrepetitionen, in die die Singstimme mit der Deklamation des Gedichtes eingebettet wird. Das gesamte Lied ist außerordentlich einheitlich und nimmt die Details des Gedichtes nicht konkret auf; lediglich am Schluß wird das Schuheflicken des Petrus durch Vorschläge im Klavier angedeutet.

Beispiel 5

Hugo Wolf
Wie glänzt der helle Mond

Ganz anders Pfitzner. Deutlich unterscheidet er drei Bereiche: den kosmischen, den der Erinnerung und den des bäuerlichen Paradieses. Jede Gedichtzeile ist für sich komponiert und endet mit einer Fermate. Kosmos und Paradies unterscheiden sich überdeutlich in Faktur und Tempo. Schließlich wechselt auch die Tonart ständig. Das Lied erscheint ungeregelt, in seiner Abfolge willkürlich; es widersetzt sich leichtem Verständnis. Pfitzner entläßt den Hörer des Zyklus, der bis dahin den drastisch und witzig formulierten Liedern folgen konnte, mit sphinxhafter Verrätselung.

Der kosmische Bereich (die Vertonung der Zeilen 1, 3, 7 und 11) steht in cis-Moll und ist gekennzeichnet durch weit auseinanderliegende dissonierende Akkorde im *pp*, wie sie uns auch im Lied *Abbitte* und im langsamen Satz des Klavierkonzerts begegnen. Was im Notenbild wie impressionistische Kolorierung anmutet, wirkt beim Hören spröde, besitzt eine kalte Mystik, die die visionären Teile des Liedes in das Licht des kalten, fernen Mondes taucht und den Silberschleier spiegelt, der die alte, auch zum Paradies auf Distanz bleibende Frau in ihrer Einsamkeit einhüllt. Die Melodik der Singstimme ist plastisch ausgeprägt und würde in ihrer Diatonik keine Probleme aufgeben, wenn sie nicht durch die Akkorde in starkem Maße ver-

Beispiel 6

Wie glänzt der helle Mond

Gottfried Keller

English Version by
Alfred Kalisch

opus 33, No. 8

12
Gemächlich (quasi Andantino) (etwa ♩ = ♪ vorher)
Quietly (about ♩ = ♪ before)
Ohn' Rad und Deich - sel gibt's ein Wä - ge-lein,
A cha - riot with - out wheels or shafts I know,
s.T.1
15
rit.
drin fahr' ich bald zum Pa - ra - dies hin-ein.
In that one day to Pa - ra - dise I'll go,
Wieder sehr langsam (Anfangstempo, quasi
Again very slow (tempo of the beginning)
Dort sitzt die Mut-ter Got -
There sits en-throned God's mo -
r. H.
l. H.
19
Adagio)
- tes auf dem Thron,
- ther un - de - filed,
Wieder wie oben (Andantino)
Again as above
auf ih-ren Knie-en schläft ihr sel'-ger Sohn.
And at her feet there sleeps the Ho - ly Child.
rit.
22
Wieder Adagio
again
Dort sitzt Gott Va - ter,
The heav'n-ly Fa - ther,
Wieder Andantino
again
der den heil'-gen Geist aus sei-ner Hand mit Him -
in His ma - jes - ty, And at His side the Ho -

fremdet würde. Die Akkordik bezieht ihre Dissonanz aus der Chromatik der Oberstimme, die fast wie ein in den Diskant verlegter Lamento-Baß klingt (und übrigens der Wolfschen Melodik nicht unähnlich ist). Die Baßakkorde geben der Singstimme eine gewisse Stütze; da sie aber nicht kadenzieren, geht von ihnen kein harmonischer Sog aus; die Liedteile wirken wie stehende Bilder. So entstehen Vier- bis Sechsklänge, denen jede harmonische Funktion fehlt: kosmische Klänge, nicht von dieser Welt.

Das Dieseits ist nur in der Erinnerung vertreten; daß Schönheit und Jugend noch ferner liegen, wird durch den unmittelbaren Anschluß der von cis-Moll weit entfernten Tonart c-Moll ausgedrückt; keine Dissonanzen, der melodische Nachsatz zum vorangehenden um einen Halbton nach unten versetzt.

Der Bereich des Paradieses (Zeilen 5, 6, 8, 10, 12, 13 und 14) hat gegenüber der Ruhe des Kosmos und der Erinnerung etwas Geschäftiges in *staccato*-Achteln. Pfitzner versinnbildlicht mit ihnen das merkwürdige *Wägelein ohn' Rad und Deichsel*, den die Himmelskörner aufpickenden Heiligen Geist und den mehr klopfenden als flickenden Petrus. Das Tempo ist jeweils schneller, die Faktur durchsichtig dreistimmig und weitgehend in Es-Dur gehalten. Die Motivik zeigt eine gewisse Verwandtschaft zum melodischen Einfall des Anfangs, ist aber wegen der Veränderung der Stimmung kaum zu erkennen (x).

Alle sich entsprechenden Teilabschnitte des Liedes sind durch eine ähnliche Motivik oder durch eine ähnliche Harmoniefolge miteinander verbunden. Das begrenzt den Materialvorrat auf die zwei Substanzen »mystische« Akkordik und »Paradies«-Motivik. Daß das Lied in cis-Moll beginnt und in Es-Dur endet, hat eine gewisse Logik: Es ist die Tonart des Standorts der Betrachterin nahe dem Paradies; die kosmische Sphäre liegt zwei Unterquinten (des = cis) tiefer, die der Erinnerung drei Oberquinten (c) höher. Auch hier also: die Erinnerung ist noch weiter entfernt als der Kosmos.

Obwohl dies alles erklärbar ist (weitere Details müssen hier unbeachtet bleiben), faßt das Ohr diese Erklärung nicht. Zu groß sind die Unterschiede zwischen eher konservativ eingängigen, diatonischen Abschnitten und komplexen, chromatisch-dissonanten Akkordballungen, die das Eingängige verfremden. Es kennzeichnet Pfitzners Kompositionsweise, daß er (anders als die Wagner-Nachfolger) Diatonik und Chromatik wieder trennt und als gegensätzliche Pole unvermittelt gegeneinander stellt, wo ihm dies angebracht erscheint. Hier zeigt sich jene Unvermitteltheit und Unverputztheit, die von Anfang an als typisch für Pfitzners Musik bezeichnet und geschätzt wurde.

Für das ganze Liedwerk Pfitzners läßt sich feststellen, daß es die interpretatorischen Möglichkeiten, die der Liedvertonung seit Beethoven insbesondere durch Schubert, Schumann und Brahms zugewachsen sind, in sich aufnimmt und noch weiter subtil verfeinert. Gleichwohl sind fast alle Lieder außerordentlich vielfältig-plastische, sinnlich wahrnehmbare, melodisch bestimmte Einheiten. Besonders fallen immer wieder die Momente des Doppelbödigen, Mystischen auf, die vor allem in einigen Eichendorff-Liedern (z.B. *Im Herbst* op. 9/3, *In Danzig* op. 22/1, *Der verspätete Wanderer* op. 41/2), in Liedern, deren Texte einen Bezug aufs Jenseits haben (*An den Mond* op. 18, *Abendrot* op. 24/4, *Hussens Kerker* op. 32/1), in Liedern mit Glocken im Text (z.B. *Über ein Stündlein* op. 7/3, *Michaelskirchplatz* op. 19/1, *Eine Melodie singt mein Herz* op. 35/5) zu finden sind. Darüber sollte allerdings der auch immer wieder auftretende hintersinnige Witz nicht vergessen werden, wie er etwa in *Sonst* op. 15/4, *Tragische Geschichte* op. 22/2 und in den *Alten Weisen* op. 33 vorkommt. Mit diesen Qualitäten hebt sich Pfitzners Liedschaffen deutlich von dem seiner Zeitgenossen ab.

Der Volkston bei Hans Pfitzner und Gustav Mahler

Pfitzners romantischer Volkston in Werken wie dem Streichquartett D-Dur, in einzelnen Liedern (z.B. *Gretel* op. 11/5 und *Untreu und Trost* o.op.) und der Spieloper *Das Christ-Elflein* lädt ein zum Vergleich mit dem Volkston eines anderen Zeitgenossen: Gustav Mahler. Hier bieten sich an die *Lieder eines fahrenden Gesellen* und die *Wunderhorn*-Lieder, die 1. und die 4. Sinfonie, aber auch sonst ist Mahlers Werk durchtränkt mit volksliedhaften Elementen. Nach dem Tode Wagners tritt neben die Weiterentwicklung von dessen Stilelementen eine Abwendung vom hohen Ton, hybrider Harmonik und übergroßer Orchesterbesetzung. Bereits Brahms greift in den langsamen Sätzen seiner frühen Werke auf Volksliedmelodien zurück und veröffentlicht später zahlreiche Volksliedbearbeitungen; Humperdincks Oper *Hänsel und Gretel*, an deren Klavierauszug Pfitzner mitwirkte, verbindet volksliedhafte Melodik mit wagnerscher Harmonik; Max Reger unterlegt volksliedhaft simple Melodien mit einer endzeitlich hochgezüchteten Harmonik. Aber Mahler macht das Volksliedhafte zu seinem Stil, wobei er sich an seiner Sicht der vorromantischen *Wunderhorn*-Gedichte orientiert, und Pfitzner hat in einem frühromantischen Volkston seine Wurzeln. Beide nehmen die Chromatik zugunsten eines Vorrangs der Diatonik zurück.

Da beide Komponisten vom Lied ausgehen, bieten sich die *Lieder eines fahrenden Gesellen* (1884) und Pfitzners Lied *Der Gärtner* op. 9/1 (1890/91) zum Vergleich an. Beide sind im Volkston gehalten in der Schlichtheit ihrer Melodik und in der Diatonik der Harmonik. Bei beiden Komponisten ist dies zwischen ihrem 20. und 25. Lebensjahr keine Rücknahme ihrer Ausdrucks- oder technischen Mittel.

Die Unterschiede zwischen Mahler und Pfitzner sind freilich nicht zu übersehen. Mahler legt einen Text zugrunde, der wie aus *Des Knaben Wunderhorn* klingt, aber von Mahler selbst stammt. Auch in der Folgezeit verändert er *Wunderhorn*-Texte durch Wiederholungen, Auslassungen, Kombination mehrerer Gedichte oder durch eigene Einschübe. In derselben Weise verändert er auch den Duktus eines zu erwartenden musikalischen Zusammenhangs durch Einschübe, Wiederholungen, Dehnungen und Verkürzungen der Periodik und durch Verbindung unterschiedlicher Melodien und Rhythmen. Schon das erste der *Lieder eines fahrenden Gesellen* ist ein Beispiel für diese Technik (Bsp. 7). Die ständigen Takt- und Tempowechsel, Einwürfe in einen melodischen Zusammenhang und die unvermittelten Tonartwechsel erwecken den Eindruck einer Montage; ursprünglich Gewachsenes wird aus seinem Zusammenhang gelöst und erhält Stellvertreterposition, Symbolik. Wir hören etwas, was auf das Volkslied und die Assoziationen, die wir damit verbinden, verweist, aber kein Volkslied ist (ein weiteres Beispiel ist das *Rheinlegendchen* aus den *Wunderhorn*-Liedern).

Pfitzner hatte diesen unmittelbaren Kontakt mit dem Volkslied offenbar nicht; für ihn gewinnt das Volkslied künstlerischen Wert erst, wenn es aus seiner primitiven Urgestalt in die Sphäre des Kunstliedes gehoben wird. Seine Musik formt sich nicht an den ungeschliffenen Gedichten von *Des Knaben Wunderhorn*, sondern am vermittelten Volkston Eichendorffs, in dem sich die Sehnsucht nach der guten alten Zeit spiegelt. Ein Lied wie *Der Gärtner* (Bsp. 8) besitzt die Melodik, Harmonik und Metrik eines Volksliedes analog zum *Lindenbaum* von Schubert und wäre wohl 80 Jahre früher zum Volkslied vereinfacht worden. Aber ähnlich dem *Lindenbaum* ist die Faktur nicht unkompliziert und wirkt gegenüber anderen Werken Pfitzners nicht reduziert. Die 2. und 3. Strophe wird mit Gegenstimmen und Imitationen bis zur Vierstimmigkeit angereichert (Bsp. 8b), und

Beispiel 7

Gustav Mahler
Lieder eines fahrenden Gesellen (Nr. 1)

die ewig im Herzen stehende Liebe ohnegleichen bringt die Harmonik so aus dem Gleis, daß die 3. Strophe einen Halbton höher in E-Dur fortfährt (Bsp. 8c). Am Ende (*und grab mir bald mein Grab*) erreicht Pfitzner Gis-Dur; der Eintritt des Klaviernachspiels mit dem Thema wieder in Es-Dur erhebt die *vielschöne, edle Fraue* gleichsam zum Himmelsbild. Die kunstvollen Mittel ordnen sich wie unauffällig dem unmittelbar erscheinenden Volkston unter. Das gilt auch da, wo Pfitzner ausdrücklich ein Volkslied komponiert (*Untreu und Trost*[15]).

Dieselben Beobachtungen lassen sich auch an späteren Werken machen, etwa an Mahlers 4. Sinfonie und Pfitzners *Christ-Elflein.* Beide Werke sind von ihren Komponisten etwa im selben Alter, zwi-

[15] HP erkannte dieses Lied zunächst nicht als vollwertig an (Brief HP an Max Brockhaus vom 2. 7. 1917, zit. bei Abendroth, *HP*, S. 208f.). Er hat es schließlich aber auch instrumentiert. – Die Volksliedbearbeitung *Inmitten der Nacht* (vgl. Rectanus, *»Inmitten der Nacht«*) erscheint mir mißglückt; Pfitzner hat denn auch das Lied nicht in seine Werke aufgenommen, und ob er den Wiederabdruck 1933 überhaupt gestattet hat, bleibt bislang ungeklärt.

Beispiel 8a

Der Gärtner op. 9 Nr. 1

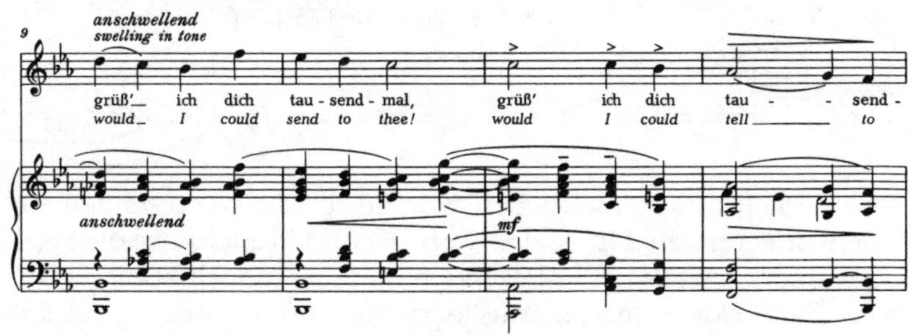

Beispiel 8b

schen 35 und 40, geschrieben worden, beide Werke enden mit einem Engelsgesang. In beiden Werken werden allerdings die Spannungen der jeweils davor liegenden und der danach kommenden Werke zurückgenommen, Musiksprache, Werkanspruch und aufzuwendende Mittel reduziert; thematisiert werden Zustände himmlischer Unschuld und kindlicher Naivität. Mahlers Sinfonie wirkt weithin heiter, unangestrengt und angefüllt mit volksliedhaften Themen, die der Populär-, ja Trivialmusik entnommen sein könnten und den traditionellen Anspruch der sinfonischen Form unterlaufen. Pfitzners Werk ist ein »Weihnachtsmärchen« (in späterer Bearbeitung eine »Spieloper«) für Kinder und aus einem Kindergemüt geschrieben, das Pfitzner immer auch hatte; alle Nummern sind frühromantisch volks-

Beispiel 8c

liednah erfunden, die Ouvertüre breitet in ihren schnellen Teilen einen ganz unmittelbaren, ungezwungenen Volkston aus. Beide Werke distanzieren sich gleichermaßen von der Wagner-Tradition und dem Stil der Zeitgenossen durch ihre Haltung und die in ihnen vorherrschende Diatonik.

Wie schon die frühen Lieder leben auch der erste Satz der 4. Sinfonie und noch der zweite Satz der 9. Sinfonie Mahlers vom kaleidoskopartigen Wechsel, vom Nacheinander und der Gleichzeitigkeit von Volksliedpartikeln. Hier werden dem Volksliedhaften noch Elemente der Trivialmusik beigegeben, so daß der Ton mitunter übertrieben, karikiert, ironisiert wirkt. Ein böhmisch-österreichischer Unterschichtendialekt aus der Musik unter der Dorflinde oder aus der Garnison, Ländler und Märsche mit ihren schlichten, ja banalen Wendungen ziehen in die Kunstmusik ein und signalisieren damit nicht nur Verlust, Erinnerung und Sehnsucht nach heimatlicher Geborgenheit, sondern zuweilen auch so etwas wie Sozialanklage.

Pfitzners Opernmusik greift auf die Frühromantik Webers und Mendelssohns zurück. Im E-Dur-Tanz (2. *Allegro*-Thema in G-Dur der Ouvertüre) des *Christ-Elfleins* (Nr. 6 der Spielopern-Fassung, Dur-Teil des dritten Tanzes, Bsp. 9) sind die Perioden unregelmäßig, erscheinen aber »natürlich«, weil in einer Acht-Takt-Periode die Dehnung der Melodik in Takt 7 bewirkt, daß Schlag 1 von Takt 9 zugleich Endpunkt und Beginn der nächsten Periode ist. In dieser Periode wird dann ein Takt unmerklich verkürzt. Dies und wenige delikate harmonische Schärfungen bewirken die Lebendigkeit und Frische der (eigentlich längst bekannten) Mittel. Weder wird der Volkston artifiziell neu und damit gebrochen erschaffen wie bei Gustav Mahler, noch wird eine schlichte, dem Volkslied nachempfundene Weise mit einer hochchromatischen Harmonik aufgefüllt wie bei Reger, noch wird ein Anklang an den Volkston in Sinfonik harmonisiert wie bei Strauss (z.B. die Tanzweise in *Also sprach Zarathustra*). Anders als Mahler gewinnt Pfitzner den Volkston nicht durch Komponieren von Volksliedelementen, sondern erfindet aus dem Geist der Romantik volksliedhafte Musik. Das Volkslied ist für ihn weder Material noch Symbol, sondern in seiner melodischen, harmonischen und rhythmischen Struktur Anknüpfungspunkt für die Vertonung volksliedhafter Gedichte oder kindlich-unschuldiger Stimmungen.

Trotz dieser Unterschiedlichkeit in der Ausgangsposition sind zwei Übereinstimmungen zu bemerken: Zum einen gelingt ungebrochene, volksliednahe Musik dem jungen Pfitzner gerade noch; bei Mahler und dem reifen Pfitzner läßt der Einbruch des Bewußtseins des 20. Jahrhunderts derartige Kompositionen nicht mehr zu, sofern sie nicht historisierend erscheinen wollen. Das Volksliedhafte wird entweder verfremdend zersplittert wie bei Mahler oder von Gegenstrukturen in Frage gestellt wie bei Pfitzner. Beispiele sind *Schön Suschen* (G. A. Bürger) op. 22/3 (1907), *Das verlassene Mägdlein* (Mörike) op. 30/2 (1922) oder *Sehnsucht* (Ricarda Huch) op. 40/3 (1931). Nur einmal klingt Pfitzner wie Mahler: am Schluß der ersten Strophe des *Friedensboten* in der Kantate *Von deutscher Seele* (*rauschen die Quellen herein* in dem Abschnitt *Der Sturm geht*) tritt ein typisch mahlerscher, emphatischer Melodiebogen mit sentimentaler Harmonisierung und Solo-Violine auf (Bsp. 10). Erst im Alterswerk von op. 44 an bemüht sich Pfitzner nicht mehr um Zeitgenossenschaft und verwendet wieder unvermittelt romantischen Volkston (vgl. Bsp. 1). – Zum anderen spielt die Verwendung des linearen Satzes mit vorzugsweise diatonischer Tonfortschreitung eine erhebliche Rolle. Mahler und Pfitzner gehen in der Führung gleichzeitig auftretender Stimmen bis an die Grenze dessen, was noch als ein geschlossenes Satzbild angesprochen werden kann. Dies betrifft sowohl die Unabhängigkeit der Stimmen an sich als auch die Infragestellung der tonalen Harmonik. An die Stelle schulgerechter Modulationen treten

Beispiel 9

Das Christ-Elflein (Ouvertüre)

Orgelpunkte und unvermittelte Rückungen in andere Tonarten, das Festhalten an einer Grundtonart unter Vermeidung der Dominante, überhaupt das Vermeiden einer funktionalen Harmonik zugunsten tonaler Zusammenhänge, die sich aus der »logischen« Führung der Stimmen ergibt, bis hin zu bitonalen Passagen[16].

Diese Vermeidung der Modulation bzw. die Ersetzung der Funktion der Modulation durch selbständige Führung der Stimmen, die Leittöne suggerieren, sind Besonderheiten, die die Musik Mahlers und

[16] Pfitzner wendet sich gegen die Bezeichnung »atonikale Musik« für das, was allgemein heute als atonale Musik bezeichnet wird, weil eine Musik – vom Schlußakkord abgesehen – auf gar keine Tonika zurückzuführen zu sein braucht, und doch durchaus die Gesetze, die Logik der Harmonie respektieren kann; vgl. hierzu *Die neue Ästhetik der musikalischen Impotenz*, GS II, S. 119.

Beispiel 10

Von deutscher Seele

Fl. 1 2
Ob. 1 2
E. H.
Cl. B 1 2
Bcl. B
Fag. 1 2 3
pp
Hrn. F 1
p espr.
Harfe 1
Viol. I Solo
zus.
Viol. I
Viol. II
Br.
Baß-Solo
Ge - senkt auf den schnee - wei - ßen Arm
zus.
Celli
arco
C. B.
p

Pfitzners abgrenzen gegen die Werke von Hugo Wolf, Richard Strauss, Max Reger und des jungen Arnold Schönberg, die auch dort, wo sie vielstimmig schreiben, vom harmonischen Verlauf her denken. Diese Abwendung vom Sprachraum Wagners führt bei Mahler und Pfitzner zu jenem auseinanderstrebenden, ins Kammermusikalische tendierenden Tonsatz, der für beide Komponisten typisch ist. Wie ein Gegengewicht dazu erscheint der sehnsuchtsvolle Blick zurück, die eingeschobenen Inseln rein diatonischer Harmonik, die bei Pfitzner entsprechend seinem noch rauheren Satzbild um so ausgeprägter erscheinen. Es ist bezeichnend, daß Mahler Pfitzners Quartett in D-Dur besonders schätzte und daß Pfitzner nach dem Tod Mahlers zu dessen Gedächtnis die 4. Sinfonie aufführte.

Im Zusammenhang mit Mahlers Verwendung von Elementen der Trivialmusik fiel das Stichwort Sozialanklage; sie ist besonders in Mahlers Soldatenliedern herauszuhören. Auch bei Pfitzner gibt es mit der Vertonung von Dehmels *Arbeitsmann* op. 30/4 ein Beispiel dieser Art. Das Lied steht mit seinem unerbittlichen Marschrhythmus, seiner resignativen Marschmelodie, seinen grellen Dissonanzen und seiner deklamatorisch geführten Singstimme der *Revelge* oder dem *Tambourg'sell* Mahlers deutlich näher als der Vertonung desselben Gedichts durch Richard Strauss (op. 39/3). Denn schon die Eingangstakte der beiden Lieder zeigen, daß sie sich zwar im Pathos, das dem Text entspricht, ähneln, die klanglich-harmonische und ariose Opulenz des Strauss-Liedes aber das Proletarische des Arbeitsmannes verfehlt, das Pfitzner trifft[17]. Mahlers Lieder haben dieses Pathos – auch aus Textgründen – nicht; sie sind harmonisch trockener, doch mit der Anklage des Starken durch den Schwachen identifizieren sich Mahler und Pfitzner gleichermaßen.

[17] näheres dazu bei Heller, *Ps Dehmel- und Liliencron-Lieder*, S. 59f.

Innere Wandlung als Opernstoff

Obwohl Pfitzner vom Lied und von der Kammermusik her kommt und ein beträchtlicher Teil seines Schaffens in diese Bereiche fällt, empfand er sich wesentlich als Opernkomponist. Er schrieb fünf Opern, auf deren Text er auch erheblichen Einfluß nahm, im Falle des *Palestrina* schrieb er ihn selbst. Er bearbeitete Opern von Marschner und fertigte einen Klavierauszug zu E. T. A. Hoffmanns *Undine*. Auch sein schriftstellerisches Werk hat einen Schwerpunkt in der Opernthematik. Er leitete mehrere Jahre in Straßburg ein Opernhaus und führte gern und nicht nur bei seinen eigenen Werken Regie; schließlich galt seine besondere Vorliebe im Rahmen seiner Lehrtätigkeit dem Regie- und Schauspielunterricht für Opernsänger. Seine fünf Opern, zwei Schauspielmusiken und drei Bearbeitungen romantischer Opern finden sich allerdings, mit Ausnahme des *Palestrina* und seiner Bearbeitung von Marschners *Vampyr*, in den letzten 40 Jahren kaum noch im Repertoire. Das ist bemerkenswert, weil Pfitzner auch heute noch neben Richard Strauss als ein Opernkomponist gilt, dem es gelungen ist, aus Wagners Schatten profiliert herauszutreten. Auch die Musik seiner Opern wird weithin geschätzt. Was ihrer Verbreitung im Wege steht, sind nach allgemeiner Meinung Qualität und Inhalt seiner Texte. So erscheint Gruns *Rose vom Liebesgarten* zu wirr, Ilse von Stachs *Christ-Elflein* zu naiv und deutschtümelnd, Mahner-Mons' *Das Herz* unaktuell. Zwiespältig bleibt vor allem Gruns wagnernde Sprache, obwohl er mit dem *Armen Heinrich* eine mindestens dramaturgisch gute Vorlage geschrieben hat, und in allen Fällen hat Pfitzner, der seine eigenen Fähigkeiten mit dem *Palestrina*-Text unter Beweis gestellt hat, selbst an der Wahl und Ausgestaltung des Textes mitgewirkt, im Falle des *Christ-Elflein* und des *Herz* eine gründliche Endredaktion vorgenommen. Ist es also der Inhalt? Lassen wir die Opern Revue passieren[18].

Der arme Heinrich – Musikdrama in drei Akten bezieht seinen Stoff aus dem gleichnamigen epischen Gedicht von Hartmann von Aue. Der edle Ritter Heinrich ist mit Siechtum geschlagen. Er wird von seinem Gefolgsmann Dietrich, dessen Frau Hilde und deren etwa 13jähriger Tochter Agnes in deren Wohnung gepflegt. Dietrich kehrt

[18] vgl. dazu auch Wolfgang Osthoff unter dem Stichwort HP in: *Pipers Enzyklopädie des Musiktheaters*, hg. von Carl Dahlhaus u.a., Bd. 4, München/Zürich 1991, S. 752ff.

von einer Italienreise zurück, wo er von einem weisen Mönchsarzt erfahren hat, daß Heinrichs Krankheit eine Gottesstrafe ist, die nur geheilt werden kann, wenn sich eine Jungfrau freiwillig für ihn opfert. Agnes, die in sich die Bestimmung zu diesem Opfer fühlt, überwindet den Widerstand ihrer Eltern und des Ritters und setzt die Reise zum Mönchsarzt durch. Während die Eltern sich in ihr Schicksal fügen, versucht Heinrich kurz vor dem Opferakt, Agnes zurückzuhalten. Als Agnes schließlich mit dem Mönchsarzt im Opferraum verschwindet, ruft Heinrich zu Gott, er wolle nicht mehr gerettet sein. Dadurch wird er geheilt, und ihm wächst die Kraft zu, die Tür zum Opferraum aufzusprengen und Agnes vor dem Opfer zu retten. Anders als bei Hartmann von Aue endet die Oper nicht mit der Hochzeit des Paares, sondern mit dem Vorsatz Heinrichs, zu Fuß wandernd den Menschen von Gottes Werk zu künden.

Die Rose vom Liebesgarten – Romantische Oper in zwei Akten, Vor- und Nachspiel. Grun mischt hier verschiedene mythische Elemente[19], angeregt durch Bildfolgen des befreundeten Malers Hans Thoma. Im Liebesgarten, einer Art germanischem Paradies, bestimmt die Liebesgöttin, eine Sternenjungfrau, Siegnot zum Wächter des Frühlingstors und übergibt ihm eine zauberkräftige Rose. Sein Auftrag ist nicht nur, das Tor zu bewachen, sondern auch neue Mitglieder für den Liebesgarten zu gewinnen. Siegnot verliebt sich in die Elfenkönigin Minneleide und gibt ihr die Rose. Sie wird jedoch vom Licht des Liebesgartens so geblendet, daß sie in den Urwald vor dem Garten zurück flieht. Der finstere Nachtwunderer und seine Zwerge bemächtigen sich ihrer und schlagen Siegnot nieder. Der folgt ihnen waffenlos in eine Berghöhle, um die Stelle der gefangenen Minneleide einzunehmen und sie dadurch auszulösen. Der Nachtwunderer schlägt eine Probe vor: kann Minneleide allein ans Licht steigen und die Rose im Liebesgarten abgeben, sind beide frei; zagt sie aber und verliert sie die Rose, verfällt sie Nachtwunderer, Siegnot muß sterben. Siegnot vertraut auf Minneleide und nimmt die Probe an, Minneleide versagt erneut. Siegnots Gebet wird erhört, er reißt die Säulen der Höhle ein und wird mit den anderen verschüttet. Minneleide bleibt verschont und gewinnt nun aus Siegnots Liebesvertrauen die Kraft, auf sich selbst gestellt dem Elfenkönigreich zu entsagen, den Liebesgarten aufzusuchen und mit der Rose zu öffnen. Die Stimmen eines Gerichts verurteilen sie, doch die Sternenjungfrau spricht eine Begna-

[19] Reinhard Seebohm, *Der Liebesgarten und die Rose*, HPM 36, S. 72ff.

digung aus und erweckt auch Siegnot zu gemeinsamem Leben im Liebesgarten.

Das Christ-Elflein – Spieloper in zwei Akten. In diesem Weihnachtsmärchen ist das Elflein neugierig auf die Menschen und folgt, gegen den Widerstand des Tannengreises, dem Christkind zu einer Familie, in der das Weihnachtsfest überschattet ist von der Krankheit der Tochter Trautchen. Das Christkind gewährt dem ursprünglich ungläubigen, durch das Erscheinen des Christkindes gläubig gewordenen Bruder Frieder und dem Elflein jeweils die Erfüllung eines Wunsches. Frieder bittet für die Genesung seiner Schwester, das Elflein möchte an Trautchens Stelle mit dem Christkind in den Himmel gehen. Trautchen wird gesund, und das Elflein darf jede Weihnachten als Christ-Elflein wieder auf die Erde kommen.

Palestrina – Musikalische Legende in drei Akten. Pfitzner stellt den historischen Vorgängen auf dem Tridentiner Konzil 1563, den Auseinandersetzungen zwischen Papst, Kaiser und Spanien, die Eigengesetzlichkeit der Kunst in Gestalt des Komponisten Palestrina gegenüber und behandelt dabei das Wesen der künstlerischen Inspiration. Auch der Generationenkonflikt kommt in der modernen Haltung des Schülers Silla zur Sprache. Palestrina wird von Kardinal Borromeo gebeten, eine Probemesse zu schreiben, die den Papst, der die mehrstimmige Kirchenmusik beseitigen und zur Gregorianik zurückkehren will, von der Frömmigkeit und Reinheit der Kirchenmusik überzeugen und sie damit retten soll. Palestrina lehnt dies ab unter Hinweis darauf, daß er seit dem Tode seiner Frau ein gebrochener Mann sei und die Kraft zum Komponieren verloren habe. Nach Borromeos wütendem Abgang drängen die Komponisten der Vergangenheit, die alten Meister, Palestrina, sein Erdenpensum zu erfüllen. In der Stimmung tiefster innerer Not tritt der Geist seiner verstorbenen Frau zu ihm und Engel diktieren ihm die Messe. – Borromeo, der davon nichts weiß, hat Palestrina in Zwangshaft werfen lassen; auf dem Abschlußtag des Konzils kann er auf die Frage, ob die Messe geschrieben sei, einer peinlichen Situation nur knapp entgehen; die Frage ist für das Konzil ein Nebenpunkt, der Bedeutung nur dadurch erhält, daß der deutsche Kaiser Wert auf die Beibehaltung der Kirchenmusik legt und man ihm diesen Wunsch nicht abschlagen will, weil er in anderen wichtigeren Punkten nachgeben soll. Im übrigen soll das schon lange währende Konzil endlich abgeschlossen werden, obwohl wichtige Punkte nicht sachgemäß behandelt worden sind. Sie sollen der Weisheit des Papstes überlassen werden. Das stößt auf massiven Widerstand; der spanische Gesandte leistet sich schließlich den unernsten, aber provokativen Antrag, die Protestanten einzuladen. Das Konzil endet im Tumult; am Schluß läßt der Fürstbischof von Trient in die sich raufenden italienischen und spanischen Diener schießen. – Inzwischen wurde die Messe gefunden und Palestrina aus der Haft entlassen. Die Messe wird ein großer Erfolg und zur Rettung für die Kirchenmusik; der Papst sucht Palestrina auf und macht ihn zum Leiter der Sixtinischen Kapelle; Borromeo bittet Palestrina um Verzeihung. Zum Schluß bleibt Palestrina in kontemplativer Haltung an der Orgel zurück.

Das Herz – Drama für Musik in drei Akten. Eine faustische Handlung aus der Barockzeit, in der der Arzt Athanasius, der die Fähigkeit besitzt, sich Geister dienstbar zu machen, dieser Versuchung aber immer widerstanden hat, vom Herzog durch dessen geheimen Rat mit dem beziehungsvollen Namen Asmus Modiger an das Krankenbett des Prinzen gerufen wird. Angesichts dieses sehr ehrenvollen Rufs nimmt er die Hilfe des bösen Geistes Asmodi in Anspruch und erweckt den toten Prinzen wieder zum Leben, allerdings um den Preis, ihm nach einem Jahr ein Herz auszuliefern, das er zuvor auswählen und so lange verwahren darf. Der ahnungslose Athanasius wählt das Herz von Helge, einer adligen Dame, deren Zuneigung er erwidert und die er heiratet. Als das Jahr um ist, fordert Modiger eine Nacht mit Helge für sich. Athanasius lehnt ab; nun fordert Asmodi das Herz. Mit dessen Auslieferung sterben Helge und der Prinz. Da Modiger die Umstände der ersten Heilung des Prinzen verrät, wird Athanasius ins Gefängnis geworfen und zum Tode verurteilt. Hier widersteht Athanasius den Versuchungen zunächst des Herzogs, für seine Freiheit den Prinzen noch einmal zum Leben zu erwecken, dann des ruhelosen Geistes Helges, sie von ihrer Qual zu befreien. Er flieht nicht, denn er will für die Qualen von Helges Herz büßen. Darauf gibt Gott ihr ihr Herz zurück, die vereinten Geister von Helge und Athanasius entschwinden auf einer himmlischen Aue; der Körper des Arztes bleibt tot zurück.

Was wie Erlösungshandlungen aussieht, sind tatsächlich innere Wandlungen: der arme Heinrich besiegt seinen selbstsüchtigen Lebenswillen; Minneleide gewinnt aus dem mit dem Tod besiegelten Liebesvertrauen Siegnots die Kraft, allein in die Helligkeit des Liebesgartens einzutreten; das Christ-Elflein zeigt Mitleid und Opferbereitschaft und darf dafür in den Himmel; Palestrina findet in äußerster innerer Not wieder zu seiner Inspiration; Athanasius überwindet seine Selbstsucht und gewinnt den Himmel. Den Handlungen erwächst ihre Dramatik aus den inneren Kämpfen. Pfitzners Musik hat von daher immer auch ein Pathos im Sinne Schillers, einen sittlichen Appell. Das stellt ihn in eine Reihe mit Beethoven, Brahms und dem reifen Bartók. Da die Wandlungen zum Tod oder zu innerer Versenkung führen, sind die Opernschlüsse wenig *applaustreibend*[20]. Dabei ist Pfitzner deftigem Bühnenspektakel keineswegs abhold: Effekte wie Donner und Blitz, Sirenen, Gewehrsalven finden sich außer im *Christ-Elflein* in jeder seiner Opern.

Fast noch gewichtiger ist der Umstand, daß die Triebfeder nahezu jeder Oper, die Liebe zwischen Mann und Frau mit entsprechendem großen Duett, bei Pfitzner fehlt: im *Christ-Elflein* ohnehin, die Liebe der Agnes zu Heinrich ist keusch, Minneleides Liebe zu Siegnot wird erst nach seinem Tod offenbar, die Liebe Palestrinas zu seiner Frau ist ebenfalls die zu einer Toten. Festzustellen ist eine Vorliebe für Mädchen vor der Reife und Elfen (auch das Käthchen von Heilbronn gehört hierher). *Das Herz* scheint eine Ausnahme zu machen: Helge verehrt Athanasius seit ihrer Kindheit; am Schluß des ersten Aktes bietet sie sich Athanasius unterwürfig an; ihre Liebe ist stark geprägt von der Bewunderung für den großen Arzt und der Reue darüber, daß sie ihm die Rettung des Prinzen nicht zugetraut hat, möglicherweise ist sie aber auch die Folge dessen, daß Athanasius (unwissentlich) ihr Herz besitzt (im doppelten Sinne). In der dritten Szene des zweiten Aktes gibt es dann ein Liebesduett zwischen den beiden, es ist das einzige in Pfitzners Werk. Anders als üblich ist es aber nicht die Krönung der Liebesgeschichte, die siegreiche Werbung, das Geständnis der gegenseitigen Liebe, des gegenseitigen Begehrens, sondern es ist die dramatisch konzipierte »Ruhe vor dem Sturm«, die Idylle im Kontrast zum Folgenden, der Einforderung der Nacht mit Helge durch Modiger, des Herzens durch Asmodi. Entsprechend sind die Musik mit der sogenannten »Liebesmelodie« (vgl. Bsp. 15) wie auch die Liebesszene eher verhalten; daß sich etwas zusammenbraut, kündigt das verschleierte Schuldbekenntnis des Athanasius während dieser Szene an[21], dem Helge liebevoll die Gnade entgegensetzt. Zu

[20] Die Formulierung stammt, wie Pfitzner berichtet, von Gustav Mahler.

[21] Ich möchte die Haltung Athanasius' so deuten und damit davon abweichen, wie Franz Strunz (*Gedanken zur Oper »Das Herz«*, HPM 58, 23ff.; hier: S. 33f.) diese Stelle versteht; er sieht darin das Relikt einer veralteten Rollenverteilung, nach der die Frau die unschuldig Liebende und der Mann der schuldig werdende Kämpfer ist.

einem Duettgesang kommt es nicht; die Melodie spiegelt in ihrer Keuschheit Helges Liebe und nicht die seine[22]. Helge ist das Gegengewicht zu Modiger/Asmodi im Drama. Aber nicht die Entwicklung der Liebe zwischen Helge und Athanasius ist der dramatische Kern, sondern (wieder) die innere Wandlung des Athanasius von einem egozentrischen, ehrgeizigen und ruhmsüchtigen Wunderarzt zu einem Menschen, der seine Schuld erkennt und abtragen will.

Helge ist im übrigen mit ihrem zwar wichtigen, aber nicht umfangreichen Part auch die einzige erwachsene Frau in der Rolle der Liebenden in Pfitzners Opernschaffen. Hilde im *Armen Heinrich* hat eine charakteristisch ausgeprägte, aber unerotische Mutterrolle; die weiblichen Partien in der *Rose vom Liebesgarten* sind Göttinnen oder Elfen. Selbst wenn wir von zeitgenössischen Titelheldinnen von *Tosca* bis *Arabella* absehen, gibt es bei Pfitzner auch sonst keine beherrschende Frauenrolle, die etwa der Marschallin im *Rosenkavalier* oder der Mimi in *La Bohème* vergleichbar wäre. Dies ist bemerkenswert bei einem Komponisten, der, auch wenn er sich als *Stümper in der Liebe* bezeichnete, doch durchaus Leidenschaften für Frauen empfand und auch auslebte.

Pfitzner steht mit den dargestellten Konzeptionen seiner Opern bewußt quer zu denen seiner Zeit: Richard Strauss, Puccini, die Veristen, Schreker, Schillings – sie alle schreiben ihre Musik zu Handlungen, die im klassischen Sinne vom erotischen Bezug der Protagonisten zueinander leben; Handlungen, die allerdings seit Meyerbeer zunehmend auch starke kriminelle Elemente in sich tragen und auch abseitige Beziehungen zum Gegenstand haben. Wo Strauss symbolistisch wird wie in der *Frau ohne Schatten*, behält er doch als Handlungsträger agierende Paare, die zueinander in erotischer Beziehung stehen. Dies nicht von ungefähr: die Beziehung zwischen Mann und Frau ist etwas, wo jeder Zuschauer und Hörer sich angesprochen fühlt, ein, wenn nicht sogar »das« allgemein interessierende Thema der Menschheit. Die innere Wandlung und Selbstüberwindung eines Menschen vor dem Hintergrund moralischer Gesetze ist demgegenüber eher ein ethischer, quasireligiöser Appell

[22] Das wird auch bei einem weiteren Auftreten der Melodie gegen Ende des III. Aktes deutlich (50), bei der Erscheinung Helges, die zur gleichen Musik die Qualen ihres Herzens schildert und Athanasius retten will, weil auch seine Qualen ihr das Herz nicht wiedergeben können. Auch hier drückt die Melodie Helges Liebe aus und nicht auch seine.

mit entsprechend geringerer Anziehungskraft. Deshalb dürfte Bruno Walter hinsichtlich aller Opern recht haben, wenn er *Die Rose vom Liebesgarten* wegen ihrer bedeutenden Musik als Werk *für ein kleines, aber sicheres Publikum* ansah[23].

Palestrina spricht offensichtlich ein größeres Publikum an, obwohl auch hier keine tragende erotische Beziehung vorkommt und das Werk zudem mit einer kunstästhetischen Auseinandersetzung belastet ist. Gleichwohl wird hier auch ein anderes attraktives Thema behandelt: der Gegensatz von Macht und Geist, und dies in einem historischen Rahmen. Diese Thematik hat Nachfolger in Gestalt von Hindemiths *Mathis der Maler*, Schönbergs *Moses und Aron* bis zu Henzes *Elegie für junge Liebende* gefunden hat. Alles dies hat unvermindert aktuelle Bedeutung.

Aktuell ist in seinem dramatischen Kern auch der *Arme Heinrich*, während es schwierig ist, Inhalt und Verlauf der *Rose vom Liebesgarten* zu deuten und zu aktualisieren. Pfitzner hat jede Erklärung für die augenfällige Symbolik in diesem Werk abgelehnt; er verwies auf die romantischen, *entzückenden* Bilder[24]. Eine Aufführung wäre also als rein ästhetisches Kunstwerk denkbar, l'art pour l'art. Auch das *Herz* scheint zunächst eine verspätete romantische Dämonenoper wie *Der Freischütz* oder *Der Vampyr* zu sein, doch ist das Problem des Arztes zwischen verfügbaren therapeutischen Mitteln und ärztlicher Ethik sowie seine Position als »Halbgott in Weiß« in der Gesellschaft aktueller denn je[25].

Zur Musik[26]: Der Wagner-Ton wird ansatzweise bereits im *Armen Heinrich* mit auffälligen modalen Wendungen und kühnen Stimmführungen verlassen. Die Leitmotivtechnik wird übernommen und ist überall gegenwärtig; ähnlich wie in *Tristan* und *Parsifal* bestimmt bereits das erste Thema, das Leidensthema Heinrichs, den Ton der Oper. Pfitznerisch schon hier die stehenden Bilder, für die *Parsifal* den Ausgangspunkt darstellt.

Die Rose vom Liebesgarten erscheint zunächst wegen ihres stark wagnernden Textes wie ein Rückfall, doch wird hier die Allgegen-

23 Brief Bruno Walter an HP vom 28. 3. 1907 (Walter, *Briefe*, S. 91)

24 HP, *Die »Symbolik« in der »Rose vom Liebesgarten«*, GS II, S. 89ff.

25 so schon Reinhard Seebohm, *Die Tragödie eines großen Arztes*, HPM 27, S. 1ff.; neuerdings P. Pachl, *HPs »Das Herz« – Gibt es eine Wandlung in der szenischen Rezeption?* in: *HP – »Das Herz«*, S. 97ff.

26 zu allen Opern vgl. Rectanus, *Leitmotivik*

Beispiel 11

Der arme Heinrich

Vorspiel

„Wilde Schmerzen und wüster Traum"

Sehr langsam (Adagio) ♩ = 44

4 Bratschen mit Sordinen

pp

Fl.

wart der Leitmotive zugunsten größerer lyrischer Abschnitte mit eigener Thematik durchbrochen. So ist der erste Akt beherrscht von der eingangs und am Schluß erklingenden Urwald-Musik, der zweite von der Tropfen-Musik. Hier stößt Pfitzner zu »modernen«[27] Wirkungen vor, z.B. mit dem durch verschiedene Instrumente wandernden fis zu Beginn der Oper, als Keimzelle einer Klangfarbenmusik; oder mit der aus kleinen, aufeinander bezogenen Motivteilen zusammengesetzten Tropfen-Musik, einer Art musikalischem Pointillismus (Bsp. 12). Stilistisch ist freilich das Nebeneinander thematisch geschlossener Formen und beibehaltener Leitmotivik nicht ganz ausgewogen. Es ist bezeichnend, daß sich Pfitzner nach dieser Oper noch einmal gründlich mit Wagners Musikdramatik auseinandersetzte – vielleicht auch angesichts der Tatsache, daß die zur gleichen Zeit entstandene Oper *Tosca* von Puccini eine ähnliche Entwicklung hin zu großen lyrischen Abschnitten mit einer beherrschenden musikalischen Thematik, nun von der Nummernoper her, ausweist (s. III. Akt).

Die Musik zum *Christ-Elflein* greift auf die Haltung Webers und Lortzings zurück und umgeht den Einfluß Wagners, wie er sich etwa in Humperdincks *Hänsel und Gretel* zeigt, auch in der Tendenz zur Nummernoper. Eine musikantische, frische Musik, deren Naivität dem Sujet als deutsches Kindermärchen entspricht (vgl. Bsp. 9) und durchaus ihre Parallelen in der Literatur hat (Hauptmanns *Hanneles Himmelfahrt*, die Lyrik Bierbaums, teilweise auch die Liliencrons).

[27] Osthoff, *HPs »Rose vom Liebesgarten«* und *HP und die Wiener Aufführung der »Rose vom Liebesgarten« 1905*

Beispiel 12

Die Rose vom Liebesgarten

Gr. Fl.
Hrn. F
Pos. u. Tuba
Tuba
Tamb.
(Pult I)
I Viol. II
Br.
Vcl. u. C. B.
A
Kl. Fl. (Picc.)
Gr. Fl.
dim.
pp
Engl. Hrn.
espr.
Clar. B.
Bcl. B.
Fag.
Hrn. F
Pos. u. Tuba
III. Pos.
Pk.
Tamt.
Harfe
ppp
c. B.

B
Kl. Fl. (Picc.)
Gr. Fl.
Ob.
Engl. Hrn.
Clar. B
Bcl. B
Fag.
Hrn. F
Trp. F
Pos. u. Tuba
Pk.
Tamt.
Harfe
(alle) Viol. I (I. Pult)
Viol. II
Br.
Vcl.
C. B.
kurz
espr.
I. espr.
sempre pp
(am Hbg.)
B

Die Musik zu *Palestrina* ist getränkt von Pfitzners Personalstil; der Einfluß Wagners ist aufgesogen. Überaus reich an unterschiedlichsten Motiven, daneben breit ausgeführte Melodien[28]. Sie alle werden als musikalischer Nachvollzug des Bühnengeschehens bestimmten Personen und Vorgängen zugeordnet, bilden eine regelrechte Sprache neben dem Text. Obwohl gerade auch dieses Werk wie ein Triptychon[29] gestaltet ist, wird nur der Konzilsakt formal durch das Thema *Zum Schluß, zum Schluß*, aber auch durch die ausladenden Konzilsthemen und Morones Redeteile relativ einheitlich gegliedert. Im ersten Akt sind die erste Szene zwischen Silla und Ighino, die Szene der alten Meister und die Inspirationsszene, im dritten Akt der Bericht des Ighino über die Verhaftung Palestrinas solche in sich geschlossenen Abschnitte, während der lange Vortrag Borromeos und der dritte Akt allgemein stärker von einem auf den Text reagierenden Motivgeflecht bestimmt werden. Zusammengehalten wird das ganze Werk zum einen durch die komplexe, gleichwohl plastisch ausgeformte Motivik, aber auch durch einen spezifischen »Renaissance«-Klang, der durch eine moderne Mischung aus kirchentonalen Wendungen, einer vorherrschenen, aber funktional nicht gebundenen Diatonik und linearen Strukturen entsteht, und der es ermöglicht, daß im Inspirationsakt Themen aus Messen von Giovanni Pierluigi di Palestrina bruchlos eingeflochten werden können. Große musikalische Bögen entstehen durch Zuordnung bestimmter harmonischer Schwerpunkte sowie durch ein abgestuftes Verdichten und Nachlassen der harmonischen Spannung. Wenn dieses Werk den Ausschlag gibt für die Bewertung von Pfitzners Musik als asketisch-herb, dann trifft dies nur auf die Palestrina und die alten Meister charakterisierende Musik zu (Bsp. 13) und verschweigt die blühende Melodik Ighinos, die rauschhafte Musik Sillas, den pomphaften Klang der Kirche (Bsp. 14) und das tumultuarische Getöse um das Konzil, die weite Teile der Oper füllen. Nicht unerwähnt sei auch der Witz und die Delikatesse, mit der Situationen und Äußerungen der Bühnenfiguren musikalisch pointiert werden (z.B. Silla am Schluß des ersten Aktes, das Gespräch Borromeos mit Novagerio, die Charakteristika Budojas oder Abdisus u.a.).

28 grundlegend Toller, *P's »Palestrina«*, London 1997
29 HP, diverse Aufsätze zu *Palestrina*, SS IV, S. 418ff., 430ff. und 433ff.

Beispiel 13

PALESTRINA

Beispiel 14

Palestrina (Vorspiel zum II. Akt)

Ganz anders *Das Herz*. Das frühromantisch erscheinende Sujet wird mit einer Musik verbunden, in der Leitmotive keine formbildende Kraft mehr entfalten; bezeichnenderweise hat zwar Modiger/Asmodi die ihm zugeordnete Tonart As, aber die Hauptfigur Athanasius hat kein Leitmotiv. Vielmehr werden motivisch-thematisch bestimmte Komplexe gebildet, die weithin mit den einzelnen Szenen zusammenfallen, so daß das Werk wie eine Nummernoper wirkt (Liebesmelodie, Hoffestthema u.a.). Zwar hat auch diese Musik romantische Anklänge; sie neigt aber in ihrer melodischen Gestik zum Abgezirkelten und ist harmonisch so transparent, stimmlich so ausgedünnt, daß der Eindruck einer unterkühlten Romantik, eines (Neo-)Klassizismus eigener Prägung, entsteht. Dieser neue Klang bahnte sich bereits in den Liedern nach Conrad Ferdinand Meyer an und mündet dann in den beginnenden Altersstil etwa des Cellokonzerts op. 42 und des Duos op. 43 und korrespondiert überraschend mit der Wiederaufnahme früherer Stile in den Kompositionen von Pfitzners Zeitgenossen (Neoklassizismus bei Strawinsky, Neobarock bei Hindemith).

So ist auch bei den Opern festzustellen: Pfitzner hat bei jeder einen neuen Ansatz für die Gestaltung gesucht; jede Oper ist ein Einzelstück. Dies wird auch in den Gattungsbegriffen deutlich, die Pfitzner ihnen beigibt. In der Auseinandersetzung mit Wagner entwickelt sich Pfitzner aus dessen Schatten heraus zu immer größerer Eigen-

Beispiel 15

Das Herz (Vorspiel zum II. Akt: »Liebesmelodie«)

Vorspiel

ständigkeit bis hin zu einer eindeutigen Gegenposition im *Herz*[30]. Zugleich unterscheidet er sich von seinen Zeitgenossen durch seine

[30] Nach dem *Herz* setzt sich HP mit Wagner auseinander, vgl. das Fragment *Die Oper* (1942), SS IV, S. 87ff.

Ausformungen des inneren Dramas einer moralisch-ethischen Wandlung der Protagonisten. Dem Mangel an Spannung in der äußeren Handlung steht die spannungsreiche Intensität der Musik gegenüber, der ständig erneuerte Versuch, lyrische Mittel so aufzuladen, daß sie dramatisch wirken. Ausgangspunkt auch des Opernschaffens ist das Lied.

Komponieren als Prozeß: Motiv- und Formbildung aus dem Einfall

Pfitzners Vorstellung von genialer Musik ist geprägt vom Einfall, der weitere Einfälle zeugt und damit den Verlauf der Komposition steuert. Die Form ist akzessorisch und eine Folge der aus dem Einfall erwachsenden Motiv- und Melodieentwicklungen (s. dazu Dokumentation). Das Œuvre Pfitzners weist daher eine beträchtliche Vielfalt der Formen aus, die sich individuell aus den jeweiligen Einfällen entwickeln. Wie immer bei Pfitzner gibt es auch traditionelle Formen, die er sich vielleicht bewußt vorgegeben haben könnte; so sind die viersätzige Cellosonate op. 1 und die dreisätzige Violinsonate op. 27 der Form nach traditionelle romantische Sonaten. Regelmäßig steht in der Folge des op. 1 der langsame Satz vor dem Schlußsatz und geht in allen zyklischen Werken nach dem Klaviertrio op. 8 in diesen über, gleichgültig, ob seine Form geschlossen oder offen ist. In späteren Werken werden auch die ersten beiden Sätze gekoppelt (cis-Moll- und c-Moll-Quartett, Klavierkonzert, *Kleine Sinfonie*), ja, es besteht die Neigung zur Einsätzigkeit (Violinkonzert, Cellokonzert in G-Dur, Duo op. 43, Sinfonie in C-Dur, Fantasie). Wichtig ist Pfitzner eine motivische Verwandschaft zwischen den Sätzen; häufig tritt das Kopfthema noch einmal am Schluß des Werkes in Erscheinung. Aber es gibt auch Themen, die in allen Sätzen wiederkehren wie das an zweiter Stelle im I. Satz stehende »Quartett«-Thema im cis-Moll-Quartett (vgl. Bsp. 32b) oder das zweite Thema des I. Satzes im Klaviertrio. Ein anderer Grund ist die Kohärenz im Fluß der Musik, der Erhalt der »Stimmung«; Pfitzner empfand, vor allem bei kürzeren Sätzen, Pausen als Störung und verband deshalb bei Liederabenden am Klavier Lieder durch Zwischenspiele, wie er das in der Herausgabe von Schumann-Chören mit hinzugefügter Orchesterbegleitung dokumentiert und in der Kantate *Von deutscher Seele* ausgebaut hat. Trotz der dargestellten Regelmäßigkeiten bleibt es aber dabei, daß sich bei Pfitzner mindestens die Satzformen aus den jeweiligen Einfällen und ihren Folgeeinfällen, nicht aber aus einem außermusikalischen Programm ergeben (Ausnahme: die Ouvertüre zum *Käthchen von Heilbronn*). Dies soll im folgenden an zwei Beispielen verdeutlicht werden: dem ersten Satz des Klavierquintetts in C-Dur op. 23 (1908) und dem Violinkonzert op. 34 (1923)[31].

Das Quintett für Klavier und Streichquartett ist das letzte Instrumentalwerk Pfitzners vor dem *Palestrina*; es hat vier Sätze: einen dicht gearbeiteten, konzentrierten Kopfsatz, ein skurril-elegantes Intermezzo (*Mit ruhiger Grazie*, G-Dur), ein großangelegtes *Adagio* mit einem eindrucksvollen Trauermarsch (h-Moll), das in einen epilogartigen Schlußsatz (*Gemächlich bewegt*) übergeht. Offensichtliche motivische Zusammenhänge gibt es zwischen den Sätzen nicht, abgesehen von einer wörtlichen Reminiszenz an den I. Satz im Schlußsatz. (Gesuchte Zusammenhänge können in der kleinintervalligen Themenbildung und der Verwendung des Motivs mit dem punktierten Viertel im Trauermarsch oder in der Verwendung einer daraus abgeleiteten weitintervalligen Figur im Ansprung des Intermezzo-Themas gesehen werden.) Anders als im Klaviertrio op. 8 und im D-Dur-Streichquartett op. 13 ist Stimmung und Dichte der Komposition einheitlich und gibt dem Werk überzeugende Geschlossenheit.

Der Satz (Bsp. 16) beginnt mit einem typischen Sonatenthema, *Allegro, ma non troppo* im *alla breve*-Takt (deshalb verwende ich im folgenden Begriffe der Sonatenform, obwohl Pfitzner diese überspielt). Man darf vermuten, daß Pfitzner mindestens die ersten zwölf Takte am Stück eingefallen sind und dies der Ureinfall des Satzes ist – nicht nur deshalb, weil damit der Satz beginnt, sondern weil er bei fast jedem Erklingen in seiner Urgestalt, mindestens in ganzen Perioden des Vordersatzes (Vs.) und des Nachsatzes (Ns.) auftritt. Das Thema ist dadurch besonders faßlich, daß seine Motive und seine Rhythmik sich wiederholen. Zudem ist das Thema auf wenige Intervalle, auf Sekund-, Terz- und Quartschritte beschränkt, die »logisch« aufeinander folgen. Erst im weiteren Verlauf bricht die Melodik mit einem Sextsprung aus dem bisherigen Rahmen aus und öffnet sich

[31] Hinsichtlich des Cellokonzerts op. 42 hat dies Wolfgang Osthoff exemplifiziert: *Einfall und Komposition bei HP – das Cellokonzert in G-Dur op. 42*, in: *Vom Einfall zum Kunstwerk*, hg. von Hermann Danuser und Günther Katzenberger, Laaber 1993, S. 139ff.

Beispiel 16

Klavierquintett op. 23

h1
cresc.
cresc.
cresc.
cresc.
marcato
cresc.
B
f
f
f
f
f
y
x
h2
cresc.
ff
cresc.
ff
cresc.
ff
cresc.
ff
cresc.
ff

etwas drängend
etwas drängend
y
ff
Übergangsthema
Ped.
Übergangsthema

einer weiteren Entwicklung. Von Anfang an, schon bevor das Thema einsetzt, wird der Tonsatz grundiert von einem repetierten C zur Stabilisierung der Grundtonart; diese beherrscht nicht nur das 1. Thema und das Übergangsthema, sondern tritt noch am Schluß der Exposition deutlich auf. Bei aller harmonischen Vielfalt, die Pfitzners Musik aufweist, erhält sie doch auch durch dieses Festhalten einen Orientierungsrahmen.

Während die erste Ausspinnung des 1. Themas einen großen Bogen bis zum b''' steigert (Bsp. 16, h^1) und dann wieder abbaut, tritt das 1. Thema fast unmerklich bereits zum zweiten Mal, diesmal im Klavier, ein, vorbereitet vom ersten Ton des Satzes an durch wiederholten Anschlag des Grundtons, dann durch einen Sekundschritt vier Takte vor Eintritt – wie Killmayer[32] es treffend nennt: *unter Wasser*. Dadurch erhält der Verlauf neuen Auftrieb: mit dem Nachsatz übernimmt das Klavier die Führung und zieht die anderen Instrumente in Imitationen mit. Ein weiterer Höhepunkt (Bsp. 16, h^2) wird unter Ausnutzung der Halbtonschritte erreicht und stürzt in einen neuen Impuls: das Klavier setzt solistisch (*etwas drängend*) mit einem neuen melodischen Gebilde ein, das man als eine Ausarbeitung des Halbtonschritts fis–g, aus dem Nachsatz des 1. Themas, noch dazu weiterhin auf dem Grundton C, ansehen kann; die Verwandtschaft mit dem 1. Thema wird am Satzschluß aufgedeckt, wenn bei Buchstabe W 1. Thema und Verkleinerung des Neuansatzes (Bsp. 17, Motiv z) gleichzeitig auftreten. Wegen seiner Auftaktlosigkeit, der anderen Harmonisierung und des homophonen Tonsatzes wirkt der Neuansatz aber als Kontrast; er hebt mit einem Halbtonschritt an und beginnt diastematisch fast wie das 1. Thema, ist zwar anders rhythmisiert, enthält aber eine charakteristische Punktierung des dritten Viertels (y). Wegen der Andersartigkeit soll er hier als Übergangsthema bezeichnet werden.

Das punktierte dritte Viertel erweist sich als für den weiteren Verlauf wichtig. Typisch für Pfitzner wurde es bereits unmerklich, als Nebenstimme verborgen (Vl. I und Va.), so, als habe es sich zufällig als Kontrapunkt ergeben, eingeführt (Bsp. 16 nach B); erst viel später (D) wird dieses scheinbare Nebenprodukt als 2. Thema ausgebaut (Bsp. 18).

Zurück zum Übergangsthema: erneut drängt die Dynamik auf einen (dritten) Höhepunkt zu, dann jedoch geschieht wieder etwas für Pfitzners Kompositionsweise Typisches: das Thema gerät ins

[32] Killmayer, *Komponieren als privates und öffentliches Problem*, S. 42

Stocken, als wüßte es nicht weiter (die punktierte Halbe mit zwei Achteln auf 4 und einer ganzen Note im folgenden Takt ist eher eine Schlußformel als eine Entwicklungsfigur); da wird überraschend in den Streichern eine Verkleinerung des Motivs (z), mit dem das Übergangsthema begonnen hatte, als Motor der weiteren Entwicklung eingeworfen. Das Motiv überholt gleichsam den bisherigen Verlauf; dabei entwickeln sich die Sekundschritte des Themas zu Skalen, die die Dynamik steigern.

Beispiel 17

Halten wir inne und fragen uns: warum schickt Pfitzner ein Thema in eine Sackgasse, aus der er es gleichsam mit einem Trick herausholen muß? Andere Komponisten hätten es dazu vermutlich nicht kommen lassen; Pfitzner läßt uns teilnehmen am Kompositionsprozeß, an den Umwegen, auf die ihn seine Einfälle führen – um den Preis des Jähen, Ungeglätteten.

Beispiel 18

Aus der so aufgebauten Dynamik schwingt sich das 2. Thema empor (Bsp. 18), seine Lyrik erhebt sich zum dritten Höhepunkt (*mit äußerster Kraft und Leidenschaft*) und braucht mit einem ausgedehnten melodischen Bogen die Energie der Exposition auf. Da es mit seiner Punktierung auf dem dritten Viertel (x, y) mit dem vorigen zusammenhängt, wird der Hörer mitgerissen von einem großen zusammenhängenden Atem über drei Steigerungen und einen ausgedehnten Abgesang hinweg. Am Ende steht der Sekundschritt, mit dem der Satz begann, nun aber abwärts gerichtet (Bsp. 19). – Der lange Atem findet sich auch bei Mahler und Richard Strauss; bei Pfitzner herrscht er seit dem Kopfthema der Cellosonate op. 1; es ist der Atem des Musikdramatikers.

Beispiel 19

Während die Motive bisher fast immer aus kleinen Intervallen gebildet waren, wird jetzt gegen Ende das Motiv xy intervallisch vergrößert (Bsp. 20) bis zur Ausdehnung einer Dezime, ja von zwei Oktaven, sowohl in Aufwärts- (xx^1) wie in Abwärtsbewegung (xx^2). Seinen Hauptauftritt wird dieses neue/alte Motiv in der gespannten Ruhe am Ende der Reprise (V) erhalten.

Der Schluß der Exposition in G-Dur ist zwar, durch Doppelstrich gekennzeichnet, erst 7 T. nach Buchstabe G erreicht, gleichwohl setzt der Übergang in die Durchführung schon mit der (wieder unmerklichen) Wiederkehr des 1. Themas ein (Vc. 10 T. vor F), und zwar bereits in Formen, die die Durchführung bestimmen: die Perioden des Themas treten durch Abstände getrennt auf (Vc. 10 T. und 2 T. vor F), und das Thema wird gespiegelt (Va. 11 T. nach E, Klav. bei F und 11 T. vor G), vergrößert (Klav. 6 T. vor G) und in Verkleinerung imitiert (Streicher, 2 T. nach G). Auffällig bei Pfitzner ist, daß eine motivische Verdichtung wie hier nicht notwendig Dynamik steigert, sondern abbaut, gleichsam zerstäubt.

Beispiel 20

Die Durchführung bildet ebenfalls einen großen Bogen; sie gewinnt ihren Charakter als solche nicht auf dem üblichen Wege der Motivspaltung, sondern durch ständige Schichtung der Perioden des 1. Themas in Imitationen aller Art: kanonische Engführungen (9 T. nach G dreistimmig, H und 8 T. vor I vierstimmig, K dreistimmig mit Gegenstimme, 7 T. nach L fünfstimmig) jeweils in unterschiedlichen Intervallen. An verschiedenen Stellen wird in der einen oder anderen Stimme die Periode ausgeweitet, so daß die verschiedenen Schichtungen miteinander verzahnt sind und sich gleichsam unerschöpflich auseinander entwickeln. Dabei werden auch die Möglichkeiten der harmonischen Mehrdeutigkeit des Themas ausgeschöpft. Typisch für Pfitzner ist, daß er den Höhepunkt der Durchführung nicht mit der größten Dichte der Kontrapunktik, sondern mit einer ausschwingenden homophonen Lyrik ausformt (M), und auch hier findet sich wieder das bekannte Pfitznersche Phänomen: in den absinkenden Bogen der 1. Violine hinein erklingt quasi als Fortsetzung im Klavier noch einmal das vergrößerte Einwurf-Motiv (*sehr ausdrucksvoll, mit aufgeregtem Ausdruck*, N). Damit endet der Bogen der Durchführung (O), und wir nehmen wieder an der Suche nach einem Weg teil, auf dem es weitergehen soll. Die Melodik löst sich auf; die Harmonik, zuletzt in der Tritonus-Tonart Ges-Dur, wird unklar; Elemente der Schlußgruppe erscheinen, und noch einmal beginnt das imitatorische Spiel mit den Perioden des 1. Themas, aber ohne Dynamik. Da setzt (5 T. vor P) im Baß des Klaviers, wieder *unter Wasser*, eine neue Entwicklung ein. Jetzt, nach Erschöpfung der kombinatorischen Möglichkeiten, die die vollständigen Perioden des 1. Themas bieten, werden zum Zwecke der Steigerung auf die Reprise hin nur die ersten beiden Takte des Themas zu Sequenzen verarbeitet und münden über Ces/H-Dur in die zunächst in e-Moll beginnende Reprise ein.

Statt der sich vergrößernden dynamischen Bögen der Exposition beginnt die Reprise des 1. Themas bereits auf dem *ff*-Höhepunkt und baut in einem großen Abwärtsbogen die Dynamik ab; das macht ebenso wie das Vorherrschen von a-Moll statt C-Dur gegenüber der Exposition eine wesentliche Neuordnung im Verlauf und eine Veränderung des exponierten Materials erforderlich: so wird der aus der Fortspinnung des 1. Themas herauswachsende Einwurf (z) nun als Gegenstimme in das 1. Thema verlegt (6 T. vor R) und nicht als »Motor« benutzt; das 2. Thema wächst im Cello aus dem Nachsatz des 1. Themas heraus, die »Schlußformel« (s. o.) wird nun zum Gipfel der Kantilene und geht direkt in das 2. Thema über (5 T. vor S, Bsp. 21). Insgesamt ergibt sich daraus eine ausgedehnte lyrische Fläche, die in einen letzten Ruhepunkt mündet. Die Schlußgruppe (6 T. nach T) wird gegenüber der Exposition durch weitere Nebenstimmen, geformt aus dem Motiv des 2. Themas, bereichert. Noch einmal werden 1. Thema und Spiegel kombiniert (3 T. nach U entsprechend 10 T. nach E) – eine a-Moll-Fläche entsteht, in der alle Kräfte erschöpft zu sein scheinen, die aber nicht das Ende eines solchen Satzes sein kann.

Beispiel 21

Hier geschieht etwas ganz Außerordentliches: eine Folge liegender *pp*-Akkorde, die bereits kurz in der Exposition zu hören war (10 T. nach F), wird nun bedeutend erweitert; Pfitzner schärft die Harmonik durch chromatische Fortschreitungen und bringt gleichzeitig die Bewegung völlig zum Stillstand – eine Verlegung der Dynamik nach innen. In die so entstehende Spannung schlägt das oben erwähnte weitmaschige Motiv (xx^1) mit seiner weitesten Ausdehnung (über zwei Oktaven) wie eine Katastrophe ein (V); der Tonsatz scheint aus dem Gleis zu geraten, und die Zerstäubung durch vielfältige Imitationen wie am Ende der Exposition wird noch intensiviert. Der Satz gewinnt hier noch einmal eine ganz neue Dimension, durch die der C-Dur-Schluß zu scheitern droht und ein erschöpfter a-Moll-Schluß wahrscheinlich erscheint. Es kommt dann doch zu einem *fff*-Schlußtableau des 1. Themas in dissonant geschärftem, überinstrumentiertem »Dennoch«-C-Dur. Dies wird vermittelt durch eine neue Variante des 2. Themas (9 T. vor W, Bsp. 22a); sie wird übrigens am Ende des Schlußsatzes (Bsp. 22c) mit gleicher Verzögerungsfunktion wiederaufgenommen, so als entwickle sie sich aus dem Nachsatz des 1. Themas jenes Satzes (Bsp. 22b); auf diese Weise wird eine unerwartete motivische und funktionale Verbindung zwischen den beiden Ecksätzen hergestellt. Der auf gleiche Art eingeleitete C-Dur-Schluß des gesamten Werks beschreibt in seinem idyllischen Auspendeln im *pp* als Alternative zum gewaltsamen Schluß des I. Satzes die Entwicklung, die die Musik des Werks von der kämpferischen Dramatik des I. Satzes zur Gelassenheit des Schlußsatzes genommen hat.

Beispiel 22a

Beispiel 22b

Beispiel 22c

Das Violinkonzert ist unter den einsätzigen Werken Pfitzners das anspruchsvollste und in Inhalt und Form überaus komplex. Pfitzner hielt es für nötig, insofern eine Orientierungshilfe zu geben, als er die Themen 1 bis 4 bei ihrem ersten Auftreten und die sieben Variationen des 3. Themas bezeichnet hat; das hier als 5. Thema bezeichnete Gebilde wurde von ihm nicht gekennzeichnet – möglicherweise, weil es sich bei jedem Auftreten weiterentwickelt, bis es seine letzte Form gefunden hat (vgl. Bsp. 27a–c). Versuchen wir zunächst, das Werk von seinen Einfällen und deren Entwicklungen her zu erschließen.

Beispiel 23

Der Ureinfall dürfte das Signalmotiv sein, mit dem *lebhaft, energisch* die Solovioline, unterlegt mit kleiner Trommel und Beckenschlag *ff* überfallartig beginnt: ein zerlegter h-Moll-Dreiklang fis'–fis", beginnend mit einem Quartsprung aufwärts, scharf rhythmisiert und gefolgt von einem von der Terz über zwei Oktaven in Triolen abstürzenden weiteren h-Moll-Dreiklang (d'''-d'; Bsp. 23). Diese beiden Motive, das scharf rhythmisierte Signal und der von der Terz in einer Triole fallende Quartsextakkord, bestimmen Thematik und Verlauf des ganzen Werkes, wobei beide Motive vielfach diastematisch abgewandelt werden, aber rhythmisch erkennbar bleiben. Das Signal wird sofort in ein Element mit dreifacher Wiederholung ausgebaut und dieses Dreifachelement auch in Abwärtsbewegung benutzt.

Beispiel 24

Die Triolen treten alsbald als Gegenbewegung auf und verwandeln sich in eine wühlende Begleitung des schon T. 22 einsetzenden 2. Themas. Dieses erscheint in Des-Dur wie eine Vergrößerung der beiden Motive, wobei das Signal ersetzt wird durch eine Halbtonwechselnote, der fallende Quartsextakkord in Dur aber bestehen bleibt und zu einer weiträumigen Melodie ausgesponnen wird.

Beispiel 25

Es sollen hier nicht alle Schritte des umfangreichen Werkes nachvollzogen werden, zumal es schon Gegenstand zahlreicher Einzelwürdigungen geworden ist[33]; interessant ist aber die motivische Entwicklung im Hinblick auf den Verlauf des Werkes. Die Achteltriolenbewegung wird, nach Erschöpfung des 2. Themas in Sprüngen über drei Oktaven, wieder zum Motor der weiteren Entwicklung, ihr entspringen aufgereckte, expressive Gesten, an deren Gipfelpunkten aus anfänglichen Seufzern Figuren entstehen, die den Signalrhythmus aufweisen. Aus diesen erwächst das »3. Thema« mit seinen »sieben Variationen«[34]. Was Pfitzner hier so bezeichnet, bereitet einige Verständnisschwierigkeiten, denn thematisch ist die 1. Variation sehr viel plastischer als das »Thema«, das in seinem unregelmäßigen chromatischen Verlauf melodisch und harmonisch merkwürdig ziellos wirkt. Auch die Variationen unterscheiden sich von denen seiner Zeitgenossen (etwa Regers) erheblich: teils sind sie unvollständig (2. Variation), teils geht – ab der 3. Variation – die dynamische Entwicklung über die einzelne Variation hinaus, so daß diese nichts für sie Typisches hat. Zwischen 5. und 6. Variation erklingt aus dem sich variativ bildenden Signalmotiv heraus das 1. Thema (T. 309), nun in D-Dur; man kann diesen Einwurf funktional so verstehen, als solle hier der Variationsteil zu Ende gehen. Aber dessen Dynamik ist so groß, daß zwar der Tonartbereich D-Dur beendet wird, nicht aber der Variationsteil: die 6. Variation wird *eher noch schneller* und ent-

33 vgl. dazu Johann Peter Vogel, *HP, Concerto for Violin and Orchestra B minor op. 34*, Vorwort zur Taschenpartitur 1990; Weiß-Aigner, *Das Violinkonzert von HP*; Cahn, *HPs Violinkonzert*

34 Das 3. Thema mit seinen Variationen wird häufig als HPs einzige Ausprägung der Variationenform angesehen; tatsächlich hat er im Scherzo des cis-Moll-Quartetts das Scherzo-Thema in der Exposition aufgestellt und bereits zweimal und in der Reprise ohne nochmalige Wiederholung dreimal variiert – übrigens auch dort mit immer größerer Beschleunigung; doch ist dort das Thema signifikanter und die Periodik der Variationen regulärer als im Violinkonzert (vgl. Vogel, *HP: Streichquartett cis-Moll*, S. 22ff.).

Beispiel 26

hält den *Höhepunkt der Schnelligkeit*, sie beginnt in E-Dur, die 7. (*Rhythmus von je drei Takten*) in C-Dur, endend in f-Moll, der Tonart des Mittelteils.

Schon während der Exposition des Themas bildet sich beiläufig eine Figur (Trp. T. 115; Bsp. 27a), die in der 7. Variation ebenso beiläufig (T. 392, 403, 415) in der Solovioline und mehrfach im Orchester, nun aber den Verlauf gestaltend, erscheint (Bsp. 27b). Sie gerät dann wieder in Vergessenheit, bis sie T. 552 erneut impulsgebend und noch etwas verzerrt erscheint, dann T. 619ff. anders rhythmisiert in das 4. Thema wie neu hineinfällt und schließlich T. 652ff. als 5. Thema auftritt (das wirkt, als sei es längst bekannt), zunächst nach Moll gewendet und T. 758ff. in voller Schönheit aufblühend (Bsp. 27c). Vielleicht ist es Pfitzner wirklich nach und nach eingefallen, jedenfalls läßt er den Hörer teilnehmen an der Entstehung eines später formbildenden Themas, also wieder: Komponieren als Prozeß.

Beispiel 27a

Beispiel 27b

Beispiel 27c

Wenn sich die im Tempo immer weiter gesteigerten Variationen gleichsam zu Tode gehetzt haben, setzt T. 445 das 2. Thema ein, nun allerdings wie ein langsamer Satz. Dieser Teil – *langsam, sehr getragen*, im tritönig zur Grundtonart stehenden f-Moll und abgehoben durch 62 *tacet*-Takte der Solovioline – ist der formale Mittel- und Angelpunkt des Werkes und enthält seine äußerste harmonische Spannung und Verinnerlichung. Das 2. Thema, seit T. 93 nicht erklungen, wird hier zu einem sich steigernden, gewaltig ausladenden melodischen Bogen gewölbt (Bsp. 28), wobei Pfitzner die aus dem Quintett bekannten Schichtungen und Überlappungen des Themas vorführt, bis die Dynamik über einem langen Orgelpunkt auf C zur Ruhe kommt und bis zum Ende (T. 788) nicht mehr aufgegriffen wird.

Beispiel 28a

Nach diesem Teil ist eine Neuorientierung erforderlich. Pfitzner wendet sich nach dem Orgelpunkt auf C nicht, wie man erwarten könnte, nach f-Moll, sondern kehrt überraschend zur Grundtonart h-Moll zurück. Dieser Tonartwechsel allein löst eine neue Stimmung aus. Pfitzner improvisiert und läßt den Hörer an seinen Suchbewegungen teilnehmen und scheint selber unsicher, wie es weitergehen könnte; er probiert verschiedene Neuansätze: zuerst über eine lyrisierte Wiederaufnahme des 1. Themas – übrigens eine der schönsten Stellen im Werk.

Beispiel 29

Das Dreierelement wird erneut eingesetzt, man meint, in eine Reprise des Anfangs hineinzugeraten; da das Dreierelement aber im 1. Teil bereits ausgebeutet wurde und keine motivische Spannung mehr erzeugt, setzt gleichsam hinter seinem Rücken ein neues Motiv ein, das Kopfmotiv des 4. Themas (T. 539), kombiniert mit dem Dreiklangssturz aus T. 2 (T. 542). Und noch ein dritter Ansatz: das zukünftige 5. Thema erscheint (T. 552) in seinem vollen Umriß, aber in den Intervallen noch verzerrt; auch dies wird wieder fallengelassen. Ein weiterer Versuch mit dem Kopfmotiv des 4. Themas (T. 566) führt dann zum Neuanfang.

Beispiel 30

Das 4. Thema tritt im *selben Zeitmaß, etwas gemächlich* wie der Anfang eines Schlußsatzes in D-Dur ein. Erst im Nachsatz enthüllt es seine Verwandtschaft mit den anderen Themen, wenn nämlich der fallende Quartsextakkord zu hören ist (Bsp. 30). Das musikantisch locker tändelnde Thema erhält eine rhythmische Schärfung mit dem Auftreten der Vorform des 5. Themas (T. 619), bleibt aber verspielt, bis das vielfältig angekündigte 5. Thema auftritt, das jetzt in seinem Nachsatz ebenfalls den fallenden Quartsextakkord aufweist, aber noch in Moll steht (T. 652); noch einmal wird es von Pfitzner zurückgehalten, weil zunächst etwas wie eine Durchführung des 4. Themas stattfindet (T. 681); sie mündet in das Signalmotiv, konterkariert von Achteltriolen (T. 718), wie in der Fortspinnung des 1. Themas in der Exposition. Das Signalmotiv kann sich auch während der variierten »Reprise« des 4. Themas halten (T. 737), es erscheint hier aber nur als Reminiszenz oder Vorankündigung, nicht als Impuls. Die Bewegung läuft in einer Kadenz aus, und nun, endlich, hört man das 5. Thema in seiner vollen Entfaltung mit dem fallenden Quartsextakkord in Dur (T. 757, Bsp. 27c). Als habe damit das Werk seine Erfüllung erreicht, bleibt für einen wirkungsvollen Schluß nur der Rück-

griff auf den Anfang: das Signalmotiv, nun in H-Dur, wird in Anlehnung an das 2. Thema mit dessen Halbtonwechselnote unterlegt und in der Solovioline mit den weiten Sprüngen (nun über vier Oktaven) aus der Fortspinnung des 2. Themas fortgeführt und beschließt nach einer letzten Reminiszenz an das 4. Thema das Werk.

Zusammenfassend kann festgestellt werden, daß Pfitzner in der Reifezeit Themen, die eine Entwicklung durchgemacht haben, nicht mehr in der Urform wiederholt – daher die unterschiedlichen Formen seiner »Reprisen«. Daneben zielt er auf weiträumige Flächen oder Bögen, die sich durch Nahtlosigkeit auszeichnen. Teils ge-

Beispiel 31

schieht dies durch möglichst lang ausgesponnene Themen (z.B. das von Pfitzner selbst hervorgehobene 19taktige Hauptthema des Cellokonzerts op. 42, Bsp. 31), teils verbindet er mehrere Themen durch Verschmelzung (vgl. das Cellosolo in der Reprise des I. Satzes des Klavierquintetts, Bsp. 21, oder die Verbindung von 1. und 2. Thema in der Reprise des I. Satzes des cis-Moll-Quartetts); insofern unterscheidet er sich nicht von seinen Zeitgenossen. Allerdings sind Steigerungen in Sequenzen oder durch Abwechseln von musikalischen Formeln in den Stimmen (Duettieren) außerordentlich selten. Eigentümlich ist Pfitzner aber das Verfahren, unter einem melodischen Verlauf einen neuen Ansatz einzuführen, der dann die Führung übernimmt. Es gibt nicht nur einen musikalischen »Handlungsstrang«, der den Verlauf bestimmt, sondern häufig ist ein zweiter mindestens embryonal und unauffällig bereits vorhanden, der den ersten verdrängt. Auch wenn Pfitzner duettiert, sind die Stimmen so gegeneinander verschoben, daß jede Stimme die Führung übernehmen kann und übernimmt (vgl. das Gesangsthema im I. Satz des cis-Moll-Quartetts). Gerade dieser Aufbau in sich überlappenden oder unterbrechenden Schichten ist für Pfitzners Kompositionsweise typisch. Auch Strauss, Mahler und der frühe Schönberg bilden »unendliche« Melodien, doch auf signifikant andere Weise: Strauss erzeugt in der Nachfolge Wagners weite lyrische Flächen vor allem durch immer neue Abfolgen thematischer Entwicklungen und Verknüpfungen in jeweils neuer harmonischer Beleuchtung und Instrumentierung, aber eben als Teile eines Handlungsstrangs (man kann dies z.B. in seinen *Metamorphosen* beobachten, die vielstimmig, aber in harmonisch homophonem Kontrapunkt geschrieben sind; die Gegenstimmen bilden zusammen ein harmonisches Polster, auf dem sich die Melodik einstimmig oder duettierend ausbreitet). Ähnlich verhält sich Schönberg etwa in der *Verklärten Nacht* (1899), vor allem in der Verwendung von Sequenzen. Mahler steht in seiner häufig linearen Kontrapunktik der Schreibweise Pfitzners näher, aber die während der Entwicklung eines Themas auftretenden Gegenstimmen behalten ihre Funktion als intermittierende Stimmen (vgl. etwa das irritierende Blech-Motiv im I. Satz der 9. Sinfonie). Seine Methode, lange Kantilenen zu bilden, verläuft ähnlich der von Strauss in ständiger Verwandlung und Neuzusamenstellung von Motiven eines Themas, allerdings fast immer ohne dessen modulatorische Beleuchtungswechsel.

Typisch für Pfitzner ist auch die verborgene Ankündigung von etwas Neuem, so daß dieses bei seinem Eintritt bekannt wirkt und den einheitlichen Charakter verstärkt (in der Harmonik macht er es ähnlich: meist hat er die Zieltonart verfrüht erreicht, in der Form des Quartsextakkords, der immer wieder an die Stelle der Dominante tritt). Letzten Endes verwertet Pfitzner alle Motive, die sich aus dem Einfall bilden lassen, selbst zunächst so Unauffälliges wie die Repetitionen-Begleitung zu Beginn des Quintett-Satzes. Der Einfall besteht eben nicht nur aus der Tonfolge des Motivs oder Themas, sondern auch aus dem, was zunächst »nur« Begleitung ist, und aus der dem Thema eingeborenen Harmonik und Metrik. Das ist zwar auch bei Strauss und Mahler zu finden; bei Pfitzner bleiben Gegenstimmen jedoch ganz selten in dieser Funktion, sondern entwickeln sich auch melodieführend.

Wenden wir uns noch einmal der Form des Violinkonzerts zu, die, wie wir gesehen haben, aus Ureinfall, Nebeneinfällen und Weiterentwicklungen von Motiven und Themen erwächst. Dabei neigt Pfitzner zu zweiteiligen Verläufen. Das beginnt bereits mit seinem ersten zyklischen Orchesterwerk, dem zweisätzigen Cellokonzert von 1888. Die beiden Sätze gehören nicht nur motivisch eng zusammen, sie sind auch jeweils nach dem Schema langsam/schnell organisiert, das Hauptthema des I. Satzes bestreitet auch den schnellen Unterteil des II. Satzes und wird, wie es im langsamen Unterteil des I. Satzes allmählich entstand, am Schluß des II. Satzes allmählich wieder aufgelöst. – Ein anderes Beispiel ist das Quartett op. 13: die beiden Satzpaare, jedes wieder aus einem langsamen und einem schnellen Satz bestehend, entsprechen sich, diesmal ohne motivische Verklammerung, darin, daß der jeweils erste Satz grüblerisch ernst, kontrapunktisch anspruchsvoll und spröde, der jeweils zweite unbeschwert heiter und unkompliziert ist. – Im Cellokonzert op. 42 gliedert das Hauptthema durch sein Auftreten zu Beginn, in der Mitte und am Ende das einsätzige Werk und schafft zwei »Binnenräume«, in denen Pfitzner, ausgehend von den Motiven des Hauptthemas, mehrere melodisch unterschiedliche Unterabschnitte bildet. Die »Binnenräume« haben etwa gleichen Umfang und je fünf Unterabschnitte, die sich auch in der Tonartenfolge ähneln. Die schematische Darstellung gibt in Klammern zur Orientierung die Partiturziffern:

»1. Abteilung«		»2. Abteilung«	
Hauptthema – 1. Seitenthema (3) –		Hauptthema (26) Es-Dur	
Hauptthema (6) G-Dur	132 T.	2. Ansatz (6 T. nach 27) G-Dur	67 T.
I. Binnenraum		II. Binnenraum	
2. Seitenthema (13) e-Moll	34 T.	7. Seitenthema (32) G-Dur	35 T.
3. Seitenthema (17) e-Moll	25 T.	8. Seitenthema (6 T. nach 35) h-Moll	25 T.
4. Seitenthema (19) B-Dur	12 T.	9. Seitenthema (38) Fis-Dur	13 T.
5. Seitenthema (4 T. nach 20) fis-Moll	22 T.	7. Seitenthema (5 T. nach 39) fis-Moll	8 T.
6. Seitenthema (5 T. vor 23)		10. + 7. Seitenthema (40)	
cis, e, h, Es, B	38 T.	cis, e, G, Es, D	33 T.
	131 T.		114 T.
		Hauptthema (3 T. nach 43) G-Dur	39 T.

Den ersten Binnenraum könnte man eher konstruktiv, kompositionell dicht nennen, während der zweite eher lyrisch, locker geformt ist.

Das Violinkonzert wiederum wird gegliedert durch den langsamen Teil ohne Solovioline in tritonisch ferner Tonart; die erste »Abteilung« davor und die zweite danach stehen wie die beiden »Binnenräume« des Cellokonzerts im Verhältnis spannungsvoll-dicht zu entspannt-locker. Die harmonischen Entwicklungen verlaufen zwar nicht strikt parallel, aber auf beiden Seiten stehen h-Moll und D-Dur in einer Folge mit einer Abschweifung nach Des-Dur (2. Thema) und cis-Moll (5. Thema), die ihrerseits wieder näher zum f-Moll des Mittelteils stehen. Beide Abteilungen beginnen mit dem 1. Thema in der Grundtonart; in der ersten Abteilung wird die zweite Hälfte vom 3. Thema mit seinen Variationen in D-Dur beherrscht, in der zweiten vom »Schlußsatz« mit den Themen 4 und 5 – beides die größere Hälfte in einer relativ geschlossenen Binnenform.

Schließlich wäre als Parallelform noch die Kantate *Von deutscher Seele* zu nennen. Hier ist sie sogar besonders ausgeprägt (vgl. Schema): Die beiden Teile bestehen aus je zehn Abschnitten, die man Nummern nennen kann; am Schluß des Werks steht als zusätzliche Nummer ein von Pfitzner so bezeichneter, als Zusammenfassung gedachter *Schlußgesang.* Dieser greift die Anfangstonart (d-Moll) als Dur-Variante wieder auf; auch das Thema des ersten Liedes wird (neben Reminiszenzen an *das ewig muntre Spiel der Wogen* und an die auf Wache ziehenden Sterne aus dem ersten Teil) in Erinnerung gerufen. Im übrigen verläuft die harmonische Entwicklung parallel: Der erste Teil beginnt in d-Moll und endet eine Durterz tiefer in B-Dur, der zweite Teil beginnt in e-Moll und endet eine Durterz tiefer in C-Dur. Die jeweils zweite Nummer ist mit einem großen Orchesterzwischenspiel ausgestattet: *Tod als Postillon* und *Ergebung.* Jeweils nach der 4. Nummer findet sich ein Einschnitt mit einer neuen Thematik: im ersten Teil durch das Orchesterzwischenspiel *Abend und Nacht,* wonach Texte in der Reihenfolge des Tagesablaufs folgen, im zweiten Teil durch einen Doppelstrich mit Fermate und den Beginn eines Unterabschnitts mit eigener Überschrift *Liederteil* und einem Eingangslied in der von G-Dur entferntesten Tonart gis-Moll.

Kantate *Von deutscher Seele*

	Teil I. *Mensch und Natur*		Teil II. *Leben und Singen*
(1)	(Spruch) *Es geht wohl anders ...* d-Moll	(1)	*Wir wandern nun ...* mit Orchestervorspiel e-Moll
(2)	(Spruch) *Was willst auf dieser Station ...* mit Orchesterzwischenspiel *Tod als Postillon* f-Moll	(2)	*Was ich wollte ...* mit Orchesternachspiel *Ergebung* es-Moll/Es-Dur
(3)	(Spruch) *Herz, in deinen ...* A-Dur	(3)	*Der jagt dahin ...* D-Dur

(4)	(Spruch) *Der Sturm geht ...* b-Moll	(4)	(Spruch) *Gleich wie auf dunklem Grunde ...* G-Dur
	(Tageslauf)		*Liederteil*
(5)	Orchesterzwischenspiel *Abend und Nacht* b-Moll/B-Dur	(5)	*Der alte Garten* gis-Moll
(6)	(Spruch) *Die Lerche* a-Moll	(6)	*Spruch. Von allen guten Schwingen ...* H, a
(7)	*Wenn der Hahn kräht ...* D, Es, As, E	(7)	*Die Nonne und der Ritter* a-Moll
(8)	(Spruch) *Ewig muntres Spiel ...* G-Dur	(8)	*Wohl vor lauter ...* G-Dur
(9)	(Spruch) *Der Wanderer ...* (Abend) b-Moll	(9)	(Spruch) *Hast du doch Flügel ...* Es, Des, c
(10)	*Nachtgruß* (Nacht) B-Dur	(10)	*Der Friedensbote* c-moll/C-Dur
	(11) *Schlußgesang. Wenn die Wogen ...* D-Dur		

Alle diese Parallelen sind allerdings, wie schon im Cellokonzert op. 42 und im Violinkonzert, ohne Blick in die Partitur kaum zu hören[35]; wenn es die von Busoni entworfene *landschaftliche* Form[36] gibt, dann bei Pfitzner. Die Vielgestaltigkeiten der einzelnen Abschnitte und ihrer Thematik überspielen die Gliederungselemente; viel deutlicher ist z.B. in der Kantate eine wiederkehrende kadenzartige Tonfolge in der zweiten Hälfte des ersten Teils, mit der dieser Teil auch schließt, wie überhaupt dieser zweite Unterabschnitt wegen seines deutlich wahrnehmbaren Rahmens, des Chorals der *Nacht*, am übersichtlichsten erscheint. Dieses Kaleidoskophafte der moti-

[35] Auf etwas Ähnliches weist Williamson (*The Music of HP*, S. 59) am Beispiel des Klaviertrios auf anderer Ebene hin: *Motives provide at best associations, but all other parameters tend to dissociation.* Im Klaviertrio sind alle Themen motivisch verknüpft, aber durch die Unterschiedlichkeit der Erscheinungsformen hat die einigende Verknüpfung keine Integrationskraft.

[36] Busoni, *Entwurf einer neuen Ästhetik der Tonkunst*, S. 15

vischen Verwandlungen, das uns bereits bei der Betrachtung des Violinkonzerts und des Cellokonzerts op. 42 begegnete, ist typisch für Pfitzners Personalstil der Reifezeit – der Eindruck völliger Freiheit, ja Willkür der Gestaltung, obwohl die einzelnen Werke durchaus nicht planlos sind. Aber die Entwicklung von Motiven und Themen ist nicht zwangsläufig und eindeutig vorgegeben, und eine Architektur als Folge der Einfallsentwicklung muß notwendig unorthodox sein; das einzige, was feststeht, ist das Prinzip, daß das aus einem Ureinfall erwachsende Werk zu Ende ist, wenn sich aus dem Einfallsmaterial nichts Neues mehr entwickeln läßt; Pfitzners Schlüsse sind oft solche der Motiv-Erschöpfung (z.B. cis-Moll-Quartett, Klavierquintett oder Cellokonzert op. 42) und selbst da, wo er einen Schlußaplomb vorsieht, wird dabei meist ein Motiv im *crescendo* tendenziell unendlich repetiert (Klavierkonzert, Violinkonzert).

Trotz dieser scheinbaren Willkür berücksichtigt Pfitzner das psychologische Moment eines jeden musikalischen Verlaufs, einer jeden musikalischen Form: den Wechsel von Aufstellung und Wiederkehr des Materials, den Dualismus des Neuen, das Spannung erzeugt und Aufmerksamkeit heischt, einerseits zum entspannenden, befriedigten Wiedererkennen andererseits; ein Wechsel, der Identifikation des Hörers mit der Musik erlaubt. Die zweiteilige Form bietet Pfitzner auf einer musikhistorischen Entwicklungstufe, auf der die Sonatenformabschnitte von Exposition, Durchführung und Reprise ganz von der Durchführung überschwemmt sind, ein neues Modell, in dem die Entwicklung des Materials zweimal erfolgt und damit der gerade beschriebene Dualismus gerettet oder neu formuliert wird. Das Prozeßhafte des Komponierens, die Suchbewegung, wie ein Thema, ein Motiv für den weiteren Verlauf fruchtbar sein könnte, gestaltet die Form. Es ist gleichsam ein aus der Tradition erwachsendes Gegenbild zur Zwölftontechnik, die eine strenge, nachvollziehbare Ordnung vorgibt, vom Ohr aber als Chaos wahrgenommen wird[37]. Pfitzner hat keine Schule begründet; schon sein Œuvre war dazu nicht homogen genug; aber wie die Rezeptionsgeschichte zeigt, bezieht eine neue Generation von Komponisten gerade aus dem ungeglätteten Nebeneinander von Gegensätzlichem, dem Auskomponieren des Ungeplanten, dem Vielfältig-Komplexen seiner Musik neue Anregungen.

[37] vgl. dazu Horst G. Klingenberg, *Grenzen der akustischen Gedächtnisfähigkeit*, in: *Acta Musicologica*, Vol. XLVI, Fasc. II, S. 171ff.

Dokumentation

Reinschrift des Liedes *Gebet* (Friedrich Hebbel) op. 26/1, komponiert 1916

Hans Pfitzners Einfallsästhetik: Das dritte Kapitel aus *Die neue Ästhetik der musikalischen Impotenz*[1]

Hans Pfitzners 1920 veröffentlichte Schrift *Die neue Ästhetik der musikalischen Impotenz*[2] ist berüchtigt wegen ihrer überschießenden Polemik und noch heute die Schrift, auf die sich eine politisch gefärbte Kritik an Pfitzner und seinem Werk beruft. Zugleich enthält das Buch aber auch und vor allem eine geschlossene Darstellung von Pfitzners Einfallsästhetik – in der sich der Komponist übrigens ganz bewußt jeder Polemik enthält. Neben seiner Schrift *Zur Grundfrage der Operndichtung* (1908–15)[3] zum Verhältnis von Wort und Ton im Musikdrama[4] und seinem umfangreichsten Buch *Werk und Wiedergabe* (1929)[5], einer erfahrungsgesättigten Auseinandersetzung mit dem Thema adäquater Operninszenierungen, ist dieses dritte Kapitel die bedeutendste schriftstellerische Äußerung Pfitzners und deshalb wert, hier ohne seine polemische Einkleidung abgedruckt zu werden, zumal diese Einfallsästhetik häufig angegriffen wird, ohne daß die nur noch in den bislang nicht wiederaufgelegten *Gesammelten Schriften* greifbare Darstellung zur Kenntnis genommen würde. (Ähnlich geht es der Schrift *Futuristengefahr* von 1917[6] zur Frage eines Fortschritts in der Musik, die zu Unrecht nur noch in Vorworten der Herausgeber von Busonis immer wieder veröffentlichtem *Entwurf einer neuen Ästhetik der Tonkunst* als Polemik abgetan, aber leider nicht mitabgedruckt wird.)

Die neue Ästhetik der musikalischen Impotenz richtet sich zwar gegen Paul Bekkers *Beethoven,* aber mit einem gewissen Recht fragt Bekker[7]: *Was eigentlich wollen Sie, und um was überhaupt wird ge-*

[1] Der Autor dankt Herrn Dr. Hans Schneider, Verlag H. Schneider, Tutzing, für die großzügige Genehmigung zum Abdruck der folgenden Auszüge aus dem dritten Kapitel.

[2] München 1920; mit einem zusätzlichen Vorwort noch einmal abgedruckt in GS II, S. 99ff. Die abgedruckten Auszüge folgen dem Text der späteren Ausgabe.

[3] in: *Vom musikalischen Drama*, München 1915, S. 90ff.; noch einmal abgedruckt in GS II, S. 6ff.

[4] ein damals brennendes Thema, vgl. Ermen, *Musik als Einfall*, S. 31ff.

[5] erschienen als Bd. III der *Gesammelten Schriften*

[6] München 1917; noch einmal abgedruckt in GS I, S. 185ff.

[7] Bekker, *Briefe*, S. 80ff.

stritten? Bekker sucht den Grund in *einem äußerst tiefgreifenden Unterschied* der Musik Pfitzners zu der anderer zeitgenössischer Komponisten (Busoni, Schreker, der frühe und mittlere Schönberg) und findet keinen, so wie die seinerzeit als grundsätzlich empfundenen Unterschiede zwischen Wagner und Brahms sich inzwischen angesichts ihrer umfassenden zeitgenössischen Verbundenheit völlig relativiert haben. *Qualitätsunterschiede kommen für keinen ernsthaften Betrachter in Betracht.* Bekker wirft Pfitzner vor, er habe mit seiner Polemik *Haß und Verwirrung gesät* und *Zerstörung geschaffen*, der mutwillig vom Zaun gebrochene Krieg habe *törichte Menschen von kaum mittelmäßiger Begabung großsprecherisch gemacht*, und er kommt zu dem Schluß, daß Pfitzners schriftstellerische Selbstisolierung im Gegensatz stehe zu seiner kompositorischen Zeitgenossenschaft.

Eines ist sicher wahr: Bekkers Beethoven-Hermeneutik hätte Pfitzner schon neun Jahre vorher bekämpfen können (sie wurde damals auch von anderen kritisiert); diese Hermeneutik war auch nach weiteren Auflagen keine andere geworden. Die Bücher Bekkers waren, anders als die erste Auflage von Busonis *Ästhetik*, auch ständig im Handel präsent. Es mußte also einen weiteren Grund geben, der Pfitzner zu seiner Replik drängte. Zweifellos war dies das Aufziehen der Neuen Musik, die in ihrer Materialorientiertheit (im Gegensatz zur Einfallszentriertheit) tatsächlich etwas Neues proklamierte und folgerichtig in die Erfindung der Zwölftonmethode mündete. Busoni verkündete eine neue Musik mit fortschrittlichen Mitteln, Schönberg brach mit seinen Werken ab etwa 1908 aus der nachwagnerschen Harmonik aus. Sie sind die eigentlichen Adressaten[8]. In ihren ästhetischen Anschauungen liegen Busoni und Pfitzner ebenso weit auseinander wie der mittlere und späte Schönberg und Pfitzner in ihren Kompositionen. Mit Bekkers Buch hatte dies insofern zu tun, als Pfitzner in dessen Erklärung von Musik über eine ihr zugrundeliegende poetische Idee die Eliminierung der musikalischen Substanz, des Einfalls sah (Bekker selbst nahm übrigens in seinem Buch über Gustav Mahler 1920 die *poetische Idee* nicht wieder auf[9]). Vor allem: bei Bekker hat das Gestalten Vorrang vor dem Erfinden. Für Pfitzner, für den

[8] Beide werden in der Schrift nicht genannt, aber die Passagen gegen die »aharmonische« Musik im Vorwort zur 3. Auflage 1926 (GS II, S. 119ff.) richten sich offensichtlich gegen Schönberg und seine Schule, und der Verweis auf die *Futuristengefahr* (S. 121) bezieht sich auf die Auseinandersetzung mit Busoni.

[9] Ermen, *Musik als Einfall*, S. 134ff.

der Einfall der Zentralbegriff seines Schaffens und Denkens, gleichsam seine Heimat ist, mußte dies ein Alarmsignal sein; er sieht sich just in den Augenblick, in dem ihm nach der Flucht aus Straßburg seine realen Existenzmöglichkeiten entzogen sind, durch diese neuen Bestrebungen auch geistig existentiell bedroht – anders als Richard Strauss[10] und Schreker, die zwar dasselbe glauben, aber sich in ihren unangefochtenen materiellen und geistigen Verhältnissen um derartige Auseinandersetzungen nicht (zumindestens nicht öffentlich) kümmerten.

Was ist dabei herausgekommen? Für Pfitzner keine »Rettung der Musik« und für seinen Nachruhm nur Nachteiliges. Aber er sah sich gezwungen, seine Einfallsästhetik, die schon in seinen früheren Schriften stets im Hintergrund stand[11], zu entfalten, und diese ist, auch wenn sie keine geschlossene Theorie darstellt, bemerkenswert nicht nur als Zeitdokument, sondern als wesentlicher Beitrag zur Ästhetik der Tonkunst.

Der besseren Lesbarkeit wegen ist der folgende 3. Teil des Buches geringfügig um einige Exkurse gekürzt und mit Zwischenüberschriften versehen.

[10] Richard Strauss, *Vom melodischen Einfall* (um 1940), in: *Betrachtungen und Erinnerungen*, S. 161ff. Übrigens leugnet selbst der nüchterne Strawinsky den Einfall nicht: *Das melodische Gestaltungsvermögen ist eine Begabung. Das heißt, daß man es nicht durch Studium entwickeln kann* (*Musikalische Poetik*, Wiesbaden 1960, S. 29).

[11] HP, *Bühnen-Tradition*, GS I, S. 8ff.; *Zur Grundfrage der Operndichtung*, GS II, S. 13ff.; *Futuristengefahr*, GS I, S. 214ff. Später (1940) kommt er noch einmal auf das Thema zurück (*Über musikalische Inspiration*, SS IV, S. 269ff.).

Skizze zum Lied *An den Mond* (Johann Wolfgang von Goethe) op. 18.
Der Schluß ist von ursprünglich E-Dur
nach e-Moll korrigiert.

3.

»Wie in den Lüften der Sturmwind saust,
Man weiß nicht, von wannen er kommt und braust,
Wie der Quell aus verborgenen Tiefen,
So des Sängers Lied aus dem Innern schallt
Und wecket der dunkeln Gefühle Gewalt,
Die im Herzen wunderbar schliefen.«

Schiller

Man unterscheidet gewöhnlich als die drei Elemente der Musik Melodie, Harmonie, Rhythmus. Melodie ist aber schon eine Zusammensetzung (Ton und Rhythmus), ebenso Harmonie (Ton und Ton). Die eigentlichen Urelemente wären daher auf zwei unteilbare zurückzuführen, und zwar auf eines, welches als zeitlos, vom Zeitbegriff unabhängig empfunden wird: Klang, oder als meßbarer Klang: Ton (die Schwingungszahl als Zeitbegriff kann hier nicht in Betracht kommen: hohe und tiefe Töne werden als zusammenklingend empfunden), und eines, das vom Zeitbegriff abhängig ist, als in der Zeit befindlich empfunden wird: Rhythmus. Diesen zwei Elementen entsprechen zwei Wesensentfaltungen, derer die Musik als Kunst fähig ist: Empfindungsausdruck, als die Fähigkeit, in der Seele Gefühle, in der Phantasie Bilder zu erzeugen, und Architektonik, als die Fähigkeit, der Zeit eine Form, eine Gestalt abzugewinnen.

Eine dritte Fähigkeit hat sie nicht.

Getrennt geben die beiden Elemente nur eine Ahnung der genannten Fähigkeiten, die sie, vereint, im Dienste der Musik entfalten sollen: Ein gehaltener Waldhornton kann unbestimmt sehnsüchtig wirken, ein Äolsharfenklang lieblich, der starke Ton eines Nebelhorns annähernd furchterregend, usw.

Es ist möglich, ein Formschema bloß als Rhythmus, ohne Klang, aufzuzeichnen.

Erst ihre Vereinigung macht sie zum Material der Musik als Kunst und potenziert ihre Kräfte ins Unendliche.

Diese Vereinigung findet nicht durch einen willkürlichen Verstandesakt statt. Zwar kann man sich diese Konstruktion immer vorstellen; einfachstes Beispiel:

Zwei gleichlange Zeitwerte (Rhythmus)
auf verschiedener Tonhöhe (Klang)

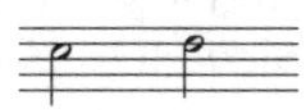

Jedoch geschieht sie nur als nachherige Abstraktion aus einem unmittelbar durch einheitliche Funktion gebildeten Vorgang; niemals sind auf jene Weise ursprünglich zwei, geschweige mehr Töne aneinander gereiht worden. Der in den Katakomben verborgene Christ, welcher verzückt sein Halleluja anstimmt, der Bäckerbursch, der im Gehen sich eins pfeift, der einsame Schäfer auf der Schalmei – sie vollziehen die freieste Vereinigung jener zwei Elemente unmittelbar. Erst in einem Stadium, wo, nach den ersten Regungen der Seele, die als Naturlaute aus dem Innern brechen, sich das Bedürfnis nach Ordnung des Materials zum Aufbau einer Kunst einstellt, tritt die Reflexion in Kraft, die, nach der Regel suchend, sich über das Verhältnis von Ton und Zeit Rechenschaft gibt.

Klang plus Rhythmus, d.h. der an den Rhythmus gebundene Ton ergibt eine Linie; in reiferer Gliederung: Melodie (horizontales Prinzip). Nun können aber mehrere Töne zusammenklingen: Klang plus Klang, der an den Ton gebundene Ton ergibt die Welt der Harmonie (vertikales Prinzip).

Wir wollen hier festhalten, daß in der europäisch-abendländischen Musik die Erkenntnis der Harmonie, ihr Begreifen als Theorie das Werk vieler Jahrhunderte war. Ihre Anwendung in Bewußtheit und Freiheit, die Nutzbarmachung ihrer Errungenschaften für die Kunstmusik ist jetzt etwa drei Jahrhunderte alt. Während also das eine Element, der Rhythmus (zeitlich), zu allen Zeiten, entsprechend der immer gleich daseienden apriorischen Anschauung der Zeit, auch immer gleich gegeben war, hat das andere: der Klang, in diesen Zeiträumen wesentliche, ja unermeßliche Veränderung durch die Steigerung zum Zusammenklang erfahren. Wenn wir im folgenden die Vereinigung der beiden Grundelemente der Musik näher betrachten, dürfen wir diesen Umstand nicht aus dem Auge verlieren. Vereinigung von Klang und Rhythmus – darin beruht die einzige Leistung der Musik. Von der primitivsten Aneinanderreihung mehrerer Töne bis zur kompliziertesten, nach bewußt befolgten Regeln und Gesetzen einer hochentwickelten Kunst gestalteten Tonschöpfung ist nichts anderes als ihr Wesen, Inhalt anzugeben. Historisch betrachtet stellt die zeitliche Entwicklung dieser Vereinigung in Menschenhirnen die Musikgeschichte von innen gesehen dar.

Welche Mächte müssen diesen zwei blinden, verstandeslosen Faktoren innewohnen, welche Bedeutung muß ihre Vereinigung haben, um eine solche Wundermacht wie die abendländische Musik unseres Jahrtausends hervorzubringen!

Trotzdem wohl stets die Sonderstellung der Musik gefühlt und auch ausgesprochen worden ist, wird diese Kunst immer und immer wieder direkt mit den anderen Künsten verglichen, mit falscher Setzung der eventuell vergleichbaren Werte. Aber es kann nicht stark genug unterstrichen werden, daß da ein wesentlicher Unterschied existiert, der Vergleiche ausschließt, welche unter den anderen Künsten wohl angestellt werden können.

Wenn ich Dichtkunst und bildende Künste miteinander vergleiche, finde ich im Gegensatz zur Musik als denselben Gemeinsames, daß ihr Material als ein stets vollständig gegebenes in menschlicher Wahrnehmung liegt: für den Dichter ist es die verstandesmäßige Welt der Begriffe; für den Bildner die sichtbare Außenwelt.

Das Gebundensein an dieses Material ist die weiteste Definition ihrer Äußerung. Was auch ein Dichter bezweckt zu leisten, welchen Teil des Universums er durch Schriftzeichen zu verewigen vorgibt, ob die ganze Außenwelt, ob seine innerste Seele, ob er den Menschen zum Objekt seiner Kunst macht, ob eine Stimmung, eine Handlung, eine Erzählung, so hoch auch seine Intuition fliegt – ohne Worte, Sätze mit Sinn, ohne Begriffswelt ist seine Kunst nicht denkbar, eine Kunst, die erst durch das Medium des auffassenden Verstandes in tiefere und höhere Regionen des Gefühls, der Phantasie, dringt. Das Begriffsmaterial für die Dichtkunst leugnen, gäbe Irrsinn: etwas Schriftliches ohne Zusammenhang, mit einzelnen Worten ohne Sinn, begriffslosen Interjektionen.

Was auch der Maler bezweckt zu leisten, ob er auf seinem Papier, seiner Leinwand, nur seine innerste Seele, ob sein Zimmer, ob er irgendeine Innenwelt oder Außenwelt, ob er den Fis-Moll-Quartsextakkord oder den Keuchhusten vorgibt zu malen – etwas anderes als Bruchteile der sichtbaren Außenwelt kann er nicht zu Papier bringen: Linien, Farben, Formen. So wie die Entgegennahme jeder Dichtung darin beruht, daß man im Innern unwillkürlich frägt: »Was ist der Sinn?«, so frägt man unwillkürlich beim Betrachten jedes Bildes: »Was stellt es vor?« Damit ist natürlich keineswegs die letzte Leistung des Künstlers bezeichnet, sondern nur das notwendige Mittelglied zwischen innerem Gesicht und Werk. Jene Fragen betreffen das Wesen der Kunstart respektive fallen mit ihm zusammen. Den Wert der Kunstleistung betrifft die Frage: »Was ist es mir, sagt es mir?« Jeder höhere Künstler will letzten Endes seine seelischen Dränge in bleibende Zeichen umwandeln, will seine Weltanschauung im Gleichnis aussprechen. Aber diese ge-

nannten Medien: Begriffswelt, Sichtbarkeitswelt leugnen, hieße den Begriff, die weiteste Definition »Dichten«, »Malen« ganz aufheben.

Jede dieser beiden Künste hat also zum stets bereiten Material die ganze Welt je von einer Seite aus gesehen. Fürwahr, keine enge Grenze!

Zu welcher Zeit auch ein Maler, ein Dichter geboren war, er fand sein Material fertig vor.

Die Außenwelt lag dem sehenden Auge vor fünftausend Jahren gerade so offen und fertig da wie heute und in aller Zeit.

Ein Volk, das seine Sprache hat, kann auch seine Dichtung haben.

So sind uns aus der antiken Welt, von untergegangenen Völkern und aus versunkenen Zeiten, reife Werke der Dichtung und der bildenden Kunst überliefert, die heute noch sich nicht nur als Höhepunkte und Marksteine einer fremden Kultur darstellen, sondern auch für unsere – ganz andere – jetzige Welt noch volles Leben haben, ja, vor denen wir staunend stehen. Ich brauche Beispiele nicht zu nennen – sie sind zahlreich und allbekannt.

Wie steht es aber mit der Musik?

Wir wollen gleich vorausschicken: der große, einschneidende Unterschied, der sich nun bei dem historischen Überblick herausstellen wird, kann für die ästhetische Betrachtung nicht unbeachtet bleiben.

Pfitzner stellt im folgenden dar, daß von der Musik der alten Griechen nichts übrig geblieben sei, weil sie *nichts auf eigene Rechnung ausspricht, sondern im Dienste des Tanzes, der Religion, des Krieges, des Silbenmaßes ihr Leben führt.* Es fehlte ihr *die Welt des gesetzmäßigen Zusammenklangs, der Mehrstimmigkeit, der Harmonie.* Weiter beschreibt er die langsame und mühevolle Entwicklung der Musik zur Mehrstimmigkeit im europäischen Mittelalter bis zum 17. Jahrhundert.

Wir sehen hier, in diesem merkwürdigen Lustrum, die beiden Fähigkeiten der Musik, die wir als die ihr einzig möglichen bezeichnet haben, in ziemlich sauberer Scheidung in größtem Maßstab geschichtlich ausgeprägt: Die freie Herzenskunst, nach antiker Weise, mit Orpheus als Urvater, der durch Gesang und Saitenspiel Menschen und Tiere bezauberte, mit dem Ton als Hauptsache, und dem Willen zur Gemütserregung: Musik als Empfindungsausdruck. Und die polyphone Kunst, von den ersten Singeschulen, der ersten Zweistimmigkeit an bis zu den komplizierten Finessen der Mensuraltechnik: Musik als Architektonik, mit dem Willen zum Messen, zum Bilden und Bauen.

Wir wollen nicht außer acht lassen, daß das Zusammenfließen der beiden Ströme im 17. Jahrhundert ein Ereignis war, wie es noch keine Kunst, kein Zeitalter erlebt hat. Es ist, als ob ein Licht angeht, eine Welt anfängt zu blühen, ein Schmetterling der Puppe entschlüpft; als ob zum ersten Male sich Buchstaben zum sinnvollen Wort zusammenfügen, oder im Kopf eines jungen Komponisten der erste musikalische Gedanke auftaucht. Von da ab erst reicht lebendige Musik zu uns hinüber. Die vollkommene Synthese: Vielklang – Bewegung, unbegrenzte Polyphonie – unbegrenzte Polyrhythmik war hier erreicht. Alle Möglichkeiten und Kräfte beider Elemente waren nun hemmungslos entfaltet und zugleich zu übersichtlichster Ordnung gebunden. Begriffe, die es vorher in diesem Sinne nicht gab, waren geschaffen oder unaufhaltsam unterwegs, wie: Harmonie, Melodie, Begleitung, Takt, Form – alles Durchdringungen und Isolierungen, mannigfaltigste Kombinationen jener zwei Elemente. Die Musik konnte nun eine eigene, ihre Sprache sprechen, war eine wirkliche Kunst, eine selbständige Kunst, eine neue Kunst; sie, Aschenbrödel und Cordelia, war nun dasselbe, was ihre Schwestern waren – war mehr.

Inwiefern mehr?

Aus dem Vorhergehenden ist die Antwort abzuleiten. Mit der Erfüllung jener vollkommensten Synthese, die wir unter dem Begriff des neuzeitlichen (nachmittelalterlichen) Musikstyles als Einheit zu denken berechtigt sind, war der Musik das gegeben, was die anderen Künste a priori hatten: ein im Sinne der Erzeugung des freistehenden Kunstwerkes gedachtes bleibendes Supplement zur subjektiven Hälfte, der menschlichen Begabung, nämlich das geistige Material; aber mit einem großen Unterschied: dem bildenden, dem Augenkünstler liegt sein geistiges Material von der Erkenntnisstufe an parat, wo nach der bloßen Sinnesempfindung die bewußte Wahrnehmung (Apperzeption) eintritt, also bei der jedes normalen Menschen, wo und wann er lebt. Dem Dichter von da ab, wo die in Begriffen aufgefaßte Außenwelt sich in die Sprache niederschlägt; also auch eine Stufe jedes, dem ersten vorsündflutlichen Stadium entrückten Menschentypus. (Der Abstand zwischen Dichtkunst und den bildenden Künsten erhellt hieraus, wie nebenbei gesagt sein soll.) Das entsprechende geistige Material aber der Musik ist nur, wie wir sahen, dem europäisch-abendländischen Menschen der (etwa) letzten drei Jahrhunderte eigen; nur ihm von allen Menschen, die unsres Wissens die Welt bewohnten; denn – dies dürfen wir nun bestimmt und begründet aussprechen –: das geistige Material des Komponisten ist nicht etwa der Ton, sondern die Ton-

gestalt. Diese ist das biologische Erbe des Werkes eines bewußt-unbewußt arbeitenden künstlerischen Menschengeistes, nur für den Künstler gedacht und gewollt. Und hier liegen die ungeheuren Unterschiede: das geistige Material der anderen Künste ist ein allgemein menschliches, für jeden Menschen gleiches; die dichterische, bildnerische Begabung macht es erst zu künstlerischem Stoff. Der Künstler steht ihm gegenüber, bearbeitet ihn sozusagen direkt; sein Produzieren ist somit ein – sehr hoch aufgefaßtes – Bearbeiten. Der Komponist aber, als der schöpferische Musiker, steht seinem geistigen Material nicht gegenüber, als einem jedem Menschen zugänglichen Rohstoff. Er trägt es in sich; sein Produzieren besteht darin, daß er die vollkommene Synthese, die wir eben als Werk der Allgemeinheit makrokosmisch sich entwickeln sahen, mikrokosmisch individuell immer neu aus sich heraus als Tongestalt erzeugt. Der geniale Komponist ist somit der eigentliche und einzige Schöpfer unter allen denkbaren Künstlern. Der Philosoph, der Dichter, der Bildner produziert, schafft, indem er an die gegebene Außenwelt mit einem besonders starken Gefühl der Erfassung herantritt – wir nennen es Talent, Genie – und sie durch seine Anschauungsweise in ewige Bilder zwingt. Dies ist ein Prozeß des »Bearbeitens« – kein Beispiel wird dieser Definition entrinnen können. (Ohne daß man sich an das Wort »Bearbeiten« zu stoßen braucht; es muß gebraucht werden, um das einzigartige Wesen des musikalischen Kompositionsprozesses, vielmehr Konzeptionsprozesses, sich davon abheben zu lassen.) Der Komponist hat keine Außenwelt als Stoff, sondern nur sein Gefühl. Er schafft aus dem Nichts. Daß der bloße »Ton« nicht sein Material ist, glaube ich hinlänglich klargemacht zu haben an der Aufzeigung dessen, was er jahrtausendelang geleistet und nicht geleistet hat; erst seine Potenzierung, seine Werdung zum gesetzmäßigen Tongebäude (Harmonie), die ohne jahrhundertlange gemeinschaftliche Arbeit nicht möglich war, bedeutete die Reife des geistigen Materials. Die Rolle, die bei jenen anderen Künstlern die ins Unendliche ausgedehnte, stets daseiende ganze Außenwelt als Materie spielt, spielt bei dem Komponisten die als kleinste Einheit zusammengepreßte Tongestalt (also eine Innenwelt), die nicht nur die vorhin oft erwähnte Synthese der Urelemente der Musik bedeutet, sondern noch eine zweite: die von Subjekt und Objekt: das geistige Material ist hier schon eine menschliche Leistung. Bei jenen bedingte die Formung, die Gestaltung, das Beginnen und Endigen eines Kunstwerkes ein Begrenzung des Ewigkeitsmaterials, gleichsam ein willkürlich irgendwo einsetzendes Ausschneiden und Einrahmen eines Bildes aus der unendlichen Bilderkette der Welt. Bewegung von außen nach innen, ein Ans-Herz-drücken der Welt. Bei dem Komponisten – ein junger Begriff! – bedeuten sie eine Erweiterung, Entwicklung des Zeitlichkeitsmaterials, eine Abhaspelung eines Knäuels, eine Auflösung eines Tropfens Essenz, einen souveränen Anfang mit in ihm liegenden Ende. Bewegung von innen nach außen: Projizierung des Herzens in die Welt.

Im allgemeinen und soweit ich je Urteile hörte, wird die schöpferische Betätigung der anderen Künste direkt in Parallele gestellt mit der des schöpferischen Musikers, welche wiederum im wesentlichen als Erfindung von Melodien aufgefaßt wird. Ich glaube klargetan zu haben, daß dies eine täuschende Vergleichung, eine falsche Werte-Setzung ist. Wenn man dem bisher Entwickelten zugestimmt hat und festhält, was geistiger Stoff (objektives Material) gegenüber dem schaffenden Subjekt ist, so wird man ferner zugeben, daß der schöpferischen Tätigkeit der nichtmusikalischen Künste als adäquate Parallele in der Musik gegenübergestellt werden muß: die nach gegebenem Material, dem musikalischen Thema, erfolgende Schöpfung, Komposition des ganzen Tonstückes. In dem eigentümlichen, einzigartigen Umstand, daß in der »kleinen Einheit« menschliche Leistung objektives Material wird, mit ihm zusammenfällt, daß der musikalische Einfall einerseits letzte und höchste Leistung, andrerseits, im Sinne der »Gestaltung« des Tonstückes – ich nenne es Verlauf – nur Material, Rohstoff ist, darin liegen alle Rätsel der Musik als Kunst, zu deren Lösung das historische Entstehen, die aposteriorische Natur der Harmonie, einen Schlüssel gibt.

Bei obiger Werte-Setzung stimmen wirklich alle Vergleichsmomente: Charakter der »Bearbeitung« im höchsten Sinne (nur mit der oben bezeichneten, gewissermaßen umgekehrten Richtung), individuelle Auffassung des Materials als schöpferische Wurzel des Kunstwerks, Irrelevanz des Themas hier wie dort. Darüber hinaus hat aber die Musik das Eine, Unsägliche, was nur sie hat: die freie Schöpfung eben dieses Materials selbst: den genialen musikalischen Einfall.

Davon gleich mehr; erst müssen wir zur vollen Klarheit über das Wesen des musikalischen geistigen Materials, welches ich »Tongestalt« genannt habe, gelangen.

Die Tongestalt als Einfall

So wie es Irrtum wäre, den Bildner jeder Art ohne Sichtbarkeitswelt, den Dichter ohne Begrifflichkeitswelt zu denken, so ist es Irrsinn, den Komponisten ohne »Tongestalt« zu denken. Nur muß – so selbstver-

ständlich es ist und um absichtliche und unabsichtliche Mißverständnisse gleich zu erledigen – gesagt werden, daß hierunter nicht nur ein etwa am Anfang stehendes markantes, so oder so beschaffenes, irgendwie bestimmtes Thema gemeint ist, sondern nur ausgesprochen werden, daß ein Wegdenken des »Themas« aus der Musik als Kunst schlechthin unmöglich ist, ein Denkfehler ist. Ich muß hier wiederum auf den betreffenden Teil der »Grundfrage der Operndichtung« verweisen[12]*; ich habe dort, als den präzisesten Ausdruck, »die kleine Einheit« gebraucht; es kann also das sein, was wir »Thema«, »Einfall«, »Melodie«, »Motiv«, »Stelle« (etwa »schöne Stelle«), »Figur« usw. nennen. Vor allem ist es aber zunächst für das Wesen des Materials als solchem, von dem wir hier reden, gleichgültig, ob es etwa wertvoll sei oder nicht, so wie jenes andre Geistesmaterial ja auch seine Künstler-»Bearbeiter« jenseits von Wert und Unwert steht. Was ist nun aber so eine*

[12] Pfitzner äußert sich dazu eingehend in *Zur Grundfrage der Operndichtung* (GS II, S. 16ff.): *Wenn ich im Vorhergehenden dem Einfall eine so hohe Bedeutung beigelegt habe, ja, so kühn war, jede Ästhetik am Maßstabe seines Vorhandenseins zu messen, so liegt ein Bedenken nahe, das einzige, welches vernünftigerweise erhoben werden kann; das nämlich: wer die Persönlichkeit ist, der der Einfall kommt. Gewiß, die Sphäre, in der irgend Kunst vor sich geht, macht gewaltigen Unterschied; sie ist es auch, nach der unser Kunstleben sozusagen in Kasten eingeteilt wird; und auch mir ist – ich gesteh es – eine Grübelei von Brahms interessanter, eine trockne Stelle bei Beethoven näherstehend, als der glücklichste Einfall von Neßler. Jedoch, daß man mit einem niederen Bereich nichts zu tun haben will, darf einen nicht übersehen lassen, daß es in diesem auch Offenbarungen geben kann. Und sicher ist subjektive das Entzücken Beethovens bei seiner herrlichsten Eingebung nicht größer gewesen, als das eines auf sehr bescheidenem Gebiet komponierenden Musikers mit gewissem Talent dazu, der mir einmal sagte: »Heut morgen – da hab' ich was komponiert, das war so schön, daß mir die Tränen in die Augen gekommen sind.« Dies hat nicht nur eine lächerliche Seite. Es gibt auch geniale Gassenhauer, und die Fähigkeit, glückliche Einfälle zu haben, ist es, die auch im niederen Genre in diesen Momenten den damit Begabten immerhin am Wesen der Kunst teilhaftig werden läßt. Während auch beim größten Genie die Meisterhand nicht den glücklichen Augenblick ersetzen kann; und Werke, oder Partien drin, denen Inspiration fehlt, werden eben mitgenommen als zur Persönlichkeit gehörig, als Schlacken, »Beschränkung menschlicher Kräfte überhaupt«, die vielleicht gerade deshalb – Lichter auf die zeitliche Persönlichkeit ihrer Schöpfer werfend, lehrreich, interessant, fachfördernd, wegweisend und was noch alles sein können, aber nicht eigentlich zum wahren Wesen der Kunst gehören. Es gibt keine Musik, die mich weniger interessiert, als die sogenannte »interessante«. Fachinteresse oder Studium der Persönlichkeit ist nicht Kunstgenuß; diesen gibt nur die Offenbarung, und deren Wesen ist Vollendung. Es ist bezeichnend für so viele – zumal vom Fach –, daß sie die absolute Vollendung eigentlich nicht schätzen. Ist sie nun zu leicht oder zu schwer zu verstehen? zu selbstverständlich oder zu geheimnisvoll? – Das ist es eben – sie ist nur zu genießen, jene aber wollen was dran zu kauen haben.*

kleine Tongestalt gegenüber der ganzen Welt, wie sie den anderen Künsten als ewiger Stoff zur Verfügung ist, einem Rohstoff, von dem man schließlich sagen kann: »und wo ihr's packt, da ist's interessant«, eine gewaltige Hälfte, die der anderen nur die Schöpfung in Form einer »Auffassung« übrig läßt, allerdings einer Gefühlsauffassung, deren magische Kräfte zu erörtern hier nicht der Platz ist? Was ist dagegen so eine kleine »Tongestalt«? Was ist sie überhaupt, diese Welt, aus der der Komponist seine Gebilde formt, seine Formen bildet? Wir fassen zusammen und gehen weiter: Die Synthese Ton–Linie (ich wähle als Bewegungsbegriff das Wort »Linie«, weil es die sonst als Gegensätze gebräuchlichen Begriffe Rhythmus und Melodie in sich begreift) ist die einzige Leistung der Musik. In der ursprünglichsten Form des Einzeltones konnte sie keine selbständige Kunst ergeben, blieb sozusagen selber immer Stoff, am Wort klebend, ohne Form und Leben. Erst die in der Zeit künstlich errungene Welt des Vielklanges schuf ein Geistesmaterial im Begriff des musikalischen »Themas«; denn gerade so direkt und unmittelbar wie die Vereinigung von Einzelton–Linie von je er-

Für wichtiger also, als den dicken Grenzstrich, der zwischen höheren und niederen Sphären leicht erkennbar ist, und der eigentlich nur die Persönlichkeiten voneinander abteilt, halte ich jene andere, feinere, Linie zwischen Inspiriertem und Beabsichtigtem, die, so schwer sie auch in der Empirie festzustellen sein mag, dennoch nicht außer acht gelassen werden darf. Denn diese Linie teilt auch im inneren Bewußtsein selbst das Reich der Kunst von anderem ab. Eine kleine Zeichnung mag das Gesagte versinnlichen:

Inspi-	*Hohe*	*Sphäre*	Re-
ration	*Niedre*	*Sphäre*	flexion

Unmöglich kann an dieser Stelle das Wesen des Einfalls auch nur annähernd erschöpfend besprochen werden; es sei daher nur noch gesagt, daß die beiden in Rede stehenden Gegensätze eigentlich dann erst als solche in unser Bewußtsein treten, wenn sie in ihrer ausgeprägtesten Form erscheinen. So möchte ich Einfälle »zweiten Ranges« oder »aus minderer Höhe« annehmen, die sich dem einstellen, der an der Sphäre eines Werkes, zu dem er einen Ureinfall hatte – gleich wird davon mehr die Rede sein –, lang gesogen hat. Und wie die, so verschiedenen, Farben des Regenbogens dennoch allmählich ineinander übergehen, und man Rot und Blau erst bei deren größter Intensität wirklich unterscheidet, so gibt es (bei der »Arbeit« an einem größeren Werk etwa) entsprechende Übergangszustände, bei denen der mit einer großen Ausgangsidee Beschenkte selber jene Grenze im eigenen Gefühl verlieren mag. Doch all diese Modifikationen gehören eben wieder zur »Beschränkung menschlicher Kräfte überhaupt«.

zeugt werden konnte, kann der Musiker der letzten Jahrhunderte die Vereinigung von Harmonie (Ton plus Ton) und Bewegung derselben (Linie plus Linie) erzeugen. Also nicht bloß ein Akkord kann als Inbegriff der Errungenschaft des Harmonie-Zeitalters, als vollgültiger Ausdruck der aposteriorischen Natur des musikalischen Geistesmaterials angesprochen werden, sondern schon eine akkordliche Tongestalt, die zugleich Vielklang und Bewegung ist, also das »Thema«, und sei es die primitivste Kadenz. Denn wir haben, wie wir sahen, die »Bewegung« gleich mitgelernt. Den Begriff »musikalisches Thema« danken wir der genialen Leistung der Gesamtheit vergangener Epochen; jeder Musiker, der kompositorisch unbegabteste, kann ein »Thema« herstellen (so wie jeder Laie heute ein Orchesterstück unsrer Zeit verstehen kann, während es dem gelehrten Fachmusiker vor 400 Jahren unverständlich wäre, wenn man ihn es hören lassen könnte). Was für ein Thema das ist – das ist eine andere Frage, die Hauptfrage, die einzige, die Frage aller Musik! Die Frage nach dem genialen Einfall. Denn nun sind wir angelangt bei dem Wert jener Synthese, Tongestalt, dessen Bedeutung uns nun nicht mehr irrelevant sein kann. Wir haben verglichen: I. Außermusikalische Künste: Einsetzen der schöpferisch-bearbeiterischen Tätigkeit nach gegebener allgemeiner Begrifflichkeits- und Sichtbarkeitswelt, dem unendlichen, unbegrenzten Allgemeingut des Menschen. II. Musik: Einsetzen der entsprechenden kompositorischen Tätigkeit durch Entwicklung, Gestaltung des Tonstückes bei gegebener »kleinster Tongestalt«, der künstlich erzeugten und ererbten Menschenschöpfung. Wie bedenklich armselig, begrenzt dieses Material gegenüber jenem universalen, wenn nicht in den Wert dieses gegebenen Faktors der Gleichung sich alles retten würde, was die Musik zu der wunderbaren Kunst macht, die sie sein kann. Der Protest, der sich bei manchem vielleicht hier bei dem Wort »entsprechenden« regen mag, zeigt nur, ohne die Logik der Gleichung erschüttern zu können, das Gefühl für die Wichtigkeit des Einfalles, als Ausgangspunkt einer jeden Komposition.

Für – (oder vielmehr gegen) alle die, die in der musikalischen »Gestaltung« alles, in der »Erfindung« nichts sehen[13]*, d.h. die Art, den Wert*

[13] Deutlich ist hier Paul Bekker angesprochen (*Erfinder und Gestalter*, in: *Kritische Zeitbilder*, Berlin 1921, S. 300ff.); vgl. dazu Ermen, *Musik als Einfall*, S. 134f. und HP, *Zur Grundfrage der Operndichtung*, GS II, S. 20: Unsinnig käme einem der Komponist vor, *welcher sagte, er trüge eine Sonate oder Sinfonie im Kopf, zu der er aber noch kein einziges Thema hätte. Was anderes denn als ein Thema, ein Motiv, eine Melodie, kurz, was anderes als Noten kann denn ein Komponist anführen, der eine Sinfonie auch nur zu planen vorgibt? Um die kleine, greifbare Einheit kommt er nicht herum.*

des Einfalles als gleichgültig hinstellen, sei die an dieser Stelle erworbene Erkenntnis besonders betont und darauf hingewiesen, was Musik wäre als bloße »Gestaltung«. Zunächst, wenn man ihr den zu gestaltenden Faktor der »Erfindung«, der »Tongestalt« ganz nähme, wäre es dasselbe, als wenn man den anderen Künsten die ganze Welt nähme – Irrsinn! Nimmt man jenem Faktor nun den Wert, so nimmt man ihn der ganzen Musik; denn »bearbeiten«, »gestalten« kann man nur eben jenes Material; in dem Augenblick, wo man dessen »Bearbeitung« verläßt, muß, der Natur der Musik nach, ein neues Material – nicht etwa im Sinne eines neuen Formschemas, sondern exakt im streng logischen Sinne – eintreten. Hier, also in dem Wert dieses gegebenen Faktors der Gleichung, ist ein Äquivalent gefunden zu der Bedeutung des anderen Faktors, hier liegt das »mehr«, das ich vorhin meinte; hier ist eine Möglichkeit für die Musik, den gewaltigen Vorsprung, den die anderen Künste durch die Ewigkeits- und Allgemeinheitseigenschaften ihres Geistesmaterials haben, nicht nur einzuholen, sondern in bestimmtem Sinne zu überholen; hier liegt ein Schöpferakt vor, den die anderen Künste nicht kennen. Wenn wir die einzige Leistung der Musik in der oft erwähnten Synthese sehen, so ist diese Form derselben: der echte musikalische Einfall, als sinnvolle Synthese, die höchste Leistung; denn in ihm verbinden sich die Elemente auf besondere Art, gewissermaßen untrennbar, wie bei einer chemischen Verbindung, und ergeben das, was man in anderen Gebieten »einen Sinn« nennt; er spricht etwas aus; direkt, in seiner Sprache, nicht gleichnisartig, wie es des Verlaufes einzige Möglichkeit ist. Er ist das, was der liebe Gott meinte, als er die Musik erschuf[14]. [...]

Die Unerklärlichkeit des Einfalls

Hier ist die Stelle, wo man des trockenen Tones nun satt sein und – schwärmen darf! – ich finde kein anderes Wort. Mag es in der jetzigen Zeit als ein überwundener Standpunkt gelten, für eine schöne, eine

[14] Der Einfall, den Pfitzner meint, ist keineswegs auf eine »kleine Einheit« beschränkt: außer der später besprochenen *Träumerei* von Schumann nennt er Melodien aus *Carmen* (*Grundfrage*, GS II, S. 16), Schuberts *Moment musical* in f-Moll und von seinen eigenen Werken das Lied *Verrat* op. 2/7, den ganzen ersten Chor aus *Die Rose vom Liebesgarten* (109 Takte!), das erste Konzilsthema aus *Palestrina,* das Kopfthema des Cellokonzerts op. 42, das Hauptthema des dritten Satzes seines Klaviertrios op. 8 (*Über musikalische Inspiration,* SS IV, S. 283 und 293f.). Wesentlich ist ihm bei ausgedehnteren Stücken die *Nahtlosigkeit* des musikalischen Gebildes.

wahrhaft geniale Melodie zu schwärmen, ich sage: hierfür nicht fähig zu sein heißt die Sprache der Musik nicht verstehen; ferner sage ich: sie erklären wollen ist ein dilettantisches Unternehmen. Wenn wir vor etwas Unbegreiflichem stehen, das unserer Erklärungen spottet, lösen wir gerne die strenge Folge der Gedanken, strecken die Waffen des Verstandes und geben uns vollständig gefangen, wehrlos aufgehend im Gefühl. So kann man eigentlich bei einer echten musikalischen Eingebung nur ausrufen: »Wie schön ist das!« Alles Nähere, jedes Wort in der Richtung von »warum« verringert den Eindruck, beleidigt die Geistererscheinung, zerstört den »Hauch« des »Gedichts«. – Wohl ist in jeder Kunst das Letzte und Innerste etwas Inkommensurables, aber dennoch bietet das Stoffliche der anderen Künste eine Art Geländer, an das sich das Urteil hält, einen Ariadnefaden durch das Labyrinth der Brust, eine Hintertür zur Werkstatt des Schaffenden. Hier bewährt sich wiederum die Werte-Setzung obiger Gleichung. Man hat bei dem Verlauf eines Tonstückes nach gegebenen Themen (dem also, worin heute der Begriff »komponieren« für viele als erschöpft gilt) dieselbe Handhabe, ein Lob zu begründen, wie bei einer Dichtung, einem Bilde. Man kann in einem sehr weitgehenden Maße zeigen, was der Komponist aus dem Thema oder den Themen »gemacht« hat, wie bei ihm die Form, und was man sonst noch will, behandelt ist; gerade, wie man bei den anderen Künsten am Bilde der Welt einen Maßstab hat für jedwedes Kriterium. Man könnte Shakespearische Charaktere nicht bewundern,

[15] Diesen Satz wendet Alban Berg in *Die musikalische Impotenz der »Neuen Ästhetik« Hans Pfitzners* (1920) polemisch gegen Pfitzners Lied *Nachts* op. 26/2, um zu zeigen, daß es einer rationalen Analyse nicht zugänglich, also minderwertig sei (in: Reich, *Alban Berg*, S. 194ff., hier S. 206); vgl. dazu Carner, *Pfitzner v. Berg*; Vogel, *Das Lied »Nachts« von HP*. Pfitzner selbst verdeutlicht seinen Standpunkt bereits in *Grundfrage* (GS II, S. 13f.): *So wie das Wesen der Kunst in der Konzeption, so liegt das Wesen der Konzeption im Unwillkürlichen. Sie ist das im großen, was man im kleinen »Einfall« nennt, durch welches Wort sehr deutlich das Nichtdazutun bezeichnet ist; das von außen in einen Hineingefallene; das nicht Herbeizuzwingende, was wie ein Geschenk einem herabgeworfen wird; das, wozu keine Verbindung führt. Der Gegensatz hiervon wäre das gleichsam mittelst eines Bandes Herab- oder Heran- oder Heraufgezogene. Das Band ist die Reflexion, das Ziehen die Willkür, die Absicht. Gäbe es einen Apparat, der die Grade der Willkür und Unwillkür, die Grenze von Reflexion und Inspiration genau anzeigte, die Sonderung von »Eingefallenem« und »Herangezogenem« ermöglichte, so wäre eigentlich der Schlüssel zu aller Kunstästhetik gefunden. Denn, im Grunde genommen, kann sich jeder Streit nur darum drehen, daß man in der Praxis nicht unterscheiden kann, was beim Kunstschaffen – (ich habe natürlich, meinem Thema entsprechend, hier nur Dichtkunst und Musik im Auge) – Willkür und Unwillkür ist; und zwar*

kennte man nicht anderweitig Menschen; man könnte nicht entzückt sein von einer gedichteten oder gemalten Abendlandschaft, kennte man die durch sie erzeugten Stimmungen nicht ähnlich aus der Natur. Für solche, die besonders schwer begreifen oder begreifen wollen, bemerke ich hier ausdrücklich, daß es sich nicht um Nachahmung, im Sinne von Plato, handelt, sondern um Beziehung. Bei dem tollsten, phantastischen Zeug wird das: »So was gibt es nicht!« entweder Lob oder Tadel, aber immer Beziehung auf das, was es »gibt«, ausdrücken. Dagegen bei so einer Melodie schwebt man ganz in der Luft[15]*. Ihre Qualität kann man nur erkennen, nicht demonstrieren; über sie gibt es keine auf intellektuellem Wege zu erzielende Einigung; man versteht sich in dem durch sie empfundenen Entzücken oder nicht; wer da nicht mitmachen kann, gegen den sind keine Argumente vorzubringen und gegen dessen Angriffe ist nichts zu sagen, als die Melodie zu spielen und zu sagen: »Wie schön!« Was sie ausspricht, ist so tief und so klar, so mystisch und so selbstverständlich wie die Wahrheit. Das Folgende also spreche ich nur zu einer kleinen Gruppe Menschen, nämlich solchen, die noch Sinn für die Qualität einer Melodie haben und haben wollen – ein Sinn, der uns seit Jahrzehnten mit stark zunehmendem Erfolge ausgetrieben wird.*

Wir also, die wir diesen Sinn noch haben, laßt uns mutig schwärmen! Wir schlagen auf: Kinderszenen von Schumann, Nr. 7, »Träumerei«. Jedes der kleinen Stücke dieses Opus ist ein musikalisches Ge-

durchgängig, im kleinen wie im großen, im ganzen wie im einzelnen. Wenn theoretisch, prinzipiell der Reflexion ein Recht auf das Wesen der Kunst, oder gar eine Gleichberechtigung mit der Intuition zugestanden würde, so hieße das die Kunst meßbar machen, und somit ihren Begriff annullieren, oder wenigstens ihn wie vom Flug zum Gang degradieren; und der Künstler spräche seinem Werk selbst das Todesurteil, der zugeben würde, daß es aus Reflexion, Absicht, Willkür oder wie man sonst, vielleicht milder, den Gegensatz zur Eingebung bezeichnen will, entstanden sei; weshalb man auch dieses niemals zugestehen hören wird – eher jeden anderen Mangel. Etwas anderes als die Einschätzung ist das notgedrungene Vorhandensein der Reflexion in jedem, namentlich größeren, Kunstgebilde, welches Thema Schopenhauer abhandelt in »Welt als Wille und Vorstellung II: Ergänzungen zum dritten Buch«, Kap. 34. Diese Notwendigkeit kann natürlich als »Folge der Beschränkung menschlicher Kräfte überhaupt« nicht geleugnet werden.
Der Weg, den das helle Bewußtsein, am Bande der Reflexion, vom Kopf zum Gebilde zurücklegt, ist auch wieder von da zurückzufinden. Je deutlicher die Absicht ist, die einem Werk, oder einer Stelle darin, das Leben gegeben hat, desto breiter und bequemer führt der Weg in den Kopf des Urhebers, die Werkstätte, zurück, in der man nun kontrollieren kann, wie das Gebilde entstanden ist.

Robert Schumann, Zeichnung von E. Bendemann

bilde von feinem Reiz, Poesie, Musikalität und vor allem persönlichster Eigenart; aber wer, der die Ursprache der Musik versteht, erkennte nicht, daß diese »Träumerei« ganz einzig hervorragt durch die Qualität der Melodie. Wer sie nicht versteht, für den ist's ein Stückchen in Liedform mit Tonika, Dominante, Unterdominante und den nächstliegenden Tonarten – ohne irgendwelche Abweichung vom Üblichen, soweit es in den Elementen liegt; keine harmonische Neuheit, keine rhythmische Finesse, die Melodie durch den Dreiklang aufsteigend, »für Klaviere zu zwei Händen«[16]*. Aber für uns Wissende, welch ein Wunder der Eingebung! Was ist darüber zu sagen, das dem, dem diese Melodie, die zugleich das ganze Stück ist, wo Einfall und Form fast zusammenfallen, nicht »durch und durch« geht, das Verständnis erschließen könnte? – Nichts. Ich kann von dem Adel der Tonsprache reden, von*

[16] Diese Feststellung provozierte Berg zu seiner berühmten Analyse der *Träumerei* (a.a.O., S. 199ff.), die allerdings nicht das widerlegte, was Pfitzner gemeint hatte (vgl. Anm. 15).

dem absolut Vorbildlosen, Tief-persönlichen, Ur-eigentümlichen der Melodie, dem Deutschen, Zarten, Traulichen derselben – es ist, als ob die Worte vor den Tönen im Kreis herum flöhen, sie können addiert alle nicht entfernt sagen, was die Melodie selbst ausspricht. Der Titel gibt einen leisen Hinweis für die Stimmung, der noch besser verständlich wird, wenn man sich vorstellt, daß es nicht die Träumerei eines Kindes (also nicht eigentlich in die »Kinderszenen« gehörig) und zweitens eine »Träumerei«, nicht etwa eine »rêverie« ist, – ein sinniges, ernstes, tief sich verlierendes, feinseeliges und doch kräftiges Gefühl, etwa wie der auf die Hand gestützte bekannte Schumannkopf ahnen läßt. Bis ins Unbegrenzte ließe sich in dieser Weise weiter – schwärmen, ohne den Zauber dieser Musik mit Worten zu beschwören; es ist ein Tropfen Musik aus tiefstem Quell; wir sind auch musikalisch verkommen und verloren, wenn wir uns dieser Schönheit entwöhnen.

Eine andere Zaubergestalt: das G-Dur-Sätzchen »moderato« beim Auftritt der Sänger im Tannhäusermarsch. Eine ganz andere Welt. Keine »absolute« Musik. Oper; formell das »Trio« eines Marsches; ebenfalls keine Erweiterung der musikalischen Elemente, nichts »Neues«. Tonika, Dominanten, nächstliegende Tonarten, einfachstes Satzgefüge. Ehemals gab es im Tannhäuser keine »Melodie«; man hörte sie nicht, hörte also auch diese nicht; man wollte sie noch nicht hören, wie man sie heute nicht mehr hören will. Für die, welche die Sprache der Musik verstehen, aber sagt sie heute wie Anno 1847, unberührt von allen Wandlungen des Lebens, Unsägliches aus; so wie sie mir, unberührt von allen Wandlungen meines Lebens, vom ersten Kennenlernen in meiner Knabenzeit bis zum heutigen Tage dasselbe Ergreifende gesagt hat. Wenn ich versuche zu umschreiben, was dies ist, wird es nur ein Stammeln sein, denn es handelt sich um Musik, fern von allem Malerischen, aus tiefstem Urquell geflossen, wie beim ersten Beispiel, also den Worten unnahbar. Desto deutlicher aber und gewisser als alles ist die Wirklichkeit der Empfindung. Ich habe bei diesen Tönen das direkte Gefühl eines bestimmten deutschen Mittelalters; es ist, als ob die Idee einstigen höfischen deutschen Wesens und Lebens hier in diesen wenigen Takten eingefangen wäre. Ich war ja nicht dabei, aber es ist mir, als ob ich ein deutliches Bild davon hätte, welches mir eben aus diesen Tönen wiederklingt; ich werde alt, aber diese Melodie trifft mich so jung und ich sie so jung an, als ich sie zum ersten Male kennen lernte, und ergreift mich mit derselben geheimnisvollen Gewalt, wie je. Was fühle ich da alles, sehe ich! Weltlich-fromme Festlichkeit, treue deutsche Augen, Gehaltenheit, Reinheit, Einfalt, Grazie, Zeremoniell

– – – (ohnmächtige Worte!) – und über allem liegt es wie ein Wort: »Längstvergangene Zeiten« – – – wahrscheinlich war nie ein Fest so schön wie dieses G-Dur-Moderato – aber so verhält sich die Idee zur Wirklichkeit.

Über ein drittes Wundergebilde noch möchte ich meine Anschauungen und Empfindungen äußern. Dieses soll aber eines sein, bei welchem auch der Verlauf eine Rolle spielt, also eine größere Komposition; eine ganze Sinfonie: die Pastorale von Beethoven. Um aber den Gedankengang dieses Teiles nicht allzusehr zu unterbrechen und aufzuhalten – denn das darüber zu Sagende wird natürlich entsprechend länger werden – bringe ich diesen Absatz abgesondert im Exkurs[17]*.*

In diesem dritten muß nun auch die Rede sein von der Architektonik der Musik, also von der zweiten der anfangs benannten Fähigkeiten ihres Wesens, während bei den zwei ersten Beispielen deutscher Melodie als geschlossenen »lyrischen« Stückchen (bei denen alles, was Verlauf ist, ganz von einem Einfall aufgesogen wird, nur aus ihm eigentlich besteht), von dieser kaum die Rede sein konnte. Diese waren nur Ausdruck, die eine Fähigkeit der Musik. Bei der geschichtlichen Betrachtung verglichen wir beide mit zwei Strömen, die zusammenflossen, und, als die Zeit im siebzehnten Jahrhundert erfüllt war, eine neue Kunst, unsere Musik schufen. Nunmehr können wir die beiden Ströme, Ausdruck und Architektonik, wie wir sie der Kürze halber benennen wollen, in den einzelnen Individuen als Begabungselemente wiederfinden. Es sei hier besonders betont, daß unter Architektonik nicht etwa der engere Begriff der schönen Regelmäßigkeit gemeint sein soll, sondern, wie aus allem Vorhergehenden hervorgeht, jeglicher Aufbau überhaupt, und da »Aufbau«, in der Musik als zeitlich bewegter Vorstellung nur bildlich gemeint sein kann, etwa: Bewegungsgestaltung. Unter Ausdruck jedoch möchte ich ein nahezu unbegrenztes Feld der Empfindung verstanden wissen. Selbst, als in homophonen Zeiten, »Melodie« noch eine dünne Linie war, muß das Phänomen einer sinnvollen Tonfolge auf Zeit und Volk im Sinne einer Gefühlsoffenbarung gewirkt haben. Nach der genugsam besprochenen Metamorphose der Musik zur souveränen Kunst, wo die wahre Melodie gleich zusammen mit der Harmonie und dem rhythmisch verzweigten Stimmengewebe zur Welt kommt, dürfen wir auch die Fähigkeit dessen, was sie ausspricht, ihren Empfindungsausdruck, entsprechend höher, also unendlich höher, annehmen.

[17] hier nicht abgedruckt

In der Tat wird das bis ins Mystische gehende Ausdrucksvermögen der Musik, welches nur – wie gezeigt – in dem ihr einzig unter allen Künsten angehörenden in Rede stehenden Phänomen liegen kann, bezeugt durch den Unterschied im Gefühl gegenüber Musik und anderer Kunst, bei gleichem Verständnis, durch den uferlosen Enthusiasmus, den nur Musik, bei günstigem Zusammentreffen der Faktoren, hervorzurufen imstande ist, durch die isolierte Stellung, die ihr von je und immer wieder – mit oder ohne Begründung – zuerkannt worden ist. Als ein Beispiel und Repräsentant dieser Anschauung möge das Schillersche Distichon (Zeugnis eines Dichters!) gelten, von der Seele, welche nur Polyhymnia ausspricht; man kann von einem Epigramm nicht erschöpfende Korrektheit erwarten; richtig verstanden, trifft es den Kern.

Als Begabungselemente, sagte ich, kann man die beiden Fähigkeiten der Musik: Ausdruck und Architektonik, im Individuum wiederfinden; indem nämlich eines immer vorwiegen wird, in Komponistentypen: Bei diesem mehr die Gabe, Melodien zu erfinden, Einfälle zu haben, im Ausdruck zu schwelgen, und sich dabei eigentlich zu erschöpfen. Bei anderen, mehr die Gabe, Material zu verarbeiten, große Formen zu schaffen, in der Bewegung zu schwelgen. Die ersteren wären demnach mehr die Erben der oben beschriebenen Volks- und Minnesänger, die letzteren die Erben der gelehrten Sucher und Arbeiter (s.o.). Ja, man könnte auf Grund dieser Elemente eine neue Einteilung Romantiker–Klassiker wagen, etwa in der Art, daß man von dem Romantiker nur jenes eine verlangte, aber im eminenten Sinne, vom Klassiker dagegen beide Fähigkeiten seiner Kunst, gleichmäßig verteilt. Wüßte man nur, was man sich unter »Klassiker« zu denken hat! Ich habe noch keine bessere Definition davon finden können, als die, daß ein Klassiker ein aufgeführter Komponist ist, der erstens tot, zweitens lange tot, und drittens sehr lange tot ist; denn noch nie ist ein Mensch zu Lebzeiten Klassiker genannt worden, außer ironisch. Wohl aber sind die Werke unsrer Klassiker als romantisch bezeichnet worden. Dieser Unterschied wird also mehr oder weniger an den Worten hängen bleiben.

Im folgenden setzt sich Pfitzner mit Schopenhauers Musikästhetik auseinander (*Welt als Wille und Vorstellung* I, Bd. 3 und II mit der Ergänzung in *Parerga und Paralipomena* II, Kap. XIX), der er prinzipiell zustimmt, auch wenn er Schopenhauers Konzentration auf die Oberstimme für zu kurz gegriffen hält.

Und hier, in diesem Stadium der Betrachtung, ist es wohl an der Zeit, eine Ansicht vorzutragen, die manchem vielleicht etwas gewagt, anderen ganz unverständlich erscheinen mag und bei der ich daher auf die Zustimmung derer rechnen muß, die ähnliche Empfindungen kennen, was übrigens bei jeder ästhetischen Betrachtung Voraussetzung ist. Für manche ist ja Musik überhaupt nur ein recht unangenehmes Geräusch; von da ab bis in die feinsten, ahnungsvollsten Mitempfindungen gibt es unzählige Grade und Arten der Musikempfindung, deren zwei Hauptunterschiede auf unsre zwei Ströme zurückzuführen sind.

Schon für das Beispiel von der »Träumerei« vorhin ist klar, daß der Genuß und das Verständnis dieses Gebildes nicht im Verfolgen der Oberstimme in ihren Abirrungen vom Grundton als Abbild der Wünsche des Menschenwillens liegt, sondern es handelt sich da um ein einziges, unteilbares Gefühl; um eine Stimmung[18]*, nicht um eine Reihe; sozusagen um ein einziges Etwas, bei welchem dunkel das Gefühl mitschwingt, als entspräche ihm irgendeine Wahrheit, die es irgendwo gibt, wenngleich sie eben nur durch Musik ausdrückbar ist. Bei dem anderen (Tannhäuser-)Beispiel ist diese »Wahrheit« schon näher in den Kreis des Vorstellbaren gerückt (s.d.). In beiden Fällen, zumal eben im zweiten, spielt ein Moment hinein, worin vielleicht der Quell zu suchen ist jenes ganz bestimmten Entzückens, welches nur Musik, und nur die einer bestimmten Art hervorzurufen imstande ist, in ihren höchsten Feierstunden bei dafür empfänglichen Individuen: es ist das Erinnerungsartige, das Gefühl des Wiedererkennens, und zwar im weitesten Sinne, nicht nur bezüglich auf Dinge innerhalb des Lebenslaufes, sondern über Zeit und Raum hinaus, die Bande um Vergangenheit und Gegenwart schlingend. Desgleichen sich erinnern können nur, die das gleiche erlebt haben. Diese Erkenntnis, im kosmischen Sinne genommen, bedeutet, was ich in diesem Falle Musik verstehen nenne; es ist*

[18] vgl. dazu HP in Exkurs 2 der Schrift: *Es ist nicht unnötig, zu bemerken, daß ich unter »Stimmung« einen unendlich weiten Kreis von Gefühlen und Gefühlserlebnissen verstehe, nicht etwa bloß den gewissen kleinen Kreis von Gefühlchen, aus dem man das Wort »Stimmungskunst« gebildet hat. Dieser Begriff, wie er heute verstanden wird, bezeichnet ganz willkürlicherweise eine kranke, kleine, enge, etwas feminine Art von Stimmungen, während Stimmungskunst eigentlich doch jede Kunst ist, sofern sie die Seele zu berühren vermag. Dies kann in der gewaltigsten Art geschehen. Ich betrachte die Neunte Sinfonie, den Kölner Dom, den Lear als Stimmungskunst.*
Musik ist die reinste, eigentlichste und stärkste Stimmungskunst schlechthin.

nichts Fachmännisches. Es kann sein, daß sich ein Musiker mit einem anderen, gleich gebildeten, über die Schönheit und den Ausdruck einer Musik – somit sogar über eine ganze Schöpfererscheinung – durchaus nicht einigen kann; zu anderen wird sie ebenso deutlich sprechen wie zu jenem der beiden, dem sie etwas sagte. Es gibt Gefühle, bei denen man aus gar keinem Grund, sondern nur a priori, aber mit äußerster Bestimmtheit, weiß, daß andre sie auch haben müssen; dazu gehört z.B. das Wiederkehren mancher Träume, die vorausgewußte Aufeinanderfolge von belanglosen Eindrücken, die man schon einmal erlebt hat. Ähnlich ist das Gefühl bei einer ganzen Klasse von musikalischen Eingebungen, ja einer Seite der gesamten Musik; man weiß: »das ist«, daher weiß man auch, daß es am Nichtkennen jenes »Etwas« liegt, wenn es nicht erkannt wird.

Für die überzeugten Anhänger der Platonischen Ideenlehre möchte ich, ehe ich auf meine Weise fortfahre, die Hypothese vortragen, ob nicht diese Auffassung der Musik, die auf dem unleugbaren Gefühl des Wiedererkennens beruht, mit der Ideenlehre doch gewissermaßen zu identifizieren ist. Folgendermaßen: Die anderen Künste bedürfen, um die »Ideen« darzustellen, des Mediums der Erscheinungswelt; um mit Schopenhauer zu reden (Bd. II, S. 262– 263), bei aller Antizipation der Idee, »wenigstens zur Hälfte« durch die geniale Begabung, bedürfen sie »der Erfahrung als eines Schemas«. Die Musik bedarf dieser Erfahrung nicht; und wenn die Ideen Schöpfungen des Willens aus erster Hand sind, »unmittelbare Objektivationen«, die Musik aber ebenso unmittelbar, also auf der Stufe der Ideen, Bewegungen des Willens direkt ausdrückt, warum nicht auch Schöpfungen des Willens auf derselben Stufe? Und wenn Schopenhauer beim Hören von Musik deutlich und bestimmt jene Willensregungen in der Musik wiederfindet, worauf er seine tiefsinnige und richtige Ästhetik aufbaut, so ist es ebenso Tatsache des Gefühls, daß ich – und mit mir sicher zu jeder Zeit Menschen – bei Musik die Empfindung von Bildern und erlebten Eindrücken habe, nicht vagen, von denen oben die Rede war, welche das Anhören einer Sinfonie zusammenhanglos begleiten, und bei welchem Vorgang der Hörer »keine Ähnlichkeit angeben kann zwischen jenem Tonspiel und den Dingen, die ihm vorschwebten« (Bd. II, S. 310), sondern solchen, deren Zusammenhang mit der Musik von der aufregendsten Deutlichkeit, der Bestimmtheit eines Erlebnisses ist, bestimmter als die Gefühle der Freude, des Schmerzes, der Langeweile usw. sein können. Übrigens widerspricht diese Hypothese nicht gerade der Schopenhauerschen Lehre, insofern Raum für sie vorhanden ist. Wenn er sagt

(Bd. II, S. 304): »Die Musik ist nämlich eine so unmittelbare Objektivation und Abbild des ganzen Willens, wie die Welt selbst es ist, ja, wie die Ideen es sind«, so zeigt sich hierin – nach dem vorhin Gesagten ist es zu verstehen – für meine Hypothese eine offene Tür. Wenn man ferner Schopenhauer scharf beim Wort nehmen will, so kann man auch bei der Stelle einhaken, wo er sagt, daß die Musik alles das malt, »was die Vernunft unter dem weiten und negativen Begriff › Gefühl‹ zusammenfaßt«; da nämlich »Gefühl« nach seiner Definition schlechthin alles im Bewußtsein Gegenwärtige ist, was »nicht Begriff, nicht abstrakte Erkenntnis der Vernunft« ist, so hat ja meine Provinz, die ich der Musik zuweise, völlig Boden, und vortrefflich paßt auch die ewige Wahrheit hierzu, daß eben nur Begriffe, abstrakte Erkenntnisse der Vernunft, von jeder Musik, die denkbar ist, ausgeschlossen sind.

Ich nehme den Faden da wieder auf, wo von dem Wiedererkennen, dem Erinnerungsartigen der Musik die Rede war. Natürlich kann ich da nur von solchen verstanden werden, die diese Art von Musikgenuß kennen, und rede nur zu diesen. Um aber solchen, denen dergleichen zu phantastisch vorkommt, wenigstens die Möglichkeit zu nehmen, das ganze Unterfangen abzulehnen, in Musik noch etwas anderes als den Ausdruck von Freude und Schmerz zu sehen, will ich sie auf etwas aufmerksam machen, was wohl jeder empfinden kann, so grob ist es; und doch liegt es in der Linie dessen, wovon ich spreche. Wie kommt es, daß sich der Unterschied der Nationalitäten so unerhört ausprägt in der Musik, die doch eine so »allgemeine« Sprache ist? Ja, wie ich glaube, stärker als in den anderen Künsten? Nationalität ist doch auch eine »Idee« im Plato-Schopenhauerschen Sinne; und platte, empirische Erklärungen, wie etwa die der Erfordernisse und Bedürfnisse der Sprache bei Vokalmusik usw., reichen nicht in die Tiefe der Frage, was jeder Unbefangene fühlen wird, wenn man ihn an die elementaren Unterschiede der Wesenheit eines polnischen und norwegischen Tanzes, eines deutschen Liedes, einer italienischen Arie, eines französischen Couplets erinnert. Eine italienische Freude ist also doch schon etwas anderes als eine russische Freude, eine polnische Wehmut anders als eine deutsche Wehmut. Ich kann nur andeuten, wie von diesem allgemeinverständlichen Fall sich der Ausblick eröffnet in die Unendlichkeit der Ausdrucksfähigkeit und Differenziertheit, in die Bodenlosigkeit der Mystik, welche Musik bedeutet, der Allmacht des Willens gleich, und es ist nur eine Frage der Inspiration im Schöpferischen, der Feinheit des Empfindens im Nachfühlenden, also der produktiven und rezeptiven Potenz, diese Allmacht der Musik im unermeßlichen Ge-

fühlsbereich, in allen Abstufungen und Mannigfaltigkeiten zum Erlebnis werden zu lassen.

Ich setze nun hier die Beispiele fort für die, die mir jetzt noch folgen wollen.

Hoc est! Dies ist; und zwar: Erstens: Ein wohlklingender vierstimmiger Satz mit frei einsetzendem Vorhalt vor der Quint der Dominantenharmonie, auf dem Terzquartakkord schwebend mit minimalem Dreinotenmotiv als Melodie. Zweitens: Ein genialer musikalischer Einfall von höchster persönlicher Eigenart, bei dem man bestimmt weiß, daß alles zusammen entstanden ist, nicht etwa die Melodie heute, die Harmonie morgen und der Rhythmus übermorgen; also: eine musikalische Idee. Drittens: Feierabend! Sommerabend in deutscher, kleiner, alter Stadt! Fliederduft und Abendruhe. Gespräch vor Haustüren auf Steinbänken, warme Luft, Frieden, deutscher Feierabend ... hoc est!

»Auf einer Burg« von Schumann. Dies Lied existiert für Musiker, die auf der Höhe der Zeit stehen, nicht, denn es kommt einmal die Deklamation M u s ikanten, statt Musi k a n ten vor. Aber für mich ist noch nie mit so wenig Noten so viel Stimmung erzielt worden. Ich weiß genau, daß es Nachmittag gegen zwei Uhr ist. Tiefe Apathie der Natur. Menschenleere Waldeseinsamkeit. Heiße, flimmernde Luft – – alles schwimmt wie im Halbtraum – das Steinbild schließt die Augen – störend sind die tiefher vom Rhein dringenden Menschenlaute – – schmerzlicher Akkord auf das Wort »munter« – – warum ist das alles so merkwürdig tief ergreifend? Es ist ein Gefühl, als ob etwas an den bloßen Nerv rühre; aber so, wie das im Körperlichen den stärksten Schmerz ausmacht, bedeutet es im seelischen, geistigen die gleiche Lust. Warum rührt dies kleine Gebilde so alle Tiefen des Gefühls auf? Die Naturstimmung an sich ist es nicht; tausend Variationen von »Pan schläft« oder »l'après midi d'un faune« oder »d'un vieux chevalier« lassen mich bei aller möglichen Hochschätzung herzlich kalt. Aber hier – – ich kenne es, ich habe es erlebt, diese Bilder, diese Stimmung – – die Harmonien scheinen sich in der Luft zitternd selber zu bilden – – hoc est.

Aber sind es etwa nur die Töne, die diese Wirkung machen, und die Worte wirklich nur die vage, lieber wegzulassende Anregung, wie sie unser Philosoph will, damit unsre Vernunft nicht ganz müßig sitze? Oder aber – ist es vielleicht nur das herrliche Gedicht, welches ganz allein die Stimmung bestreitet, und trage ich in die Musik alles das hinein, was mir die Worte sagen? Da denke man sich nur einmal das Gedicht anders komponiert, mit Ausmalung des Regenschauers, des Waldesrauschens, des Singens der Waldvögel, der munter spielenden Musikanten und – ich höre es im Geist – der plötzlichen Wendung zum Traurigen bei der weinenden Braut. Wo bleibt das alles bei Schumann?

Die Beantwortung dieser Fragen, wie ich sie jetzt versuchen will, betreffen zugleich das ganze Problem der Vokalmusik.

Zum Verhältnis von Musik und Dichtung in der Vokalmusik

Eine Anregung der musikalischen Phantasie durch das Wort oder andre außermusikalische Faktoren, poetische Ideen, Bilder usw. kann natürlich stattfinden. Aber wo keine schöpferische musikalische Potenz vorhanden ist, nützt sie so wenig wie die Wünschelrute an Stellen, wo keine Metalle verborgen liegen. Die Musik besorgt das musikalische Talent. Freilich kommt beim Gedicht noch das starke sinnliche Element des anregenden Rhythmus hinzu, der oft schon halbe Melodie ist. Aber zu einem musikalischen Resultat wird das auch nur beim musikalischen Talent führen, und auch da nur in guter Stunde; aus dem schwachen oder Nicht-Talent wird es auch nicht mehr herausholen, als in ihm ist. Zum Beleg und Beispiel von lehrreichen Vergleichen mögen die verschiedenen Kompositionen berühmter Gedichte dienen, besonders die vielen Erlkönig-Kompositionen. Im ganzen wird sich das Verhältnis von Ton zu Wort in dreierlei große Gebiete abteilen lassen, die natürlich nicht immer scharf voneinander geschieden werden können. Das erste ist das, was Schopenhauer vor Augen hatte und was er eigentlich nur kennt. Da schreibt der Komponist Melodien und Melodien beinahe auf instrumentale Weise aus sich heraus und läßt den Text, der dann allerdings so albern oder so allgemein ist, wie ihn Schopenhauer statuiert, sich mehr oder weniger danach richten. Das war die alte italienische Oper, das war und ist viele Kirchenmusik, das war das Gros der Vokalmusik früherer Zeit. Das Gros der Vokalmusik späterer und jetziger Zeit füllt das zweite Gebiet. Da geht die Komposition vom Wort aus. In diesem Satz liegt das Gefährliche und Unmusikalische des Verfahrens; die frühere Methode war musikali-

scher. Je mehr sich der Komponist dem Wort verschreibt, je mehr er sich infolge mangelnder Musikalität ans Wort klammern muß, desto mehr wird die Tugend des Liedes zur Not: Natürlichkeit wird »gute Deklamation«, Charakteristik wird Wortmalerei, Stimmung wird Stimmungsmache; auf die Spitze getrieben, wie es in dieser Zeit geschieht, wird der musikalische Organismus, den der literarische Tonsetzer über den Silben der Dichtung vergißt, aufgehoben und der musikalische Rest ist Sinnlosigkeit. Das dritte Gebiet aber umfaßt die Idee der Vokalmusik, die eine tiefe Berechtigung hat und das Ideal derselben darstellt. Es sind die Fälle in der Kunst, wo aus zwei verschiedenen Quellen derselbe Geist strömt und zu einem Gebilde zusammenfließt, in dem Wort und Ton eines werden, die Stimmung wie in einer reinen Konsonanz zusammenklingt. Aber aus tiefen Quellen muß es fließen, zumal die Musik; nicht diese mühsam aus dem Geiste des Gedichts geboren werden; sie muß aus ihrem eigenen Gebiet kommen und selbständig, auf ihre Art, dieselbe Stimmung hervorzaubern, die das Gedicht ausspricht; dies kann ganz unabhängig, vor Kenntnis des Gedichtes, geschehen, oder leise von ihm berührt, wie mit der Wünschelrute. Auf diese Weise entstehen Lieder, wie »Mondnacht« oder »Frühlingsglaube«, Kronen ihrer Gattung, Funken, erzeugt durch Berührung entgegengesetzter Pole. Doch die Anwendung und Weiterführung auf das ganze Gebiet kann hier nicht geschehen; der Stoff würde ein Buch füllen.

Verwandt mit der Vokalmusik durch das Moment der Anregung, durch außermusikalische Faktoren ist die Programmusik – dieser Zankapfel und Streitfall aller Musiker und Ästhetiker. Ich finde, dieser Fall eignet sich vorzüglich zur Lösung auf die Methode des Columbus mit dem Ei, und sage: Wenn eine Musik dem »hoc est« standhält, wenn sie wirklich das ausspricht, was sie auszusprechen vorgibt, dann mögen die Anregungen, die diese Musik hervorgebracht haben, als »Programm« mitgeteilt werden. Aber was ist hiermit gesagt? An die Ausdruckfähigkeit der Musik bis ins Unendliche glaube ich, was Gefühle im weitesten, also Schopenhauerschen Sinn anbetrifft. Dieser Ausdruck kann aber nur – ob mit oder ohne bewußte Anregung irgendwoher – durch musikalische Inspiration gefunden werden. Ist diese da, so ist der Wert der Musik in bezug auf diese Seite derselben ohnehin gewährleistet, und nur die Musik, nicht das Programm, kann wertvoll sein. Was folgt, wenn sie nicht da ist, überlasse ich dem Hörer, selber zu schließen; jedenfalls aber ist ein Unterschied zwischen Musik-Genießen und der Teilnahme an einem qualvoll-trockenen Gesellschafts-Ratespiel. [...]

Musik ist, da sie die Vereinigung jener zwei Ur-Elemente ist, einerseits durch und durch Ausdruck, andrerseits durch und durch Bewegung. Mit einem kühnen Gleichnis könnte man hinzusetzen: so, wie die Welt einerseits durch und durch Wille, andrerseits durch und durch Vorstellung ist. Selbst beim kleinsten Stückchen (wie den vorigen Beispielen) oder selbst nur Motiv, das man, künstlerisch betrachtet, als einen einzigen Ausdruck empfindet, ist die Bewegung nicht wegzuleugnen; so wie bei der leersten Anhäufung von Takten, sei es die erste Kinderetüde von Czerny, der Ausdruck nicht wegzuleugnen ist, als Gegenteil von Begrifflichkeit. Es ist nun unwidersprechlich klar, daß wenn etwas in Bewegung gesetzt werden soll, erst etwas dazu da sein muß. Daß dieses hier nicht ein einzelner Ton sein kann, auch nicht ein einzelner Akkord, sondern daß es irgendeine Tongestalt, eine fertige Tonverbindung, Einfall, Thema, Motiv, Melodie – wie man es nennen mag – sein muß, von der die Gestaltung, die Bewegung ausgeht, dies leugnen kann nur, wer nicht so viel Besinnung aufbringt, es einzusehen. [...]

Ehe ich endgültig im künstlerisch angewandten Sinne über jene andere Seite der Musik spreche, will ich, um ganz klar zu sein, noch eine allgemeine Charakterisierung jedes möglichen musikalischen Schaffensprozesses geben, an einer Beobachtung, die jeder mit gesundem Verstande an sich selbst vornehmen kann:

Ich kann einen Gedanken im Kopf haben, irgendeinen, zu einem Brief, einem Aufsatz, zu einem Theaterstück, einem Roman, einem System, zu irgendeinem Geistesprodukt, welches durch Worte aufgezeichnet wird; und ich brauche noch nicht ein einziges Wort davon zu wissen. Ich kann aufs genaueste wissen, was es ist, und es kann lange dauern, bis ich das erste Wort zu seiner Aufzeichnung finde. Aber es ist unmöglich, ja, undenkbar, einen musikalischen Plan zu fassen, ohne die ersten Noten zu wissen, nicht denkbar, ein musikalisches Gebilde zu schaffen, als aus einem musikalischen Gedanken heraus, also ein durch Noten ausdrückbares Ding. Alles, was man Gestaltung nennt, kann – rein logischerweise – nur irgendwie aus diesem heraus geschehen. Das, was dort der »Plan« ist, ist hier der musikalische Gedanke, die beide anfangs im Kopf stehen. Bedürfte dieses noch eines Beweises, so fände ich ihn subjektive in meiner Mentalität. Indem ich hier diesen Aufsatz schreibe, der einem Gedanken oder meinetwegen einem Gedankenkomplex Worte verleihen soll, habe ich beständig einen schweren Kampf zu kämpfen gegen meine mir angeborene Art zu produzieren; ich muß immer wieder mit der Aufeinanderfolge, der Ordnung der Worte, Sätze, Gruppen ringen, daß ihr Nacheinander schließlich den Gedankenkomplex aus meinem Kopf verständlich wiedergibt, muß immer gegen einen starken Strom im Innern schwimmen; kurz, die Allgegenwärtigkeit der Idee dieser Abhandlung in Worte und Sätze sich niederschlagen zu lassen, strengt mich ungeheuer an, wie nie die größte musikalische Komposition. Das ist die Dumpfheit des Musikers. Mir fehlt hier die sinnliche Gegenwart des Tongebildes, ich möchte immer gleich niederschreiben und spielen, musikalisch verfahren. Musikalische Gedanken kann ich, wo ich auch bin, gleich niederschreiben, am Klavier fließt es in die Hände[19]*, dem geborenen Schriftsteller ist das andere leicht, seine Art zu denken ist eine andere, umgekehrte. Doch nun zur Sache!*

Die Bewegungsgestaltung der Musik, ihre Architektonik, das, was wir die großen Formen nennen, ist keine so einfache und selbstverständliche Sache, weil sie uns jetzt vertraut ist; sie ist historisch geworden; und schwer geworden! Darin liegt das Sekundäre ihres Wesens und das [...] *Akzidentelle, was hier historisch erkannt wird*[20].

19 SS IV, S. 287ff.: *Ein Phänomen, welches der Musik allein vorbehalten ist, beweist – vielleicht schlagender als sonst etwas – die ungeheure Rolle, die das Unbewußte im Reich des Kunstschaffens spielt: es ist das Phantasieren am Klavier. Ich meine* [...] *das unbelauschte, von der Zurückgezogenheit oder der Stille der Nacht begünstigte, freie Ausströmen der musikalischen Gedanken am Klavier* [...]. *Wenn ein mit Schaffensgabe begnadeter Musiker zur gesegneten Stunde sich ans Klavier setzt, sich ganz einer Stimmung hingibt, alle bewußten Gedanken ausschaltet und er seine Finger gleichsam als Netze auswirft, um musikalische Gedanken einzufangen* [...], *so können musikalische Gebilde entstehen, die vollkommener und glücklicher sind als manche aufgeschriebenen Werke, die aus der unvermeidlichen Mischung von »Einfallsgut« und »zielbewußter Arbeit« entstanden sind.*

20 GS II, S. 24f.: *Wenn, wie ich sagte, die Dichtkunst, ihrem Wesen nach, der Niederschlag einer Idee ist, die, um greifbar zu werden, eines gewissen Verlaufes bedarf, so kann dieser Verlauf, weil von der Idee abhängig, nicht akzidentell sein. Wenn die Musik ihrem Wesen nach immer nur sinnlich greifbare Einheiten hervorbringt, so muß der Verlauf akzidentell sein.*
Historisch betrachtet sehen wir das daran, daß, von Urbeginn, die Dichtkunst stets nur auf dieselben Formen angewiesen ist, und, aller Willkür zum Trotz, so sehr sie sich auch müht, neue hervorzubringen, ewig die drei Urformen der Stimmungs- und Momentdichtung (Lyrik), der erzählenden (Epos, Ballade, Roman usw.) und der dargestellten (Drama), nebst Zwischenstufen und Übergängen bestehen bleiben. Dagegen sehen wir bei der Musik, von Urbeginn, stets das Akzidentelle: die Formen, wechseln; und die Geschichte der Musikformen ist die chronische Verlegenheit, musikalisches Einfallsmaterial unterzubringen. Wir sehen Formen sich herausbilden, festsetzen, abgenutzt werden, neue entstehen, alte umgebildet werden, sehen die Musik sich an andere Künste anlehnen, ihnen ihre Formen abgucken, und stets wieder des Gefundenen über-

(Abstrakt-theoretisch habe ich es nun schon zur Genüge dargestellt.) Wer hieraus einen Tadel aller Gestaltung schlechtweg konstruiert, der beweist nicht etwa, daß ich den Wert einer musikalischen Architektonik nicht begreifen könne, also etwa eine Sonate von Rubinstein von einer Beethovenschen nicht recht zu unterscheiden vermöchte, sondern er beweist, daß er die Höhe und das Wesen des Einfalls nicht kennt.

Ich habe gesagt[21]*, daß ein »besonders glücklicher musikalischer Gedanke, konzentriert und vielsagend –, sich am wenigsten dazu eignet, eine kunstvolle, große Form aus sich zu bilden«. Man denke sich etwa eine Sinfonie aus der »Träumerei« gebildet, um die Wahrheit des Gesagten zu verstehen. Natürlich habe ich dort den Gedanken nicht genauer formulieren und verfolgen können, da mein Thema, welches ich im Auge behalten mußte, ein anderes, die Operndichtung, war. Darum habe ich ausdrücklich den betreffenden Satz mit den Worten eingeleitet: »Mit dem Vorbehalt der Einseitigkeit der Betrachtung.« Ferner habe ich keinen Zweifel gelassen über die Möglichkeit wertvoller Motive anderer Art, welche eine Architektonik grade erst ermöglichen; sechs Zeilen vorher sprach ich von der »Durchdringung der beiden Wesenseigenschaften dieser Kunst« (also nicht etwa Schema: Einfall – Kitt – Einfall – Kitt). Schließlich habe ich mit unzweideutiger Bestimmtheit gesprochen vom »genialen Einfall, der das folgende lebendig aus sich gebiert«. – Dies als notwendigen Eingang zum folgenden und zur endgültigen Erledigung von Entstellungen.*

Zu den weiter nicht zu klärenden qualitates occultae eines musikalischen Einfalles gehört auch das, was uns als »lyrisch«, »sinfonisch« geläufig ist. Wir wollen etwas näher zusehen und einige Beispiele uns

(Fortsetzung von Fußnote 20)
drüssig werden. (In unsern Tagen, Hand in Hand mit dem Außerkursgesetztsein des musikalischen Einfalles, nach dem niemand mehr fragt, ist das Suchen nach neuen Formen gleichsam krampfhaft geworden.)
Die angeborene Formbegabung im Individuum ist stets talentar, sozusagen eine Kulturerbschaft; der geborene Melodiker ist genial. Es hat große geniale Komponisten gegeben, denen eigentliche Begabung für Form abging, wie Weber, wie Schumann, aber niemals einen wirklich Großen, dem die individuelle Melodie gefehlt hätte; sie ist es, die den Platz auf dem Komponistenparnaß sichert, nach ihr, der kleinen Einheit, sollte, im letzten Grunde, Musik beurteilt werden; nicht nach dem, als was sich so ein Musikstück im ganzen gibt; so, wie man das Gold nach seiner Karätigkeit, und nicht nach den Gegenständen prüft, die daraus gemacht werden. Durch sie gehört auch jeder große Komponist, so tief und schwer er sei, der ganzen Welt, nicht nur seinem Fach an, ist wahrhaft populär.

[21] vgl. dazu GS II, S. 50f.

ansehen, jetzt nicht im Hinblick darauf, was sie zu sagen und auszudrücken scheinen, sondern im Hinblick auf ihr formales Wesen. Da ist zunächst die Art der Einfälle, die eine starke Tendenz zum Zurückbiegen und Schließen haben; die alles gleich aussprechen, zugleich die Form erledigend (Lyrik, Melodie).

Dann eine andre Art, die, drastisch kurz und aphoristisch, breitbeinig dasteht, zur Homophonie und rhythmischer Prägnanz neigend, bereit, mit sich alles machen zu lassen, einen »Fluß« in sich nicht enthaltend, aber darauf angewiesen, mit Umformung in den »Fluß« der Musik aufgenommen zu werden (Motiv).

Und eine dritte, die, mit vorwiegend melodischer Struktur, in sich eine eigene Entwicklungsmöglichkeit enthaltend, oft mehr zu versprechen als zu sagen scheint, mit der Neigung ins Weite zu schwimmen, mit großem Atem (Sinfonik, Melodie, Thema).

Von der ersten Sorte habe ich nun schon Beispiele genug gebracht bei Anlaß der Besprechung des Ausdrucks.

Ich setze nun zwei sehr bekannte, einfache Gestalten her:

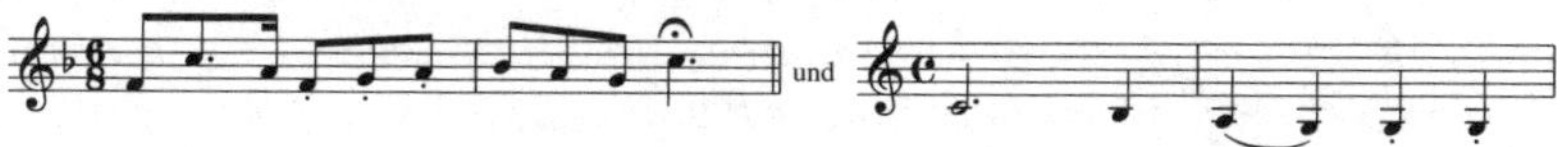

Das erste, Motivcharakter, in sich beruhend und abgeschlossen; steht auf eine Harmonie (Dreiklang) gestützt; ist dazu geboren, so zu bleiben, wie es ist; das, was es aussagt, wie es dasteht, verliert es sofort, wenn es in den Fluß einer größeren Form, eines »Verlaufes«, aufgenommen wird, und muß zu diesem Zwecke umgeformt, sozusagen erst getötet werden; am klarsten zeigt sich das in dem Zwischenspiel der ersten Verwandlung (Götterdämmerung) »Siegfrieds Rheinfahrt«, wo das Motiv durch die Harmonisierung zum Zweck der Form- und Satzbildung in zwei Hälften geschnitten wird:

Das zweite, trotz der Kürze, Themacharakter, ein ausgesprochenes Nebenthema; es bleibt, im Gefüge des Formschemas stehend, dasselbe, ob in dieser einfachsten Gestalt oder in der harmonisierten:

auftretend – (die Harmonie ist ihm nicht angewachsen). Ein feiner Sinn für Qualität findet in diesen sechs Noten echteste Musikalität, ein vollwertiges musikalisches Leben; unübersetzbar, mit nichts zu analogisieren; Musik an sich; sinfonischer Charakter. Sein Ausdruck ist der Wille zur Form, das Streben und Treiben in ihm; es will sofort wiederholt werden, gesteigert werden; es ist ein Bindeglied, gedeiht nur innerhalb einer großen Form; es ist klein, bald erschöpft. Ein anderes sinfonisches Thema: Das erste dieses Satzes (ich setze es, weil allbekannt und lang, nicht her). Das ist ein ganzer Komplex von Rhythmen, Melismen, Wiederholungen, aber ein Gedanke, ein großer Atem, vorwärts drängend, wie ein langer Relativsatz, ohne Punkt und ohne Semikolon, bis zum 26. Takte, wo ein neuer Gedanke einsetzt, mit ihm ein neuer Abschnitt:

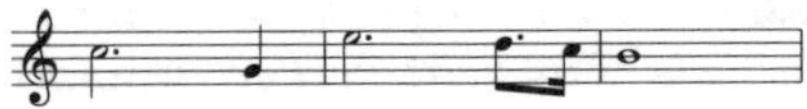

Sinfonisches Thema; bremsend, gegenüber dem ersten, kaum aufzuhaltenden; die Tonart endlich aufgebend und das »zweite Thema« einlassend. (Damit ist dem ersten großen Teil des Satzes der Haupteinschnitt gegeben.) Dieses Thema, das dritte in der Reihenfolge: mehr Typus, Melodie; zum Ruhen und Schließen geneigt, aber den Abschluß vermeidend, da der Organismus, die Symmetrie einen vierten Abschnitt, den zuerst vorgeführten Gedanken, erheischt. Aus diesem Material allein (abgesehen von der Reminiszenz des dritten Satzes) ist der ganze Satz gebaut; diese vier Gestalten bestimmen seinen Charakter, bilden seine Form, bedeuten seinen Wert.

Indem wir einstweilen festhalten wollen, in welcher Beziehung diese vier Themen innerlich zueinander stehen, formulieren wir gleich alles, was über Bewegungsgestaltung der Musik zu sagen ist, zusammenfassend in eine Frage. Die Antwort auf diese Frage ist zugleich die Entgegnung auf die Phrase, die man heute, in der Zeit der Verteidigung der musikalischen Impotenz, immer an den Kopf bekommt: »Es kommt nicht auf die Themen an, sondern darauf, was man daraus macht.« Und diese Frage muß lauten:

Stellt der Verlauf eines Tonstückes an sich, unabhängig vom thematischen Material, einen über das rein Formale hinausgehenden Wertbegriff dar oder nicht?

Da die unbedingt verneinende Antwort aus rein logischen Gründen erfolgen muß, indem Musik doch durch und durch thematisches Material ist, mithin man dieses nicht wegdenken kann, muß jede scheinbare Abweichung oder Ausnahme auf einer falschen Anwendung beruhen: und zwar wird diese entweder darin bestehen, daß von der Forderung der Irrelevanz des Materials bedeutend abgelassen wird, oder der Vertreter dieser Forderung nicht merkt, daß er gar nicht von dem Verlauf des Musikstückes spricht; sondern von einer Gedankenreihe außerhalb der Musik.

Als Beweis für die Behauptung, daß es »auf das Thema nicht ankomme«, pflegt gewöhnlich der erste Satz der Eroica herangezogen zu werden; ich greife daher dies Beispiel auf[22].

Hier, so jubeln die Vertreter der Impotenz, sei es nun ganz klar, daß es nicht aufs Thema ankomme, da »das« Thema ja von Mozart sei, und Beethoven doch etwas ganz anderes draus gemacht habe, als die Ouvertüre zu »Bastien und Bastienne«.

So. – Nun, das, was hier Beethoven mit Mozart gemeinschaftlich hat, nämlich die ersten acht Noten der Oberstimme, also das erste Thema (welches ich in meinem Leben nie für ein heroisches genommen habe) ist allerdings sehr ähnlich dem halben Thema von »Bastien und Bastienne«, dem halben, denn dieses Thema ist ein ausgesprochener achttaktiger Satz, während das Eroica-Thema ein ausgesprochener Viertakter ist. Durchgängig notengetreu sind nur die ersten fünf Töne. (Die Frage beiseite gelassen, ob Beethoven wirklich abgeschrieben hat oder es ihm unabhängig von Mozart eingefallen ist.) Auch wird es durch andre Tonart, andre Instrumentierung, Zerteilung, Wiederholung kein anderes, verändert kaum seinen Charakter, und nie seinen musikalischen Wert; es ist und bleibt ein unbedeutendes

[22] vgl. dazu GS II, S. 51

Thema von geringer Ausdrucksfähigkeit. Aber eben darum mußte Beethoven in dem Satz, dem er dieses Thema als Hauptthema voranstellte, besonders viel neues und selbständiges Themenmaterial erfinden und verwenden. Im Gegensatz zu all seinen andren Sinfonien, denen ein ergiebiges bedeutendes sinfonisches Thema voransteht, und dem sich nur ein anschmiegendes zweites anschließt, wimmelt es hier von neuen Themen und Gestalten, gibt es eigentlich zwei »zweite« Themagruppen, und – das einzige Mal in seiner ganzen Sinfonik – erwächst ein drittes, lyrisch-melodisches in der Durchführung.

So ist die Sache! Was Beethoven aus den acht Noten »gemacht« hat? Er konnte ebensowenig aus ihnen »was anderes machen«, als jemand aus einem Maultier einen Leoparden machen kann. Was aber Beethoven gemacht hat, ist ein sinfonischer Satz, der neben jenem Thema noch eine Anzahl anderer bedeutender enthält, die sich folgen, verschlingen, ergänzen und bedingen, ohne die der Aufbau, der Charakter, der Wert eben dieses Satzes nicht möglich gewesen wäre. Man denke sich einmal alle Nebenthemen weg, und unbedeutendere an ihrer Stelle, so daß jenes »Haupt«-thema wahrhaft dominierte. Woher nähme dann der Verlauf seinen Wert, seine Bedeutung? Worauf stößt man denn, wenn die letzte Note des einen Themas verlassen wird? Doch wohl auf ein anderes! oder auf bloß einen Übergang oder dergleichen; also doch immer auf gestaltete Töne, die irgendeinen Ausdruck darstellen, und aus allem dem besteht der »Verlauf«; und wenn alles einzelne eingestandenermaßen wertlos ist, woher soll das Stück als Ganzes seinen Wert bekommen? Bei der beweglichen Sonatenform, mit ihrem freieren Spiel der Anordnung und Abwechslung mannigfacher Tongestalten kann man eher noch die Lebensfähigkeit eines hundertjahralten Stückes von den Themen ab auf die »Gestaltung« allein zu schieben versuchen. Bei der starren, stereotypen, einthemigen Form der Fuge geht das aber nicht mehr. Und hier kann sich jeder ehrliche Mensch leicht Antwort geben, ob z.B. bei den zweihundertjahralten Bachschen Fugen das lebensfähige Element in der Gestaltung liegt, den Modulationen, Engführungen und Umkehrungen, oder in den erstaunlichen Themen; ob, wenn wir an die Cis-dur-Fuge denken, uns die Gestaltung vor der Seele steht, oder:

Eine gelehrte Fuge schreiben konnte damals jeder Musiker. Dies Thema erfinden nur J. S. Bach.

Ich nannte den Verlauf die Bewegungsgestaltung im allgemeinsten Begriffe, die, meinetwegen sinnlose, Ausfüllung einer längeren Strecke Musik. Die sinnvolle Anordnung so eines Verlaufes in ein gesetzmäßiges, dem Wesen der Musik angepaßtes Schema wäre dann die Architektonik; und die höchste Vollendung derselben, bei der nicht die Form die Themen aufzunehmen, sondern die Themen die Form zu schaffen scheinen, der Organismus einer Komposition. Aber etwas anderes, als eine Aneinanderreihung und Durchdringung der musikalischen Gestalten, ein Spiel derselben untereinander, kann kein Gebilde der absoluten Musik einer gewissen Ausdehnung sein. Von der Beschaffenheit dieser Gestalten ist der Verlauf in seiner Totalität nicht zu trennen; einen solchen in abstracto sich vorzustellen, ist unmöglich.

Worin aber der Unterschied liegt zwischen einem lebendigen sinnvollen Organismus und ausgefülltem Formenschema ist nicht etwa die Anhäufung schöner Themen, vager Einfälle, sondern die Beziehung derselben untereinander. Das Beglückende, Interessante, Wertvolle, Reizvolle aller musikalischen Gestaltung besteht letzten Endes darin, daß ein Einfall den anderen gebiert; sozusagen ein Haupteinfall die andern aus sich heraustreibt, deren organische Zusammengehörigkeit dadurch gewährleistet wird; und nicht nur die »Themen« im Schulsinn, sondern alles was schlechthin in diesem Satz »vorkommt«, wächst und blüht aus diesem Keim oder Stamm heraus. Aber auch ganz unabhängig voneinander eingefallen können sich Themen zu einem wahren Organismus zusammenschließen, deren formale Zusammengehörigkeit geheimnisvoll, wie alles in der Musik, gesichert ist. (Die Analogie mit dem vorhin behandelten Verhältnis von Ton und Wort bei Vokalmusik drängt sich hier auf.) Beides zu beobachten ist Beethoven eine unerschöpfliche Fundgrube (s. obiges Beispiel letzter Satz der C-moll-Sinfonie). Jedenfalls aber beruht alle Gestaltung größerer musikalischer Gebilde auf bewußter Gedankenarbeit, und kann nicht mit der Inspiration im Sinne des spontan sich einstellenden genialen Ur-Einfalls verglichen werden; es ist kindisch, sich gegen das Wort »Reflexion« zu wehren, das kombinatorische Moment leugnen zu wollen. »Bewußte Gedankenarbeit« heißt hier nicht: so lange rechnen, bis die sichere Lösung erzielt ist; sondern es schwebt einem etwas vor, eine Gestaltung, die man finden möchte; man müht sich, entwirft, verwirft, bis der glückliche Augenblick kommt, der das »rechte« bringt, was einem natürlich dann »einfällt«; aber alles das ist doch abhängig von dem Ureinfall. Diesen Charakter des »Verlaufes«, der Formenbildung der Musik zu leugnen, zeigt nicht nur eine große Unfähigkeit, sondern auch eine gewisse Feigheit des Denkens; indem man, wenn man schon die Intensität der Musik und ihrer Wunder nicht kennt und anerkennt – aus unterschiedlichen Gründen –, in die Extensität sich flüchtet und dieser Eigenschaften und Verantwortungen andichtet, die sie ihrer Natur nach nie und nimmer haben und leisten kann. Eine Eigenschaft der größeren Sätze und Formen der Musik ist auch, daß sie eine gewisse Grenze der Ausdehnung in sich fordern. Kein musikalisches Thema ist so ergiebig, daß es allein einen großen sinfonischen Satz aus sich bilden könnte, man braucht zwei und mehr; aber ist jedes »Thema erschöpft«, dann ist der Satz aus. Die innere Zusammengehörigkeit der Themen bedeutet auch eine Grenze ihrer Zahl. Beliebig viele zusammenzubringen und loszumusizieren ist sinnlos und erzeugt Monstrosität, – ein Zeichen von antimusikalischem Verfahren.

Wenn wir die höchste Leistung der Musik in einem Betracht darin sahen, daß eine einzige kleine Tongestalt, durch ungeheure Konzentriertheit der Entwicklung nicht fähig, unendliche Geheimnisse auszusprechen scheint, so können wir eine andre höchste und eigentlich großartigste Leistung der Musik sehen in jener Art der Synthese, bei welcher Ausdruck und Architektur sich zum stattlich lebendigen, großen Organismus verbinden, wie die Beethovenschen Sinfonien ihn uns verkörpern.

Ich habe versucht, in diesem Teil die gesamte Musik einer Betrachtungsart zu unterwerfen, bei der ein Moment ans Licht gezogen wird, welches bis jetzt meines Wissens, so verwunderlich dies ist, noch nie bewußt und zusammenhängend behandelt, oder gar in den Mittelpunkt einer Ästhetik gestellt wurde: das Gewordene ihres Stoffes. Obgleich dieser dritte Teil bereits zu einer beträchtlichen Länge angewachsen ist, habe ich doch vieles nur sehr flüchtig behandeln können, mußte manches liegen lassen, was näher zu verfolgen lohnend gewesen wäre. Doch es drängt zur Übersicht. Wir wollen sehen, welche Folgerungen aus dem Sonderwesen dieser einzigartigen Kunst, welches sich in der aposteriorischen Natur der Harmonie so bedeutsam kundgibt, noch zu ziehen sind.

Ausblick: Werden und Vergehen der Harmonie

Was entsteht, vergeht. Wir haben gesehen, in welchem Sinne die Kunst der Musik entstanden ist, geworden ist. Wollen wir den Mut haben, dem Gedanken ins Auge zu sehen, der die Konsequenz ist, wollen wir den Reim auf »entstehen« laut auszusprechen wagen? Ein seltsamer Gedanke mag das wohl manchem scheinen; und doch – noch seltsamer, daß er nicht schon jedem einmal gekommen ist, der Sinne hat für das, was das Wesen der Musik, was ihre Geschichte lehrt, was die Zeichen der Zeit künden.

Die Musik bildete sich selbst ihren Stoff, der bei allen anderen Künsten die Welt ist. Die bleibt bestehen; aber die Harmonie? Was wird mit ihr? Ehe sie war, gab es keine jetzt noch lebende Musik; ihr Aufdämmern bedeutet den Anfang unsrer Wahrnehmung; sie ist wie unsre Sonne. Wenn sie untergeht, was wird dann sein? Und, so wie sie kam, wird sie nicht gehen müssen? Das, was Musiker sangen und bildeten, ehe es sie gab, versteht man heute nicht mehr. Wird man später das verstehen, was in den Lustren der Harmonie komponiert wurde? Hat das einzige Mal, wo in der Welt- und Kulturgeschichte es eine Harmonie, eine Orchesterkunst, eine so entwickelte Musik gab, vielleicht die Bedeutung, daß nunmehr die Großen, die in ihr schaffen, allen Völkern, Zeiten und Welten so verständlich zu sein die Möglichkeit haben, wie Shakespeare, Dürer, Michelangelo – oder vergehen sie gleich denen, die seinerzeit vielleicht ebenso deutlich und wonnig die Seele des Volkes auf der Lyra, der Fidel und im Gesange aussprachen, einen Laut der Nation bildeten, der mit ihm unterging? [...]

Die Inspiration ist das Wesen der Musik als schöpferischer Kunst[23]. *Mehr und ausschließlicher als der anderen Künste, ja, der Begriff des Schaffens in der Musik isoliert sich geradezu zu einer Sonderkunst, da es nur in der Musik ein Produzieren (Schaffen) und Reproduzieren*

[23] dazu Exkurs 7 der Schrift: *Daß die Inspiration das Wesen der Musik als schöpferischer Kunst ist, dazu möchte ich noch folgenden kleinen Beleg beibringen, in Form einer Beobachtung, die sich an anderen Künsten nicht machen läßt. Weil der Komponist ganz nur auf Inspiration angewiesen ist, und ihm aus dem Stoff sozusagen nichts zu Hilfe kommt, zeigt sich der Unterschied zwischen ihm als inspiriertem und ihm als nicht inspiriertem Wesen in den Werken besonders schreiend; und, mit zunehmender Zeit das inspirierte besonders blühend, das uninspirierte der Vergänglichkeit besonders ausgesetzt. Manche fruchtbare Komponisten, deren Namen man nicht mehr wüßte, leben gleichsam von einer Melodie. Aber gar bei den Großen sehe man einmal, wie man sie eigentlich nur als Inspirierte sich vorzustellen gewohnt ist, wenn man auf die schwächeren und schwachen Werke oder Stellen derselben sieht, deren jeder unserer Großen aufzuweisen haben. Wie wird da, wenn die Inspiration aussetzt, z.B. Mozart inhaltlos-formal, Beethoven merkwürdig viereckig, Weber leicht-brillant, Schubert leierig, Schumann schwächlich, Wagner der frühere roh, der spätere unmusikalisch, Brahms konstruierend-akademisch. Und, wie wandelt sich das beim Einsetzen der Inspiration ins Positiv-wertvolle, sublimiert sich gleichsam. Dergleichen gibt's bei andern Künsten nicht. Da hält der Stoff die Waage zwischen Künstler und Werk.*

Diese Beobachtung wäre noch weiter, noch detaillierter auszuführen. Sehr damit zusammenhängt, was Schopenhauer (Bd. II, S. 307) sagt: »Daher ist in einem Komponisten, mehr als in irgendeinem anderen Künstler, der Mensch vom Künstler ganz getrennt und unterschieden.«

(Ausüben) gibt. Es ist geradezu erstaunlich, daß dieser elementare Zug und Wesensteil der Musik, so auffallend er ist, noch nicht zum Ausgangspunkt tieferer Erkenntnisse über das Wesen dieser Kunst geführt hat, so viel auch über sie philosophiert und ästhetisiert worden ist. Ich weiß, daß unehrliche Sophisterei jederzeit bereit ist, das Wahrste und Selbstverständlichste zu bestreiten; deswegen muß ich, da ich doch einmal beim gründlichen Aufwaschen bin, die Aussage über die Trennung von Schaffen und Ausüben kurz begründen, um Einwürfe, wie etwa: »Der Maler kann auch das Bild eines anderen reproduzieren« gleich abzutun. Die Art der materiellen Tätigkeit ist dieselbe, ob ein Maler malt oder kopiert. Der Maler malt, der Dichter dichtet. Die Stelle, wo das Ingenium einfließt, zeigt sich nicht durch irgendein äußeres phänomenologisches Merkmal; indem der Maler malt, produziert er entweder oder reproduziert. Mit dem Aussprechen des Wortes »Maler«, »Dichter« ist die seine Kunst betreffende Tätigkeit voll bezeichnet. Dagegen beim Aussprechen des Begriffs »Musiker« weiß man nicht, ob er Werke seiner Kunst durch Spielen, Singen, Dirigieren wiedergibt oder ob er sie erzeugt. Der Spieler steht zum Komponisten im Verhältnis des Schauspielers oder Rezitators zum Dichter. Ja, die Begabung ist eine ganz andre, oft entgegengesetzte. Das allgemeine »musikalische« Talent oder Genie besteht in der angeborenen Beherrschung des Elementes der Töne in irgendeiner möglichen Beziehung: Gehör, Gedächtnis, technische Fähigkeiten der Finger oder des Kehlkopfes, die bis ins Wunderbare gehen können. Dagegen wird sich der geborene Komponist dadurch legitimieren, daß ihm aus der Welt der Töne neue Gestalten aufsteigen, daß er Visionen hat. Das große reproduzierende, allgemein musikalische, aber nicht produktive Talent wird in der Regel auch das »Erlernbare« des Komponierens sich anzueignen die Begabung haben und wird seinen Kontrapunkt, seine Formenlehre gut absolvieren. Ebenso ist ein kompositorisches Genie ohne allgemeine musikalische Begabung zwar nicht denkbar, jedoch wird es ihm oft durchaus an irgendeinem reproduktiven Talent mangeln; so war Schumann ein unmöglicher Dirigent, Wagner ein sehr schlechter Klavierspieler, offenbar überhaupt ohne jede manuelle Begabung. Solche Universalmusikanten wie Bach, der sogar den Instrumentenmacher in sich schloß, sind unbegreifliche Ausnahmen.

Bei Bach bedeutet diese Vereinigung aller Definitionen des Begriffs »Musiker« natürlich einen Gipfel: alle Begabungen »für Musik« aufs höchste in einem Individuum entfaltet und nebeneinander in prachtvollster Vollkommenheit existierend, entsprechend der Höchstentfal-

tung und Freiwerdung aller Kräfte der Musik in jenem Zeitalter. Aber jene Vereinigung in einem Musiker kann auch eine Wurzel bedeuten: die dumpfste, primitivste Verbindung der unentwickelten musikalischen Elemente im antik-mittelalterlichen homophonen Zeitalter, wo Spielen und Erzeugen fast zusammenfallen. Unser Überblick macht verständlich, wieso sich da noch nicht die Begriffe Komponist – Spieler scharf scheiden konnten. Was war da Melodie, was Form, was Schaffen? Je mehr es »Licht« wurde in der Welt für die Musik, desto mehr sonderten sich, wuchsen und verselbständigten sich die beiden großen Reiche der Musik, beinahe zwei selbständige Künste bildend: die produktive und die reproduktive; beide wieder elementar zurückzuführen auf die großen zwei Ströme des Ausdrucks und der Architektonik: der Phantasie und der Technik, der Tonbeflügelung und der Tonbezwingung, der Maria und der Marta der Musik.

Das Kapitel schließt mit der pessimistischen Aussicht, daß die Harmonik sich genauso langsam, wie sie sich gebildet hat, wieder zersetzt. Sie, und mit ihr der Laut der Nation, wird untergehen. Alle Musik hat so etwas seltsam Verblühendes an sich. Aber ist dieser Moment schon gekommen? Die Darstellung der Einfallsästhetik und die Heftigkeit der Polemik der übrigen Kapitel zeugen von der Bedrohtheit und dem Widerstand, den Pfitzner dieser Entwicklung entgegensetzt.

Verzeichnis der Abkürzungen

Br.	Pfitzner: *Briefe*, hg. von Bernhard Adamy, Tutzing 1991
EB	Pfitzner: *Eindrücke und Bilder meines Lebens*, in: *Sämtliche Schriften* Bd. IV, hg. von Bernhard Adamy, Tutzing 1987, S. 556f.
RS	Pfitzner: *Reden, Schriften, Briefe*, hg. von Walter Abendroth, Berlin/Neuwied 1955
WW	Pfitzner: *Werk und Wiedergabe*, Augsburg 1929 (= *Gesammelte Schriften* Bd. III)
GS I / II	Pfitzner: *Gesammelte Schriften* Bd. I und II, Augsburg 1926
SS IV	Pfitzner: *Sämtliche Schriften* Bd. IV, hg. von Bernhard Adamy, Tutzing 1987
HPM	*Mitteilungen der Hans-Pfitzner-Gesellschaft*, München 1954ff.
BayStB	Dokumente in der Bayerischen Staatsbibliothek München
NW	Nachlaß Hans Pfitzners in der Österreichischen Nationalbibliothek Wien
SK	*Hans Pfitzner (1869–1949)*, Katalog Nr. 288 des Musikantiquariats Hans Schneider, Tutzing 1986

Chronologisches Werkverzeichnis

Ausführliche Werkverzeichnisse mit Widmungsträgern und Uraufführungsdaten finden sich bei Hans Rutz, *Hans Pfitzner*, S. 148ff. und bei John Williamson, *The Music of Hans Pfitzner*, S. 353ff. Zu den hier im einzelnen nicht aufgeführten Jugendwerken vgl. Hans Rectanus, *Die Jugendwerke von Hans Pfitzner*, in: *Symposium Hans Pfitzner 1981*, hg. von Wolfgang Osthoff, S. 92f.

Sämtliche Lieder finden sich in der bei Schott erschienenen, von Hans Rectanus herausgegebenen Gesamtausgabe (GA I und II).

Abkürzungen für die Verlage der Erstausgaben: F = Fürstner, MB = Max Brockhaus, RE = Ries & Erler, TJ = Tischer & Jagenberg

1880	Erste Klavierstücke (vgl. *Österreichische Musikzeitschrift*, Heft 4, 1969) und weitere ungedruckte Werke
1884–87	Sechs Jugendlieder für hohe Singstimme und Klavier, RE 1933 1. *Abendlied* (Sturm) 2. *Mir bist du tot* (Mary Graf-Bartholomew) 3. *Naturfreiheit* (Uhland) 4. *Nun, da so warm der Sonnenschein* (v. Redwitz) 5. *Das verlassene Mägdlein* (Mörike) 6. *Kuriose Geschichte* (Reinick)
	Weitere Jugendlieder (Heine, Schack, Geibel, Scheffel und unbekannte Dichter)
1886	Klaviertrio B-Dur (ergänzt von Gerhard Frommel), Schott 1982, hg. von Hans Rectanus
	Streichquartett d-Moll, Bärenreiter 1972, hg. von Hans Rectanus
1887	Klaviertrio Es-Dur (verschollen)
	Scherzo für Orchester, MB 1906
1888/89	Konzert für Violoncello und Orchester a-Moll, Schott 1978, hg. von Wolfgang Osthoff
	Der Blumen Rache (Freiligrath) für Frauenchor, Alt-Solo und Orchester, RE 1906
	Klaviertrio E-Dur? (nur Rondo vorhanden)
1888/89	Sieben Lieder op. 2 für eine Singstimme und Klavier, MB 1. *In der Früh, wenn die Sonne kommen will* (Leander) 2. *Ist der Himmel darum im Lenz so blau?* (Leander) 3. *Kalt und schneidend weht der Wind* (Lingg) 4. *Im tiefen Wald verborgen* (anon.) 5. *Ich hör ein Vöglein locken* (Böttger) 6. *Immer leiser wird mein Schlummer* (Lingg) 7. *Verrat* (A. Kaufmann)

	Drei Lieder op. 3 für mittlere Singstimme und Klavier, TJ 1. *Warum sind deine Augen denn so naß* (Rückert) 2. *Herbstlied* (v. Sallet) 3. *Mein Herz ist wie die dunkle Nacht* (Geibel)
	Vier Lieder op. 4 (Heine) für mittlere Stimme und Klavier, TJ 1. *Es glänzt so schön* 2. *Sie haben heut abend* 3. *Es fällt ein Stern herunter* 4. *Es faßt mich wieder der alte Mut*
	Drei Lieder für Sopran und Klavier op. 5, F 1. *Frieden* (Grun) 2. *Wiegenlied* (Grun) 3. *Der Bote* (Eichendorff)
	Sechs Lieder op. 6 für hohen Bariton und Klavier, F 1. *Zweifelnde Liebe* (anon.) 2. *Ich will mich im grünen Wald ergehn* (Heine) 3. *Zugvogel* (Grun) 4. *Widmung* (Cossmann) 5. *Die Bäume wurden gelb* (Cossmann) 6. *Wasserfahrt* (Heine)
1888–1900	Fünf Lieder op. 7 für Singstimme und Klavier, RE 1. *Hast du von den Fischerkindern* (Müller v. Königswinter) 2. *Nachtwanderer* (Eichendorff) 3. *Über ein Stündlein* (Heyse) 4. *Lockung* (Eichendorff) 5. *Wie Frühlingsahnung* (Grun)
1889/90	Bühnenmusik zu *Das Fest auf Solhaug* (Ibsen), MB
1890	Sonate für Violoncello und Klavier fis-Moll op. 1, Breitkopf & Härtel
1891	*Herr Oluf* op. 12 (Herder), Ballade für Bariton und Orchester, Bote & Bock
1891–93	*Der arme Heinrich* (Grun), Musikdrama, MB
1892	Konzertwalzer a-Moll für Klavier (verschollen)
1894	*Tief im Herzen summt ein leises Lied* (Claar), Lied (verschollen)
1894/95	Fünf Lieder op. 9 (Eichendorff) für Singstimme und Klavier, MB 1. *Der Gärtner* 2. *Die Einsame* 3. *Im Herbst* 4. *Der Kühne* 5. *Abschied*
1896	Drei Lieder (Liliencron) für mittlere Singstimme und Klavier, MB 1. *Sehnsucht. Ich ging den Weg* op. 10 Nr. 1 2. *Müde* op. 10 Nr. 2 3. *Tiefe Sehnsucht* o.op. (ungedruckt, verwendet in *Die Rose*)
	Klaviertrio F-Dur op. 8, Simrock
1897–1900	*Die Rose vom Liebesgarten* (Grun), Romantische Oper, MB

1900 *Rundgesang zum Neujahrsfest 1901* (Wolzogen) für Baß-Solo, Männerchor (oder gemischten Chor) und Klavier, MB

1901 *Zum Abschied meiner Tochter* op. 10 Nr. 3 (Eichendorff), Lied für mittlere Singstimme und Klavier, MB

Fünf Lieder op. 11 für Singstimme und Klavier, MB
1. *Ich und du* (Hebbel)
2. *Ich aber weiß* (Jacobowski)
3. *Studentenfahrt* (Eichendorff)
4. *Venus mater* (Dehmel)
5. *Gretel* (Busse)

1902 Streichquartett D-Dur op. 13, MB

Lied *Inmitten der Nacht* (Volksliedbearbeitung), in: *Daheim*, 20. 12. 1902 und 28. 12. 1933

1902/03 *Die Heinzelmännchen* op. 14 (Kopisch), Ballade für tiefen Baß und Orchester, MB

1903 *Untreu und Trost* (Deutsches Volkslied), Lied für mittlere Stimme und Klavier, MB

1904 Vier Lieder op. 15 für Singstimme und Klavier, MB
1. *Leierkastenmann* (Busse)
2. *Zorn* (Eichendorff)
3. *An die Mark* (v. Stach)
4. *Sonst* (Eichendorff)

1905 *Columbus* op. 16 (Schiller) für achtstimmigen gemischten Chor *a cappella*, RE

Bühnenmusik zu *Das Käthchen von Heilbronn* (Kleist) op. 17, RE

Zwei Lieder op. 19 (Busse) für mittlere Singstimme und Klavier, MB
1. *Stimme der Sehnsucht*
2. *Michaelskirchplatz*

1906 *An den Mond* op. 18 (Goethe), Lied für Bariton und Klavier, MB

Das Christ-Elflein op. 20 (v. Stach), Spieloper, rev. 1917, F

Gesang der Barden aus *Die Hermannsschlacht* (Kleist) für Männerchor und Orchester, F 1923

1907 Zwei Lieder op. 21 für hohe Singstimme und Klavier, Kahnt
1. *Herbstbild* (Hebbel)
2. *Die Nachtigallen* (Eichendorff)

Fünf Lieder op. 22 für Singstimme und Klavier, MB
1. *In Danzig* (Eichendorff)
2. *Tragische Geschichte* (Chamisso)
3. *Schön Suschen* (Bürger)
4. *Gegenliebe* (Bürger)
5. *An die Bienen* (Bürger)

1908 Klavierquintett C-Dur op. 23, Peters

1909	Vier Lieder op. 24 für Singstimme und Klavier, MB 1. *Unter der Linden* (Walther von der Vogelweide) 2. *Gewalt der Minne* (Walther von der Vogelweide) 3. *92. Sonett* (Petrarca) 4. *Abendrot* (Lienhard)
1912–15	*Palestrina* (Pfitzner), Musikalische Legende, F/Schott
1915/16	*Zwei deutsche Gesänge* op. 25 für Bariton und Orchester (Männerchor ad lib.), MB 1. *Der Trompeter* (Kopisch) 2. *Klage* (Eichendorff)
1916	Fünf Lieder op. 26 für Singstimme und Klavier, MB 1. *Gebet* (Hebbel) 2. *Nachts* (Eichendorff) 3. *Neue Liebe* (Eichendorff) 4. *Trauerstille* (Bürger) 5. *Mailied* (Goethe)
1918	Sonate für Violine und Klavier e-Moll op. 27, Peters
1921	*Von deutscher Seele* op. 28 (Eichendorff), Romantische Kantate für 4 Solostimmen, gemischten Chor, Orchester und Orgel, Leuckart
	Vier Lieder op. 29 für Singstimme und Klavier, F 1. *Abbitte* (Hölderlin) 2. *Herbsthauch* (Rückert) 3. *Willkommen und Abschied* (Goethe) 4. *Die stille Stadt* (Dehmel)
1922	Vier Lieder op. 30 für Singstimme und Klavier, F 1. *Sehnsucht nach Vergessen* (Lenau) 2. *Das verlassene Mägdlein* (Mörike) 3. *Denk es, o Seele* (Mörike) 4. *Der Arbeitsmann* (Dehmel)
	Konzert für Klavier und Orchester Es-Dur op. 31, F
1923	Vier Lieder op. 32 (C. F. Meyer) für Bariton (oder Baß) und Klavier, F 1. *Hussens Kerker* 2. *Säerspruch* 3. *Eingelegte Ruder* 4. *Laß scharren deiner Rosse Huf*
	Alte Weisen op. 33 (G. Keller) für Singstimme und Klavier, F 1. *Mir glänzen die Augen* 2. *Ich fürcht nit Gespenster* 3. *Du milchjunger Knabe* 4. *Wandl ich in dem Morgentau* 5. *Singt mein Schatz wie ein Fink* 6. *Röschen biß den Apfel an* 7. *Tretet ein, hoher Krieger* 8. *Wie glänzt der helle Mond*
	Konzert für Violine und Orchester h-Moll op. 34, F

1924	Sechs Liebeslieder op. 35 (R. Huch) für Frauenstimme und Klavier, F 1. *Bestimmung* 2. *Ich werde nicht an deinem Herzen satt* 3. *Wo hast du all die Schönheit hergenommen* 4. *Schwill an, mein Strom* 5. *Eine Melodie singt mein Herz* 6. *Denn unsre Liebe hat zu heiß geflammt*
1925	Streichquartett cis-Moll op. 36, F
1926	*Lethe* op. 37 (C. F. Meyer) für Bariton und Orchester, F
1929/30	*Das dunkle Reich* op. 38 (Michelangelo, Goethe, Meyer und Dehmel), Chorfantasie mit Orchester, Orgel, Sopran- und Bariton-Solo, MB
1930/31	*Das Herz* op. 39 (Mahner-Mons, Pfitzner), Drama für Musik, F
1931	Sechs Lieder op. 40 für mittlere Singstimme und Klavier, Peters 1. *Leuchtende Tage* (Jacobowski) 2. *Wenn sich Liebes von dir lösen will* (Bartels) 3. *Sehnsucht. Um bei dir zu sein* (R. Huch) 4. *Herbstgefühl* (Greif) 5. *Wanderers Nachtlied* (Goethe) 6. *Der Weckruf* (Eichendorff)
	Drei Sonette op. 41 für Männerstimme und Klavier, Peters 1. *Auf die Morgenröte* (G. A. Bürger) 2. *Der verspätete Wanderer* (Eichendorff) 3. *Das Alter* (Eichendorff)
1932	Sinfonie cis-Moll op. 36a (nach dem Streichquartett op. 36), F
1935	Konzert für Violoncello und Orchester G-Dur op. 42, Schott
1937	Duo für Violine und Violoncello mit Begleitung eines kleinen Orchesters oder des Klaviers op. 43, Leuckart
1939	*Kleine Sinfonie* G-Dur op. 44, MB
1940	*Elegie und Reigen* op. 45 für Orchester, Leuckart
	Sinfonie C-Dur op. 46, F/Oertel
1941	Fünf Klavierstücke op. 47, F/Oertel
	Fons salutifer op. 48 (Kolbenheyer), Hymnus für gemischten Chor, Orchester und Orgel, Oertel
	Zwei Männerchöre op. 49, Oertel 1. *Wir gehn dahin* (H. Franck) 2. *Das Schifflein* (Uhland) mit Flöte, Horn und Sopran-Solo
1942	Streichquartett c-Moll op. 50, Oertel
	Sechs Studien für das Pianoforte op. 51, Oertel
1943	Konzert für Violoncello und Orchester a-Moll op. 52, Oertel
	Unorthographisches Fugato h a b s für Streichquartett, in: HPM 30, S. 31

1944	Drei Gesänge op. 53 (W. Hundertmark) für Männerchor mit Begleitung eines kleinen Orchesters, Oertel 1. *Seliger Sommer* 2. *Wandlung* 3. *Soldatenlied*
	Krakauer Begrüßung op. 54 für Orchester, Oertel (ungedruckt)
1945	Sextett für Klavier, Violine, Viola, Violoncello, Kontrabaß und Klarinette op. 55, Oertel
1946/47	Fantasie für Orchester a-Moll op. 56, MB
1948/49	*Urworte orphisch* op. 57 (Goethe), Kantate für 4 Solostimmen, gemischten Chor, Orgel und Orchester (ergänzt von Robert Rehan), Oertel

Bearbeitungen eigener Werke:
Folgende Lieder gibt es auch mit Orchesterbegleitung: op. 2 Nr. 2, 6 und 7; op. 3 Nr. 2 und 3; op. 4; op. 5/1; op. 7/3; op. 11 Nr. 4 und 5; op. 15 Nr. 2–4; op. 18; op. 24/1; op. 26/2; op. 29/3; op. 40 Nr. 5 und 6 sowie *Untreu und Trost*. Op. 24/3 bearbeitete Pfitzner (1934?) für Singstimme und Streichtrio (HPM 57, S. 34ff.), fünf Lieder (op. 2/5; op. 9 Nr. 1 und 2; op. 10/1; op. 11/1) für Violine und Klavier (MB 1940). Zu den meisten seiner Bühnen- und Orchesterwerken hat Pfitzner auch den Klavierauszug selbst geschrieben.

Bearbeitungen fremder Werke:
Undine, Zauberoper von E.T.A. Hoffmann, Peters 1906
Erlkönig (Goethe), Ballade von Carl Loewe für Bariton und Orchester, MB 1916
Odins Meeresritt (Schreiber), Ballade von Carl Loewe für Bariton und Orchester, MB 1916
Der Templer und die Jüdin, Oper von Heinrich Marschner, MB 1912
Der Vampyr, Romantische Oper in 2 Akten von Heinrich Marschner, F 1925
Acht Frauenchöre von Robert Schumann mit Instrumentalbegleitung versehen und zu einem Ganzen verbunden, Universal-Edition 1910

Bibliographie

Ausführlichere, aber auch nicht vollständige Bibliographie[illegible] den sich bei Bernhard Adamy, *Hans Pfitzner*, S. 435ff. und John Williamson, *The Music of Hans Pfitzner*, S. 365ff.; ein Gesamtverzeichnis der Schriften Hans Pfitzners findet sich in SS IV, S. 754ff.

I. Schriften und Briefe Hans Pfitzners

1. Sammelausgaben

Gesammelte Schriften, 3 Bände, Augsburg 1926 und 1929

Sämtliche Schriften Bd. IV, hg. von Bernhard Adamy, Tutzing 1987

Reden, Schriften, Briefe, hg. von Walter Abendroth, Berlin/Neuwied 1955

Briefe, hg. und mit einem Kommentarband versehen von Bernhard Adamy, Tutzing 1991

2. Frühere Einzelausgaben

Vom musikalischen Drama (1908–1915), München/Leipzig 1915

Futuristengefahr, Leipzig/München 1917

Die neue Ästhetik der musikalischen Impotenz, München 1920

Werk und Wiedergabe, Augsburg 1929

Meine Beziehungen zu Max Bruch, München 1938

Über musikalische Inspiration, Berlin 1940

Meine Liedertexte, 1941 als Manuskript gedruckt

Eindrücke und Bilder meines Lebens, Hamburg-Bergedorf 1947

3. Schriften, die bislang nicht in Sammelausgaben erschienen sind

Rede auf Hermann W. von Waltershausen (1932), in: Busch-Salmen, Gabriele/Weiß, Günther: *Hans Pfitzner. Münchner Dokumente / Bilder und Bildnisse*, Regensburg 1990, S. 37ff.

Analyse des D-Dur Quartetts, HPM 53, S. 51ff.

Regie-Beispiele für die Opern *Das Christ-Elflein, Palestrina, Das Herz* (1940), HPM 53, S. 56ff.

Regie-Beispiele für die Opern *Der arme Heinrich, Die Rose vom Liebesgarten*, HPM 56, S. 15ff.

Winke für die Aufführung des *Armen Heinrich* (zusammen mit J. Grun; Frankfurt a. M.: Firnberg 1895?), HPM 59, S. 10ff

Briefe an seinen Freund Hermann Unger, hg. von der Hermann-Unger-Gesellschaft, Lohmar o. J.

II. Sekundärliteratur zu Hans Pfitzner

1. Biographien (chronologisch)

Cossmann, Paul Nikolaus: *Hans Pfitzner*, München 1904

Seidl, Arthur: *Hans Pfitzner*, Leipzig 1920

Lütge, Wilhelm: *Hans Pfitzner*, Leipzig 1924
Kroll, Erwin: *Hans Pfitzner*, München 1924
Abendroth, Walter: *Hans Pfitzner*, München 1935
ds.: *Hans Pfitzner. Sein Leben in Bildern*, Leipzig 1941
Schrott, Ludwig: *Hans Pfitzner*, Berlin [1937]
Rutz, Hans: *Hans Pfitzner*, München 1938 (Wien 1949)
Valentin, Erich: *Hans Pfitzner*, Regensburg 1939
Müller-Blattau, Joseph: *Hans Pfitzner*, Potsdam 1940 (Frankfurt a. M. 1969)
Moser, Hans Joachim: *Hans Pfitzner*, in: *Musikgeschichte in 100 Lebensbildern* Nr. 90, Stuttgart 1952
Mohr, Wilhelm: *Hans Pfitzner*, in: *Die Musik in Geschichte und Gegenwart*, 1962, Bd. 10, Sp. 1170ff.
Braus, Dorothea: *Hans Pfitzner*, in: *Recorded Sound*, 1972, Nr. 45/46, S. 50ff.
Daube, Otto: *Hans Pfitzner*, Barcelona [ca. 1980]
Patteyn, F.: *Hans Pfitzner*, in: *Nouvelle École*, 1985/86, Heft 43, S. 85ff.
Vogel, Johann Peter: *Hans Pfitzner*, Reinbek 1989

2. Sammelbände

Mitteilungen der Hans-Pfitzner-Gesellschaft, München 1954ff.
Hans Pfitzner, Vierteljahresheft des Bühnenvolksbundes, 1921, Heft 3/4
Hans Pfitzner. Ein Bild in Widmungen, hg. von Walter Abendroth, Leipzig 1944
Festschrift Hans Pfitzner 1969, hg. von Walter Abendroth, München 1969
Symposium Hans Pfitzner Berlin 1981, hg. von Wolfgang Osthoff, Tutzing 1984
Hans Pfitzner und die musikalische Lyrik seiner Zeit, hg. von Peter Cahn und Wolfgang Osthoff, Tutzing 1994
Hans Pfitzner – »Das Herz« und der Übergang zum Spätwerk, hg. von Wolfgang Osthoff, Tutzing 1997
Hans Pfitzner (1869–1949), Katalog Nr. 288 des Musikantiquariats Hans Schneider, Tutzing 1986

3. Einzelveröffentlichungen (Auswahl)

Abendroth, Walter: *Deutsche Musik der Zeitwende*, Hamburg 1937
ds.: *Vier Meister der Musik*, München 1952
Adamy, Bernhard: *Hans Pfitzner. Literatur, Philosophie und Zeitgeschehen in seinem Weltbild und Werk*, Tutzing 1980
ds.: *Das »Palestrina«-Textbuch als Dichtung*, in: *Symposium Hans Pfitzner Berlin 1981*, hg. von Wolfgang Osthoff, Tutzing 1984, S. 21ff.
ds.: *Pfitzner und der Verlag Adolph Fürstner*, HPM 43, S. 17ff.
ds.: *Der alte Pfitzner in Wien und Salzburg*, HPM 48, S. 15ff.
ds.: *Pfitzners kranker Sohn Paul*, in: *Musik in Bayern*, 1986, Heft 32, S. 5ff.
Albrecht, George Alexander: *Die Problematik der Aufführungspraxis Pfitznerscher Orchesterwerke am Beispiel der Kleinen Symphonie op. 44*, in: *Symposium Hans Pfitzner Berlin 1981*, hg. von Wolfgang Osthoff, Tutzing 1984, S. 11ff.
Bahle, Julius: *Hans Pfitzner und der geniale Mensch*, Konstanz 1949
Berrsche, Alexander: *Hans Pfitzner und die absolute Musik*, in: *Pfitzner Werkverzeichnis*, München 1919 sowie in: *Trösterin Musika*, München 1942, S. 349ff.
Brosche, Günter: *Der Pfitzner-Bestand der Musiksammlung der Österreichischen Nationalbibliothek*, in: *Festschrift Rudolf Elvers*, Tutzing 1985, S. 73ff.

Busch-Salmen, Gabriele/Weiß, Günther: *Hans Pfitzner. Münchner Dokumente / Bilder und Bildnisse*, Regensburg 1990
Busse, Eckart: *Die Eichendorff-Rezeption im Kunstlied*, Würzburg 1975
Cahn, Peter: *Mimi Kwast und Percy Grainger*, HPM 43, S. 7ff.
ds.: *Zum Charakter von Pfitzners Spätstil am Beispiel der Kleinen Symphonie op. 44*, in: *Symposium Hans Pfitzner Berlin 1981*, hg. von Wolfgang Osthoff, Tutzing 1984, S. 99ff.
ds.: *Humperdincks Pfitzner-Kritiken*, HPM 53, S. 3ff.
ds.: *Hans Pfitzners Violinkonzert*, in: *Musik der zwanziger Jahre*, hg. von Werner Keil, Hildesheim 1996, S. 59ff.
Carner, Mosco: *Pfitzner v. Berg or Inspiration v. Analysis*, in: *The Musical Times*, 1977, S. 379ff.
Diez, Werner: *Hans Pfitzners Lieder*, Regensburg 1968
Dreyfus, K.: *Alma Moodie*, in: *Soundscapes*, April/Mai 1996, S. 28ff.
Dümling, Albrecht: *Gottfried Keller, vertont von Johannes Brahms, Hans Pfitzner und Hugo Wolf*, München 1981
Erhardt, Otto: *Die Inszenierung von Hans Pfitzners musikalischer Legende »Palestrina«. Vollständiges Regiebuch*, Berlin 1922
Ermen, Reinhard: *Musik als Einfall*, Aachen 1986
ds.: *Der Lyriker als Musikdramatiker*, in: *Hans Pfitzner und die musikalische Lyrik seiner Zeit*, hg. von Peter Cahn und Wolfgang Osthoff, Tutzing 1994, S. 185ff.
Fiebig, Paul/Zender, Hans: *Den Romantiker neu entdecken*, HPM 45, S. 46ff.
Frommel, Gerhard: *Hans Pfitzner*, HPM 26, S. 2ff.
ds.: *Traditionalität und Originalität bei Hans Pfitzner*, in: *Symposium Hans Pfitzner Berlin 1981*, hg. von Wolfgang Osthoff, Tutzing 1984, S. 175ff.
Grohe, Helmut: *Im Zeichen Hans Pfitzners. Zur Geschichte und zum Schicksal zweier Vereinsgründungen*, in: *Festschrift Hans Pfitzner 1969*, hg. von Walter Abendroth, S. 6ff.
Heller, Werner: *Pfitzners Dehmel- und Liliencron-Vertonungen und die textgleichen Lieder von Strauss und Reger*, in: *Hans Pfitzner und die musikalische Lyrik seiner Zeit*, hg. von Peter Cahn und Wolfgang Osthoff, Tutzing 1994, S. 47ff.
Isotta, Paolo: *La musica di Pfitzner è tutta da riscoprire*, dt. Übers. in: HPM 46, S. 26ff.
ds.: *Il ventriloquo di Dio. Thomas Mann: la musica nell'opera letteraria*, Milano 1983
ds.: *Le ali di Wieland*, Milano 1984
Jost, Christa: *Hans Pfitzner und das romantische Lied*, HPM 57, S. 5ff.
Killmayer, Wilhelm: *Hans Pfitzner – Versuch eines Portraits*, HPM 55, S. 33ff.
ds.: *Komponieren als privates und öffentliches Problem*, in: *Hans Pfitzner – »Das Herz«*, hg. von Wolfgang Osthoff, Tutzing 1997, S. 39ff.
Kravitt, E. F.: *The Orchestral Lied*, in: *The Musical Review*, 1976, S. 209ff.
Medek, Tilo: *Hans Pfitzner und sein »Dunkles Reich«*, in: *Jahrbuch der Bayerischen Akademie der Künste* Bd. 1, München 1987, S. 43ff.
ds.: *Gedanken zu den Sechs Studien für Klavier op. 51*, HPM 56, S. 34ff.
Morgenroth, Alfred: *Hört auf Hans Pfitzner!*, Berlin 1938
Mutz, Ulrich: *Pfitzner und Furtwängler*, in: *Hans Pfitzner – »Das Herz«*, hg. von Wolfgang Osthoff, Tutzing 1997, S. 67ff.
Nowak, Adolf: *Klangfarbe als Strukturfaktor in Liedern Hans Pfitzners*, in: *Hans Pfitzner und die musikalische Lyrik seiner Zeit*, hg. von Peter Cahn und Wolfgang Osthoff, Tutzing 1994, S. 171ff.

Osthoff, Wolfgang: *Jugendwerk, Früh-, Reife- und Altersstil. Zum langsamen Satz des Cellokonzerts in a-moll op. 52 von Hans Pfitzner*, in: *Archiv für Musikwissenschaft*, 1976, S. 89ff.
ds.: *Pfitzner – Goethe – Italien. Die Wurzeln des Silla-Liedchens im »Palestrina«*, in: *Analecta Musicologica*, 1976, S. 194ff.
ds.: *Eine neue Quelle zu Palestrina-Zitat und Palestrina-Satz in Pfitzners musikalischer Legende*, in: *Renaissance-Studien*, hg. von Ludwig Finscher, Tutzing 1979, S. 185ff.
ds.: *Werk und Wiedergabe als aktuelles Problem*, in: Hans Pfitzner, *Werk und Wiedergabe*, hg. von Siegrid Wiesmann, Bayreuth 1979, S. 13ff.
ds.: *Pfitzner und der »historische Materialstand«*, in: *Symposium Hans Pfitzner Berlin 1981*, hg. von Wolfgang Osthoff, Tutzing 1984, S. 115ff.
ds.: *Hans Pfitzners »Rose vom Liebesgarten«, Gustav Mahler und die Wiener Schule*, in: *Festschrift Martin Ruhnke*, Stuttgart 1986, S. 265ff.
ds.: *Hans Pfitzner und München*, in: *Jugendstil-Musik? Münchener Musikleben 1890–1918*, Wiesbaden 1987, S. 40ff.
ds.: *Hans Pfitzner und die Wiener Aufführung der »Rose vom Liebesgarten« 1905*, in: *Oper in Wien 1900–1925*, Wien 1991, S. 58ff.
ds.: *Pfitzner und Puccini*, HPM 57, S. 38ff.
ds.: *Dichterische und musikalische Gebärde in Pfitzners Liedern*, in: *Hans Pfitzner und die musikalische Lyrik seiner Zeit*, hg. von Peter Cahn und Wolfgang Osthoff, Tutzing 1994, S. 89ff.
Rauschenberger, Walther: *Ahnentafel des Komponisten Hans Pfitzner*, Leipzig 1939
Rectanus, Hans: *Leitmotivik und Form in den musikdramatischen Werken Hans Pfitzners*, Würzburg 1967
ds.: *Pfitzner als Dramatiker*, in: *Beiträge zur Geschichte der Oper*, hg. von Heinz Becker, Regensburg 1969, S. 139ff.
ds.: *»Ich kenne Dich, Josquin Du Herrlicher ... « – Bemerkungen zu thematischen Verwandtschaften zwischen Josquin, Palestrina und Pfitzner*, in: *Renaissance-Studien*, hg. von Ludwig Finscher, Tutzing 1979, S. 111ff.
ds.: *Pfitzners frühe Werke – Bestand und stilistische Anmerkungen*, in: *Symposium Hans Pfitzner Berlin 1981*, hg. von Wolfgang Osthoff, Tutzing 1984, S. 89ff.
ds.: *Neues zum Kukukslied*, HPM 52, S. 41ff.
ds.: *Ein weiteres Jugendlied aufgetaucht*, HPM 52, S. 46ff.
ds.: *Hans Pfitzners nachgelassene Goethe-Kantate »Urworte orphisch« op. 57*, in: *Hans Pfitzner – »Das Herz«*, hg. von Wolfgang Osthoff, Tutzing 1997, S. 243ff.
ds.: *»Inmitten der Nacht« – eine vergessene »Volksliedbearbeitung« Hans Pfitzners aus dem Jahre 1902*, in: *Künstlerisches Wirken*, hg. von R. Gießler und W. Mettmüller, Weinheim 1997, S. 210ff.
Rentsch, Detlef: *Hans Pfitzner – Schriften über Musik und Musikkultur*, Diss. Halle 1984
Rihm, Wolfgang: *Zur Aktualität Pfitzners*, in: *Symposium Hans Pfitzner Berlin 1981*, hg. von Wolfgang Osthoff, Tutzing 1984, S. 189ff.
Ruzicka, Peter: *Hans Pfitzner, der große Unbequeme*, HPM 45, S. 37ff.
Sablich, Sergio: *Busoni*, Torino 1982 (darin: *Pfitzner, pericolo futurista*)
Schrott, Ludwig: *Hans Pfitzner*, Zürich/Freiburg 1959
Schumann, Karl: *Hans Pfitzners verzögerter Nachruhm*, HPM 33, S. 3ff.
Seebohm, Reinhard: *Die gotischen Wesenszüge in der Tonwelt Hans Pfitzners*, in: *Festschrift Hans Pfitzner 1969*, hg. von Walter Abendroth, München 1969, S. 36ff.

ds.: *Das Rittertum in der Musik von Weber bis Pfitzner*, HPM 30, S. 2ff.
Skouenborg, Ulrik: *Von Wagner zu Pfitzner*, Tutzing 1983
Stephan, Rudolf: *Sind Hans Pfitzners Lieder »absolute« Musik?*, in: *Hans Pfitzner und die musikalische Lyrik seiner Zeit*, hg. von Peter Cahn und Wolfgang Osthoff, Tutzing 1994, S. 221ff.
ds.: *Überlegungen zu Hans Pfitzners Sinfonik*, in: *Hans Pfitzner – »Das Herz«*, hg. von Wolfgang Osthoff, Tutzing 1997, S. 201ff.
Stuckenschmidt, Hans Heinz: *Das dunkle Reich. Hans Pfitzner* (1969), in: *Schöpfer der klassischen Musik*, Berlin 1983, S. 214ff.
Toller, Owen: *Pfitzner's Palestrina*, Oxford 1997
Vogel, Johann Peter: *Annäherung an Pfitzner*, in: *Festschrift Hans Pfitzner 1969*, hg. von Walter Abendroth, München 1969, S.7ff. und *Musica*, 1969, S. 232ff.
ds.: *Pfitzner und Busoni*, in: *Die Musikforschung*, 1972, S. 258ff. und HPM 33, S. 10ff.
ds.: *Das Lied »Nachts« von Hans Pfitzner – Ein Nachwort zur Kritik Alban Bergs an der Neuen Ästhetik*, in: *Symposium Hans Pfitzner Berlin 1981*, hg. von Wolfgang Osthoff, Tutzing 1984, S. 217ff.
ds.: *Lebensbejahung und Todesahnung*, HPM 47, S. 22ff. (zu op. 6/2 von Pfitzner)
ds.: *Richard Strauss und Hans Pfitzner in Berlin*, HPM 43, S. 3ff.
ds.: *Thomas Mann und Hans Pfitzner*, HPM 51, S. 3ff.
ds.: *»... mehr Stimmungsmache als Stimmung« (Pfitzner und Hugo Wolf)*, in: *Die Musikforschung*, 1996, S. 35ff. und HPM 56, S. 42ff.
ds.: *HP: Streichquartett cis-Moll op. 36*, München 1991
Wamleck-Junk, Elisabeth: *Hans Pfitzner und Wien*, Tutzing 1986
Weiß-Aigner, Günter: *Das Violinkonzert von Hans Pfitzner*, in: *Augsburger Jahrbuch für Musikwissenschaft*, 1991, S. 155ff.
Wiesend, Reinhard: *Pfitzners Streichquartett op. 36 als Sinfonie*, in: *Hans Pfitzner – »Das Herz«*, hg. von Wolfgang Osthoff, Tutzing 1997, S. 213ff.
Williamson, John: *Pfitzner and Ibsen*, in: *Music and Letters* 67, 1986, S. 127ff.
ds.: *The Music of Hans Pfitzner*, Oxford 1992
ds.: *Wolf and Pfitzner: From Song to Stage Music, from Stage Music to Song*, in: *Hans Pfitzner und die musikalische Lyrik seiner Zeit*, hg. von Peter Cahn und Wolfgang Osthoff, Tutzing 1994, S. 123ff.
ds.: *Conjuration Scenes in Pfitzner's » Herz« und Busoni's »Doktor Faust «*, in: *Hans Pfitzner – »Das Herz«*, hg. von Wolfgang Osthoff, Tutzing 1997, S. 181ff.
Zillig, Winfried: *F. Busoni und Hans Pfitzner*, in: *Von Wagner bis Strauss*, München 1966, S. 145ff.

4. Zeugnisse, Erinnerungen und Spiegelungen (Auswahl)

Agop, Rolf: *Lex mihi ars*, Siegen 1984
Berg, Alban: *Briefe an seine Frau*, München/Wien 1965
Bekker, Paul: *Beethoven*, Stuttgart/Berlin/Leipzig 1912
ds.: *Briefe an zeitgenössische Musiker*, Berlin 1932
ds.: *Die Sinfonie von Beethoven bis Mahler*, Stuttgart/Berlin/Leipzig 1918
Busch, Fritz: *Aus dem Leben eines Musikers*, Frankfurt a. M. 1982
Busoni, Ferruccio: *Briefe an seine Frau*, Zürich/Leipzig 1935
ds.: *Entwurf einer neuen Ästhetik der Tonkunst*, mit Anmerkungen von Arnold Schönberg, Frankfurt a. M. 1974

Cahn, Peter: *Das Hoch'sche Konservatorium 1878–1978*, Frankfurt a. M. 1979
Dahlhaus, Carl (Hg.): *Die Musik des 19. Jahrhunderts*, Wiesbaden 1980 (= *Neues Handbuch der Musikwissenschaft* Bd. 6)
Danuser, Hermann (Hg.): *Die Musik des 20. Jahrhunderts*, Laaber 1984 (= *Neues Handbuch der Musikwissenschaft* Bd. 7)
Detig, Christian: *Deutsche Kunst, deutsche Nation, der Komponist Max von Schillings*, Kassel 1998
Furtwängler, Wilhelm: *Vermächtnis*, Wiesbaden 1956
Heyworth, Peter: *Gespräche mit Klemperer*, Frankfurt a. M. 1974
ds.: *Otto Klemperer. Dirigent der Republik 1855–1933*, Berlin 1988
Hofmiller, Josef (Hg.): *Paul Nikolaus Cossmann zum 60. Geburtstage am 6. April 1929*, Berlin 1929
Honegger, Arthur: *Beschwörungen*, Bern 1957
Hübscher, Arthur: *erlebt – gedacht – vollbracht*, Bonn 1983
Kolbe, Jürgen: *Heller Zauber: Thomas Mann in München 1894–1933*, Berlin 1987
Levin, Kurt: *Erinnerungen*, in: *Festschrift Hans Pfitzner 1969*, hg. von Walter Abendroth, München 1969, S. 58ff.
Mahler-Werfel, Alma: *Mein Leben*, Frankfurt a. M. 1963
ds.: *Gustav Mahler*, Frankfurt a. M. 1991
Mahler, Gustav: *Briefe*, Leipzig 1985
Mann, Klaus: *Kind dieser Zeit*, Hamburg 1986
Mann, Thomas: *Aufruf zur Gründung des Hans-Pfitzner-Vereins für deutsche Tonkunst*, in: *Gesammelte Werke*, Frankfurt a. M. 1974, Bd. XI, S. 744f.
ds.: *Betrachtungen eines Unpolitischen*, Frankfurt a. M. 1956
ds.: *Briefe 1889–1936*, hg. von Erika Mann, Frankfurt a. M. 1961
ds.: *Hermann Hesse zum siebzigsten Geburtstag* (1947), in: *Gesammelte Werke*, Frankfurt a. M. 1974, Bd. X, S. 515ff.
ds.: *Tagebücher*, hg. von Peter de Mendelssohn, 10 Bde., Frankfurt a. M. 1981ff.
ds.: *Tischrede auf Pfitzner* (1919), in: *Gesammelte Werke*, Frankfurt a. M. 1974, Bd. X, S. 417ff.
Monson, Karen: *Alma Mahler-Werfel*, München 1985
Müller, Karl Alexander von: *Mars und Venus. Erinnerungen 1914–1919*, Stuttgart 1954
Niemann, Walter: *Die Musik der Gegenwart*, Berlin/Stuttgart 1922
Pfitzner, Mali: *Erinnerungen an Hans Pfitzner*, HPM 49, S. 12ff.
Prieberg, Fred K.: *Musik im NS-Staat*, Frankfurt a. M. 1982
Raupp, Wilhelm: *Max von Schillings*, Hamburg 1935
Reich, Willi: *Alban Berg*, Zürich 1963
Riezler, Walter: *Hans Pfitzner und die deutsche Bühne*, München 1917
Rufer, Josef: *Bekenntnisse und Erkenntnisse*, München 1981
Seuffert-Bach, Thea von: *Erinnerungen an Hans Pfitzner*, HPM 56, S. 25ff.
Strauss, Richard: *Betrachtungen und Erinnerungen*, Zürich/Freiburg [2]1957
Stuckenschmidt, Hans Heinz: *Ferruccio Busoni*, Zürich/Freiburg 1967
Sulzer, Peter: *Zehn Komponisten um Werner Reinhart*, 3 Bde., Zürich 1979–83
Thomas, Walter: *Richard Strauss und seine Zeitgenossen*, München/Wien 1964
Thrun, Martin: *Neue Musik im deutschen Musikleben bis 1933*, Bonn 1995
Walter, Bruno: *Thema und Variationen*, Frankfurt a. M. 1967
ds.: *Briefe 1894–1962*, Frankfurt a. M. 1969

Wandrey, Conrad: *Hans Pfitzner. Seine geistige Persönlichkeit und das Ende der Romantik*, Leipzig 1922
Weiner, Marc A.: *Undertones of Insurrection*, Lincoln/London 1993
Wellesz, Egon und Emmy: *Egon Wellesz – Leben und Werk*, Wien/Hamburg 1981
Wolf-Ferrari, Ermanno: *Briefe aus einem halben Jahrhundert*, München/Wien 1982
Wulf, Josef: *Musik im Dritten Reich*, Gütersloh 1963

5. Pfitzners Schüler

Cahn, Peter/Osthoff, Wolfgang/Vogel, Johann Peter (Hgg.): *Gerhard Frommel*, Tutzing 1979
Erhardt, Otto/Grohe, Helmut: *Briefe an Felix Wolfes*, HPM 20, S. 2ff.
Frommel, Gerhard: *Tradition und Originalität. Schriften und Vorträge zur Musik*, Frankfurt a.M./Bern/New York/Paris 1988
Briefwechsel Hans Pfitzner – Gerhard Frommel, hg. von Wolfgang Osthoff, Tutzing 1990
Grohe, Helmut: *Zum Tode von Otto Klemperer*, HPM 31, S. 27ff.
Hirtler, Franz: *Hermann Ambrosius*, in: *Die Musik in Geschichte und Gegenwart* Bd. 15 (erste Auflage)
Ott, Alfons: *Worte des Gedenkens für Paul Winter*, HPM 27, S. 28ff.
Rectanus, Hans: *Unsterbliche Melodie – die Lieder von Felix Wolfes*, HPM 28, S. 18ff.
ds.: *Margrit Hügel, Maria Dombrowsky und Lilo Martin*, in: *Festschrift für Ludwig Finscher*, S. 750ff.
Seebohm, Reinhard: *Zwei schwedische Komponisten als Pfitznerschüler*, HPM 31, S. 24ff. und HPM 53, S. 41ff.
Valentin, Erich: *In Memoriam Paul Winter*, HPM 26, S. 19ff.
Weiner, Marc A.: *Der Briefwechsel zwischen Hans Pfitzner und Felix Wolfes 1933–1948*, in: *Exilforschung*, Bd. 2, München 1984, S. 393ff.
Winter, Paul: *Paul Winter*, in: *Die Musik in Geschichte und Gegenwart* Bd. 14 und 16 (erste Auflage)
Wörner, Karl Heinz: *Gerhard Frommel*, in: *Die Musik in Geschichte und Gegenwart* Bd. 4 (erste Auflage)

Auswahldiskographie

An älteren Veröffentlichungen zur Pfitzner-Diskographie seien genannt: F. N. Moore, *Hans Pfitzner Discography*, in: *Recorded Sound*, 1972, Nr. 45/46, S. 54f.; Johann Peter Vogel, *Diskographie der Werke Hans Pfitzners*, HPM 37 (1977), S. 42f.; mit einem Nachtrag, HPM 38 (1978), S. 43f.; Gert Fischer, *Am Pult: Hans Pfitzner*, in: *Symposium Hans Pfitzner Berlin 1981*, hg. von Wolfgang Osthoff, Tutzing 1984, S. 170f.

Viele Werke Pfitzners sind auf Schallplatten erschienen. Ein vollständiges Verzeichnis würde den Rahmen diese Anhangs überschreiten. Die folgende Auswahl erfolgt unter zwei Gesichtspunkten: Aus Gründen der Authentizität sind jene Schallplatten aufgeführt, auf denen Pfitzner selbst als Dirigent oder Pianist mitwirkt. Außerdem werden Aufnahmen aufgeführt, die das jeweilige Werk repräsentativ wiedergeben. Gerade Pfitzners Werke haben bisher das Schicksal gehabt, in Aufnahmen vorgelegt zu werden, die zwar außerordentlich verdienstvoll sind, weil sie das jeweilige Werk überhaupt zugänglich machen; es sind oft vor allem kleine Plattenfirmen, denen wir für ihr kaufmännisches Wagnis dankbar sein müssen; freilich können diese Interpretationen dem Werkgehalt nicht immer gerecht werden. Unter den erwähnten Aufnahmen befinden sich viele Live-Mitschnitte, die technisch nicht immer den heutigen Ansprüchen genügen.

Palestrina, Gesamtaufnahme
- Robert Heger, Fritz Wunderlich, Sena Jurinac etc. (Live-Mitschnitt, Wien 1964); Melodram 1986, 429; CD Myto Records 3 MCD 922.59
- Rafael Kubelik, Nicola Gedda, Dietrich Fischer-Dieskau etc. (Studioaufnahme 1973); Deutsche Grammophon, 1973, LP 2711013; CD 427 417-2
- Otmar Suitner, Peter Schreier, Siegfried Lorenz etc. (Konzertmitschnitt 1986); Eterna 729052-055

Palestrina, Vorspiele zum I., II. und III. Akt
- Hans Pfitzner, Staatsoper Berlin (1931); Heliodor 1969, 88014
- Wilhelm Furtwängler, Berliner Philharmoniker; Fonit Cetra (Furtwängler Edition Vol. 26)
- Christian Thielemann, Orchester der Deutschen Oper Berlin (1996); Deutsche Grammophon CD 449 571-2

Das Christ-Elflein, Ouvertüre
- Hans Pfitzner, Staatsoper Berlin (1927); Heliodor 1969, 88014

Das Herz, Gesamtaufnahme
- Rolf Reuter, Andre Wenhold, Roberta Cunningham etc. (Live-Mitschnitt 1993); CD Marco Polo 8.223627-8

Von deutscher Seele
- Joseph Keilberth, Agnes Giebel, Fritz Wunderlich etc. (1967); Deutsche Grammophon 1968 SLPM 139 157-158; CD 437033-2

Das dunkle Reich
- Eugen Jochum, Annelies Kupper, Hans Hotter, Bayerischer Rundfunk (Live-Mitschnitt 1955); Orfeo CD C 2739221 (zusammen mit *Von deutscher Seele* und *Urworte orphisch*)
- Rolf Reuter, Y. Wiedstruck, Y. Windmüller, Rundfunk-Sinfonie Orchester Berlin (1993); cpo CD 999158-2 (zusammen mit *Der Blumen Rache* und *Fons salutifer* op. 48)

Gesänge für Bariton und Orchester op. 12, 18 und 37; Dietrichs Erzählung aus *Der arme Heinrich*; Lieder mit Orchesterbegleitung op. 4 Nr. 2, op. 15 Nr. 2 und Nr. 3
- Wolfgang Sawallisch, Dietrich Fischer-Dieskau, Symphonie-Orchester des Bayerischen Rundfunks (1979); EMI 1 C 065-45 616

Sämtliche Orchesterwerke (*Fest auf Solhaug*, opp. 36a, 44, 45, 46 und 56)
- Werner A. Albert, Bamberger Sinfoniker (1990, 1992); cpo CD 999080-2 und 999136-2

Sinfonie C-Dur op. 46
- Hans Pfitzner, Berliner Philharmoniker (1940); Heliodor 1969, LP 88014; Preiser CD 90029
- Wilhelm Furtwängler, Wiener Philharmoniker; Fonit Cetra (Furtwängler Edition Vol. 26)

Ouvertüre zu *Das Käthchen von Heilbronn* op. 17
- Christian Thielemann, Orchester der Deutschen Oper Berlin (1996); Deutsche Grammophon CD 449 571-2

Klavierkonzert op. 31
- Arthur Bittner, Walter Gieseking, Hamburger Philharmoniker (1943); Music & Arts CD 925
- Heribert Beissel, Wolf Harden, Symphonieorchester Bratislava (1988); Marco Polo CD 8.223162

Violinkonzert op. 34
- Gustav König, Gerhard Taschner, Hessischer Rundfunk (1955); EMI CD 7243 5 66524 2 2
- Werner A. Albert, Saschko Gawriloff, Bamberger Sinfoniker (1990); cpo CD 999079-2

Die drei Cellokonzerte (1888, opp. 42 und 52)
- Werner A. Albert, David Geringas, Bamberger Sinfoniker (1993); cpo CD 999135-2

Duo für Violine und Violoncello mit Begleitung eines kleinen Orchesters op. 43
- Pfitzner, Strub, Ludwig Hoelscher, Staatsoper Berlin (1938); Electrola 1964, E 60802; Preiser CD 90029

Quintett op. 23, Sextett op. 55
- Consortium classicum (1993); Orfeo CD C 281931 A

Die vier Streichquartette (1886, opp. 13, 36 und 50)
- Franz Schubert-Quartett (1993); cpo CD 999072-2 und 999526-2

Klaviertrio op. 8
- Trio Fontenay (1982); Harmonia Mundi, HMW 606 D

Cellosonate op. 1
- Ludwig Hoelscher, Kurt Rapf (1974); BASF 2522135-0
- Esther Nyffenegger, G. Wyss (1974); Armida EN 143-45
- Christoph Henkel, Georges Pludermacher (1995); signum CD SG X64-00

Violinsonate op. 27
- Michael Goldstein, Evelinde Trenkner (1983); pair music AG 0681001

Lieder
- 12 ausgewählte Lieder: Gerhard Hüsch, Hans Pfitzner (1940); Preiser LV 208; CD 90029.
- 20 Eichendorff-Lieder: Wolfgang Anheisser, J. Severin (1968); BASF 2021087-1
- 17 Eichendorff-Lieder: Dietrich Fischer-Dieskau, Karl Engel (1970); EMI C 065-29036; CD EMI 763569 2 (mit drei weiteren Liedern und den Pianisten Aribert Reimann und Hermann Reutter)
- 17 ausgewählte Lieder: Dietrich Fischer-Dieskau, Hartmut Höll (1982); Orfeo S 036821 A
- *Alte Weisen* op. 33 und sechs ausgewählte Lieder: Erna Berger, Michael Raucheisen (1949); Bellaphon 1983, 630-01-001 und 002
- Lieder opp. 40 und 41 sowie 18 ausgewählte Lieder: Robert Holl, Konrad Richter (1979/81); Preiser SPR 3294 und 3331
- *Liebeslieder* op. 35: Katharina Richter, Holger Groschopp (1987); Thorofon
- 47 ausgewählte Lieder: Erna Berger, Margarethe Klose, Emmi Leisner, Maria Müller, Peter Anders, Hans Hotter, Julius Patzak, Arno Schellenberg, Franz Völker/Michael Raucheisen (1939/45); Acanta 1985 40.23532

Fünf Klavierstücke op. 47
- Ulrich Urban (1987); ambitus CD 97857

Pfitzner als Dirigent der Werke anderer Komponisten:
Da die Polydor-Schellackplatten nicht mehr erhältlich sind, sei wegen der Einzelnachweise auf die o.g. Diskographie von Gert Fischer verwiesen. Von Interesse sind hier die Werke, die bezeichnend sind für Pfitzners Repertoire:
Beethoven: Symphonien Nr. 1, 3, 4, 6, 7 und 8
Lanner: Walzer op. 93
Lortzing: *Zar und Zimmermann*, Ouvertüre
Mendelssohn Bartholdy: *Hebriden-Ouvertüre* op. 26
Mozart: Ouvertüren zu *Così fan tutte* und *Le nozze di Figaro*
Schumann: Symphonien Nr. 1, 2 und 4 (Nr. 2 und 4 1926/28 mit Berliner Orchestern, Koch CD 3-7039-2 H1)
Weber: Ouvertüre op. 59 sowie zu *Oberon*, *Preciosa* und *Freischütz*

Register der Werke Pfitzners

L

P

Personenregister

Die kursiv gesetzten Zahlen bezeichnen die Abbildungen.

L

M

N

T

U

V

Bildnachweis

Ostlandgalerie Regensburg: S. 28
Bildarchiv Preußischer Kulturbesitz: S. 35
Österreichische Nationalbibliothek, Wien: S. 38, 56, 70, 82, 110, 122, 138, 145, 148, 181, 182
Annelore Habs: S. 45, 46, 57, 80, 95, 142, 160, 162, 168, 171, 179
Stadtarchiv Frankfurt a. M.: S. 48
Richard-Wagner-Gedenkstätte, Bayreuth: S. 59, 100
Universitätsbibliothek, Frankfurt a. M.: S. 60, 63, 87, 91, 94
Richard-Strauss-Archiv, München/Garmisch: S. 74, 79
Archiv S. Fischer, Frankfurt a. M.: S. 81
Hamburger Theatersammlung: S. 84
Ullstein-Bilderdienst, Berlin: S. 97, 113, 125, 158, 175
Gertrud Frommel: S. 140
Bayerische Staatsbibliothek, München: S. 166
VG Bild-Kunst, Bonn (Erika Fernschild): S. 189
Archiv des Verlages: S. 92, 98, 112, 128, 134
Alle übrigen Bilder stellte der Autor zur Verfügung.

Wiedergabe der Notenbeispiele S. 198 und 251ff. mit freundlicher Genehmigung des Max Brockhaus Musikverlages, Bonn.